Konsumsoziolog und Massenkultur

Reihe herausgegeben von

Kai-Uwe Hellmann, Technische Universität Berlin, Berlin, Deutschland
Dominik Schrage, TU Dresden, Dresden, Deutschland

In der Reihe ‚Konsumsoziologie und Massenkultur' erscheinen Sammelbände und Monografien, die sich dem in der deutschen Soziologie bislang Zeit vernachlässigten Forschungsgebiet der Konsumsoziologie widmen. Der Akzent liegt auf Beiträgen, die den Bereich der Konsumsoziologie mit Blick auf gesellschafts- und kulturtheoretische Fragestellungen erschließen und den modernen Konsum als Herausforderung für die soziologische Theoriebildung begreifen. Das Konzept der Massenkultur verweist vor allem auf die gesellschaftsdiagnostische Komponente konsumsoziologischer Forschung. „Massenkultur" kann als die übergreifende Kultur der gegenwärtigen Gesellschaft verstanden werden, die kulturelle Gehalte und Bedeutungen auf vielfältige Art und Weise für die Gesamtheit der Bevölkerung verfügbar macht. Massenkultur leistet die wichtigste Orientierung in der modernen, durch Technisierung, Ökonomisierung, Ästhetisierung und Demokratisierung geprägten Wirklichkeit, indem sie all jene Wahrnehmungs- und Handlungsmuster bereitstellt, die in ihrer Gesamtheit für jeden Einzelnen ein Universum von Selbstverständlichkeiten ausmachen. Deren Geltung ist dabei keine primär normative, sondern abhängig von der am Markt, in den Medien und durch den Konsum manifestierten Akzeptanz eines Massenpublikums. Durch die Verbindung von Konsumsoziologie und Massenkultur können die in den einzelnen Beiträgen erforschten Konsumphänomene auf die Frage nach der gesellschaftlichen Funktion des Konsums in modernen Gesellschaften bezogen werden.

Weitere Bände in der Reihe http://www.springer.com/series/12760

Kai-Uwe Hellmann · Ansgar Klein ·
Bernward Baule
(Hrsg.)

Verbraucherpolitik von unten

Paradoxien, Perspektiven,
Problematisierungen

 Springer VS

Hrsg.
Kai-Uwe Hellmann
Institut für Soziologie, TU Berlin
Berlin, Deutschland

Ansgar Klein
Berlin, Deutschland

Bernward Baule
Berlin, Deutschland

ISSN 2627-2121 ISSN 2627-213X (electronic)
Konsumsoziologie und Massenkultur
ISBN 978-3-658-29753-4 ISBN 978-3-658-29754-1 (eBook)
https://doi.org/10.1007/978-3-658-29754-1

Die Deutsche Nationalbibliothek verzeichnet diese Publikation in der Deutschen Nationalbibliografie; detaillierte bibliografische Daten sind im Internet über http://dnb.d-nb.de abrufbar.

Lektorat: Katrin Emmerich
Springer VS ist ein Imprint der eingetragenen Gesellschaft Springer Fachmedien Wiesbaden GmbH und ist ein Teil von Springer Nature.
Die Anschrift der Gesellschaft ist: Abraham-Lincoln-Str. 46, 65189 Wiesbaden, Germany

Vorwort

Der vorliegende Sammelband geht auf eine gleichnamige Tagung zurück, die am 14. Juni 2019 am Institut für Soziologie der TU Berlin durchgeführt wurde. Sie verdankt sich der Anregung von Bernward Baule, dem damaligen Leiter des Referats V B 4, Verbraucherforschung, Verbraucherbildung im Bundesministerium der Justiz und für Verbraucherschutz (BMJV).

Die Tagung wurde vom BMJV finanziell gefördert. Gedankt sei ferner Steffi Schinschke von der Geschäftsstelle des Netzwerks Verbraucherforschung beim BMJV sowie Sebastian Gülland, Silke Kirchhoff und Leonie Mader vom Institut für Soziologie der TU Berlin, die bei der Tagungsvorbereitung und -durchführung sehr behilflich waren.

Die Metapher ‚von unten‘ reflektiert naheliegenderweise ein ‚von oben‘. Inwieweit diese Zuschreibungen so ohne weiteres zutreffen, ist eine empirische Frage. Allerdings sind eine besondere Dialektik und Wechselwirkung zwischen Staat und Zivilgesellschaft hinsichtlich verbraucherpolitischer Belange inzwischen unübersehbar geworden, wenngleich das Phlegma staatlicher Verbraucherpolitik aufgrund einer jahrelang eingeübten Machtasymmetrie noch immer sehr ausgeprägt ist.

Zu wünschen bleibt dem existenziell wichtigen Feld der Verbraucherpolitik, dass es kein Anhängsel fachfremder Politikfelder bleibt und nicht bloß opportunitätsbedingt oder gar skandalgetrieben temporär Aufmerksamkeit findet, sondern dass ihm wegen seiner Bedeutsamkeit für jedermann endlich die institutionelle und nicht zuletzt haushaltsadäquate Anerkennung zuteil wird, welche dieses Feld verdient, ihm über Jahrzehnte hinweg aber verwehrt wurde.

Berlin   Kai-Uwe Hellmann
Anfang Juli 2020

Inhaltsverzeichnis

Über die Herausgeber

Kai-Uwe Hellmann, apl. Prof. Dr., Jg. 1962, lehrt am Institut für Soziologie der Technischen Universität Berlin Konsum- und Wirtschaftssoziologie und leitet zusammen mit Prof. Dr. Dominik Schrage die AG Konsumsoziologie.

Ansgar Klein, Dr., Jg, 1959, Geschäftsführer des Bundesnetzwerks Bürgerschaftliches Engagement (BBE). Der habilitierte Politikwissenschaftler und Diplom-Soziologe ist seit 1988 Mitherausgeber des „Forschungsjournal Neue Soziale Bewegungen". Nachdem er einige Jahre als wissenschaftlicher Autor, freier Publizist, Lektor, Redakteur und Dozent in der politischen Bildung tätig war, arbeitete von 2000 bis 2002 als wissenschaftlicher Koordinator der SPD-Bundestagsfraktion für die Enquete-Kommission „Zukunft des Bürgerschaftlichen Engagements". Der Herausgeber mehrerer Buchreihen und Privatdozent an der Humboldt-Universität zu Berlin ist seit 2002 (Gründungs-)Geschäftsführer des Bundesnetzwerks Bürgerschaftliches Engagement (BBE).

Bernward Baule ist Politikwissenschaftler und war tätig in verschiedenen Leitungsbereichen politischer Institutionen, zuletzt im Bundesministerium der Justiz und für Verbraucherschutz zuständig für Verbraucherforschung und Verbraucherbildung. Arbeitsschwerpunkte sind neben der Verbraucherforschung/Verbraucherpolitik die kulturellen, technologischen und politisch-sozialphilosophischen Grundlagen von Verbraucher und Konsum.

X   Herausgeber- und Autorenverzeichnis

Autorenverzeichnis

Georg Abel VERBRAUCHER INITIATIVE e. V., Berlin, Deutschland

Daniel Affelt BUND Berlin e. V., Berlin, Deutschland

Bernward Baule, Politikwissenschaftler, ehemals Bundesministerium der Justiz und für Verbraucherschutz, Berlin, Deutschland

Thomas Cannaday, Dr., Berlin, Deutschland

Karsten Fischer, Prof. Dr., Geschwister-Scholl-Institut für Politikwissenschaft, Ludwig-Maximilians-Universität München, München, Deutschland

Jonas Grauel, Dr. phil., Ernährung und Umwelt, Verbraucherzentrale NRW, Düsseldorf, Deutschland

Marianne Heinze, Institut für Soziologie, TU Dresden, Berlin, Deutschland

Kai-Uwe Hellmann, apl. Prof. Dr., Institut für Soziologie, TU Berlin, Berlin, Deutschland

Ansgar Klein, PD Dr., Bundesnetzwerk Bürgerschaftliches Engagement, Berlin, Deutschland

Daniel Kofahl, Dr., Büro für Agrarpolitik und Ernährungskultur – APEK, Kassel, Deutschland

Jörn Lamla, Prof. Dr., Universität Kassel, Kassel, Deutschland

Kathrin Loer, Prof. Dr., Fakultät für Kultur- und Sozialwissenschaften, FernUniversität in Hagen, Hagen, Deutschland

Günther Rosenberger, Dr., Institut für Verbraucherjournalismus ifv, Berlin, Deutschland

Kristina Schimpf Humboldt Universität zu Berlin, Berlin, Deutschland

Stefan Schridde, Dipl., MURKS? NEIN DANKE! e. V., Berlin, Deutschland

Reinhard Singer, Prof. Dr., Humboldt Universität zu Berlin, Berlin, Deutschland

Heiko Steffens, Prof. Dr., ALOENK, Berlin, Deutschland

Kathrin Steinbach Humboldt Universität zu Berlin, Berlin, Deutschland

Christoph Strünck, Prof. Dr., Fakultät I, Seminar für Sozialwissenschaften, Universität Siegen, Siegen, Deutschland

Nina Tröger Abteilung Konsumentenpolitik, Arbeiterkammer Wien, Wien, Österreich

Wolfgang Ullrich, Prof. Dr., Leipzig, Deutschland

Verbraucherpolitik von unten: Zur Einführung

Kai-Uwe Hellmann und Ansgar Klein

Zusammenfassung

Verbraucherpolitik stellte sich in Deutschland lange Zeit als ein Aktions-, Organisations- und Strategiegeflecht dar, das besonders staatsnah, d. h. auf den Staat und an ihm orientiert war. Zumeist wurden staatlicherseits oder mit staatlicher Billigung und Unterstützung entsprechende Aufträge erteilt, Fördermodelle aufgesetzt und Gesetze erlassen, wodurch der Eindruck entstehen konnte, es gäbe im Wesentlichen nur eine durch die Makropolitik verordnete 'Verbraucherpolitik von oben' herab. In den letzten Jahren hat sich diese Asymmetrie allerdings zugunsten der Zivilgesellschaft nachhaltig verschoben, Stichwort 'Politischer Konsum', und mittlerweile gibt es so viele Aktionen, Initiativen und Organisationen, dass wohl von einer stetig stärker werdenden 'Verbraucherpolitik von unten' gesprochen werden kann. Diesen Veränderungen geht der vorliegende Sammelband ein Stück weit nach.

Schlüsselwörter

Engagementpolitik · Konsummoral · Leitbild · Mündigkeit · Politischer Konsum · Prosumismus · Teilhabe · Verantwortung · Verbraucherpolitik von unten

K.-U. Hellmann (✉)
Institut für Soziologie, TU Berlin, Berlin, Deutschland
E-Mail: kai-uwe.hellmann@campus.tu-berlin.de

A. Klein
Bundesnetzwerk Bürgerschaftliches Engagement, Berlin, Deutschland
E-Mail: ansgar.klein@snafu.de

1   Lange Zeit von oben – nun auch von unten

Die deutsche Verbraucherpolitik[1] zeichnete sich seit ihren ersten, tastenden Anfängen in den 1950er Jahren über lange Zeit hinweg dadurch aus, dass sie nicht nur auf den Staat bezogen war, überwiegend zumindest, sondern maßgeblich auch durch den Staat betrieben wurde. Nicht dass es nicht auch vereinzelt Initiativen im und aus dem Bereich der Zivilgesellschaft heraus gab, die verbraucherpolitisch motiviert und aktiv waren (Selter 1973; Scherhorn 1975; Biervert et al. 1984; Baule 2012, S. 568 ff.; Jaquemoth und Hufnagel 2018, S. 163 ff.). In ihrer Wirkmächtigkeit jedoch, ihr Selbstverständnis eingeschlossen, und mehr noch hinsichtlich ihrer Institutionalisierungs- und Organisationsformen hatte man es in erster Linie mit einer ‚Verbraucherpolitik von oben‘ zu tun, die vorwiegend staatsnah eingestellt und am Staate orientiert war (Bock und Specht 1958; Kuhlmann 1990; Lübke 1991; Janning 2003, 2011). Aus der Mitte der Bürger und Bürgerinnen kam jedenfalls nicht allzu viel (von Braunschweig 1965; Rick 2018) – sicher auch ein Erbe der politischen Kultur der Jahrzehnte davor.

Gegenüber dieser jahrzehntelangen Vorherrschaft einer ‚Verbraucherpolitik von oben‘ bildete sich erst im Laufe der letzten gut dreißig Jahre eine zivilgesellschaftliche Gegenmacht, die für eine ‚Verbraucherpolitik von unten‘ eintritt und sich mehr und mehr eigeninitiativ und eigensinnig, kreativ und widerborstig dafür einsetzt, ja kämpft, die Agenda der deutschen Verbraucherpolitik aktiv und effektiv von unten her mitzugestalten, selber Themen zu setzen und das Tempo der intendierten Transformationen spürbar zu beschleunigen (Baringhorst et al 2007; Baringhorst und Witterhold 2015).[2]

Die Ursachen hierfür sind vielfältig. Man könnte auf den Wertewandel verweisen, wie er von Ronald Inglehart (1977) in ‚Silent Revolution‘ beschrieben wurde, oder von einem ‚Aufstand des Publikums‘ sprechen, wie Jürgen Gerhards (2001) dies getan hat. Eingesetzt hat diese Aufbruchsstimmung schon im Laufe der 1960er Jahre. Doch dauerte es noch rund zwanzig Jahre, wertet man etwa

---

[1]Wobei hier gleich hinterfragt werden soll, ob es sich bei diesem Ensemble von Issues und Initiativen tatsächlich schon um ein eigenständiges Politikfeld handelt, das die Verbraucher (beiderlei Geschlechts) in den Mittelpunkt seiner Aufmerksamkeit stellt, oder ob es nicht doch eher Anläufe, Ansätze, Anstrengungen in diese Richtung noch sind, ohne echte Systematik und Durchgriffswillen, sodass besser von hochgradig skandalgetriebenen, schlecht koordinierten Verbraucherschutzmaßnahmen gesprochen werden sollte, ohne echte Feld- bzw. ‚policy‘-Qualität. Vgl. hierzu Müller (2001); Lamla und Klein (2005).

[2]Vgl. hierzu das Heft 4 ‚Unterschätzte Verbrauchermacht‘ des *Forschungsjournal Neue Soziale Bewegungen* 2005 sowie das Heft 2 'Das Private ist politisch. Konsum und Lebensstile' des Forschungsjournals Soziale Bewegungen 2015.

die Gründung der Verbraucher Initiative e. V. 1985 als eine Art Zäsur (weil damit erstmals die Selbstorganisation[3] der Verbraucher und Verbraucherinnen richtiggehend im Vordergrund stand), bis diese verbraucherpolitische Gegenmacht sich so weit mobilisiert und organisiert hatte, dass sie auch zu einer relevanten Größe und Einflussstärke herangewachsen war (Nessel 2016).

Inzwischen ist eine Lage eingetreten, die es allemal rechtfertigt, von einer vollentfalteten ‚Verbraucherpolitik von unten' auszugehen. Ihre Wirksamkeit mag sich zwar noch als beschränkt erweisen. Doch ihre Lautstärke, ihre Vielfältigkeit, ihr Sendungsbewusstsein und ihr Gestaltungswille sind unabweisbar. Insofern gilt mittlerweile auch für das Feld der Verbraucherpolitik, was vor rund 25 Jahren als ‚Demokratie von unten' (Roth 1994) bzw. ‚Democracy from below' (Koopmans 1995) diskutiert wurde: die verstärkte Inklusion und Partizipation der Bürger und Bürgerinnen bei der Initiierung und Implementierung von Verbraucherpolitik und konkreten Verbraucherschutzreformen.

2　Mit großem P und kleinem p

In der Wissenschaft befasst sich vor allem das international hoch agile Forschungsfeld ‚Political Consumerism' damit, was hier pauschal mit ‚Verbraucherpolitik von unten' gemeint ist. Wengleich es weit vorher schon erste Ansätze dazu gab, kann akademisch eine Art ‚tipping point' wohl mit der Veröffentlichung des Sammelbandes ‚Politics, Products, and Markets. Exploring Political Consumerism Past and Present' von Michele Micheletti, Andreas Føllesdal und Dietlind Stolle im Jahre 2004 identifiziert werden. 2013 folgte dann die systematisch angelegte Gesamtdarstellung ‚Political Consumerism. Global Responsibility in Action' von Stolle und Micheletti. Seitdem hat dieses Themenfeld eine beeindruckende Konjunktur erfahren (Böstrum et al. 2019).

Dabei bleibt eigentümlich vage, was eigentlich das Politische am politischen Konsum ist. Diskutiert werden selbstverständlich Absichten und Motive, auch Aktions- und Organisationsformen und nicht zuletzt Erfolge und Wirkungen (Micheletti et al. 2004; Boström et al. 2005; Baek 2010; Newman und Bartels 2011; Koos 2012).[4] Dennoch fällt die Antwort nicht ganz einfach, ab wann genau

---

[3]Vgl. hierzu Biervert et al. (1984); Nessel (2016).

[4]Generell erscheint es ratsam, neben der Motivforschung, die in der Frage praktischer Konsequenzen wenig Zuverlässigkeit verheißt, Stichwort ‚attitude-behavior-gap', stärker noch auf die Analyse von Aktionsformen zu setzen und hierbei wiederum nicht bloß ‚boycotts' und ‚buycotts' zu beobachten, wie es überwiegend geschieht, sondern das gesamte Spektrum, wie es schon systematisch erfasst wurde, vgl. Barnes and Kaase (1979).

Ausdrucks- und Aktionsformen des politischen Konsums politisch wirklich ernst zu nehmen sind. Wie ist damit umzugehen?

Um an dieser Stelle kurz auf die Bewegungsforschung zurückzugreifen: 1985 stellte Joachim Raschke (1985, S. 109 ff.) eine ‚Typologie' zur Diskussion, die zwischen macht- und kulturorientierten Bewegungen unterschied. Während machtorientierte Bewegungen in ihrem Bestreben strategisch auf das Zentrum des politischen Systems zielen, genauer den Staat in Gestalt der Regierung, um darüber einen grundlegenderen sozialen Wandel für alle herbeizuführen, zu verhindern oder rückgängig zu machen, sind kulturorientierte Bewegungen eher unpolitisch an grundlegenderen Veränderungen der jeweiligen Lebensweise ihrer Anhänger interessiert, sie zeigen also einen starken Selbstbezug – neigen mitunter allerdings auch dazu, ihre Lebensphilosophie der Gesamtbevölkerung im Allgemeinen vorgeben zu wollen, nur nicht auf politischem Wege.

Überträgt man diese Unterscheidung auf den politischen Konsum, könnte vermutet werden: Sofern politischer Konsum primär machtorientiert agiert, d. h. eindeutig an den Staat appelliert, um darüber einen grundlegenderen Wandel unserer Produktions- und Konsumtionsroutinen anzustoßen, handelt es sich um Konsumpolitik mit großem P, und die Frage nach dem Politischen wäre vergleichsweise klar beantwortbar. Andernfalls hätte man es mit einer Form politischen Konsums zu tun, die deutlich stärker kulturorientiert ist, sich allenfalls an der Peripherie des politischen Systems engagiert und damit eher Politikkonsum mit kleinem p betreibt – wobei gerade dieser politische Konsum mit kleinem p eine enorme Nachfrage erfährt, wie man es noch von der 1968er Devise ‚Das Private ist politisch' kennt[5]. Inwiefern damit mehr impliziert ist als bloßes Lifestyle-Gebaren, müsste im Einzelnen geprüft werden (Connolly und Prothero 2008; Holzer 2010; Baringhorst 2015; Wahlen und Laamanen 2015).

3   Verantwortung und Teilhabe

In jedem Fall erfährt der politische Konsum gegenwärtig erhebliche Aufmerksamkeit und Resonanz. Greta Thunberg ist stellvertretend zur Ikone geworden. Verbunden wird damit häufig die Frage nach der Verantwortung der Verbraucher. Immerhin ist fast alles, was weltweit produziert wird, früher oder später auf Märkten erhältlich und durch uns Verbraucher erwerbbar, ganz im Sinne der berühmten Formulierung von Adam Smith von 1776: ‚Consumption is the sole

---

[5]Vgl. das Heft 2 'Das Private ist politisch. Konsum und Lebensstile' des Forschungsjournals Soziale Bewegungen 2015.

end and purpose of all production'. Am Ende kommt es somit auf jede/n einzelnen an, wie er oder sie sich zur Problematik des politischen Konsums am ‚Point
of Purchase' verhält, und dementsprechend fällt auch jeder/m von uns eine
gewisse Verantwortung zu – doch wie viel und mit welcher Konsequenz? Was
bringt ‚Politics in the Supermarket' (Stolle et al. 2005) politisch? Und wäre
‚Politik statt Einkaufswagen' (Hartmann 2013) nicht viel wirkungsvoller?

Die Debatte um die Relevanz von Verbraucherverantwortung (‚Consumer
Social Responsibility') hat in den letzten zehn Jahren gerade in Deutschland
großes Interesse gefunden (Schrader 2007; Heidbrink et al. 2011; Schmidt 2016).
Allerdings zeigt sich wiederholt, dass der ‚attitude-behavior-gap' oftmals unüberwindlich scheint. In bestimmten Kreisen mag die vehemente Befürwortung und
Beförderung von Verbraucherverantwortung ungeheuer beliebt, fast modisch
geworden sein. Doch bleibt fraglich, inwiefern das so auch allen anderen abverlangt werden kann, und mehr noch, ob man dem selber überhaupt angemessen
nachkommt – oder ob nicht vielmehr eine besondere Version von Doppelmoral
das eigene Konsumverhalten prägt. Wenigstens bildet sich immer wieder der
Eindruck aus, hier werde nicht selten Wasser gepredigt, aber sehr gerne Wein
getrunken, sei es bei Fragen der Ernährung, der Freizeitgestaltung, der Mobilität,
des Technikgebrauchs, des Tourismus, im Grunde alles eingeschlossen.

Eine damit verbundene Fragestellung richtet sich auf die Bedingungen der
Möglichkeit der Verbraucherteilhabe. Grundlegend für die Teilhabethematik dürfte
die Idee sich ausweitender Mitgliedschafts- und Teilhaberechte in der modernen
Gesellschaft von Thomas H. Marshall sein (Marshall 1950; Hellmann 2012).
Begann es mit der Ausweitung bürgerlicher Freiheitsrechte, traten später politische
Teilhaberechte wie allgemeines Wahlrecht hinzu, um ihren vorläufigen Abschluss
bei der Teilhabe aller an den Segnungen des Wohlfahrtsstaates zu finden.

Inzwischen haben wir einen Stand der Entwicklung erreicht, dass bisweilen
der Eindruck aufkommt, Teilhabe an der Gesellschaft sei durch die umfassende
Teilhabe am Konsum schon größtenteils gewährleistet, gleichsam ein neues
Menschenrecht (Riesman und Roseborough 1964; Hellmann 2010). Andernfalls
drohe Exklusion, wenn ein gewisser Konsumstandard nicht erreicht werde (Bosch
2010; Chen et al. 2017). Wobei es sich hierbei noch um Teilhabe an der Gesellschaft als solcher handelt (Kraemer 2002).

Davon abzugrenzen ist die politische Inklusion qua Konsumprotest, was
wieder auf die Unterscheidung des politischen Konsums mit großem P und
kleinem p zurückführt (Stolle und Hooghe 2011). Denn es ist durchaus vorstellbar, dass eine machtorientierte Ausführung des politischen Konsums, die explizit
auf den Staat bezogen ist, auch zu einer echten Inklusion ins politische System
führt, so wie mit allen anderen Anliegen, die mit der Absicht vorgebracht werden,
zum Gegenstand kollektiv verbindlicher Entscheidungen zu werden, die dann
ausnahmslos für alle wirksam werden sollen.

Anders stellt sich der Fall dar, geht es um die kulturorientierte Ausführung politischen Konsums. Diese Variante strebt keine aktive Rolle im politischen Geschehen an, sondern verbleibt hauptsächlich im Außenbereich des politischen Systems und beschäftigt sich mit Fragen der eigenen Lebensführung, oder wie Raschke es ausgedrückt hat, mit einem neuen „Paradigma der Lebensweise" (Raschke 1985, S. 421). Doch bleibt auch diese Differenzierung zugestandenermaßen vage, weil der bisherige Forschungsstand eine exakte Klärung noch nicht erlaubt (Lamla und Neckel 2006).

4   Konsummoral – hell und dunkel zugleich

Eng verknüpft mit der Verantwortungs- und Teilhabedebatte ist die Diskussion um die Ethik des Konsumierens (Carrigan und Attalla 2001; Koslowski und Priddat 2006; Devinney et al. 2010). Mitunter ist auch von moralischem Konsum die Rede (Hedtke 2005; Brandl 2007; Ullrich 2008; Barnett et al. 2010, S. 1 ff.).[6] Diese Sichtweise korrespondiert direkt mit der kulturorientierten Ausführung politischen Konsums, wenn es um Fragen der richtigen, vor allem nachhaltigen Lebensführung geht.

Freilich zeigt sich bei der Auseinandersetzung über Moral, dies hatte schon Theodor Geiger frühzeitig bekundet, dass sich für die moderne Gesellschaft kaum noch ein übergreifender Konsens erreichen lässt. Stattdessen sei von einem grundlegenden ‚Moralschisma' auszugehen (Geiger 1964; Hellmann 2003). So bildet jede Klasse, jeder Lebensstil, jede Subkultur eigene Moralmaßstäbe aus, die keineswegs allgemeine Zustimmung finden.

Diese Einsicht kann ohne weiteres auf den Konsum übertragen werden, was die Erfolgschancen des politischen Konsums beträchtlich erschwert. Denn dort finden wir schon heute eine solche Pluralität und unaufhaltsam fortschreitende Pluralisierung des Konsumentenverhaltens, dass schwer vorstellbar ist, wie diese Vielfalt wieder auf eine übergeordnete Einheit zurückgeführt werden könnte – eine Fragestellung, die in größerem Maßstab schon Émile Durkheim beschäftigt hatte (Hellmann 2004).

Angesichts des gesamten Spektrums an Konsummoralen, wie sie heutzutage global praktiziert werden, stellt der politische Konsum, ob kultur- oder

---

[6]Vgl. auch das Spiegel eBook ‚Moralischer Konsum – Warum es so schwer ist, als Kunde die Welt zu verbessern' von 2015.

machtorientiert, somit auch nur eine Facette dar, die für sich betrachtet zwar der Meinung sein mag, das einzig Richtige zu propagieren; aber für alle anderen gilt dies nicht ohne Einwand und erzeugt bisweilen sogar massive Vorbehalte und Abwehrreflexe. Insofern provoziert eine solche ,Verbraucherpolitik von unten' geradezu dialektisch bedingt Gegenhaltungen, wie wir dies aus der Bewegungsforschung gut kennen (Zald und Useem 1987).

5   Mündigkeit in der Defensive

So kontrovers die Debatte um die richtige Konsummoral verläuft, so umstritten wird in der Verbraucherpolitik auch die Frage nach dem richtigen Verbraucherleitbild verhandelt. Die Hauptkonfliktlinie wird dabei an der Unterscheidung mündig (souverän) oder nicht mündig (manipulierbar) festgemacht. Geht es beim Leitbild des mündigen Verbrauchers darum, ihm grundsätzlich die Fähigkeit zuzusprechen, in Belangen des eigenen Konsums für sich selber frei entscheiden zu können, mit allen Konsequenzen, die sich aus der Verantwortbarkeit der damit verbundenen Folgen ergeben mögen, verweist die Kritik daran auf die Schwierigkeiten, mitunter Unmöglichkeit, sich in Märkten überhaupt souverän verhalten zu können, weil die Informationsasymmetrie zwischen Produzenten und Konsumenten strukturell immer zum Nachteil letzterer sich auswirkt.

Ohne hier auf die wechselhafte Geschichte einer schon länger laufenden Verbraucherleitbilddebatte eingehen zu können, ist aktuell erkennbar, dass das Leitbild des mündigen Verbrauchers, welches gerade durch die EU-Rechtsprechung vertreten und maßgeblich durchgesetzt wird, zumindest in Deutschland in die Defensive geraten ist (Mickletz et al. 2010; Kenning und Wobker 2013; Oehler 2013; Schmidt-Kessel und Germelmann 2016). Dafür gibt es auch gute Gründe. Inwieweit sich die grundsätzliche Skepsis an der Mündigkeit der Verbraucher jedoch mit Selbstverständnis und Anliegen der Anhänger politischen Konsums verträgt, inwiefern also eine engagierte ,Verbraucherpolitik von unten' nicht gerade von der Mündigkeit der Verbraucher zeugt, wäre eigens noch zu klären.

Jedenfalls stehen die Verbraucherpolitik, unten wie oben, aber auch die Verbraucherforschung an einer Art Wegscheide, bei der ein einzelnes Leitbild sehr stark in die Kritik geraten ist, andere, ältere wie neuere, wiederum dagegen gestellt werden, bislang aber noch völlig offen ist, aufgrund welcher Rationalität, welcher Politikstrategie ein bestimmtes Verbraucherleitbild, ob monoman oder hochgradig binnendifferenziert, zukünftig jene Orientierung vermitteln kann, wie sie für die Politikgestaltung, die Rechtsetzung und die Verbraucherforschung so dringend erforderlich ist (Bala und Schuldzinski 2019).

6 Verbraucherpolitik und Engagementpolitik: Herausforderungen durch Prosumismus und Koproduktion

Die Zusammenhänge zwischen den Rollen als Verbraucher und als engagierte Bürger*innen geraten zunehmend in den Blick. Dies gilt insbesondere dort, wo immer deutlicher wird, dass verantwortliche individuelle Konsummuster und -praxen alleine nicht zum erforderlichen Wandel beitragen. Der Wandel auf Seiten von Angebot und Produktion, so die Erkenntnis aus zahlreichen Diskussionen über Klimawandel und Nachhaltigkeit, ist zwingend erforderlich, um politische Ziele wie den Stopp des Klimawandels erreichen zu können. Regionale Güter, dezentrale Kreisläufe oder nachhaltige Produktion (etwa von regenerativer Energie) gehören daher zu den prioritären Zielen, die das sich neu ausbildend Rollenbild des ‚Prosumers' motivieren und der Zivilgesellschaft eine aktive Beteiligung am Wandel der Angebotsstrukturen des Marktes nahelegen.

Das Verhältnis von Zivilgesellschaft und Wirtschaft kennt schon seit dem 19. Jahrhundert Ansätze der wechselseitigen Durchdringung und Einflussnahme,[7] Stichworte wären der schon beim Frühsozialisten Robert Owen thematisierte soziale Wohnungsbau für Arbeitende, genossenschaftliche und andere gemeinschaftliche Formen der Organisation bei der Erzeugung wichtiger Wirtschaftsgüter, die Debatten über öffentliche Güter und Gemeinwohlökonomie oder auch das Konzept der ‚Tätigkeitsgesellschaft', das die enge Verwobenheit von Erwerbsarbeit, informeller Arbeit und Engagement deutlich macht (Klein und Röbke 2018). Kritische Stichworte zum spannungsreichen Verhältnis zwischen Erwerbsarbeit und Engagement und zu den Grauzonen der Übergänge wären etwa eine ‚Monetarisierung' von Engagement oder dessen instrumentelle Nutzung als ‚Ressource' in Zeiten knapper öffentlicher Kassen (BBE 2008).

Die Koproduktion von öffentlichen Gütern wurde seit den 1980er Jahren in der sozialpolitischen Debatte einer Entwicklung vom Wohlfahrtsstaat zur Wohlfahrtsgesellschaft (Welfare Mix) thematisiert (Evers und Olk 1996). Für die Zivilgesellschaft ergab sich damit die Einsicht in ‚hybride' Organisationsmuster des sog. ‚Dritten Sektors', in denen zivilgesellschaftliche Ziele und wirtschaftliche Handlungsgrundsätze sich neu miteinander verbinden. Dabei wurde rasch klar, dass engagementbasierte Koproduktionen im Guten wie im Schlechten ein dichtes Anschauungsmaterial gewinnen können, gerade bezüglich der Entwicklungen einer zunächst engagementbasierten Wohlfahrtspflege, die in Form

---

[7]Zum Verhältnis von Zivilgesellschaft und Wirtschaft vgl. Adloff et al. (2016).

der Wohlfahrtsverbände mittlerweile zu den größten nationalen wie europäischen
Arbeitgebern gehören (Klein 2019).

Die absehbaren Koproduktionen im Themenfeld Klima, v. a. von regenerativer
Energieerzeugung und nachhaltigem Wirtschaften, sollten daher von den
Erfahrungen der Wohlfahrtsverbände lernen, auch mit Blick auf Vermeidung von
Fehlwegen im Umgang mit Engagement als nur kostensparender ‚Ressource‘.
Koproduktion und Prosumismus, die Bedeutung öffentlicher Güter und die
wieder wichtiger werdende Rolle kommunaler Unternehmen stellen für die
Zukunft der Verbraucherpolitik zentrale Themen dar.

7 Aktivisten, Akteure, Initiativen, Organisationen, Verbände

Zum Schluss, geht es in diesem Band doch um ‚Verbraucherpolitik von unten‘,
soll nochmals nachdrücklich darauf aufmerksam gemacht werden, dass wesentliche Treiber für die Befassung mit diesem Thema in der schieren Anzahl der
Akteure und der Themenvielfalt zu sehen sind, mit der diese ‚Verbraucherpolitik
von unten‘ betrieben wird, und inzwischen derart zugenommen haben, dass sie
allein schon eine systematische Erhebung und Bewertung verdient hätten. Dies
ist mit einem solchen Sammelband allein zwar nicht zu leisten. Gleichwohl soll
betont werden, dass im Zeitvergleich, schaut man etwa zwanzig Jahre zurück,
die gegenwärtige Situation sich grundlegend gewandelt hat. Noch nie gab es so
viele Initiativen, Organisationen, Projekte, die sich mit verbraucherpolitischen
Problemstellungen befassen, von sehr klein bis ansehnlich groß, denkt man
nur an den Verbraucherzentrale Bundesverband und die angeschlossenen Verbraucherzentralen in den Ländern. Inzwischen ist es eine kaum mehr überschaubare Gemengelage, gleichsam ein Gewusel an Aktionen, Maßnahmen, Zielen in
diesem immer komplexer werdenden Feld der Verbraucherpolitik, dass der Ent-
wicklungsstand dieses Feldes die Bezeichnung ‚Verbraucher*politik*‘ inzwischen
uneingeschränkt als gerechtfertigt erscheinen lassen dürfte.[8]

In diesem Band werden nur wenige Akteure, Aktivisten, Initiativen und
Organisationen zur Sprache kommen und sich selber vorstellen können. Damit
ist also keinerlei Anspruch auf Vollständigkeit oder Repräsentativität verbunden.
Vielmehr soll damit lediglich ein Anstoß gegeben werden, sich systematischer
mit dem auseinanderzusetzen, was über die letzten zwanzig Jahre im Bereich der
‚Verbraucherpolitik von unten‘ alles entstanden und passiert ist.

---

[8]Vgl. Fußnote 1.

8   Die einzelnen Beiträge

In einem ersten Block, der sich mit der Frage ‚Der mündige Verbraucher als Aus-
laufmodell?' befasst, greift Christoph Strünck, der für die laufende Verbraucherleitbilddebatte in der Vergangenheit wichtige Beiträge geleistet hat, erneut in
diese Debatte ein und nimmt einerseits (selbst)kritisch Bezug auf deren Verlauf,
der dem Leitbild des mündigen Verbrauchers in den letzten Jahren arg zugesetzt
hat; andererseits räsoniert Strünck über den Sinn und Zweck von Verbraucherleitbildern im Allgemeinen. Danach folgt Thomas Cannaday mit einem Beitrag,
der sich aus einer philosophischen Perspektive mit dem Leitbild des mündigen
Verbrauchers beschäftigt und hierbei eine Lanze für dieses Leitbild bricht, sofern
man eine praxistheoretische Revision in Erwägung zieht.

Der zweite Block setzt sich mit dem Verhältnis von politischem Konsum
und politischer Partizipation auseinander. Zunächst geht Karsten Fischer
aus einer politikwissenschaftlichen Perspektive der zentralen Frage nach,
was am politischen Konsum politisch ist. Hierfür spielen die verschiedenen
Partizipationsvarianten, die im Kontext politischen Konsums feststellbar sind,
keine unbedeutende Rolle. Jörn Lamla konzentriert sich im Anschluss wiederum
auf solche Partizipationsformen, die bei Bewertungsportalen im Internet genutzt
werden, und fragt danach, welche Relevanz diese Erfahrungen und deren Recht-
fertigungsmuster für die Teilhabeerwartung haben, die sich mit (politischem)
Konsum verbindet.[9]

Im dritten Block geht es um Verantwortung und Verantwortlichkeiten von
Verbrauchern. Kathrin Loer nähert sich diesem Themenfeld von der politikwissenschaftlichen Seite, lässt sich dabei wiederholt auf die Idee einer
‚Verbraucherpolitik von unten' konstruktiv ein und überlegt, wie man die Ver-
antwortungsfrage von dort aus gesehen konzipieren könnte. Anschließend wendet
sich Wolfgang Ullrich der Verbindung von Konsum und Verantwortung mit
Verweis auf das ‚Prinzip Verantwortung' von Hans Jonas zu und spielt mit der
Möglichkeit einer Pflichtenethik, die in diesem Kontext wieder stärker Beachtung
finden könnte.

Im vierten Block interessieren sich die drei Beiträge für die
kulturell-moralische Dimension des (politischen) Konsums. Den Anfang macht
Marianne Heinze, indem sie die Entstehungsumstände und Äußerungsformen des
alternativen Konsumdiskurses aus den 1970er Jahren aufarbeitet und nach dessen

---

[9]Vgl. hierzu auch Kornberger (2017).

Bedeutung für die Gegenwart fragt. Danach wendet sich Daniel Kofahl der Figur des Moralunternehmers zu und illustriert dessen Erscheinung u. a. an Konflikten, die aus der Vorliebe für unterschiedliche Ernährungskulturen entstehen können. Zum Schluss führt Günther Rosenberger in die dunklen Seiten des Konsums ein, wenn es also um Konsumverhalten geht, das als moralisch anrüchig und bedenklich betrachtet wird oder gar als krimineller Konsum bezeichnet werden sollte.

Der fünfte und letzte Block versammelt Akteure, Aktivisten, Initiativen, Organisation und Verbände, die größtenteils dem Feld der ‚Verbraucherpolitik von unten' zugeordnet werden können. Im ersten Beitrag befasst sich Nina Tröger zunächst mit den beiden Unterscheidungen der Selbst- oder Fremdorganisation von Verbraucherorganisationen sowie der mono- oder polythematischen Bearbeitung von Politikfeldern und unternimmt anschließend eine überblicksartige Gesamtdarstellung der verbraucherpolitischen Landschaft Österreichs, mit einem besonderen Blick auf Graswurzelbewegungen. Im zweiten Beitrag beschäftigt sich Heiko Steffens mit der Geschichte der Arbeitsgemeinschaft der Verbraucherzentralen (AgV), die das Prinzip der Fremdorganisation von Verbraucherinteressen vertrat und 2000 in den Verbraucherzentrale Bundesverband (vzbv) transformiert wurde, sowie verwandten Verbraucherorganisationen. Georg Abel erläutert danach die Position der Verbraucher Initiative e. V., die 1985 als eine Vertretung der Verbraucher qua Selbstorganisation gegründet worden war.[10] Als nächstes stellt Daniel Affelt für den BUND Berlin mehrere Initiativen vor, in denen Verbrauchern und Verbraucherinnen in Berlin vielfältige Möglichkeiten angeboten werden, im Rahmen politischen Konsums selber aktiv zu werden, wie Nähcafés, Repair Cafés etc. Ganz ähnlich gilt dies für einen Strauß von Initiativen, die von der Verbraucherzentrale Nordrhein-Westfalen initiiert und organisiert und von Jonas Grauel vorgestellt werden. Der sechste Beitrag stammt von Stefan Schridde und diskutiert Maßnahmen, wie gegen geplante Obsoleszenz vorgegangen werden bzw. wie man sich ihr möglichst entziehen kann, etwa im Rahmen des Vereins ‚Murks? Nein Danke!'. Abschließend erläutern Reinhard Singer, Kristina Schimpf und Kathrin Steinbach die soziale Innovation der ‚Law Clinics' am Beispiel der ‚Humboldt Consumer Law Clinic' der Juristischen Fakultät der Humboldt-Universität zu Berlin, bei denen Verbraucher und Verbraucherinnen für ganz spezielle Verbraucherprobleme wie ungerechtfertigte Mieterhöhungen eine kostenlose Beratung durch Jurastudenten erfahren können.

---

[10]Vgl. ferner Verbraucher Initiative 1996.

Literatur

Adloff, Frank, Ansgar Klein, und Jürgen Kocka. 2016. Kapitalismus und Zivilgesellschaft. *Forschungsjournal Soziale Bewegungen* 29:14–21.

Baek, Young Min. 2010. To buy or not to buy: Who are political consumers? What do they think and how do they participate? *Political Studies* 58:1065–1086.

Bala, Christian, und Wolfgang Schuldzinski, Hrsg. 2019. *Der vertrauende Verbraucher. Zwischen Regulation und Information.* Düsseldorf: Verbraucherzentrale NRW.

Baringhorst, Sigrid. 2015. Konsum und Lebensstile als politische Praxis – Systematisierende und historisch kontextualisierende Annäherungen. *Forschungsjournal Soziale Bewegungen* 28:17–27.

Baringhorst, Sigrid, Veronika Kneip, Annegret März, und Johanna Niesyto, Hrsg. 2007. *Politik mit dem Einkaufswagen. Unternehmen und Konsumenten als Bürger in der globalen Mediengesellschaft.* Bielefeld: transcript.

Baringhorst, Sigrid, und Katharina Witterhold. 2015. Verbraucherinformation – Top down oder bottom up? Neue Formen netzbasierter Generierung einer kritischen Verbraucheröffentlichkeit. In *Abschied vom Otto Normalverbraucher*, Hrsg. C. Bala, 145–165. Düsseldorf: Klartext und Landeszentrale für politische Bildung.

Barnes, Samuel H., und Max Kaase. 1979. *Political action: Mass participation in five western democracies.* Beverly Hill: Sage.

Barnett, Clive, Paul Cloke, Nick Clarke, und Alice Malpass. 2010. *Globalizing Responsibility. The Political Rationalities of Ethical Consumption.* Oxford: Wiley.

Baule, Bernward. 2012. §72 Kommerzkultur, Verbrauchermacht, moralischer Konsum – zur Verbraucherpolitik im Föderalismus. In *Handbuch Föderalismus. Föderalismus als demokratische Rechtsordnung und Rechtskultur in Deutschland, Europa und der Welt*, Hrsg. I. Härtel, 515–613. Berlin: Springer.

Biervert, Bernd, Kurt Monse, und Reinhard Rock. 1984. *Organisierte Verbraucherpolitik. Zwischen Ökonomisierung und Bedürfnisorientierung.* Frankfurt/New York: Campus.

Bock, Josef, und Karl Gustav Specht. 1958. *Verbraucherpolitik.* Köln: Westdeutscher Verlag.

Bosch, Aida. 2010. *Konsum und Exklusion. Eine Kultursoziologie der Dinge.* Bielefeld: Transcript.

Boström, Magnus, Andreas Føllesdal, Mikael Klintman, Michele Micheletti, und Mads P. Søresen, Hrsg. 2005. *Political Consumerism: Its motivations, power, and conditions in the Nordic countries and elsewhere. Proceedings from the 2nd International Seminar on Political Consumerism, Oslo August 26-29, 2004.* Kopenhagen: TemaNord.

Boström, Magnus, Michele Micheletti, und Peter Oosterveer, Hrsg. 2019. *Oxford Handbook of Political Consumerism.* New York: Oxford University Press.

Brandl, Werner. 2007. Konsum und Moral – Ein orthodoxes Paradox der Mode? *Haushalt in Bildung und Forschung* 7:90–111.

Braunschweig, Christa. 1965. *Der Konsument und seine Vertretung. Eine Studie über Verbraucherverbände.* Heidelberg: Quelle & Meyer.

Bundesnetzwerk Bürgerschaftliches Engagement (BBE). 2008. *Engagement und Erwerbsarbeit.* Berlin: BBE-Eigenverlag.

Carrigan, Marylyn, und Ahmad Attalla. 2001. The myth of the ethical consumer – Do ethics matter in purchase behaviour? *Journal of Consumer Marketing* 18:560–578.

Chen, Rocky Peng, Echo Wen Wan, und Eric Levy. 2017. The effect of social exclusion on consumer preference for anthropomorphized brands. *Journal of Consumer Psychology* 27:23–34.

Connolly, John, und Andrea Prothero. 2008. Green consumption. Life-politics, risk and contradictions. *Journal of Consumer Culture* 8:117–145.

Devinney, Timothy M., Pat Auger, und Giana M. Eckhardt. 2010. *The myth of the ethical consumer*. Cambridge: Cambridge University Press.

Evers, Adalbert, und Thomas Olk. 1996. *Wohlfahrtspluralismus. Vom Wohlfahrtsstaat zur Wohlfahrtsgesellschaft*. Opladen: Westdeutscher Verlag.

Geiger, Theodor. 1964. *Vorstudien zu einer Soziologie des Rechts. Mit einer Einleitung und internationalen Bibliographie von Paul Trappe*. Neuwied: Luchterhand.

Gerhards, Jürgen. 2001. Der Aufstand des Publikums. Eine systemtheoretische Interpretation des Kulturwandels in Deutschland zwischen 1960 und 1989. *Zeitschrift für Soziologie* 30:163–184.

Hartmann, Kathrin. 2013. Politik statt Einkaufswagen. *Haushalt in Bildung und Forschung* 2:14–17.

Hedtke, Reinhold. 2005. Die Moral des Konsums und der Konsum der Moral. Anmerkungen zu den Paradoxien des Marktes. In *Warenethik und Berufsmoral im Handel. Beiträge zur Innovation der kaufmännischen Bildung. Schriftenreihe der Deutschen Stiftung für Warenlehre*, Hrsg. H. Lungershausen und R. Retzmann, 47–53. Essen: Deutsche Stiftung für Warenlehre.

Heidbrink, Ludger, Imke Schmidt, und Björn Ahaus, Hrsg. 2011. *Die Verantwortung des Konsumenten. Über das Verhältnis von Markt, Moral und Konsum*. Frankfurt: Campus.

Hellmann, Kai-Uwe. 2003. Sind wir eine Gesellschaft ohne Moral? Soziologische Anmerkungen zum Verbleib der Moral in der Moderne. In *Interesse und Moral als Orientierungen politischen Handelns*, Hrsg. U. Willems, 101–133. Baden-Baden: Nomos.

Hellmann, Kai-Uwe. 2004. Solidarität, Sozialkapital und Systemvertrauen. Formen sozialer Integration. In *Zivilgesellschaft und Sozialkapital. Herausforderungen politischer und sozialer Integration*, Hrsg. A. Klein, K. Kern, B. Geißel, und M. Berger, 131–149. Opladen: Verlag für Sozialwissenschaften.

Hellmann, Kai-Uwe. 2010. Konsum zwischen Risiko und Gefahr. In *Unsichere Zeiten. Herausforderungen gesellschaftlicher Transformation. Verhandlungen des 34. Kongresses der Deutschen Gesellschaft für Soziologie in Jena 2008*, Hrsg. H.G. Soeffner. Frankfurt: Campus, CD-ROM.

Hellmann, Kai-Uwe. 2012. Inklusion als Teilnahme und Teilhabe an Gesellschaft. Die soziologische Perspektive. In *Inklusion und Individualität. Aspekte einer systematischen Spannung*, Hrsg. R. Mehring, 61–76. Heidelberg: Mattes.

Holzer, Boris. 2010. Political consumerism between individual choice and collective action social movements, role mobilization, and signalling. *International Journal of Consumer Studies* 30:405–415.

Inglehart, Ronald. 1977. *The silent revolution. Changing values and political styles among western publics*. Princeton: Princeton University Press.

Janning, Frank. 2003. Der Staat der Konsumenten. Plädoyer für eine politische Theorie des Verbraucherschutzes. *Politische Vierteljahresschrift*, Sonderheft(Politik und Markt): 151–185.

Janning, Frank. 2011. *Die Spätgeburt eines Politikfeldes. Die Institutionalisierung der Verbraucherschutzpolitik in Deutschland und im internationalen Vergleich.* Baden-Baden: Nomos.

Jaquemoth, Mirjam, und Rainer Hufnagel. 2018. *Verbraucherpolitik. Ein Lehrbuch mit Beispielen und Kontrollfragen.* Stuttgart: Schäffer-Poeschel.

Kenning, Peter, und Inga Wobker. 2013. Ist der ‚mündige Verbraucher‘ eine Fiktion? Ein kritischer Beitrag zum aktuellen Stand der Diskussion um das Verbraucherleitbild in den Wirtschaftswissenschaften und der Wirtschaftspolitik. *Zeitschrift für Wirtschafts- und Unternehmensethik* 14:282–300.

Klein, Ansgar. 2019. Wohlfahrtsverbände und die Dynamik des Engagements in der Gesellschaft. In *Demokratie und Wohlfahrtspflege. Sonderband 2019 der Zeitschriften Blätter der Wohlfahrtspflege und Sozialwirtschaft.* Hrsg. K. Hummel und G. Timm, 213–226. Baden-Baden: Nomos.

Klein, Ansgar und Thomas Röbke. 2018. Monetarisierung und Engagement. Ausblicke auf die Tätigkeitsgesellschaft. In *Jahrbuch Engagementpolitik 2018*, 99–110. Frankfurt/M.: Wochenschau.

Koopmans, Ruud. 1995. *Democracy from below. New social movements and the political system in west Germany.* Boulder: Westview.

Koos, Sebastian. 2012. What drives political consumption in Europe? A multi-level analysis on individual characteristics, opportunity structures and globalization. *Acta Sociologica* 55:37–57.

Kornberger, Martin. 2017. The visible hand and the crowd: Analyzing organization design in distributed innovation systems. *Strategic Organization* 15:174–193.

Koslowski, Peter, und Birger Priddat, Hrsg. 2006. *Ethik des Konsums.* München: Fink.

Kraemer, Klaus. 2002. Konsum als Teilhabe an der materiellen Kultur. In *Nachhaltiger Konsum. Auf dem Weg zur gesellschaftlichen Verankerung.* Hrsg. G. Scherhorn & C. Weber, 55–62. München: ökom-Verlag.

Kuhlmann, Eberhard. 1990. *Verbraucherpolitik. Grundzüge ihrer Theorie und Praxis.* München: Vahlen.

Lamla, Jörn, und Ansgar Klein. 2005. Verbraucherpolitik als Querschnittsaufgabe profilieren! Ein Interview mit Edda Müller. *Forschungsjournal Neue Soziale Bewegungen* 18:98–105.

Lamla, Jörn, und Sighard Neckel, Hrsg. 2006. *Politisierter Konsum – konsumierte Politik.* Wiesbaden: VS Verlag.

Lübke, Volkmar. 1991. Verbraucherverbände: Ansprüche, Wirkungen, Perspektiven. *Forschungsjournal Neue Soziale Bewegungen* 4:60–67.

Marshall, Thomas S. 1950. *Citizenship and social class and other essays.* Cambridge: CUP.

Micheletti, Michele, Andreas Føllesdal, und Dietlind Stolle, Hrsg. 2004. *Politics, products, and markets. Exploring political consumerism past and present.* London: Routledge.

Micklitz, Hans-W, Andreas Oehler, Michael-Burkhard Piorkowsky, Lucia A. Reisch, und Christoph Strünck. 2010. *Der vertrauende, der verletzliche oder der verantwortungsvolle Verbraucher? Plädoyer für eine differenzierte Strategie in der Verbraucherpolitik. Stellungnahme des Wissenschaftlichen Beirats für Verbraucher- und Ernährungspolitik beim BMELV vom Dezember 2010.* Berlin: Bundesministerium für Ernährung, Landwirtschaft und Verbraucherschutz.

Müller, Edda. 2001. Grundlinien einer modernen Verbraucherpolitik. *Aus Politik und Zeitgeschichte B* 24:6–15.

Nessel, Sebastian. 2016. *Verbraucherorganisationen und Märkte. Eine wirtschaftssoziologische Untersuchung.* Wiesbaden: Springer VS.

Newman, Benjamin J., und Brandon L. Bartels. 2011. Politics at the checkout line: Explaining political consumerism in the united states. *Political Research Quarterly* 64:803–817.

Oehler, Andreas. 2013. Neue alte Verbraucherleitbilder: Basis für die Verbraucherbildung? *Haushalt in Bildung und Forschung* 2:44–60.

Raschke, Joachim. 1985. *Soziale Bewegungen. Ein historisch-systematischer Grundriß.* Frankfurt: Campus.

Rick, Kevin. 2018. *Verbraucherpolitik in der Bundesrepublik Deutschland. Eine Geschichte des westdeutschen Konsumtionsregimes, 1945–1975.* Baden: Nomos.

Riesman, David, und Howard Roseborough. 1964. Careers and Consumer Behavior. In *Abundance for what? And other essays*, Hrsg. D. Riesman, 107–130. New York: Garden City.

Roth, Roland. 1994. *Demokratie von unten. Neue soziale Bewegungen auf dem Wege zur politischen Institution.* Köln: Bund.

Scherhorn, Gerhard. 1975. *Verbraucherinteresse und Verbraucherpolitik.* Göttingen: Schwartz & Co.

Schmidt, Imke. 2016. *Consumer Social Responsibility. Gemeinsame Verantwortung für nachhaltiges Konsumieren und Produzieren.* Wiesbaden: Springer VS.

Schmidt-Kessel, Martin, und Claas Christian Germelmann, Hrsg. 2016. *Verbraucherleitbilder – Zwecke, Wirkweisen und Maßstäbe.* Jena: Jenaer Wissenschaftliche Verlagsgesellschaft.

Schrader, Ulf. 2007. The moral responsibility of consumers and citizens. *International Journal of Innovation and Sustainable Development* 2:79–96.

Selter, Gerhard. 1973. Idee und Organisation des Konsumerismus. Eine empirische Untersuchung der Konsumerismusbewegung in den USA. *Soziale Welt* 24:185–205.

Stolle, Dietlind, und Marc Hooghe. 2011. Shifting inequalities. Patterns of exclusion and inclusion in emerging forms of political participation. *European Societies* 13:119–142.

Stolle, Dietlind, Marc Hooghe, und Michele Micheletti. 2005. Politics in the supermarket. Political consumerism as a form of political participation. *International Political Science Review* 26:245–269.

Stolle, Dietlind, und Michele Micheletti. 2013. *Political consumerism. Global responsibility in action.* Cambridge: Cambridge University Press.

Ullrich, Wolfgang. 2008. ‚Gewissen ist geil' – Konsumkultur und Moral. *Utopiablog.* https://utopiablog.files.wordpress.com/2008/12/moralkonsum.pdf. Zugegriffen: 6. Febr. 2020.

Verbraucher Initiative. 1996. Manifest Die Verantwortung der Verbraucherinnen und Verbraucher. In *Welche Dinge braucht der Mensch Hintergründe, Folgen und Perspektiven der heutigen Alltagskultur Gekürzte Fassung*, Hrsg. D. Steffens, 216–222. Frankfurt: Anabas.

Wahlen, Stefan, und Mikko Laamanen. 2015. Consumption, lifestyle and social movements. *International Journal of Consumer Studies* 39:397–403.

Zald, Mayer N., und Bert Useem. 1987. Movement and countermovement interaction mobilization, tactics and state Involvement. In *Social movements in an organizational society*, Hrsg. M.N. Zald und J.D. McCarthy, 247–272. London: Routledge.

Kai-Uwe Hellmann lehrt am Institut für Soziologie der Technischen Universität Berlin Konsum- und Wirtschaftssoziologie und leitet zusammen mit Prof. Dr. Dominik Schrage die AG Konsumsoziologie.

Ansgar Klein, Dr., Jg, 1959, Geschäftsführer des Bundesnetzwerks Bürgerschaftliches Engagement (BBE). Der habilitierte Politikwissenschaftler und Diplom-Soziologe ist seit 1988 Mitherausgeber des „Forschungsjournal Neue Soziale Bewegungen". Nachdem er einige Jahre als wissenschaftlicher Autor, freier Publizist, Lektor, Redakteur und Dozent in der politischen Bildung tätig war, arbeitete von 2000 bis 2002 als wissenschaftlicher Koordinator der SPD-Bundestagsfraktion für die Enquete-Kommission „Zukunft des Bürgerschaftlichen Engagements". Der Herausgeber mehrerer Buchreihen und Privatdozent an der Humboldt-Universität zu Berlin ist seit 2002 (Gründungs-)Geschäftsführer des Bundesnetzwerks Bürgerschaftliches Engagement (BBE).

Der mündige Verbraucher als Auslaufmodell?

Der mündige Verbraucher: ein unverstandenes Leitbild?

Christoph Strünck

Zusammenfassung

Das Leitbild des mündigen Verbrauchers zieht Kritik auf sich. Mündig zu konsumieren, bleibt ein Ziel, das nicht infrage steht. Aber es stellen sich andere Fragen: Was meint Mündigkeit im Kontext von Konsum, welche Voraussetzungen müssen dafür gegeben sein, welche Funktion kann und soll ein Leitbild überhaupt erfüllen? Der Beitrag setzt sich kritisch mit der wissenschaftlichen Diskussion um Verbraucherleitbilder auseinander. Es wird diskutiert, wie trennscharf die vorgeschlagenen Alternativ-Leitbilder in Abgrenzung zum mündigen Verbraucher sind, und welche weichen Flanken sie haben. Zugleich wird erörtert, welche Funktion die Verbraucherleitbilder haben können, ob der Begriff des Leitbilds sinnvoll ist und welche Missverständnisse es möglicherweise in der Debatte darüber gibt. Das Leitbild des mündigen Verbrauchers – so das Fazit – ist eher ethische Orientierung als Erklärungsmodell. Die jüngst vorgeschlagenen Alternativen dienen hingegen als eine Art Verhaltenstypologie.

Schlüsselwörter

Mündigkeit · Verbraucherleitbild · Rationalität · Verhaltensökonomie · Mind-behavior-gap

C. Strünck (✉)
Fakultät I, Seminar für Sozialwissenschaften, Universität Siegen, Siegen, Deutschland
E-Mail: christoph.struenck@uni-siegen.de

© Springer Fachmedien Wiesbaden GmbH, ein Teil von Springer Nature 2020
K.-U. Hellmann et al. (Hrsg.), *Verbraucherpolitik von unten,* Konsumsoziologie und Massenkultur, https://doi.org/10.1007/978-3-658-29754-1_2

1   Was heißt hier mündig?

Mündigkeit ist seit der Aufklärung das hehre Ziel jeder Bildungsreform. Sie ist eines der großen Versprechen und zugleich die Voraussetzung liberaler Demokratien, die sich auf mündige Bürgerinnen und Bürger stützen. Es ist daher nicht verwunderlich, dass die Fähigkeit zu mündigem Handeln auf so ziemlich jede soziale Rolle ausgedehnt worden ist, die Menschen in modernen Gesellschaften zugeschrieben werden.

Mündig zu sein heißt, selbstverantwortlich zu handeln. Mündigkeit steht der Idee von Rationalität nahe, ist aber nicht identisch mit ihr. Sie ist der Wille, rational zu handeln. Menschen können grundsätzlich vernünftig sein, wollen ihre Vernunft aber nicht selbst verwenden, sondern überlassen die Entscheidungen anderen. Dann verzichten sie auf eine wichtige Fähigkeit und handeln damit unmündig. Der zentrale philosophische Kommentar dazu stammt von Immanuel Kant (1784):

> „Aufklärung ist der Ausgang des Menschen aus seiner selbst verschuldeten Unmündigkeit. Unmündigkeit ist das Unvermögen, sich seines Verstandes ohne Leitung eines anderen zu bedienen. Selbstverschuldet ist diese Unmündigkeit, wenn die Ursache derselben nicht am Mangel des Verstandes, sondern der Entschließung und des Mutes liegt, sich seiner ohne Leitung eines anderen zu bedienen."

Wenn in der Verbraucherpolitik und in der Verbraucherforschung von ,mündigen Verbrauchern' die Rede ist, dann hängt daran also viel begrifflicher Ballast. Selbstkritisch muss man zugeben, dass dieser Ballast in der Debatte um Verbraucherleitbilder vielleicht vorschnell abgeworfen wurde. Mündigkeit, Verstand, Vernunft und Rationalität hängen zwar miteinander zusammen, sind aber nicht das Gleiche. Auch ist das Leitbild des mündigen Verbrauchers nicht deckungsgleich mit dem idealtypischen wissenschaftlichen Modell des ,rationalen Konsums', das von der verhaltensökonomischen Forschung immer stärker infrage gestellt wird.

In der politischen, wissenschaftspolitischen und teilweise innerwissenschaftlichen Diskussion über verbraucherpolitische Leitbilder ist eigentlich nur wenig zur Idee der Mündigkeit gesagt worden. Stattdessen arbeiten sich die Verbraucherwissenschaften an den Grenzen der Rationalität ab, wenn es um Konsumentscheidungen geht. Die Idee der ,bounded rationality' ist zwar schon etwas betagt (Simon 1959). Aber die Experimente der Verhaltensökonomie haben diesem ursprünglich auf Organisationen bezogenen Konzept menschliche Proportionen verpasst. Und sie haben den Blick zurück gelenkt auf Routinen,

Gewohnheiten und Normen, die kein Gegensatz zu Rationalität sind, sondern diese sozial einbetten (Reisch und Oehler 2009).

Sich seines Verstandes ohne Leitung eines anderen zu bedienen, also mündig zu handeln: Was heißt das übertragen auf Konsum? Mit unseren Konsumentscheidungen verfolgen wir bestimmte Zwecke. Diese Zwecke sind individuell unterschiedlich, und sie sind im Übrigen auch von Milieus, von Normen und von sozialer Kommunikation geprägt. Zwecke definieren den Raum des Verbrauchsakts, der lange Zeit andauern und in dessen Verlauf sich auch die Zwecke ändern können: Erst erstehe ich ein Fahrrad für Ausflüge, dann nutze ich es zum Pendeln und eigentlich ist es auch ein Status-Symbol.

Zwecke können auch emotional aufgeladen sein, sie sind nicht im strengen Sinne ‚vernünftig‘ oder nutzenorientiert. Die ökonomische Theorie der Demokratie von Anthony Downs (1965) erfasst diese Logik von Zweck-Mittel-Rationalität, wie sie schon Max Weber entwickelt hatte: Wählerinnen und Wähler können Parteien bevorzugen, die sich für altruistische Ziele einsetzen. Das ist nicht irrational. Wenn sie dann aber diese Parteien nicht wählen, weil sie sich nicht mit dem Programm auseinandergesetzt haben, dann handeln sie nicht rational.

Der Verstand muss die Wahl der Mittel leiten, um die jeweiligen Zwecke zu erreichen: Geld, Zeit, Informationsquellen. Hier gibt es viele Restriktionen, sowohl individuelle als auch strukturelle. Wenn ich mir keine Gedanken darüber mache, welche Mittel ich wie einsetzen kann, dann handele ich unmündig. Wenn ich aber zu dem Schluss komme, dass meine Mittel begrenzt sind und ich daher Ersatzlösungen wie Testergebnisse oder Erfahrungsberichte brauche, dann entspricht das ganz und gar einem mündigen Verbraucherverhalten. Testberichten zu vertrauen ist auch nicht die ‚Leitung eines anderen‘. Denn die eigentliche Entscheidung zu vertrauen, die muss ich selbst treffen.

Was mich aber letztlich dazu motiviert, solche Entscheidungen zu treffen, ist empirisch alles andere als klar. Möglicherweise sind die genannten oder vordergründigen Motive auch nur nachträgliche Rationalisierungen, während der eigentliche Impuls unentdeckt bleibt. Die Bedürfnisse und Beweggründe für Konsum sind noch immer ein blinder Fleck in der Forschung, eine Art Black Box (Bauer und Gegenhuber 2015).

Selbst wenn es so sein sollte, dass wir Motive erst konstruieren, wenn wir uns rechtfertigen, so ist die Mündigkeit als Wesenskern einer wichtigen sozialen Rolle nicht überflüssig. Mündig zu konsumieren bedeutet, über meine Entscheidungsmöglichkeiten und ihre Grenzen nachzudenken. Wie sehr ich allerdings Verantwortung für die Entscheidung übernehmen kann, hängt von Rahmenbedingungen und meiner Lebenslage ab.

Tatsächlich müssen sich mündige Verbraucher*innen Selbstverantwortung zuschreiben lassen oder schreiben sie sich selbst zur. Allerdings kann ich nur Verantwortung für Dinge übernehmen, die ich mit beeinflussen kann. Oder mit den Worten von Hans Jonas (1984, S. 172): „Die Bedingung von Verantwortung ist kausale Macht".

Grenzen der Selbstverantwortung sind der Anstoß für die jüngere Diskussion um Verbraucherleitbilder gewesen. Sie sind dadurch aber nicht automatisch Antipoden des mündigen Verbrauchers. Es ließe sich auch argumentieren, dass die Leitbild-Trias von ‚vertrauenden, verletzlichen und verantwortungsvollen Verbrauchern‘ kein Widerpart, sondern eher Varianten des mündigen Verbrauchers sind. Das gilt vor allem für die verantwortungsvollen Verbraucher, deren aktive Rolle die Idee des mündigen Verbrauchers zuspitzt. Vielleicht sind aber die drei neuen Leitbilder auch gar keine Leitbilder im eigentlichen Sinne, mit einer eigenen ethischen Fundierung. Aber dazu später.

2 Der vertrauende, der verletzliche, der verantwortungsvolle Verbraucher: Alternativen oder Ausdifferenzierung?

Macht es Sinn, in kritischer Absicht dem normativ etablierten Leitbild des mündigen Verbrauchers neue Leitbilder entgegenzustellen? Die Semantik von Leitbildern an sich bedarf der (Selbst-)kritik. Auch die neuen Verbraucherleitbilder suggerieren, dass es verschiedene Idealtypen von Verbraucher*innen oder Verbrauchergruppen gibt. Verbraucher*innen sind jedoch aus soziologischer Sicht keine soziale Gruppe, sondern eine Rolle, die unterschiedlich wahrgenommen wird. Leitbilder beschreiben daher eher Idealtypen von Verbraucherverhalten oder Verbrauchersituationen.

In den Stellungnahmen des früheren wissenschaftlichen Beirats im Bundesministerium für Ernährung, Landwirtschaft und Verbraucherschutz (BMELV), an denen auch der Autor beteiligt war, klingt das stellenweise anders. Hier ist die Rede davon, dass sich die meisten Menschen wie ‚vertrauende Verbraucher‘ verhalten: „Sie wollen und können sich für eine Konsumentscheidung nicht zu viel Zeit nehmen" (Micklitz et al. 2010). Diese Gruppe sei u. a. auf ein Mindestschutzniveau angewiesen. Empirisch ist diese Aussage nur bedingt belegbar. Es ist außerdem nicht abwegig, dass sich relativ viele Menschen auch wie ‚ignorante Verbraucher‘ verhalten (Klug 2015). Der in der Forschung breit nachgewiesene ‚mind-behavior-gap‘ legt das nahe. Aus Einstellungen folgt eben nicht automatisch entsprechendes Verhalten.

An anderen Stellen des Textes taucht die ‚Gruppe der verletzlichen Verbraucher' auf, die sich auf ein besonderes Schutzniveau verlassen können müssten. Letzteres wird auch amtlich von der Politik vertreten, wenn etwa die EU von den Mitgliedsstaaten fordert, die Gruppe der schutzwürdigen Verbraucher*innen im Energiemarkt zu definieren, um Stromsperren zu verhindern (Strünck 2017b).

Solche nachvollziehbaren politischen Erfordernisse machen aber wissenschaftlich nur bedingt Sinn, da Verbraucher*innen keine soziale Gruppe sind, sondern eine soziale Rolle beschreiben. Ein kognitiv eingeschränkter älterer Mensch mag bei gesundheitsrelevanten Entscheidungen verletzlich sein. Er muss daher aber nicht von Stromsperren bedroht sein. Wenn er sich außerdem Hilfe bei Unabhängigen sucht, handelt er aber eher als vertrauender Verbraucher.

Verantwortungsvoll können Verbraucher*innen in den Feldern handeln, in denen ihr politisches Interesse an Veränderung am größten ist. Wer faire Kleidung oder Bio-Lebensmittel kauft, kann aber auch viel Energie durch digitalen Konsum verbrauchen. Und auch ‚durchschnittliche' Verbraucher*innen können in bestimmten Konsumfeldern besonders aktiv, informiert und auch verantwortungsvoll handeln.

Die drei neuen Typen von Verbraucher(verhaltens)leitbildern überschneiden sich daher. Zugleich haben sie unterschiedliche Berührungspunkte zum Leitbild des mündigen Verbrauchers.

Die ‚vertrauenden Verbraucher' setzen im Grunde auf Meta-Rationalität: Sie vertrauen Dritten, die sie selbst ausfindig machen müssen und für deren Vertrauenswürdigkeit sie Kriterien haben. Damit bedienen sich auch die vertrauenden Verbraucher ihres Verstandes, indem sie effizienzsparend handeln, eine klassische Form der Mittel-Rationalität.

Die verletzlichen Verbraucher*innen (oder verletzliches Verbraucherverhalten) geraten am ehesten in Konflikt mit dem Leitbild des mündigen Verbrauchers. Allerdings fehlen hier nicht unbedingt ‚Wille oder Mut', sich des eigenen Verstandes zu bedienen. Entweder sind ihre kognitiven Fähigkeiten eingeschränkt, oder die Rahmenbedingungen engen ihre Handlungsmöglichkeiten ein. Letzteres lässt sich wieder am Beispiel von Energiemärkten zeigen: Wer verschuldet ist, kann nicht so leicht in einen günstigeren Stromtarif wechseln, sondern hängt im teuren Grundtarif fest (Strünck 2017b). Hier braucht es Ersatzlösungen, um die Grenzen der Mündigkeit zu überwinden.

Muss ich auch die Folgen meines Konsums überblicken, um mündig zu sein? Diese Erwartung ist mit dem Leitbild des ‚verantwortungsvollen Verbrauchers' verbunden. Hier bedeutet Mündigkeit, mit dem Konsum die eigenen Überzeugungen im Sinne des politischen Konsumerismus umzusetzen: Negative externe Effekte von Konsum sollen vermieden, sozial faire, ökologische oder andere Ziele bewusst mit Konsum gefördert werden (Baringhorst 2007; Koos 2011). Allerdings sind gerade besonders aktive Verbraucher*innen darauf angewiesen, ausreichende Informationen über Lieferketten, Produkteigenschaften und Folgen von Konsumentscheidungen zu bekommen. Ist das nur schwer möglich, können sie ihre Selbstverantwortung nur bedingt wahrnehmen.

Schon diese skizzenhafte Analyse deutet an, dass die drei Leitbilder kein Ersatz für das Leitbild des mündigen Verbrauchers sind, eher eine differenzierende Ergänzung. Entsprechend heißt es auch am Ende der einschlägigen Stellungnahme: „Hält man also am Leitbild des ‚mündigen' Verbrauchers fest, so müssen sich die verbraucherpolitischen Strategien stärker an den unterschiedlichen Verhaltensmustern ausrichten". Und über diese Verhaltensmuster sollen die drei neuen Leitbilder Auskunft geben. Sind sie dann überhaupt Leitbilder im eigentlichen Sinne? Auf jeden Fall basieren sie auf Annahmen, die sie mit dem Leitbild des mündigen Verbrauchers teilen. Und diese Annahmen stoßen auf Kritik.

3   Sind Verbraucherleitbilder zu individualistisch?

Ein Vorwurf, der das Leitbild des mündigen Verbrauchers ebenso stark trifft wie seine Ausdifferenzierungen, ist jener der individualistischen Verengung. Konsum kann prinzipiell als ein Akt der Vergemeinschaftung gesehen werden, eingebettet in größere gesellschaftliche Konsumkulturen und kleinere gemeinschaftliche Konsumstile und -gewohnheiten. Schon die Bedürfnisse selbst sind nicht rein individuell, sondern stets sozial konstruiert, ganz zu schweigen von der Bedürfnisstrukturierung durch Industrie, Werbung und Medien. Vor allem aber ist Konsum eine Art Netz von sozialen Beziehungen.[1]

Der Kaufakt alleine spiegelt nicht den Konsum als soziales Prinzip wider. Sowohl die Reflexion über die Entstehung von Produkten als auch die Nutzung und Verwendung von Gütern und Dienstleistungen, für sich, in Haushalten oder in Gemeinschaft, formen den Verbrauchsakt mit seinen ökonomischen und

---

[1]Der Autor erinnert sich daran, dass die Diskussionen im früheren wissenschaftlichen Beirat für Verbraucher- und Ernährungspolitik des Bundesministeriums für Ernährung, Landwirtschaft und Verbraucherschutz (BMELV) sich u. a. an diesem grundsätzlichen Punkt verhakten und auch nicht aufgelöst werden konnten: Gehen wir von einem personenzentrierten Entscheidungsmodell aus, oder betrachten wir Konsum mindestens als Haushaltsökonomie, wenn nicht gar als ein gemeinschaftlich geprägtes Netzwerk? Und wie viel Eigenverantwortung ist legitim oder sogar notwendig?

sozialen Voraussetzungen wie Folgewirkungen. Präferenzen entstehen und verändern sich in diesen sozialen Beziehungen, während sie in neoklassischen Wirtschaftsmodellen als gegeben unterstellt werden.

Obwohl sie sich kritisch gegen orthodoxe Modelle wenden, folgen auch die jüngeren Verbraucherleitbilder weitgehend einem individualistischen Ansatz, der von den Verhaltenswissenschaften inspiriert ist. Die Verhaltensökonomie reflektiert zwar klassische soziologische Konzepte wie Milieus oder Normen, betrachtet sie jedoch als externe Faktoren, die individuelles Verhalten prägen. Kauf- und Verbrauchsakte sind aber sozial eingebettet, sie sind primär Kommunikation zwischen verschiedenen Beteiligten, und vermeintlich individuelle Motive können nachträglich konstruiert werden (Hellmann 2013). Diese sozialen Phänomene sind in Experimenten nur bedingt rekonstruierbar.

Daher müssen sich auch die Alternativleitbilder der jüngsten Zeit den Vorwurf gefallen lassen, sie seien zu individualistisch gedacht, obwohl sie auf die Grenzen der Rationalität aufmerksam machen. Eine kritisch-konstruktive Sicht auf die Leitbild-Diskussion sollte aber auch den Kontext betrachten.

4 Verständnisse und Missverständnisse von Verbraucherleitbildern

Es würde sich lohnen, die jüngere Diskussion um die Verbraucherleitbilder selbst noch einmal wissenssoziologisch zu reflektieren. Denn sie ist ein kleines Teil einer langen Entwicklungsreihe in der Verbraucherforschung, in der Verbraucher*innen „erst als Tier, dann als Computer, später als Tourist und schließlich als Stammesmitglied" (Hellmann 2017, S. 145) konzipiert worden sind. Verbraucherleitbilder, wenn sie zugleich Folie für wissenschaftliche Modelle sind, spiegeln immer auch den Zeitgeist in Politik und Öffentlichkeit wider, und die darin verwobenen Kontroversen. Sie transportieren wissenschaftliche Paradigmen, Moden, Normen, aber auch politischen Stimmungswandel. Selbst wenn sie als analytisches Modell, als Idealtypus im Weberschen Sinne gemeint sind, tragen sie einen normativen Kern in sich. Auch die Rechtsprechung ist nicht immun gegen Konjunkturen von Leitbildern mit ihren jeweils anfechtbaren Annahmen (Strünck 2015).

Der mündige Verbraucher, den sich als Zielbild alle wünschen, ist aus zwei Richtungen unter Beschuss geraten: Aus verbraucherpolitischer Sicht, da Leitbilder immer auch politisch instrumentalisiert werden, und aus verbraucherwissenschaftlicher Sicht, da Leitbilder auch wissenschaftliche Modelle inspirieren (Strünck 2010).

Die Brücke zwischen beiden ist die wachsende Kritik am ‚Informations-ansatz' in Verbraucherpolitik und Verbraucherwissenschaften (Kenning und Wobker 2013). Denn neben der Informationsasymmetrie gibt es auch eine Macht-asymmetrie zwischen Produzenten und Konsumenten. Abgesehen davon, sorgen Wahlfreiheit und Transparenz nicht automatisch dafür, dass auch substanzielle Wahlmöglichkeiten bestehen. Im Bereich der Mobilität braucht es dafür z. B. infrastrukturelle Veränderungen (Strünck 2017a).

Auch regte sich spätestens seit der Finanzkrise immer mehr Kritik am dominanten Paradigma der neoklassischen Wirtschaftswissenschaft, wonach sich selbstregulierende Märkte das Konsumentenwohl optimal fördern. Der Erklärungsgehalt wurde infrage gestellt und zugleich kritisiert, dass sich politische Entscheidungen zu einseitig an diesem Modell orientiert hätten. In diesem Klima erschien das Leitbild des mündigen Verbrauchers immer stärker als Ideologie denn als Idee.[2]

Wurde es in den 70er Jahren als ein normativer Akt der Emanzipation selbst-bewusster Verbraucher*innen und als aktiver Part der gesamtwirtschaftlichen Steuerung verstanden, schlägt dem Leitbild heute der Verdacht eines von der Industrie instrumentalisierten Zerr- und Trugbilds entgegen (Strünck 2015).

Was waren und sind aber die Motive dafür, dass dem normativen Fixstern der Mündigkeit neue Leitbilder entgegengehalten wurden und werden? Das Folgende ist eine hoch subjektive, allein dem Autor anzulastende Mutmaßung ohne jede Evidenz. Sie ist eher eine Selbstreflexion als eine systematische Analyse.

5   Reminiszenz und Selbstreflexion

Da war zum einen der Wunsch nach einer wissenschaftlich fundierten Unter-stützung der Verbraucherpolitik, um diese als Politikfeld gegenüber den etablierten Ressorts aufzuwerten (Hagen et al. 2013). Fundiert hieß aus Sicht einiger, nicht aller Protagonisten: mehr Empirie in Form von Evidenz. Und diese Empirie sollte nicht auf Basis eines als realitätsfern kritisierten Verhaltensmodells entstehen. Sie sollte an konkreten Verbraucherproblemen ansetzen und Evidenz für die Wirksamkeit bestimmter verbraucherpolitischer Regulierungen liefern.

---

[2]Hier setzte eine andere Diskussion im früheren wissenschaftlichen Beirat an: Warum schafft Wettbewerb nicht automatisch ausreichende Transparenz für informierte Ver-braucherentscheidungen? Wettbewerbspolitik kann daher Verbraucherpolitik nicht ersetzen.

Die methodischen Probleme wurden allerdings ausgeklammert. Denn hier wären Paradigmen aufeinandergeprallt. Verbunden mit diesem Motiv war keinesfalls Kapitalismuskritik, sondern ein Glaube an die politischen Gleichgewichtsideen der sozialen Marktwirtschaft: Wer die sozialen Wirkungen der Marktwirtschaft fördern will, darf nicht die Augen vor dem lehrbuchfernen Verhalten von Menschen verschließen. Und er darf Eigenverantwortung nicht ideologisieren, sondern muss ihre realistische Umsetzung ermöglichen.

Verbunden mit diesem Motiv war das Interesse, die Ansätze der Verhaltensökonomie in politische Maßnahmen umzusetzen, zum Beispiel in Form von ‚nudging‘ und neuen Entscheidungsarchitekturen. Die Vorbilder der Obama-Administration und der britischen Regierung boten die Chance, die Verbraucherpolitik mit innovativen Ansätzen anzuregen. Doch dazu musste die Bedeutung des mündigen Verbrauchers als Ausgangspunkt für politische Maßnahmen relativiert werden.

Ein anderes und höchst umstrittenes Motiv war eine Skepsis gegenüber der Reichweite von Verbraucherbildung. Ohne bessere Entscheidungsarchitekturen würde Verbraucherbildung in immer komplexeren Märkten ins Leere laufen.

Ein weiteres Motiv bestand darin, die Selbstverantwortung des mündigen Verbrauchers stärker als soziale Verantwortung sichtbar zu machen. Daraus entstand der Wunsch, den verantwortungsvollen Verbraucher eigenständig zu rahmen. Von Anfang an stand jedoch die Kritik im Raum, dass alle anderen Verhaltenstypen damit implizit als verantwortungslos karikiert würden. Aber letztlich sollte sich nachhaltiger Konsum auch in einem entsprechenden Verbraucherleitbild spiegeln. Hinzu kam eine gewisse Unzufriedenheit damit, Konsum als rein wirtschaftliches Handeln zu betrachten. Die soziale Teilhabe durch Konsum bis hin zur politischen Verantwortung von Konsumbürger*innen sollten nicht ausgeblendet bleiben.

Neben weiteren Motiven mischten sich aber von Beginn an Bedenken ein, wie sie u. a. auch im Beirat zur Sprache kamen. Leitbilder müssen einen normativen Kern haben, sonst sind sie keine Leitbilder. Müsste daher semantisch und analytisch nicht viel klarer zwischen den Funktionen politischer Leitbilder und wissenschaftlicher Modelle unterschieden werden?

Im Grunde erwarten wir eine ethische Orientierung durch Leitbilder. Diese zu entwickeln, ist aber keine originär wissenschaftliche Aufgabe. Politische Organisationen fühlen sich in erster Linie zuständig dafür und haben auch ihre eigenen Leitbilder. Warum sollte also eine neue Leitbild-Diskussion von der Wissenschaft ausgehen? Ist es nicht vermessen, neue homogene Leitbilder vorzuschlagen, wenn schon die existierenden höchst unterschiedlich interpretiert werden, je nach Interessenlage?

6   Ausdifferenzierte Verbraucherleitbilder

Im Grunde gibt es ein zentrales Missverständnis in der Leitbild-Diskussion. Wenn ein wesentlicher Impuls darin bestand, evidenzbasiert einen wirklichkeitsnahen Blick auf Verbraucherverhalten zu werfen, dann mag es nicht richtig dazu passen, neue Leitbilder vorzuschlagen. Andererseits sollte die Politik dafür sensibilisiert werden, Leitbilder nicht mit der Wirklichkeit zu verwechseln. Interessengeleitete Interpretationen von Leitbildern sollten durch evidenzbasierte Entscheidungsarchitekturen ersetzt werden. Man mag diesem Ansinnen politische Naivität unterstellen.

Die drei neuen ‚Leitbilder' sollten jedoch den Blick auf unterschiedliche Varianten eines realistischen Verbraucherverhaltens lenken. Denn die Aussage ‚Das sollen die Verbraucher selbst entscheiden' verschleiert die anspruchsvollen Anforderungen an mündige Verbraucher*innen. Wie realistisch diese Anforderungen sind, ist sekundär, wenn das Leitbild des mündigen Verbrauchers als ethische Orientierung verstanden wird und weniger als Erklärungsmodell.

Dass ein solches Leitbild instrumentalisiert oder wissenschaftlich verengt wird, heißt noch nicht, dass es entsorgt werden muss. Im Gegenteil: Die Widersprüche zwischen realen Handlungsmöglichkeiten und ethischem Gebot machen erst sichtbar, wo Verbraucherpolitik wirksam sein kann und wo ihre Grenzen liegen.

Bei den neuen Verbraucherleitbildern handelt es sich eher um eine Typologie von Verhalten und Situationen als um eine ethisch-normative Leitplanke. Ihr Wert besteht darin, die empirische Fiktion des ‚durchschnittlichen Verbrauchers' zu den Akten zu legen. Und sie geben zugleich Hinweise darauf, wie die Kluft zwischen Verbraucherverhalten und Verbraucherleitbild verringert werden kann. Damit erweisen auch sie dem Leitbild des mündigen Verbrauchers ihre Reverenz. Aber sie nehmen es nicht für bare Münze.

Literatur

Baringhorst, Sigrid. 2007. *Politik mit dem Einkaufswagen. Unternehmen und Konsumenten als Bürger in der globalen Mediengesellschaft.* Bielefeld: Transcript.

Bauer, Robert M., und Thomas Gegenhuber. 2015. Crowdsourcing: Global search and the twisted roles of consumers and producers. *Organization* 22:661–681. https://doi.org/10.1177/1350508415585030.

Downs, Anthony. 1965. *An economic theory of democracy.* New York: Harper & Row.

Hagen, Kornelia, Hans-W Micklitz, Andreas Oehler, Lucia A. Reisch, und Christoph Strünck. 2013. Check Verbraucherpolitik und Verbraucherbeteiligung: Empfehlungen für eine evidenzbasierte Verbraucherpolitik. *Journal für Verbraucherschutz und Lebensmittelsicherheit* 8:61–66. https://doi.org/10.1007/s00003-012-0800-1.

Hellmann, Kai-Uwe. 2013. *Der Konsum der Gesellschaft. Studien zur Soziologie des Konsums*. Wiesbaden: Springer VS.

Hellmann, Kai-Uwe. 2017. Die akademische Konsumforschung aus soziologischer Perspektive. In *Verbraucherwissenschaften. Rahmenbedingungen, Forschungsfelder und Institutionen*, Hrsg. P. Kenning, A. Oehler, L.A. Reisch, und C. Grugel, 141–165. Wiesbaden: Springer Gabler.

Jonas, Hans.1984. Das Prinzip Verantwortung. *Versuch einer Ethik für die technologische Zivilisation*. Frankfurt am Main: Insel Verlag.

Kant, Immanuel. 1784. Beantwortung der Frage: Was ist Aufklärung? *Berlinische Monatsschrift* 12:481–494.

Kenning, Peter, und I. Wobker. 2013. Ist der ‚mündige Verbraucher' eine Fiktion? *Zeitschrift für Wirtschafts- und Unternehmensethik* 14:282–300.

Klug, Martin. 2015. Der ignorante Verbraucher als Leitbild der Verbraucherpolitik. In *Abschied vom Otto Normalverbraucher. Moderne Verbraucherforschung: Leitbilder, Information, Demokratie*, Hrsg. C. Bala und K. Müller, 79–92. Essen: Klartext.

Koos, Sebastian. 2011. Explaining ethical consumption behaviour in Europe. A comparative analysis. In *Economy in changing society: Consumptions, markets, organizations and social policies*, Hrsg. M. Nawojczyk, 17–44. Newcastle upon Tyne: Cambridge Scholars.

Micklitz, Hans-W, Andreas Oehler, Michael-Burkhard Piorkowski, Lucia A. Reisch, und Christoph Strünck. 2010. *Der vertrauende, der verletzliche oder der verantwortungsvolle Verbraucher? Plädoyer für eine differenzierte Strategie in der Verbraucherpolitik. Stellungnahme des Wissenschaftlichen Beirats Verbraucher- und Ernährungspolitik beim BMELV*. Berlin: BMELV.

Reisch, Lucia A. und Andreas Oehler. 2009. Behavioral economics: eine neue Grundlage für die Verbraucherpolitik? *Verbraucherpolitik zwischen Markt und Staat*, 30–43. Berlin: Duncker & Humblot.

Simon, Herbert A. 1959. Theories of decision-making in economics and behavioral science. *The American Economic Review* 49:253–283.

Strünck, Christoph. 2010. *Wollen wirklich alle den ‚mündigen Verbraucher'? Wie Interessengruppen ein Leitbild instrumentalisieren. Stellungnahme des Wissenschaftlichen Beirats Verbraucher- und Ernährungspolitik beim BMELV*. Berlin: BMELV.

Strünck, Christoph. 2015. Der mündige Verbraucher: ein populäres Leitbild auf dem Prüfstand. In *Abschied vom Otto Normalverbraucher. Moderne Verbraucherforschung: Leitbilder, Information, Demokratie*, Hrsg. C. Bala und K. Müller, 19–28. Essen: Klartext.

Strünck, Christoph. 2017a. Energie und Mobilität. In *Verbraucherwissenschaften. Rahmenbedingungen, Forschungsfelder und Institutionen*, Hrsg. P. Kenning, A. Oehler, L.A. Reisch, und C. Grugel, 235–259. Wiesbaden: Springer Gabler.

Strünck, Christoph. 2017b. *Energiearmut bekämpfen. Instrumente, Maßnahmen und Erfolge in Europa*. Bonn: Friedrich-Ebert-Stiftung Abteilung Wirtschafts- und Sozialpolitik.

Prof. Dr. Christoph Strünck lehrt Politikwissenschaft mit dem Schwerpunkt Sozialpolitik an der Universität Siegen. Er ist außerdem Direktor des Instituts für Gerontologie an der TU Dortmund. Seine Schwerpunkte sind Verbraucherforschung, Soziale Gerontologie, Sozialpolitik- und Gesundheitspolitik, sowie Interessengruppen und Interessenpolitik.

Mündige Verbraucher – eine praxistheoretische Revision

Thomas Cannaday

Zusammenfassung

Das Leitbild des mündigen Verbrauchers ist in Verruf geraten. Allerdings basiert die Kritik auf dem sozialtheoretischen Zerrbild eines Homo Oeconomicus, das die Verbraucherrolle eher verklärt als den Blick auf die Problemstellung freizugeben: Entlang von Prämissen der Nutzenmaximierung unter den Bedingungen rationaler Wahl und vollständiger Informiertheit wird der mündige Verbraucher so konstruiert, dass seine Infragestellung notwendig folgen muss. Ziel des Beitrags ist es, eine kritische Begriffsaufarbeitung zu leisten, die sowohl einseitige Festlegungen offenlegt als auch den sozialtheoretischen Ertrag einer praxistheoretischen Alternative auslotet. Um die wirtschaftspolitische Ermöglichungsfunktion des Leitbilds ausmachen zu können, muss auf die Grenzen der Eigenverantwortung hin sensibilisiert werden und Begrifflichkeiten wie Verantwortung, Selbst- und Mitbestimmung, sowie Transparenz innerhalb des Verbrauchsdiskurses neu bestimmt werden.

Schlüsselwörter

Mündigkeit · Politische Philosophie · Praxistheorie · Sozialphilosophie · Verbraucherpolitik

T. Cannaday (✉)
Berlin, Deutschland
E-Mail: Thomas.Cannaday@outlook.de

© Springer Fachmedien Wiesbaden GmbH, ein Teil von Springer Nature 2020
K.-U. Hellmann et al. (Hrsg.), *Verbraucherpolitik von unten,* Konsumsoziologie und Massenkultur, https://doi.org/10.1007/978-3-658-29754-1_3

1   Einleitung

Wenn wir von einem Verbraucherleitbild sprechen, sprechen wir schon immer zugleich von einer Schwierigkeit: Das Sujet eines solchen Leitbildes gilt es sowohl zu beschreiben, als auch, gerade wenn es um die politische Einholung geht, anzusprechen. Ein Verbraucherleitbild ist also nicht nur Gegenstand theoretischer Auseinandersetzung, sondern von praktischen Erwartungshaltungen geprägt. Das Verbraucherleitbild, um das es in diesen Zeilen geht, ist das vom mündigen Verbraucher.

So viel diese Formel auch bemüht wird, bleibt es allerdings nicht so einfach zu bestimmen, was unter „mündig" genau zu verstehen ist. Das gilt umso mehr, als damit eine ganze Reihe diverser Begriffspaarungen einhergehen. Unter Mündigkeit wird dann teils Selbstbestimmung und Verantwortungsübernahme verstanden (Eidam und Hoyer 2006, S. 7). Teils wird der Begriff in eins gesetzt mit Erwachsensein (Blatter 2007, S. 11 ff.). Auch Autonomie und politische Partizipation gehören zum Bedeutungsfeld der Mündigkeit (Habermas 1996, S. 277 f.). Nicht zuletzt wird mit ihr eine durch Bildung allumsichtige Informiertheit zusammengebracht (Fridrich et al. 2017, S. 121 f.). Die Klarheit, die solche *ad hoc* Zuschreibungen zu implizieren vermögen, verliert sich beim genaueren Blick auf die angebotenen Begriffskonstellationen. Mündigkeit leidet darunter, sowohl über- als auch unterbestimmt zu sein (Ebersold 1980, S. 150 ff.). Unterbestimmt deshalb, weil nicht nur der semantische Gehalt in der Breite des assoziativen Bedeutungsfelds scheinbar „weitgehend ins Belieben eines jeden gestellt" (ebd., S. 157) wird, sondern weil auch versteckte Theorietraditionen mit dem Begriff Unterschiedliches artikulieren und so implizite Weltdeutung betreiben (Cannaday 2018, S. 11). Dagegen ist Mündigkeit insofern überbestimmt, als mit ihr gleichzeitig perfektionistische Ziele einer transzendentalen Entscheidungsmacht verbunden werden, von der aus betrachtet man im besten Falle nur ‚halb-' oder ‚teilmündig' sein kann. Eine Kritik am Begriff ist daher naheliegend, oder wie Strünck et al. (2012, S. 9 f.) monieren:

> „Die Figur des mündigen Verbrauchers [...] ähnelt dem des Ungeheuers von Loch Ness. Manche Akteure müssen oder wollen daran glauben, andere glauben, dass es unter bestimmten Umständen existieren könnte, manche bezweifeln seine Existenz und wiederum andere beschreiben, wie es sein sollte."

Gleichwohl ist Mündigkeit seit der Nachkriegszeit nicht aus dem öffentlichen Diskurs wegzudenken. Ist sie anfangs noch vorwiegend Gegenstand pädagogischer Beschäftigung, erstreckt sich die Debatte um sie zunehmend in die Bereiche soziologischer und wirtschaftlicher Überlegung. Eine ‚Erziehung zur Mündigkeit' untersteht nicht nur der Frage, wie man die Massen vor populistischer Vereinnahmung schützt und gleichzeitig deren Willen zur Demokratie stärkt (Adorno 1971). Mündigkeit erfährt auch darüberhinaus eine Verbindung mit der kapitalistischen Lebensform von der man sich Individualisierung verspricht: der einzelne wird als ein sich selbst verantwortlicher Akteur erfasst.[1] Diese doppelte Perspektive bleibt weder zeitlich noch räumlich auf die frühe Nachkriegszeit begrenzt. Mit dem Ende des kalten Krieges wiederholen die Bundes- und Landeszentralen für politische Bildung die Aufforderung, Mündigkeit als zentrale politische Erziehungsaufgabe zu begreifen. Ein demokratischer Rechtsstaat sei schließlich abhängig

„vom mündigen Mitdenken und Mittun seiner Bürgerinnen und Bürger und ihrer Bereitschaft, sich selbst- und sozialverantwortlich ein Urteil zu bilden, in der Verfassung normierte Regeln und Werte zu respektieren und sich für sie zu engagieren" (bpb und lpb 1997).[2]

Fast zur selben Zeit erweitert derweil der Europäische Gerichtshof die Geltung des Leitbildes nicht nur in den internationalen Kontext, er bestärkt auch die Verbindung zum Kapitalismus im Leitbild eines ‚durchschnittlichen' und ‚verständigen', eines ‚mündigen Verbrauchers', die er 2005 noch einmal wiederholt (EuGH 1998, 2005; Ulbrich 2005, S. 1 ff.; Sack 2005, S. 462).

Grundlage seiner Auffassung von Mündigkeit ist dabei die Verschränkung zweier Aspekte, die für das Leitbild des mündigen Verbrauchers fortan gewichtig sind und einigen Missverständnissen Vorschub leisten: die Verbindung aus dem

---

[1]So sieht u. a. der Ökonom Gerhard Scherhorn (1973, S. 7) in Mündigkeit „die Fähigkeit und die Freiheit zu selbständigem Entscheiden und aktiver Teilnahme", die es gerade im „wirtschaftlichen Lebensbereichen" zu fördern gilt, um nicht zuletzt – und das ist entscheidend – der „demokratischen Ordnung" und die damit verbundene gesellschaftliche Vorgabe der freien Entscheidungsfähigkeit gerecht zu werden.

[2]Mündigkeit wird als das Mittel der Wahl gesehen, um den Umbruch in Ostdeutschland von Diktatur zu Demokratie zu gewährleisten. Gerade in Aussicht einer sich beschleunigenden Globalisierung solle eine Erziehung zur Mündigkeit damit den Wandel von zentralistischer Planwirtschaft zu einer – zu diesem Zeitpunkt noch angestrebten – sozialen Marktwirtschaft organisieren.

sogenannten „Informationsmodell" und dem „Herkunfts- bzw. Binnenmarktprinzip" (Schmitt 2018, S. 128 ff.).[3] Während mit dem ersten die Frage nach
„hinreichende[n] Informationen als Entscheidungsgrundlage für […] selbstbestimmte und verantwortliche Entscheidungen" im Leitbild des mündigen
Verbrauchers installiert wird, wird in der Verbindung mit dem zweiten die
anvisierte Richtung dieser Selbstbestimmung deutlich. Sie dient dem Ziel, ‚unternehmerische Freiräume' und ‚Wettbewerb', kurz: Wirtschaftlichkeit zu fördern:

> „Wegen seiner Aufforderungs- und Wettbewerbssteuerungsfunktion wird dem Ver-
> braucher aufgegeben, informiert, aufmerksam und verständig, mit anderen Worten
> eigenverantwortlich, handeln zu sollen" (Schmitt 2018, S. 129).

Für die Auseinandersetzung mit dem Konzept der Mündigkeit stehen in der
Folge jene Interpretationen von Mündigkeit im Vordergrund, deren Legitimität und Strukturlogik an den Bedürfnissen eines funktionierenden globalen
Wirtschaftsgefüges ausgerichtet sind (Oehler 2012). Es rückt der mündige Konsument ins Zentrum der Überlegungen. Das gilt nicht nur für konsumpolitische
Ideen im engeren Sinne, sondern spätestens seit den 1990er (und nochmals
durch die *Agenda 2010* verschärft) findet ein grundlegender Paradigmenwechsel
‚vom Bürger zum Kunden' (Zymek 2004) auch sozialpolitisch statt: Der ‚gut
informierte, verantwortungsvoll handelnde und selbstbestimmte Konsument' soll
als kleinste ökonomisch-psychologische Einheit Kapitalismus und Demokratie
nahtlos zusammenbringen und durch seine Konsumentscheidungen Politik mitgestalten (Strünck et al. 2012, S. 3 f.). In der Überantwortung des Marktgeschehens
an das rationale Kalkül des Verbrauchers, so die Hoffnung, fallen Themen wie
Nachhaltigkeit nicht länger vornehmlich in den Zuständigkeitsbereich politischer

---

[3]Für den EuGH stand im Zentrum seiner Rechtsprechung und -auslegung des Verbraucherleitbildes im Kern ‚der als mündig verstandene Verbraucher'. Dieser verbindet zu einem
das Informationsmodell, also „dass dem eigenverantwortlichen Verbraucher hinreichende
Informationen als Entscheidungsgrundlage für seine selbstbestimmte und verantwortliche
Entscheidung zur Verfügung" stehen. Zum anderen wird ein Bogen zum ‚Herkunfts- bzw.
Binnenmarktprinzip' geschlagen, also sozusagen auf den Bewegungsraum des Verbrauchers. Hier gilt es in Verbindung mit dem Informationsmodell „durch Auferlegung
einer gesteigerten Eigenverantwortung mehr unternehmerische Freiräume, aber auch Wettbewerb […] zu schaffen. Zur Realisierung dieses Zieles stellte der EuGH ausdrücklich auf
die normativen Kriterien des unionsrechtlichen Verbraucherleitbildes ab. Wegen seiner
Aufforderungs- und Wettbewerbssteuerungsfunktion wird dem Verbraucher aufgegeben,
informiert, aufmerksam und verständig, mit anderen Worten eigenverantwortlich, handeln
zu sollen." (Schmitt 2018, S. 128 ff.)

Institutionen. Vielmehr avanciert der Bürger zur zentralen Instanz, die eine solche Konsumpolitik individuell umsetzen soll. Der Schlüssel seiner politischen Gestaltungsmacht wird in der Gewährleistung von Informationen gesehen. Nur informierte Konsumenten können auch wohlüberlegte Entscheidungen fällen. Dadurch, dass sie selbstständig rational entscheiden – so die Annahme –, könne ein Laissez-fair-Modell der konsumistischen Partizipation den von Politik begehrten legitimatorischen Anspruch des sozio-ökonomischen Fortgangs erfüllen.

Dass der darin liegende Steuerungsoptimismus einer ökonomisch angeleiteten politischen Entwicklung allerdings auf konzeptionelle Probleme stößt, an die sich unweigerlich praktische Umsetzungsschwierigkeiten anschließen, gilt es im Folgenden zu belegen. Aus sozialphilosophischer Perspektive wird zu zeigen sein, dass der Optimismus auf unkritisch übernommene Annahmen zurückzuführen ist, die sich bereits in der Problematik von Verbraucherleitbild und dem Verbraucher als solchem ergeben; kurz: schon in der Differenz von Transzendenz und Immanenz sichtbar werden. Das Ziel des vorliegenden Beitrags wird es sein, diese Probleme freizulegen, um im Anschluss für die sozialwissenschaftliche Auseinandersetzung einen Begriff des *mündigen* Konsumenten zu reformulieren, der praktisch beobachtbar und politisch einforderbar ist. Doch zunächst zu den Schwierigkeiten:

2   Probleme eines transzendenten Verständnisses von Mündigkeit

Die Verquickung der beiden Sphären – Wirtschaft mit Politik, Politik mit Wirtschaft – findet bereits im Schlagwort des ‚mündigen Verbrauchers' seinen Widerhall. Er soll das Marktgeschehen durch seine Verbrauchsentscheidungen politisch steuern oder zumindest mitlenken. Um diese Forderung umzusetzen, wird seine ‚Eigenverantwortung' zur notwendigen Voraussetzung und hier kommt das skizzierte Informationsmodell ins Spiel. Aufgabe der Politik ist es fortan, den Verbraucher bei der „Informationsbeschaffung und -nutzung zu unterstützen" (BDI 2014, S. 65). Zwar wird durchaus anerkannt, dass dieser oft nur mit „beschränkter Information im Sinne eines schwachen Rationalitätsprinzips handeln" kann, das ändert jedoch nichts daran, Mündig-Sein zum einen am Grad eigener Informiertheit festzumachen (Strünck et al. 2012, S. 3). Zum anderen wird die theoretische Grundlage (vollständiger) Informierbarkeit oft aus einem ‚ökonomischen Verhaltensmodell' hergeleitet, in dessen Zentrum disziplinärgeschichtlich ein *rationaler Agent* steht (BDI 2014, S. 65). Mit ihm werden in die Konzeption des mündigen Verbrauchers Erwartungen formuliert, die in der Praxis kaum einzuholen sind.

Es sind vor allem vier Schwierigkeiten, die bei der Umsetzung des bisherigen Verbraucherleitbildes hervorzuheben sind: a) das Informationsmodell selbst, b) die praktische Umsetzung von Selbstbestimmung, c) die Verantwortungsreichweite und schließlich d) die grundlegend konzeptionellen Probleme bei der Annahme eines rationalen Agenten.

3   Grenzen der Informiertheit

Das erste Problem betrifft die Frage nach der Verfügbarkeit von Informationen. Wenn Mündig-Sein an eigenverantwortliche Entscheidungen gebunden ist und nur gut informierte Verbraucher auch wirkkräftige Entscheidungen fällen können, d. h. Entscheidungen, die einem politisch-legitimatorischen Anspruch genügen sollen, dann können eben nur solche Verbraucher ,mündig' sein, denen genügend Informationen zur Verfügung stehen. Damit stellt sich das Informationsproblem in doppelter Hinsicht: strukturell, insofern es um die Bereitstellung und Transparenz von Informationen geht, individuell dagegen in der Frage, inwiefern es überhaupt möglich ist, sich genügend Wissen über seinen gesamten Verbrauch anzueignen. Problematisch wird die Bedingung der Informiertheit dann, wenn Mündigkeit davon abhängt, eine Einsicht in den gesamten eigenen Verbrauch und seiner Konsequenzen zu haben. Damit nämlich der mündige Verbraucher auch zum qualifizierten Lenker von Wirtschaft wird, und das heißt ja bestimmen, nicht nur welche Produkte es geben soll, sondern auch wie Produktionsbedingungen gestaltet werden, muss er ein ausreichendes Wissen über sie besitzen und fortan seine Verbrauchspraktiken bewusst und gewissenhaft ausführen. Schließlich ist jeder Verbrauchsakt ein politisch-wirtschaftliches Statement, von dem scheinbar die gesamtgesellschaftliche Zukunft abhängen könnte.

Die Forderung eines solchen bewussten Verbrauchs, selbst wenn sie nur auf Kaufentscheidungen reduziert würde, geht an der Realität vorbei. Der Konsument kann sich nie ausreichend informieren. Oder in den Worten des Historikers Günther Ebersold (1980, S. 153): Mündigkeit als „geistige Durchdringung der gesamten Realität" fehlt die Einsicht, „daß das Bewußtsein des Menschen der Komplexität seiner Welt nicht gewachsen ist." Verbraucherinnen und Verbraucher können „nur bedingt verantwortungsvoll und selbstbestimmt handeln" (Strünck et al. 2012, S. 3). Dieses Verständnis von Mündigkeit wird mit Erwartungen der Perfektibilität überfrachtet, die am Ende nicht einzuholen sind.

4 Misslingende Selbstbestimmung

Das betrifft nicht nur die Chancen allumfassender Informiertheit, sondern selbst bei reduzierter Informationsleistung auch die Umsetzung des Wissens in Verbrauchspraktiken. Damit sind wir beim zweiten Problem angekommen: der Selbstperformanz, also die Frage, wie ich mich selbst verwirklichen muss, um den Anspruch des Mündig-Seins zu erfüllen. In den Perfektibilitätsanforderungen dieses ‚Mündigkeitsmodell' orten Autoren wie Andreas Oehler (2012, S. 51) in dieser Hinsicht eine Gefahr: „Es erzeugt die Illusion, jede und jeder könnte immer alles wissen und tun. Dabei lässt sich doch nicht abstreiten, dass alle dies gar nicht leisten können oder wollen". Auch Autoren um die Frankfurter Schule sehen sich angesichts der normativen Setzungen dazu aufgefordert, sich von Mündigkeit zu befreien. Denn als aktiver Konsument erzeuge ihr Anspruch einen permanenten Druck, sich individuell verwirklichen zu *müssen*. So werde das Subjekt von allen Seiten dazu angehalten, sich offen und reflexiv für eine ‚authentische Selbstfindung' qua Konsum zu zeigen. Zusammen mit der Erwartung, immer mehr potenzielle Selbstaspekte, immer mehr Praktiken realisieren zu müssen, um überhaupt als ein sich Selbstverwirklichender anerkannt zu werden, bliebe ihm dann nach Axel Honneth schließlich nur die Alternative zwischen „inszenierter Originalität" oder „Flucht in die depressive Erkrankung" (Honneth 2002, S. 156).[4] Mündigkeit verkehre so freiheitliche Selbstverwirklichung in Zwang, der zudem Individualität eher untergrabe als fördere.

5 Die Verkehrung von Verantwortung

Mit der Schwierigkeit der Selbstverwirklichung kommen wir zum dritten Problem: der Form von Verantwortung. Ist eine anhaltende Reflexivität gefordert, wird jeder zum unmittelbaren Adressaten von Rechenschaft für die Praktiken, in die er oder sie involviert ist. Damit geht die Forderung einher, wie Klaus Günther schreibt, permanent seine Mitwelt aktiv mitzugestalten. Denn wenn Selbstgestaltung politisch als Weltmitgestaltung postuliert wird, heißt das auch, dass der Konsument, um sich selbst behaupten zu können, stets für alles zuständig ist. Anstatt dem Subjekt Mittel an die Hand zu geben, sich seiner zu ermächtigen, schlage das Diktum der Eigenverantwortung so in Ohnmacht um.

---

[4]Dieser normative Druck lässt sich auch bei der Nutzung von Social-Media-Plattformen à la Instagram, Youtube oder Facebook beobachten, vgl. hierzu Cunningham 2013.

Die Subjektivierung von Verantwortung führe nicht nur in einen Zustand, in der
die „erfahrenen Widersprüche, Konflikte und Ambivalenzen […] internalisiert"
werden und ein kohärentes Selbstkonzept gefährden, sondern diese Spannungen
und das „Scheitern an der Verantwortung[sübernahme] kann dem Einzelnen
selbst noch zur Verantwortung zugerechnet werden: Jeder und jede ist für sein
oder ihr Scheitern selbst verantwortlich" (Günther 2002, S. 117 ff.). Im Zuge
dieser Vereinzelung des „Verantwortungsdiskurs[es]" und dem Scheitern einer
allumfassenden Eigenverantwortlichkeit gegenüber der Welt, erscheint schließlich
ein „Raub der Verantwortung" (ebd., S. 136) als Befreiung, anstatt Selbstbehauptung zu ermöglichen.

6   Die Verfehlung des Selbst

Zu den Problemen der Informiertheit, Selbstperformanz und Mitgestaltung als
‚mündiger Verbraucher' kommen schließlich, viertens, konzeptionelle Schwierigkeiten, die durch die Annahme eines freistehenden und nur durch Rationalität
geprägten Akteurs entstehen. Im Zuge der Individualitätsvorgabe eines eigenverantwortlichen Verbrauchs scheint diese Konzentration auf den Einzelnen als
kleinste soziale Einheit zunächst *ad hoc*-Plausibilität zu besitzen. Es gilt seine
zugrunde liegende Bedürfnis- und Präferenzstruktur freizulegen, weil sich aus
ihr letztlich seine Entscheidungen individuell ableiten lassen. Um jedoch die
Schwierigkeiten, die den sozial-ontologischen Status einer solchen Konstitution
des Selbst im thematischen Umfeld von Mündigkeit umgeben, zu exempli-
fizieren, lässt sich die an Rational-Choice anlehnende Diskussion um *persönliche Autonomie* nutzen. Auch diese zieht den Einzelnen und seine individuelle
Bedürfnisstruktur und Präferenzlage zum Ausgang ihrer Überlegungen heran,
um eigene, ‚authentische' Wünsche und Bedürfnisse herauszukehren und zu
schützen.[5] Auch ihr liegt ein eher schwächeres Rationalitätsprinzip zugrunde,
bei dem die Vernunft wie ein ‚Verkehrspolizist' unsere Handlungen und Entscheidungen in die jeweils für uns selbst wichtigen Bahnen lenkt.[6] Rationalität ist

---

[5]Die inhärente Verbindung von *rational Choice* und *persönlicher Autonomie* ist nicht
zuletzt hervorgehoben von: Dan-Cohen (1992). Vgl. dazu auch das Überblickswerk zur
persönlichen Autonomie von Christman 1989.

[6]Vgl. Feinberg (1989, S. 40): „[R]eason is like a traffic cop directing cars to stop and go in
an orderly fashion so that they might get to their destinations all more efficiently, without
traffic jams and collisions."

in diesem Sinne ein Hilfsmittel, dem eigentlichen Willen Ausdruck zu verleihen und Handlungsoptionen herzustellen: die eigenen Präferenzen geben vorab den entscheidenden Anstoß, einen Handlungspfad zu verfolgen.[7]

Die Last der Annahme eines solches 'authentischen Willens' oder eines sonstigen 'Ich-Containers' besteht darin, dass ihm mindestens drei Herausforderungen begegnen. Zunächst sind Konstruktionen dieser Art in gewissem Sinne immer an die Ermittlung von Wiedererkennungsmerkmalen – wie Präferenzen, Eigenschaften und Bedürfnissen oder dem, was Charles Taylor (1971, S. 118 ff.) schlicht 'brute data' nennt – gebunden, die sich durch Fragen nach Prozessualität herausgefordert sehen (Casper 2019, S. 94). Nicht nur führt die Festlegung von Wiedererkennungsmerkmalen zu arbiträren Annahmen darüber, in welchem Maße diese an zwei verschiedenen Zeitpunkten vorhanden sein müssen, um überhaupt sagen zu können, es handelt es sich um ein und dieselbe Person.[8] Jede Selbstveränderung muss auf die Grenze zu einem Selbstverlust hin geprüft werden (Jaeggi 2005, S. 143 f.). Gravierender ist neben der Missachtung von Wandelbarkeit und Prozessualität allerdings die Annahme eines 'authentischen' Kerns (Dworkin 1988, S. 129), weil sie uns direkt in die beiden anderen Herausforderungen führt. Dem Selbst, das sich autonom bestimmt, wird eine essenzialistische Struktur unterstellt, der neben Regressproblemen, also der fehlenden Ausweisbarkeit eines letzten Referenzpunktes, auch die Vorstellung einer Art Homunculus innewohnt. Die Annahme eines alles entscheidenden 'Ich-Containers' führt uns zum gewichtigsten Prüfstein: die soziale Konstituiertheit

---

[7]Vgl. Schatzki (2002, S. 252 f.):

„Many thinkers believe that a person is ›determined‹ to perform, or ›steered‹ toward, an action by her or his desires, beliefs, hopes, fears, preferences, expectations, and the like. Before discussing the specific sense in which this is true, it is necessary to set aside an important but misleading conception of the work of mentality. It cannot generally be the case that mental conditions, as opposed to the qualifications of paths, steer people toward one or another particular path. At least in most cases, these conditions are already implicated in the qualifications of paths. [...] An individual does not, so to speak, stand self-contained over against a landscape of qualified paths. Rather, she or he is present, or implicated, in the contours and textures of the landscape. Consequently, in most cases it cannot be that desires and ends, as opposed to the qualifications of paths, were responsible for the person's acting as she or he did. The action of the one is the action of the other".

[8]Maya Schechtman (1996, S. 78 f.) kritisiert in diesem Sinne Derek Parfits und Perry Lewis Annahmen einer notwendigen Durchgängigkeit bestimmter Eigenschaften.

des Selbst. Innerhalb individualistischer Theorien wie Rational-Choice-Ansätzen wird die Entstehung von Entscheidungen aus persönlichen Präferenzen, Plänen und anderen Motivlagen erklärt, die schon im Vorfeld einer Entscheidungssituation das Movens der Handlung ablesbar machen. Handlungen werden also *ante eventum* festgelegt (Schatzki 2002, S. 262). Mit Blick auf die Frage nach Selbstbestimmung führt diese Modellierung allerdings dazu, dass Handlungen *ex post* nur noch in den dichotomen Kategorien von Autonomie und Heteronomie bewertet werden können. Zugespitzt formuliert: jeder Ausgang, der nicht den erwarteten Annahmen entspricht, jede Änderung, muss entweder als Zeugnis von unfreien oder irrationalen Abläufen gedacht oder als unintendierte Nebenfolge in der sozialen Konkurrenz um die Erfüllung individuell verschiedener Bedürfnisbefriedigung integriert werden. Anders sind hier auch die Bemühungen der Verhaltensökonomik nicht zu verstehen, dieser Unsicherheit zu begegnen (vgl. Lamla 2018, S. 150). Abseits natürlicher Hürden wie einer physikalischen Welt wird der soziale Kontext daher nicht selten zu einem Hindernis verkürzt, der einer gelingenden Bedürfnisbefriedigung im Wege steht. Theorien reiner Individualität perpetuieren so die Vorstellung eines seiner Sozialität enthobenen, ‚rationalizing super-ego‘, dessen soziale Beziehungen beliebig austauschbar erscheinen (Christman 2009, S. 128 ff.). Auch wenn es Versuche innerhalb von Rational-Choice-Diskussionen gibt, sozusagen: sozial aufzuschließen, so stellt sich Sozialität als Wählbares dar und bleibt weiterhin eine beliebig austauschbare Eigenschaft, die man besitzen kann oder eben nicht.[9] Die gesellschaftliche Aufforderung, den ‚mündigen Verbraucher‘ am Vorbild eines solchen *homo oeconomicus* auszurichten, kann deshalb zu Entfremdungserfahrungen eines ‚frakturierten Selbst‘ führen: Solange die sozial konstitutiven Bedingungen des Selbst zur Residualkategorie deklariert werden, wird Selbstbestimmung zunehmend erschwert, wenn nicht gar verunmöglicht (ebd., S. 148).

Die implizierten Voraussetzungen und Folgerungen, die durch die Kritik am bisherigen Verbraucherleitbild erarbeitet wurden, machen es unvermeidbar, dass stets diejenigen verfehlt werden, die zu beschreiben sind. Bei der Verfehlung des Selbst als rationalem Akteur liegt die Vorstellung zugrunde, dass er klare Präferenzen hat, seine vorhandenen Wertvorstellungen in unbekannten oder

---

[9]Bspw. hat Mateusz Stachura (2017) in diesem Sinne versucht, eine Brücke zur Frankfurter Anerkennungstheorie zu schlagen. Doch missversteht er Anerkennung lediglich als eine Wertschätzung, die keine Auswirkung auf die Selbstkonstituierung als solche hat und verfehlt damit den Grundsatz der Anerkennungstheorie.

ungewissen Situationen handlungsweisend sind und schließlich diejenige Handlung in einer Entscheidungssituation wählt, die sich ihm, d. h. für sich selbst, als dienlichste erscheint. Doch bei der dadurch erhofften Prognostizierbarkeit muss man sich die Frage stellen, inwiefern es nicht um eine Fetischisierung von Entscheidungsmacht geht. Wird schon der ‚souveräne Konsument' mit Verantwortung gegenüber sich selbst und der Gesellschaft überfrachtet, sieht er sich nun damit konfrontiert, dem ‚eindimensionalen' Selbstverständnis eines stets reflexiv-bewussten, eigensinnigen und vor allem entscheidenden Akteurs gerecht zu werden (Fridrich et al. 2017).

Um die Kritik mit Hegel an dieser Stelle abzuschließen: Gerade in der Verkennung des sozial-ontologischen Status des Selbst und der dazugehörigen äußerlichen Konstitutionsbedingungen bleibt unklar, wie sich eine solche ‚absolute Innerlichkeit', wie sie seitens Kantianischer, aber auch rationalistischer Theorien gesetzt wird, verwirklichen soll. Denn ‚um ihrer Abstraktion willen' gerecht zu werden, kann sie „sich zu nichts sich entwickeln und keine Bestimmungen, weder Erkenntnisse noch moralische Gesetze, hervorbringen", weil sie eben „doch schlechthin sich weigert, etwas, das den Charakter einer Äußerlichkeit hat, in sich gewähren und gelten zu lassen" (Hegel 1986a, S. 146).[10] Die Diskrepanz zwischen Verbraucherleitbild und Verbraucher mit all den Problemen der Perfektibilität und der Missachtung des sozial-ontologischen Status des Selbst ist so eine Fortführung der Subjekt-Objekt-Spaltung.[11] Nicht nur verspielen solche Auffassungen Selbstwirksamkeit, sie fördern auch Ideologie: Das bisherige Leitbild ist der

---

[10]Siehe auch Hegel (1986a, S. 48 f.):

„Aber die Abtrennung der Wirklichkeit von der Idee ist besonders bei dem Verstande beliebt, der die Träume seiner Abstraktionen für etwas Wahrhaftes hält und auf das *Sollen,* das er vornehmlich auch im politischen Felde gern vorschreibt, eitel ist, als ob die Welt auf ihn gewartet hätte, um zu erfahren, wie sie sein *solle,* aber nicht sei; wäre sie, wie sie sein soll, wo bliebe die Altklugheitseines Sollens? […] [—] wer wäre nicht so klug, um in seiner Umgebung vieles zu sehen, was in der Tat nicht so ist, wie es sein soll? Aber diese Klugheit hat unrecht, sich einzubilden, mit solchen Gegenständen und deren Sollen sich innerhalb der Interessen der philosophischen Wissenschaft zu befinden."

[11]Denn um diese Forderung nach Selbstverwirklichung gerecht zu werden, muss man, wie Ulrich Bröckling (2007, S. 146 f.) formuliert, einen „Modus des Regierens der eigenen Person" praktizieren. Als unternehmerisches Selbst diszipliniere sich der Einzelne zum „zuverlässige[n] Vertragspartner seiner selbst" und komme damit in einen Konflikt. Wer als Gleicher Verträge eingehen will, muss von dem absehen, was einander unterscheidet.

praktischen Wirklichkeit enthoben und verweilt unerreichbar transzendental jenseits des Erwartungshorizonts. Anstatt der Plastizität der materiellen Verwobenheit menschlicher Existenz Rechnung zu tragen und Selbst als einen prozessualen,
sich wandelnden und anpassenden Bezug zu begreifen, wird die soziale Situiertheit
als wesentliches Moment von Selbst- und Weltbezug verkannt und der mündige
Verbraucher zu einer atomistischen Informations- und Präferenzverarbeitungs-
maschine verklärt. So kann es nicht verwundern, dass das Leitbild des mündigen
Verbrauchers in Kritik geraten ist. Es wäre an dieser Stelle ein Einfaches, sich von
diesem Leitbild zu verabschieden. Theoretisch gehaltvoller ist allerdings die Frage:
Lässt sich Mündigkeit nicht auch ohne eine Remanenz transzendentalen Anspruchs
begreifen, der nie einzuholen ist und uns deshalb zum steten Scheitern verurteilt?
Im Folgenden wird in Bezugnahme auf das, was man unter *Praxistheorie* fasst, eine
sozialtheoretische Revision des bisherigen Verbraucherleitbildes ‚mündiger Verbraucher' vorgeschlagen, die die skizzierten Herausforderungen umgeht und die
inhärenten Potenziale des Begriffs freilegt.[12]

Mündigkeit fordere deshalb zwei nicht miteinander versöhnbare Annahmen, eine ‚Selbst-
verdoppelung', an deren Ende die Preisgabe der eigenen Individualität stehe:

> „Seine Mündigkeit demonstriert der Einzelne nicht zuletzt dadurch, dass er als zuver-
> lässiger Vertragspartner seiner selbst auftritt, der seine disparaten Interessen und Bedürf-
> nisse aufeinander abstimmt, sich klare Ziele setzt und verbindliche Selbstverpflichtungen
> eingeht, statt vom Verstand gedrängt, von den Leidenschaften getrieben heute gute Vor-
> sätze zu fassen, um sie morgen wieder zu verwerfen. Das Ausloten der eigenen Wünsche
> und Fähigkeiten, die Bindung an selbst gesteckte Ziele, die regelmäßige Prüfung, ob sie
> erreicht wurden, schließlich die Sicherung der Vertragseinhaltung durch selbst auferlegte
> Sanktionen konstituieren einen Modus des Regierens der eigenen Person, in dem Selbst-
> disziplinierung und Selbstmobilisierung miteinander verschmelzen und der Einzelne
> sich gleichermaßen als Vertragspartei (genauer: als Gesamtheit der Vertragsparteien) wie
> als Vertragsgegenstand zu begreifen hat. – Self-Commitment als Fortsetzung stoischer
> Lebenskunst mit kontraktuellen Mitteln". Diese ‚Selbstverdoppelung' ist seit Rousseau
> und Kant ein immer wiederkehrendes Problem, vgl. Menke 2015.

[12]In diesem Sinne flankiert eine immanente Kritik praxistheoretische Analysen: Der Ausgangspunkt der Untersuchung ist die Explikation einer Praxis und deren konstitutive
Normen, als auch die Überwindung von Normen einer Praxis (mit Hegel: Aufhebung), die
für die Krisenbildung verantwortlich sind. Dabei geht es eben nicht um eine „Anpassung
der Praxis an die Normen, sondern vielmehr [um] eine Revision von beidem, Normen und
Praxis" (Stahl 2013, S. 46).

7   Von einem theoretischen zu einem praktischen Selbstverhältnis

Die Kritik am ‚mündigen Verbraucher' zeigt vor allem eines: Die Probleme des Leitbildes entstehen nicht erst in der Umsetzung der anvisierten Ansprüche, sie beginnen bereits darin, dass die in ihnen artikulierten Selbstverständnisse die Verbraucher selbst verfehlen. Anders gesagt: Der ‚mündige Verbraucher' steckt in einer Krise.

Mit Blick auf die aus der Kritik hervorgebrachten Achsen der Prozessualität, Materialität und Sozialität bieten praxistheoretische Überlegungen einen Ansatz, mit dem sich der Krise begegnen lässt. Doch was heißt hier ‚Praxistheorie'? Mit Praxistheorie geht es um die Explikation der konstitutiven Elemente einer einzelnen beobachtbaren Praktik bzw. eines Praktikenzusammenhangs (Praxis) innerhalb der sozialen Welt. Praktiken sind Vollzüge, bei denen die Vollziehenden implizit auf ein praktisches Wissen rekurrieren. Es geht dabei um das Abrufen eines „richtige[n], habitualisierte[n] Skript", das für das Gelingen einer Praktik und ihres Vollzugs entscheidend ist (de Boer 2019, S. 25; Reckwitz 2003, S. 284). Praktiken neigen zu einer gewissen ‚Routiniertheit', die der Sozialwelt eine relative ‚Strukturiertheit, Verstehbarkeit und ‚Geordnetheit" verleihen. Gleichzeitig sind sie durch die Materialität und Unvorhersehbarkeit, durch Kontingenz zu einer gewissen Offenheit gezwungen, durch die sie sich wandeln, ändern, anpassen. Praktiken unterliegen somit einer steten Transformation, wenngleich diese nicht beliebig sein kann. Sie sind an den Sinnzusammenhang (mit Heidegger: ‚Bewandtnisganzheit') der Teilnehmer und der Plastizität der Praktik selbst gebunden. Sie bilden oft lose Praxiskomplexe, als

> „‚soziale Felder', in denen Praktiken ›der Sache nach‹ zusammenhängen und aufeinander abgestimmt sind – etwa ‚in einer Institution, einer Organisation oder in sog. ‚Funktionssystemen' – und als ‚Lebensformen', in denen Praktiken etwa in einer kulturellen Klasse, einem Milieu oder einer kulturellen Bewegung so miteinander zusammenhängen, dass sie die gesamte Lebens- und Alltagszeit der beteiligten Subjekte strukturieren" (Reckwitz 2003, S. 295; Jaeggi 2014).

Durch die Praktiken selbst kommt es erst zu Selbstkonstituierungsprozessen, welche Auskünfte über Wünsche, Motivationen, Rollen und materielle Strukturverhältnisse geben. Praktiken sind immer zeiträumlich situiert und bilden ‚die kleinste sozialen Sinneinheiten im menschlichen Tun', deren Gelingensbedingungen in den inhärenten Normen, Regeln und Gesetzen der

Praktik selbst eingeschrieben sind.[13] Spätestens hier ist der sozialtheoretische Abstand zum individualistischen Ansatz des mündigen Verbrauchers einzusehen: Wir fällen

> „unsere Entschlüsse und ›identifizieren‹ uns mit Wünschen, Zielen usw. nicht als selbstständige innere Akteure wie eine Person in der Person, sondern wir *sind* die komplexe Ganzheit, zu welcher der Prozess gehört, in dem sich unsere Entscheidungen, Identifikationen usw. herstellen" (Pothast 2002, S. 644 f.; Tugendhat 1979, S. 34; Schechtman 1996, S. 143).

Dieser Prozess gehört zur Praktik selbst. Handlungen sind damit nicht *ante eventum* bereits festgelegt, sondern es bleibt offen, wie und welche Handlungen sich vollziehen:

> „For human activity is fundamentally indeterminate. […] Until a person acts, it remains open just what he or she will have done. No matter how strongly his or her ends, desires, hopes, preferences, and the like ‚point toward‘, or even ‚single out‘, a given path of action, nothing guarantees that it or any other particular action is performed" (Schatzki 2002, S. 262).

Dies ist unter anderem auf die soziale Struktur von Praxen zurückzuführen, innerhalb deren die Art und Weise der Selbstbehauptung einer gewissen Kontingenz unterliegt. Gleichzeitig wird aber über das soziale Moment diese Konstituierung überhaupt ermöglicht: Weltbeziehungen – und hierzu gehören vor allem solche der Fürsorge – sind wesentliche sozialkonstitutive Faktoren von Selbst, nämlich dadurch, wie man sich auf sich und seine Welt bezieht.[14]

Der Vorteil dieses Theoriefundaments für unsere Problemstellung liegt auf der Hand: Weder müssen arbiträre Annahmen eines seiner Wirklichkeit enthobenen Selbst gemacht werden, noch wird der Einzelne mit nicht einhaltbaren Erwartungen

---

[13]Vgl. De Boer (2019, S. 25): „Aus der Perspektive von Beobachter*innen dritter Ordnung handelt es sich bei Praktiken um die kleinsten sozialen Sinneinheiten im menschlichen Tun. Diese sind immer zeiträumlich situiert. Eine Praktik wird in bestimmten kommunikativen Situationen und unter konkreten sozialräumlichen Bedingungen vollzogen."

[14]Vgl. Barclay (2000, S. 53 f.): „A procedural notion of autonomy – which envisions a person critically reflecting on her desires and aspirations – could be thought to presuppose that the self can somehow simply transcend the influence of all of these factors and make oneself anew, to become a fully 'self-made (wo)man'. But this denies the obvious reality that none of us is self-made in this fashion for we are all, inescapably, 'a product of our environment.' This is the claim that the self is socially determined".

überfordert. Stattdessen wird Mündigkeit als beobachtbare Praxis zum Gegenstand der Untersuchung. Wie ist also ‚mündiger Verbrauch' zu verstehen und in welcher Weise steht Verbrauch zu Mündigkeit? Bevor wir Mündigkeit und ihr Verhältnis zu Verbrauch näher bestimmen, kommen wir zunächst zur Frage, wie Verbrauch überhaupt in einer praxistheoretischen Konzeption aussehen kann.

8 Verbrauchende Praktiken

Mit Verbrauch geht es nicht nur um die kritische Prüfung einzelner Konsumentscheidungen. Verbrauch gehört als solcher zur praktischen Gegebenheit unseres Daseins, sei es bei der Nahrung, die wir aufnehmen, der Luft, die wir atmen, dem Raum, den wir besetzen – unsere Praktiken sind schon deshalb von einer Verbrauchsdimension geprägt, weil ihnen eine materielle Interaktion innewohnt. Auch im Gebrauch, also bei der Verwendung von Dingen oder Gegenständen, ist Verbrauch in der Form des Verschleißes eingeschrieben.[15] Selbst bei der Aneignung und Mitgestaltung von Kultur spielt er eine Rolle, weil mit ihm die Materialität und Prozessualität eines in-der-Welt-Seins zum Ausdruck kommen. So weit der Gegenstandsbereich des Verbrauchs auch reicht, so wenig ist diese *Faktizität des Verbrauchs* gleichzeitig Endzweck in sich – man verbraucht nicht um des Verbrauchens willen. Er ist stattdessen Neben- oder Beiprodukt, eine Begleiterscheinung von Praktiken, die ihrerseits auf ein inhärentes Worumwillen der Vollziehenden gerichtet sind (de Boer 2019, S. 35); um etwa auf einer biologischen Ebene das Fortbestehen zu sichern, um etwas für einen weiteren Gebrauch anzufertigen, oder einfach um sich die Chance eines neuen Selbstausdrucks durch den Wechsel der Garderobe zu erschließen.

An dieser Stelle setzt die politische Relevanz des Verbrauchsbegriffs ein. Als Begleiterscheinung von Praktiken, oder in größerem Zusammenhang von Praxen, kann der Umstand des Verbrauchs *in* den Praktiken eine normative Stellungnahme zu den Praktiken hervorbringen. Zum einen existieren für dieselbe Praktik wie einen Einkauf meist verschiedene Varianten, sie zu vollziehen und diese Varianten können unterschiedlich verbrauchsintensiv sein. Andererseits kann in verschiedenen Praktiken ihr Verbrauch selbst unterschiedlich gewertet werden.

---

[15]Mit Marx ließe sich das Transformationsgeschehen so ausdrücken: „Der Akt der Produktion selbst ist daher in allen seinen Momenten auch ein Akt der Konsumtion. […] Die Produktion als unmittelbar identisch mit der Konsumtion, die Konsumtion als unmittelbar zusammenfallend mit der Produktion." (MEW, 13, S. 622)

So mag in bestimmten Vollzügen selbst ein hoher Verbrauch erwünscht sein, wenn es beispielsweise um die Beseitigung von Giftstoffen geht, dagegen wird er angeprangert, wenn Praktiken eine Zunahme an Schadstoffen mit sich bringen. Es ist die Möglichkeit der normativen Stellungnahme, die die Frage des Verbrauchs zum Politikum macht und der in der Folge appellativ Aufmerksamkeit zugekommen ist: Wir können uns zu unseren Praktiken verhalten. In diesem Sinne kann sich Konsumpolitik nicht auf Konsum als solchen beschränken. Vielmehr wird sie zu einer Praxis, in der gesellschaftliche Strukturen und inhärente Rollen in ihrer ökonomischen, sozialen und kulturellen Kontingenz ausgehandelt werden (Reckwitz 2003, S. 290).[16] Sie muss anders gesagt die Frage einbeziehen, welche Konsumformen existieren, worauf sie abzielen und wie sich die damit verbundenen Ziele und Wünsche realisieren lassen oder eben nicht.[17] Diese „Entgrenzung" macht es „schwierig, die Verbraucherforschung auf einen Sonderbereich sozialer oder ökonomischer Praktiken oder Entscheidungssituationen" zu reduzieren (Lamla 2018, S. 148). Auch eine Verengung dessen, was wir Verbrauchspolitik nennen könnten, d. h. den Fokus auf den Aspekt des Verbrauchs einer Praktik zu richten, lässt die Frage aufkommen, inwiefern der Verbrauch einer Praktik andere Praktiken beeinflusst. Das gilt sowohl für die Praktiken der anderen, wenn es etwa um verschiedene Varianten des Transportierens, Städtebauens oder gar des Veranstaltens geht. Gerade Aspekte wie Gesundheit, Nachhaltigkeit, Sozialverträglichkeit und Zukunftsfähigkeit fordern Revisionen von Praxen heraus. Das trifft aber auch für die eigenen Praktiken zu: Innerhalb von Praxen überlappen sich Lebensbereiche und damit verschiedene Rollen, Erwartungen und Zielvorstellungen. Neben dem internen Konfliktpotenzial über persönliche Prioritäten steht ebenso die Frage im Raum, welche Selbstaspekte

---

[16]So stellt Reckwitz (2008, S. 113) die Beziehungsstruktur klar: „Genau dies ist eine ‚soziale Praktik': eine Praktik der Verhandlung, eine Praktik des Umgangs mit einem Werkzeug, eine Praktik im Umgang mit dem eigenen Körper etc."

[17]Auch die Annahme, dass eine stimulierende Konsumpolitik für das Wirtschaftsgefüge notwendig sei, darf dem Missverständnis nicht aufliegen, dass es um bloßen Konsum gehen muss, sondern muss in seiner Forderung begreifen, dass Verbrauch als solcher leer bleibt ohne die mit ihm verbundenen Praktiken und inhärenten Normen. Eine Konsumpolitik, die bloßen Verbrauch einfordert, ohne dabei die zweckmäßige Ausrichtung der Praktiken und ihrer Aushandlung miteinzubeziehen, verweigert sich nicht nur der Diskussion um das, was konsumiert werden soll, sondern fördert in ihrer Verweigerung schließlich sinnentleerte Strukturen, soziale Pathologien und Entfremdungserfahrungen: „Je weniger [sie] zu versprechen hat, je weniger sie das Leben als sinnvoll erklären kann, um so leerer wird notwendig die Ideologie, die sie verbreitet." (Adorno und Horkheimer 2008, S. 155 f.).

sich realisieren sollen. Für die Praxis des Essens kann der bloße Akt des Lebensmitteleinkaufes von einer solchen Überlappung zeugen. Hier trifft dann etwa die Rolle des Elternteils, das ausreichend Nahrung für die eigenen Kinder besorgen will, auf die des Umweltschützers, der auf Lokalität und Nachhaltigkeit setzt. Kommt noch eine weitere hinzu, wie die des Hobbykoches, der exotische und kostspielige Zutaten ausprobieren möchte, steigt das Konfliktpotenzial mit der zunehmenden Entgegensetzung der Zielvorstellungen. Unter dem Stichwort des Verbrauchs ist deshalb schon immer die Frage nach Selbstverwirklichungsprozessen – des Einzelnen als auch der Gesellschaft – gestellt, nach ihren Ermöglichungen als auch Ausschlüssen. Genau hier hat sich die Verbraucherpolitik der Mündigkeit zugewandt. Diese Verbindungsstelle muss angesichts der praxistheoretischen Revision nun noch einmal neu geprüft werden.

9 Die Praxis der Mündigkeit

Das bisherige Bild eines mündigen Verbrauchers entspricht der Vorstellung eines ‚souveränen Konsumenten‘, „eines grundsätzlich vernunftbestimmten und selbstständig entscheidenden Individuums, das die ökonomischen Prozesse nach seinen Präferenzen steuert" (Müller 2019, S. 83). Obgleich es auch hier um die Frage nach Selbstverwirklichung geht, hatte sich gezeigt, dass ein solcher Präferenzansatz in den Fallstricken eines individualisierten ‚rationalizing super-ego‘ zu Konstruktionsproblemen eines realistischen Selbstverständnisses und der Selbstkonstituierung als solcher führt. Anstatt Mündigkeit daher von einem wie auch immer umfassenden Informationsgrad, einem essenzialistischen Rationalitätskern oder einem transzendental anzustrebenden Bewusstseinszustand abhängig zu machen – und so die Chance auf praktisches ‚Selbstdenken‘ zu verspielen –, umgeht ein praxistheoretischer Ansatz die aufgeführten Schwierigkeiten und fragt danach, wie sich Mündigkeit als Praxis vollzieht. Das provoziert unweigerlich einen ganzen Komplex von Fragestellungen. Wie ist eine solche Praxis zu begreifen? In welchem Verhältnis steht sie zu anderen Praktiken? Was versteht man praxistheoretisch unter ‚Selbst‘, gerade in Anbetracht des Kantischen Imperativs ‚selbst zu denken‘? Wie steht es hier um Meinungsbildung und Verantwortung? Und wo liegen die Grenzen eines solchen Ansatzes?

Mit Mündigkeit als sozialer Praxis kann es zunächst weniger um moralische Gesetzgebung gehen als um existenziale Expressivität. Persönliche Selbstverwirklichung vollzieht sich nicht über eine moralische Freiheit, in der nur allgemeine Strukturen festgehalten werden können (Honneth 2011, S. 83 ff.), sondern in der praktischen Beantwortung der Frage: Auf welche Art und Weise verstehe ich mein In-der-Welt-sein und wie will und kann ich dies zukünftig tun? Dabei spielt eine Wahlfreiheit zwischen Alternativen eine eher untergeordnete Rolle. Vielmehr zielt Mündigkeit einen Schritt davor darauf ab, sich und seine Vollzüge auch grundsätzlich infrage stellen zu können, mit Ernst Tugendhat (1979, S. 193 f.) gesprochen: eine fundamentale Stellungnahme zu vollziehen. Man könnte auch sagen, Mündigkeit wird damit zur reflexiven Praxis, sich mit seinen Praktiken auseinanderzusetzen (Cannaday 2018, S. 246).

Für Fragen der Selbstkonstituierung setzt hier eine Perspektivverschiebung ein. Eine solche Stellungnahme zu sich und zur Welt kann nicht auf die Auffindung eines ‚authentischen Kerns' hinauslaufen. Vielmehr wird jeder Begriff von ‚Selbst' inklusive seiner Motivlagen unweigerlich dynamisiert; das Selbst wird als der Bezug festgehalten, in dem ‚ich' zum Ausdruck kommt. Dieser Akt ist von einer Organisationsstruktur geprägt, in der die Sorge um die Beziehung zu sich selbst und zur Welt zum Tragen kommt. Die ‚Organisation' dieser Beziehung ist zum einen stets evaluativ und vollzieht sich auf vorsprachlichen als auch in narrativen Weisen. Sie offeriert ‚mir' ein Selbstbildnis im Hinblick darauf, was gut, besser, am besten für ‚mich' ist. Zum anderen ist diese dynamisierte Formgebung genuin sozial. Sie entzieht sich nicht nur atomistischen Authentizitätsvorstellungen, sondern auch jeder dichotomen Kategorisierung von Autonomie und Heteronomie.[18] Anstelle einer privaten

---

[18]Denken wir ‚mündige Verbraucher' vom Begriff der Autonomie aus, dann wird der soziale Kontext und seine Dynamik oft außenvorgelassen oder in sehr beschränkter Form mitgedacht. Nehmen wir zum Beispiel hier *moralische Autonomie*, dann wird der Verbraucher zu einer Art Gesinnungsethiker. Entlang letztgültiger Prinzipien steht er vor dem Problem atomistischer Konformität: Ohne Rücksicht auf seine Umstände sucht er danach, was alle machen sollten und verspielt jede Chance auf dynamische Individualität. *Persönliche Autonomie* erklärt ihn dagegen oft zum individuellen Hedonisten: In seinem Streben nach einem Authentizitätsabgleich – sei es mit einer inneren Substanz wie der Seele oder einem sonstigen ‚Ich-Container' – verkennt sie, dass die sozialen Umstände für eine gelingende Selbstverwirklichung entscheidend bleiben, egal was er oder sie für eine ‚innere' Einstellung hat. Wenn innerhalb dieser Spielarten andere berücksichtigt werden, dann oft als Antagonisten in einem Wettstreit, in dem jeder nur nach der eigenen Präferenzerfüllung strebt. Sie dabei nicht zu instrumentalisieren oder irgendwie zu unterjochen, geschieht dann aus der vermeintlichen Einsicht, selbst nicht unterjocht werden zu wollen. Selbst in den Diskussionen um *soziale* und *relationale Autonomie* werden die Konstitutionsbedingungen von Selbst und von Selbstständigkeit oft unterschätzt. Entweder werden meine Beziehungen zu anderen und zu unseren Konsumpraktiken als eine Art Eigenschaft verstanden, die beliebig austauschbar erscheinen. Oder aber, solche Verbrauchsbeziehungen entgleiten gänzlich der Verfügbarkeit und stehen als eine Art Fixstern im starren Gebilde des eigenen Sinnhorizonts (Cannaday 2018).

Sphäre reiner Ich-Bezüglichkeit (wie etwa bei Fichte) gründet die beschriebene Dynamisierung des Selbst aus einer praxistheoretischen Perspektive immer in einem wechselseitigen sozialen Bezug. Ein (reiner) Selbstbezug ohne eine Fremdperspektive leidet nicht nur in der Abwesenheit eines Korrektivs durch die Außenperspektive, sondern in einem nur *für-sich* entschwebt jeder Maßstab des Selbst-Bezuges. Mit anderen Worten: Erst mit dem Fremd-Bezug kann sich ein bloßer Bezug als Selbst-Bezug behaupten. Ob es nun um das ,andere Selbstbewusstsein' bei Hegel geht, um Heideggers ,Man', Meads ,generalisierte Andere' oder auch das ,Über-Ich' in Freuds Konzeption – mit und über den Fremdbezug gewinnt die Beziehung von ,ich' und Welt überhaupt erst ihre Plastizität.[19] Die ihm innewohnenden Identifikations- und Kritikpotenziale geben dem Selbstbezug nicht nur eine wirkmächtige Reibungsfläche für gegenwärtige Praktiken in der Frage: ,Inwiefern handelt es sich bei dem, wie sich Andere und Anderes auf mich beziehen, um mich?'. Durch sie wird auch das eigene Gewordensein ebenso wie die mögliche Kontingenz dieser Praktiken zugänglich (Adorno 1971, S. 93, 97, 99). Nur in den eigenen Praxiszusammenhängen kommen uns Rollen, Erwartungen und Regeln zu, werden wir mit Identifikations- und Kritikpotenzialen konfrontiert, können wir uns in der Folge konstituieren und aktualisieren.

Um Missverständnisse zu vermeiden: Diese Form der Selbstkonstituierung ist in ihrem alltäglichen Geschehen zunächst vorreflexiv. D. h., vermittelt durch implizite „Schemata des Verstehens und der Interpretation", durch „*script*-förmige Prozeduren kompetenten Sichverhaltens" und einer immanenten Sinngerichtetheit bleibt sie unthematisch (Reckwitz 2004, S. 44; Tugendhat 1979, S. 213). Es ließe sich daher auch sagen: Praxen und

---

[19]Der Punkt darf natürlich nicht dahin missverstanden werden, dass jeder Fremdbezug – sei es die Internalisierung von Erwartungen, Kritik oder Fremderfahrungen – als „bare Münze" genommen werden soll. Er ist und bleibt Reibungsfläche und gerade darin zeigt sich Wirklichkeit. Mit Hegel (1986b, S. 494):

„Diese Verwirklichung hat es in der Bewegung des Gegensatzes. Denn dieser Gegensatz ist vielmehr selbst die *indiskrete Kontinuität* und *Gleichheit* des Ich = Ich; und jedes *für sich* eben durch den Widerspruch seiner reinen Allgemeinheit, welche zugleich seiner Gleichheit mit dem Anderen noch widerstrebt und sich davon absondert, hebt an ihm selbst sich auf. Durch diese Entäußerung kehrt dies in seinem Dasein entzweite Wissen in die Einheit des *Selbsts* zurück; es ist das *wirkliche* Ich, das allgemeine *Sichselbstwissen* in seinem *absoluten Gegenteile,* in dem *insichseienden* Wissen, das um der Reinheit seines abgesonderten Insichseins [willen] selbst das vollkommen Allgemeine ist."

die damit verbundenen Selbstkonstituierungen passieren uns.[20] Doch können
Praktiken und Praxen problematisch werden und hier kommt Mündigkeit ins
Spiel. Als Praxis, sich mit seinen Praktiken zu befassen, gehört zu ihrem Vollzug unweigerlich eine Reflexivität, durch die die Selbst- und Fremdbezüge
aus ihrem vorthematischen Status gehoben werden.[21] Bleibt die Frage, was
hier mit problematisch gemeint ist. Dass der Vollzug einer Praktik dem Teilnehmer thematisch wird, heißt noch nicht automatisch, dass es sich dabei um
ein Problem in dem für Mündigkeit relevanten Sinne handelt. Der Unterschied
wird deutlich, wenn wir etwa in der Praktik des Fahrradfahrens plötzlich einen
Platten haben. Zwar wird die Praktik hier als Problem thematisch, doch mimt
der „mündige Reifenwechsler" eine seltsam anmutende Figur: zum Reifenflicken
bedarf es nicht zwingend der Mündigkeit, weil wir damit in der Regel nicht die
Praxis des Fahrradfahrens ändern wollen. Anders verhält es sich etwa, wenn die
Praktik der Müllentsorgung in umliegende Gewässer Praktiken des Schwimmens
an der See beeinträchtigt oder das Heizen mit Öl auf die begrenzte Verfügbarkeit des Rohstoffs trifft. In solchen Auseinandersetzungen kann es zu einem
Verhalten zu der Praktik als Ganzer kommen. D. h. mit der Problematisierung
stellt sich unweigerlich die Frage nach der Änderbarkeit der Praktik selbst. Das
meint aktive Aneignung einer Praktik: Sie führt zu einer Änderung der Praktik,
weil sich bereits im sich-Verhalten zu ihr ihre inhärenten konstitutiven Bezüge
wandeln. Wie sich nun der Mündige innerhalb dieser Transformation verwirklicht, ist bereits durch die (neue) Formierungsstruktur als auch den Gehalt des zu
Formierenden vorgegeben.

Durch die Aneignung der Bezüge wird also ein sich-zu-sich-Verhalten möglich, da nun dem inhärenten Worumwillen einer Praktik *Gründe* entgegengehalten
werden können. Diese reflexive Bezugnahme entspricht einer Handlungssituation,
wobei auch hier wieder gilt: Der Einzelne enthebt sich durch die Reflexion nicht
seines sozialen Kontextes, seiner Gewordenheit; stattdessen sind Kritik und
Identifikation als Zugang, als Annäherung zu sich und seiner Welt zu verstehen.
Umgekehrt gilt: Führt eine der beiden zur Annahme eines vermeintlich externen,
seiner Welt entfremdeten Standpunktes – wie etwa eines transzendentalen, rein

---

[20]Solange eben Reflexivität möglich ist, lässt sich Selbst auf den Fähigkeiten zu einer
solchen gründen.

[21]Auch hier darf nicht der Fehler unterlaufen, dass mit Bewusst*heit* Bewusst*sein* gemeint
ist. Mit Bewusstheit ist lediglich der Modus eines Gewahrseins angesprochen im Gegensatz
zu einem reinen Verhalten. Nicht zuletzt verweist Robert Brandom (1994, S. 628 ff) darauf,
dass auch *diskursive* Praktiken soziale Praktiken sind.

rationalen oder zynischen –, so scheitert Selbstverwirklichung, weil das, worauf sie sich beziehen soll, die Person, sozial-ontologisch verfehlt. Weder handelt es sich hierbei um die Kapitulation vor einem ‚wahren‘, ‚essentialistischen‘ Selbst noch um eine Beliebigkeit im Sinne eines *anything goes* (Reckwitz 2016). Vielmehr werden mit Mündigkeit die bisherigen kontingenten, aber notwendigen Selbstkonstitutionsprozesse auf dem Boden der eigenen sozialen Bezüglichkeit zugänglich, und dadurch stellt sich ihr weiterer Verlauf offener dar. Wie de Boer (2019, S. 26) anmerkt: „Derartige Kontingenzerfahrungen können entweder performativ durch die Adaption der Praktiken oder durch reflexive Bezugnahmen und Erzeugung neuer praktischer Logiken bearbeitet werden." Mit Kritik und Identifikation wahrt der ‚mündige Verbraucher‘ also eine Offenheit für die Adaption, Änderung oder Neufindung von Praktiken. Diese Offenheit ist zugleich notwendig, um eine Selbstaktualisierung vornehmen zu können. Wenn Selbst prozessual ist, dann ergibt sich die Notwendigkeit, dass ein Selbstbildnis, welches man sich von sich macht und das für Entscheidungen herangezogen wird, sich gerade aufgrund dieser Prozessualität stets von Neuem aktualisieren muss.

Gleichzeitig kann diese Selbstaktualisierung nicht die Form einer ‚Dauerreflexivität‘ annehmen. So sehr es bei dieser Aktualisierung darum geht, dass Fremdbezüge in ihrer Fremdheit den Einzelnen immer wieder neu herauszufordern vermögen (Jaeggi 2002, S. 60 ff.), so sehr hat Mündigkeit Selbst*verwirklichung* zum Ziel. Bei aller Hervorhebung des prozessualen Selbst heißt das: ‚mich‘ gelingend verwirklichen zu können, hängt dann ebenso davon ab, wie die reflexiv hervorgehobenen Praktiken im Modus der Mündigkeit wieder vorthematisch wirken können. Mündigkeit zielt so auf die Überwindung spezifischer Probleme ab, nicht auf ein Verweilen in kritischer Reflexivität.

Länger in einem Modus kritischer Reflexivität zu verharren, mag zunächst zwar bei der Einübung routinisierten Verhaltens hilfreich sein. Wenn aber diese Einübung nicht in ein gewohnheitsmäßiges Verhalten übergehen kann, solange man von der Reflexivität nicht loskommt, muss Aneignung letztlich scheitern, weil dieser Modus für den Vollzug von Selbst hinderlich ist. Dieses ‚Defizit‘ ist bereits bei Heidegger (2006, § 18) kritisch herausgearbeitet worden. An anderer Stelle wird angemahnt, eine zu hohe Obsession des Überdenkens zeugt eher von neurotischem Verhalten (Oshana 2006, S. 79). Jenseits individueller Missverständnisse können allerdings auch gesellschaftliche Versäumnisse solche Formen der Dauerreflexion fördern und eine Art ‚sozialer Pathologie‘ bilden. Dies ist dann etwa der Fall, wenn gesellschaftliche Anforderungen strukturell nicht durch die Subjekte selbst gelöst werden können, gleichzeitig dies aber von ihnen erwartet wird und so in der Verkennung die Betroffenen ungerechterweise überfordert (Stahl 2011, S. 741). Für unsere Überlegungen vielleicht aber am gewichtigsten: Ein Verharren in der reflexiven Auseinandersetzung würde dazu führen, dass man sich selbst erneut von einem Zielzustand her versteht, d. h. „eine vollständige, transparente praktische Aneignung aller praktischen Relevanzen" möglich erscheint – und so das ‚rationalizing super-ego' durch die Hintertür wiedereinführt. Im Gegensatz dazu kann es nur „um die jeweils kontextspezifische Aufhebung pathologischer Aneignungshindernisse gehen", also „um eine jeweils spezifische Reaktion auf Frustrationen legitimer Erwartungen" (Stahl 2011, S. 743). Eine erfolgreiche Praxis der Mündigkeit überwindet immer wieder die reflexive Beschäftigung mit eigenen Praktiken. Sie kann dies, wenn die Probleme, die ja zu einer Auseinandersetzung mit sich und Welt geführt haben, soweit gelöst wurden, dass sie den alltäglichen Ablauf nicht weiter stören oder blockieren.

Um auf das ‚entgrenzte' Feld der Verbraucherforschung zurückzukommen: Will Forschung und Politik ihr Leitbild ernst nehmen, so bedarf es eines Verständnisses des mündigen Verbrauchers jenseits der konzeptionellen Restriktionen und individualisierten Überverantwortung ökonomischer Modelle. Mit Mündigkeit geht es um praktische Selbstverwirklichung durch Selbst- und Mitbestimmung innerhalb eines sozialen Kontextes. Der mündige Verbraucher bedarf der Möglichkeit, seine Praktiken mitzubestimmen, wenn er seiner Rolle gerecht werden will. Gleichzeitig heißt das aber nicht, dass er jede Praktik auch mitbestimmen muss oder gar kann. Gerade Praktiken, die sich zu einer ‚Lebensform' verbinden, produzieren Selbstverständnisse, die wie die Lebensform selbst zu einer gewissen Trägheit und Alltäglichkeit neigen. Nur so wird verständlich, wie Lebensformen die Grundlage unseres Sinnhorizonts bilden, also dasjenige, durch das wir Sinn und Zweck bemessen (Jaeggi 2014, S. 119 ff.). Wir haben es dann mit Selbstverständnissen zu tun, die zur ‚zweiten Natur' geworden sind (Menke 2010, S. 690 ff.). Das Anliegen, diese Selbstverständnisse zu ändern, sei es durch Problematisierung oder durch den Wunsch nach Neuem, bedarf der Verfügbarkeit von Alternativen sowie der Zeit, diese Änderungen in einen gewohnheitsmäßigen Charakter – denn das hieße hier ja: gelingend – zu überführen. Doch diese Überführung der Motivation zur Etablierung neuer Praktiken hängt ebenso davon ab, ob die Alternativen resonieren (Rosa 2016, S. 281 ff.) oder zumindest einen hinreichenden identifikatorischen Reiz ausüben. Denn selbst wenn Praxen mit alternativen Wert- und Anerkennungsstrukturen gefunden sind, heißt das weder, dass diese mit anderen vereinbar oder selbst frei von Problemen sind, noch, dass sie zur ‚zweiten Natur' werden können.

10   Mündigkeit und Verantwortung

Die Schwierigkeit, Praktiken gezielt anzueignen, umzuformen oder von ihnen abzulassen, gehört zu den Gründen, warum die Frage nach Verantwortung tückisch bleibt. Verantwortung in einem postkantischen Verständnis hieße etwa, individuell den gefundenen Maximen gerecht zu werden, oder Entscheidungen im Zuge der Rational-Choice Diskussion nach der eigenen „authentischen" Präferenzordnung zu fällen. Mit beidem ist man einem starren Selbstverständnis verpflichtet. Aus praxistheoretischer Perspektive ist ein solches Konzept der Verantwortung wenig überzeugend, weil in ihm das dynamische und soziale Moment der Selbstkonstituierung verkannt wird. Wie sollte etwa eine Verantwortungsübernahme für frühere, aber in der Zwischenzeit überholte Praktiken aussehen, wenn das Paradigma der Transformativität gilt?[22] Inwiefern werden ebenso die strukturellen und gesellschaftlichen Verhältnisse, aus denen sich ja die Selbstkonstitutionsprozesse ergeben, in der Adressierung berücksichtigt? Wie ändern sich Praxen und wer kann dafür überhaupt verantwortlich gemacht werden?

Auch wenn hier eine vollständige, praxistheoretische Aufarbeitung zum Begriff der Verantwortung ein Desiderat bleiben muss, können erste Antworten für ein solches Verständnis gegeben werden. Denn die Alternative, Verantwortung gänzlich fallen zu lassen, käme wie im Fall der Mündigkeit einer vorschnellen Kapitulation gleich. Sie verspielt damit die Ermöglichungsfunktionen, die Verantwortung in einer praxistheoretischen Konzeption von Mündigkeit mit Blick auf Rechenschaft, Selbstständigkeit und Solidarität innewohnen.

Ein für praxistheoretische Überlegungen taugliches Angebot, Verantwortung zu fassen, macht Charles Taylor mit dem Begriff der ‚radical evaluation'. In einer interpretativen Aufarbeitung des eigenen Lebenszusammenhangs lassen sich so die eigenen Identifikationsleistungen kritisch prüfen. Werden diese weiterhin als konstitutive Faktoren für die Selbstrealisierung beibehalten bzw. steht man zu ihnen, hieße dies mit Taylor (1985, S. 42), über sie verantwortlich zu sein. Ein solches Verständnis nimmt den Aspekt der Rechenschaft aus den postkantischen Auffassungen mit auf. Anders als diese geht es ihm damit aber nicht um einen Maximenabgleich. Stattdessen kann es sich bei Rechenschaft

---

[22]Einen Umstand „stockender" Transformativität lässt sich gerade in nicht überwundene Ungerechtigkeitsfällen ausmachen, in den gleichwohl Opfer wie Täter unter ihr leiden. In diesem Sinne ist man dem Täter ebenso die Strafe, d. h. das zur Transformation nötige Urteil (Fremdbezug), schuldig, vgl. Gadamer (1973), S. 125 ff.

nur um eine Auseinandersetzung mit den einer Praktik inhärenten Normen, Regeln und Zuschreibungen handeln. Verantwortung gründet folglich in der Stellungnahme zu sich und zur Welt, wenn man selbst oder ein anderer das eigene Selbst- und Weltverhältnis problematisiert.

Selbstständigkeit greift ein solcher Begriff von Verantwortung im nächsten Schritt dadurch auf, dass er auf eine solche Infragestellung stets im doppelten Sinne antwortet: Retrospektiv wird ein Umgang mit den Konsequenzen der problematisierten Praktik gefordert, prospektiv kommt zum Ausdruck, wie Zukunft sich hierzu verhält bzw. nicht verhalten soll (Schatzki 2013, S. 182 f.). Mit einer fundamentalen Stellungnahme kann zeitlich-lokal eine Auskunft darüber erteilt werden, wie man zu den bisherigen Praxen, in denen man involviert war, steht, sowie wer man sein möchte, oder ob man bestehende Praktiken beibehalten will. Verantwortungsübernahme führt in diesem Sinne zur Aktualisierung des Selbstbildnisses.

In Bezug auf Künftiges gleicht sie einem Spiel. Denn weder sind jemals alle Konsequenzen bekannt noch die Reichweite der eigenen Einflussmöglichkeiten, oder in welcher Weise man sich realisieren wird.[23] An dieser Stelle deutet sich die Abständigkeit zum postkantischen Problem der Eigenverantwortung an: Als Moment der sozialen Welt sind Praxen nicht einseitig von Personen geformt, sondern vollziehen sich im Spannungsfeld von Personen und Artefakten. Um Praxen zu ändern, adaptieren oder fallenzulassen, eben mit dem Wunsch, sich anders zu realisieren, bedarf es einer produktiven Auseinandersetzung mit anderen und anderem.

Zur Verantwortung aufzurufen, kann daher nicht Eigenverantwortung in einem atomistischen Sinne der Selbstbehauptung gegen andere heißen. Vielmehr vollzieht sie sich eher nach dem Prinzip einer Hegelschen Selbstständigkeit in einem sozialen Setting. In ihr steht Selbstbehauptung immer im Spannungsfeld zu Selbstbescheidung. Damit die dem Fremdbezug innewohnenden Kritik- und Identifikationspotenziale zur Selbstkonstitution im Sinne einer Selbstständigkeit hinreichen, muss der Bezug des Anderen, der angeeignet werden soll, von dem Aneignenden anerkannt worden sein (Hegel 1986b, S. 145 ff, 493 f.). Hinreichend ist dieser, wenn mit ihm das eigene Selbstverhätnis sich als ein *Verhältnis* herauskehren lässt und so ein Sichzusichverhalten und folglich eine Selbstbescheidung

---

[23]Kant erkannte dies Problem bereits und äußerte sich skeptisch gegenüber einem tragfähigen Begriff der Verantwortung (Kant AA III, S. 373 und AA VI, S. 227; vgl. auch Vogelmann 2016, S. 273 ff).

möglich wird. Auf diese Weise gewinnt der Bezug des Anderen die nötige Autorität, weil ihm eine gelingende Wirklichkeitsbewältigung unterstellt wird (Brandom 2014, S. 28 ff.). Für die Frage nach einer für Selbstständigkeit relevanten Form der Selbstbehauptung wohnt so stets ein Moment des Sozialen in der Praxis der Selbstbescheidung inne: man kann sich zu sich und seinen Praktiken verhalten, weil mit und über den Anderen dieser Umgang mit sich und Welt möglich wird. Damit wird der Andere zum Grund der eigenen Selbstständigkeit, mit dem Selbstverantwortung in Form des Sich-Zurücknehmen-Könnens in die Selbstbezüglichkeit eingeführt wird.[24] Verantwortung in diesem Sinne heißt die Grenzstellen der eigenen Selbstbehauptung dahin zu prüfen, wo ihr Gebahren andere Selbstbehauptungsstreben beeinträchtigt und damit zugleich die eigene Grundlage einer für Mündigkeit relevanten Realisierung verhindert wird. Diese Realisierung von Selbstständigkeit passiert in der Regel vorthematisch und zwar in dem Sinne, wie sich Urvertrauen herausbildet: Beide gründen in einer vorreflexiven, angeeigneten Überzeugung, Selbst und Welt mitgestalten zu können (vgl. Erikson 1987, S. 222 ff.). Werden diese Formen der Realisierung aber verwehrt oder unterlaufen, so können sie als Probleme thematisch werden.

Die Frage nach Selbstverantwortung öffnet so auch konzeptionell die Tür zum dritten für Mündigkeit relevanten Aspekt von Verantwortung: Solidarität. Praxistheoretisch kann Verantwortung für sich selbst zu übernehmen letztlich nur heißen, andere mit den eigenen Wünschen und Bedürfnissen zu konfrontieren und gleichzeitig sich mit anderen und ihren Selbstbehauptungsansprüchen auseinanderzusetzen. Sie ist in diesem Sinne ein sozialer Aufruf zur Artikulation, Diskussion und eines gemeinsamen Umgangs.[25] In anderen Worten geht es so um die Verantwortung zum ‚produktiven Streit' (Bertram 2017, S. 248 ff.). Das markiert einen wesentlichen Unterschied zu Theorien um ‚self-interest', welche bereits von Adam Smith mit dem Begriff der ‚Selflove' kritisiert wurden: Die

---

[24]Die Selbstständigkeit, die man sich durch den Anderen verspricht, setzt voraus, dass dieser Andere *an-sich* ist und eben nicht *für-mich:* Seine Eigenheit wird respektiert. Umgekehrt gilt, ist er mir nur bloßes Mittel, verkenne ich seine Selbstständigkeit als solche und verstelle meinen Bezug auf ihn als Autorität.

[25]Mit gemeinsamem Umgang ist hier nicht ein harmonischer Konsens gemeint. Viel eher geht es auch darum, Differenzen produktiv zu gestalten, da praxistheoretisch gerade diese Differenzen und Ausschlüsse als konstitutive und dynamisierende Momente betrachtet werden können.

Selbstsorge schließt das ‚Wohl und Weh unseres gesamten Weltbereiches' mit ein.[26] Anstatt andere als reine Kontrahenten zu bergreifen, sind Mitmündige gerade in ihrer Fremdheit konstitutiv für die eigene Selbstständigkeit. Verantwortung für sich selbst zu haben, schließt schon je die Fürsorge um andere mit ein. In der Solidarität kommt so stets Selbstverantwortung zum Vorschein, als wechselseitige Realisierung von Selbstständigkeit.

Um die Frage nach einem praxistheoretischen Zusammenhang von Verantwortung und mündigen Verbraucher vorerst abzuschließen: Mit Verantwortung geht es um eine Selbstaktualisierung innerhalb einer produktiven Auseinandersetzung mit anderen. Dadurch wird eine Selbstständigkeit gewonnen, deren Bedingung in einer strukturellen Solidarität zu finden ist und durch die Infragestellung von problematischen Praktiken herausgefordert wird. Wir kommen nun zum programmatischen Ausblick, denn die Revision des ‚mündigen Verbrauchers' hält auch für Politik und Forschung Neuerungen bereit.

---

[26]Die Überlegungen Adam Smiths werden oft fälschlich auf eine reine Perspektive des Selbstinteresses verkürzt, wie etwa bei Hirschman (1987). Statt um ‚selfinterest' besorgt zu sein, geht es Smith um die Herausarbeitung der begrenzten und schädlichen Aspekte einer solchen Verkürzung. Das Gegen- bzw. Erweiterungsmodell sieht er im Begriff des ‚selflove' angelegt:

„Selflove umfasst aber nicht nur die Sorge um das eigene Selbst, sondern schließt die Sorge um das Wohl und Weh unseres gesamten Weltbereiches mit ein […] Nicht das selfinterest, sondern die selflove ist das Fundament der arbeitsteiligen Gesellschaft. Ihre unwiderstehliche Macht garantiert uns, dass unsere Mitmenschen auf unsere Tauschangebote eingehen werden. Würde der Erfolg unserer Tauschgeschäfte allein von ihrer Gunst oder ihrem Wohlwollen abhängen, würden wir uns niemals auf das Wagnis einer arbeitsteiligen, kooperativen Gesellschaft einlassen. Erst die verlässliche Macht der selflove macht die lebensgefährliche Kontingenz des ökonomischen Tausches zu einem beherrschbaren Risiko." (Ronge 2015, S. 257f.). In diesem Sinne gibt es zwischen Smith und seinem Zeitgenossen Jean-Jacques Rousseau eine Schnittmenge, wenn letzterer zwischen *amour de soi,* Selbstliebe, und *armour-propre,* Eigenliebe, unterscheidet. Während *amour de soi* bei Rousseau auf eine rudimentäre Glücksfindung abzielt, ohne dabei einem Konkurrenzkampf oder anderen Relata ausgeliefert zu sein, ist bei *armour-propre* hingegen eine komparitive Sicht gegenüber anderen Gesellschaftsmitgliedern angelegt, in der das Eigeninteresse im Zentrum der Überlegungen steht. Mit Frederik Neuhouser (2012) wird dieses dann problematisch, also zu einer ‚sozialen Pathologie', wenn sie zu Unterdrückung, Diskriminierung aber eben auch zum Verlust von sozial konstitutiven Anerkennungsstrukturen führt.

11   Die Frage der Programmatik

Unerfüllbare Erwartungen des Verbraucherleitbilds machten eine Abkehr von den bisherigen Überlegungen zu Mündigkeit notwendig. Anhand eines praxistheoretischen Ansatzes ist dagegen der Verbraucher in seinen praktischen, konstitutiven Beziehungen erfasst und Mündigkeit als Selbstverwirklichung lebensimmanent berücksichtigt: Mündigkeit ist die soziale Praxis, sich mit seinen Praktiken auseinanderzusetzen. Praktische Selbstbestimmung ist stets mit der Frage nach Mitbestimmung konfrontiert, weil der soziale Kontext nicht nur die Lebensführung als solche betrifft, sondern schon jeher im Selbstbezug eingeschrieben ist. Sich dann zu diesen Einschreibungen mit anderen zu verhalten, hieße eine Praxis der Mündigkeit zu vollziehen. Anhand der Explikation der immanenten Bestimmungen, die das, was wir unter ‚mündigem Verbrauch' meinen, fassen, also die Umsetzung von Selbst- und Mitbestimmung, ist so ein Weg aus der Krise des ‚mündigen Verbrauchers' aufgezeigt worden.[27]

Mit dem revidierten Verbraucherleitbild stehen Forschung und Politik dennoch vor besonderen Herausforderungen, gerade in Gegenwartsgesellschaften, deren Legitimität auf der Meinungsbildung und Beteiligung ihrer Bürger gründet. In ihnen entstehen plurale Ansichten darüber, wie Leben zu führen sei, und die Selbstverhältnisse, die sich innerhalb verschiedener Praktiken realisieren, nehmen an Komplexität zu. Doch anstatt die gesellschaftlichen Spannungen von konkurrierenden und wechselseitigen Ausschlüssen als Verlust eines Konsenses zu sehen oder die scheinbare Inkohärenz des Selbstbildnisses als Autonomieverlust zu deuten, geht es mit einem praxistheoretischen Begriff von Mündigkeit auf beiden Ebenen darum, diese Verhältnisse in ihrer Dynamik als konstitutiv zu betrachten. Konstitutiv unter der Bedingung, dass die Personen in der Lage sind, sich aktiv mit diesen Widersprüchen, Ambivalenzen und Veränderungen auseinanderzusetzen. Das meint gelingende Selbstverwirklichung: Mit ihr geht es weniger um das Finden letztgültiger Maxime, authentischer Kohärenz oder eines gesellschaftlichen Letztentwurfs als um einen produktiven Streit im Prozess der Auseinandersetzung selbst.

Die Stärke des praxistheoretischen Konzepts der Mündigkeit besteht also darin, dass im Zentrum der Überlegungen nicht defizitäre Subjekte oder ‚naive Konsumenten' stehen, die einfach aufgrund eines falschen Bewusstseins die

---

[27]Für die Diskussion von Selbst- und Mitbestimmung als konstitutive Ansprüche von Mündigkeit, vgl. Cannaday 2018.

Realität verkennen und somit nur ihrer Umwelt oder dem Manipulationsversuchen von Produzenten ausgeliefert sind (Müller 2019, S. 112 ff.). Im Vordergrund steht eine Praxis, die sich an die Aneignung von Praktiken richtet – und zwar durch eine Offenheit für Kritik sowie die Bereitschaft, sich mit etwas und für etwas in der Welt zu verwickeln –, und die so gerade in pluralistisch ausgerichteten Gesellschaften als Alltagspraxis sich vollziehen kann. Mündigkeit nun programmatisch einzufordern, hieße aber dann, jene Prozesse, Lernblockaden oder Transformationsstockungen, die zu Unmündigkeit führen – also zu Situationen, in denen Menschen sich nicht mehr aktiv zu sich und ihrer Umwelt verhalten können –, zu ändern, zu vermeiden oder auszuräumen.[28]

Wir sind also bei der Schwierigkeit des Konzepts angelangt: Politisch geht es mit Mündigkeit so um die fortlaufende Aufhebung von Missständen. Dies ist umso erforderlicher, wenn aufgrund zu hoher Komplexität, gesetzlicher oder sozialer Rigidität, als auch fehlender Bildung, Mündige an der für sie wichtigen Auseinandersetzung um ihre Selbstbehauptung gehindert werden. Oft übersteigen diese Aspekte die Sphäre rechtlicher Anerkennung und zeigen die Notwendigkeit, Empörungen und gar Exklusionen sichtbar werden zu lassen. Sind Gesellschaften und Institutionen nicht in der Lage, auf diese Missstände zu reagieren, drohen ‚soziale Pathologien‘: Verdinglichung, Erstarrung von Beziehungsräumen und gar Selbstverlust (Stahl 2011, S. 734 ff.). Um solche Verhältnisse aufzuspüren, können Forschung, Schutzverbände, als auch Politik die Beschaffenheit der Aushandlungsprozesse vor allem anhand dreier Kriterien prüfen: an Transparenz, dem Gestaltungsspielraum der Konsumenten (Bala und Müller 2015), sowie an der ‚teleoaffektiven‘ Prozessualität der Praktiken (Schatzki 1996, S. 89; Honneth 2015).

12   Transparenz

Mit Transparenz soll Mündigen die Erhellung ihrer Daseinszusammenhänge erleichtert werden. Sie zielt auf die Offenlegung der konstitutiven Bedingungen von Praktiken ab. Im Nexus der Praktiken können mögliche Konsequenzen

---

[28]Vgl. Jaeggi (2014, S. 332): „Wenn Lebensformen nun lernen können, dann können sie als überindividuelle Formationen eine über die individuelle hinausgehende Rationalität besitzen; umgekehrt stehen kollektive (strukturelle) Lernblockaden der Lernfähigkeit der einzelnen Individuen im Weg, ohne dass das immer auf deren individuelle Lernunfähigkeit zurückführbar wäre."

erarbeitet werden, weil bspw. etwaige Privatisierungsbestreben, die einem Produktangebot anhaften, einsehbar sind. Ebenso geht es um die Aufdeckung von Manipulations- und Täuschungsversuchen, sowie Zwangsverhältnissen. Im Rückgriff auf die Frage nach Solidarität können so etwa Produktionsbedingungen oder im Feld der Politik Gesetzgebungsprozesse problematisiert werden, die die aktive Selbstbezüglichkeit von Arbeitern untergraben. Solche Thematisierungen, wie die der Produktionsbedingungen oder der Einflussnahme durch Lobbyinteressen, können so eine wesentliche Rolle für gelingende Selbstverwirklichung einnehmen. Eine schwache Rolle nehmen sie ein, wenn man sie zwar als Tatsache begreift, doch als etwas dem eigenen Leben eher Disparates ansieht. Die stärkere Position, wie sie in der Solidarität gefordert wird, folgt der Einsicht, dass es hier auch um die *eigene* Selbstbehauptung geht.[29] Die Konsequenzen hieraus mögen freilich verschieden ausfallen, anhand Transparenz soll aber schließlich zunächst der Grad der eigenen Verwicklung mit den Tatsachen zugänglich werden.

Um auch hier Fehldeutungen zu vermeiden: Es wird nicht der Anspruch eines unentwegt informierten ‚Expertenbürgers‘ erhoben, der sich qua Einsicht in *alle* Belange seiner Konsum- und Wahlentscheidungen sowie über die direkten und unintendierten Konsequenzen bewusst ist. Vielmehr geht es hier darum, dass die Einzelne im Prozess der Aufarbeitung zu denjenigen Informationen Zugang bekommt, die für die Aufarbeitung der problematischen Praktiken und ihrer Aushandlung entscheidend sind. Auch wenn nicht alle Informationen verfügbar sind, weil etwa nötige Forschung fehlt oder zu hohe Komplexität Einsicht erschwert, so dürfen Mündige nicht daran gehindert werden, diese Lücken zu schließen. Dabei spielt für Mündigkeit der Vorzug oder Nachteil eines Produkts oder Angebots eher eine untergeordnete Rolle. Nimmt man das Diktum der Mündigkeit ernst, so gilt es diejenigen Momente und Verhältnisse aufzuzeigen, in denen durch mangelnde Offenlegung Aushandlungsprozesse für Verbraucher und Produzierende misslingen. Das Streben nach Transparenz nimmt so die Form eines offenen Unterfangens an, in welchem die problematischen Praktiken einer Gesellschaft und ihre inhärenten Anerkennungsstrukturen verfügbar werden.

---

[29]Das zweite, starke Argument macht in diesem Sinne auch Ehrlichkeit zum zwingenden Faktor für die *eigene* Selbstständigkeit: Indem ich den Anderen betrüge, täusche oder ihm meinen Willen aufzwinge, verspiele ich mir selbst die Möglichkeit, mich nicht nur anhand eines Tatsachenaustausch *wirklich* zu behaupten, sondern durch meine Missachtung des Anderen entgleitet mir die eigene Selbstkonstituierung, vgl. Brandom 2019, S. 582. So wird Vertrauen nach einem wechselseitigen Transparenzstreben für Anerkennungsverhältnisse entscheidend.

13   Gestaltungsspielraum

Damit ist zugleich der nächste Aspekt des Aushandlungsprozesses angesprochen: der Gestaltungsspielraum. Für einen mündigen Verbraucher muss es Möglichkeiten der Mitgestaltung geben. Sie kann durchaus verschiedene Formen annehmen, von Praktiken des ‚Prosums' wie Urban Gardening und Crowd-Funding, oder durch Petition und Boykott, vom Protestmarsch bis zu Formen solidarischer Ökonomisierung wie der Gründung einer Genossenschaftsbrauerei. Wichtig dabei bleibt, dass soziale Beziehungen oder Institutionen nicht die Mitbestimmungspraxis nachteilig beschneiden. Mündige brauchen daher erstens die Sicherheit, dass ihre Meinungsäußerungen keine negativen Auswirkungen nach sich ziehen (Oshana 2006, S. 87). Zweitens wird auch die Frage nach einer gewissen finanziellen Unabhängigkeit oder einem Dispositionsspielraum interessant. Wenn nämlich der Bürger durch Konsum die Politik in einem für ihn bestimmten Sinne mitbestimmen soll, dann muss er auch über die Ressourcen verfügen und die Gelegenheiten haben, die ihm eine solche Mitbestimmung erlauben. Eine fünfköpfige Familie, bei denen die Einnahmen über den Wohlfahrtsstaat erfolgen oder im Niedriglohnsektor erarbeitet werden, wird es vermutlich schwer haben, ihren Haushaltskonsum tierfreundlich und nachhaltig zu gestalten. Und selbst wenn der Geldbeutel es erlaubt und sogar die Kennzeichnung von Produkten und Angeboten eine transparente Verfügungsweise ermöglicht, wird nicht überall alles angeboten. Der Festival-Gänger weiß, dass er meist nur Getränke bekommt, die unter dem Schirm eines bestimmten Mutterkonzerns stehen. Spätis führen oft nur Wasser einer Marke. Bevor die Diskussion in die Schwierigkeit abgleitet, maximalen Produktpluralismus unter den Bedingungen logistischer Grenzen ausloten zu wollen und schließlich zur Überfrachtung der Entscheidungssituation führt: Für Mündigkeit ist der Aspekt entscheidender, dass es neben der Aushandlung über Produkte und Produktionsweisen auch zu Auseinandersetzungen über die Form der Mitgestaltungsbedingungen selbst kommen kann. Für etwaige Alternativen, die auf diesen Missstand der Mitbestimmung reagieren, könnten neben den politisch gängigen Formen der Subvention und der Steuererhebung, so die Installation neuer Entscheidungs- und Wertschöpfungsgefüge, interessant werden. Ob direkte Volksabstimmungen oder Umverteilungen: Wieder ist am Ende ausschlaggebend, inwiefern sich die mündigen Verbraucher an der Mitgestaltung ihrer Welt immer wieder einbringen können. Anders gesagt bedarf Mündigkeit einer gewissen Wirkmächtigkeit und im Sinne des Gestaltungsspielraums gilt es so, die Verhältnisse herauszuarbeiten, in denen solche Aushandlungsprozesse inexistent sind oder bisher abgelehnt wurden.

14   Prozessualität

Damit kommen wir zum dritten Punkt, nämlich den der Prozessualität: Mündigkeit ist eine Aufarbeitung der eigenen Praktiken, und darin liegt auch, dass manche Angelegenheiten der Einzelnen wichtiger sind als andere, oder auch, dass sie bestimmte politische Konsequenzen nicht bekümmern oder zumindest nicht zu allen Zeiten. Anderen ein Feld zu überlassen, ist so auch eine mündige Entscheidung. Wichtig bleibt dabei, dass die Überlassung revidiert werden und der Mündige wieder an der Mitgestaltung teilhaben kann (vgl. Mill 2009, S. 175). Mündigkeit setzt so eine gewisse Offenheit voraus, die eine Prozessualität des Beziehen-Könnens impliziert. Man setzt sich mit seinen Praktiken auseinander, wenn man selbst oder ein anderer Probleme ebenso wie Möglichkeiten erkennt. Prozessualität muss also nicht nur einem fluiden Selbst gerecht werden, sondern auch einer dynamischen Lebenspraxis. Mündigkeit hebt nicht ab auf konsensfähige, gesamtgesellschaftliche Ziele, wie etwa einem Klimaziel, oder letztliche Lösungsvorschläge. Es sind gerade solche Annahmen, wie die eines einzelnen Wählerwillens, einer notwendigen Gesamtkonsenslösung oder die Unabänderbarkeit bestimmter institutioneller Gefüge, die eine für Mündigkeit entscheidende Aushandlungspraxis erschweren. Institutionen stehen so vor der Herausforderung, sich stets von neuem den Selbstbehauptungsansprüchen ihrer Mitglieder zu stellen. Sie tun dies, indem sie entlasten, ermöglichen und selbst bereit sind, Lern- und Transformationsprozesse einzuleiten. In diesem Sinne wären sie, mit Jaeggi (2009) gesprochen, ‚gute Institutionen‘. Mündigkeit erfordert daher zunächst Arbeit seitens der Politik: Sie steht in dieser Hinsicht vor der Herausforderung, offen für die Bedürfnisse und Leiderfahrungen ihrer Mitglieder zu sein und praktische Lösungen immer wieder neu auszuloten (Honneth 2015, S. 155). Dazu greift sie u.a. auf die Verbraucherforschung zurück, die selbst solche ‚stockenden‘ Verhältnisse – ob auf Personen beschränkt oder über Institutionen hinweggreifend – als eines ihrer zentralen Aufgabenfelder vorfindet.

Durch die Aufarbeitung der drei Aspekte Transparenz, Gestaltungsspielraum und Prozessualität lassen sich gesellschaftliche Verhältnisse dahin prüfen, inwiefern sie eine Selbstverwirklichung ‚mündiger Verbraucher‘ verhindern. Es hat sich gezeigt, dass sich ja gerade durch ein Diktat vollständiger Informiertheit eine Überverantwortung des Einzelnen oder im geschlossen-isolierten Verständnis von Person Mündigkeit sich in Unmündigkeit verkehrt. Gleichwohl gilt es ebenso, den Umkehrschluss zu vermeiden und dem Verbraucher nur unter dem Gesichtspunkt der ‚Verletzlichkeit‘ oder als ‚Mangelwesen‘ zu begreifen, wie es oft unter dem Deckmantel des Anstoß- oder Nudging-Paternalismus der Fall ist

(Simanowski 2019, S. 30). Es spricht prinzipiell nichts dagegen, gesellschaftliche Angebote zu installieren, die bestimmte Aspekte des Wohls ihrer Mitglieder zu fördern vermögen oder diejenigen, die eher schädlicher Natur sind, schwer zugänglich zu machen. Die Entscheidung aber darüber, wie und auf welche Weise dies umgesetzt wird, muss in den Mitbestimmungskreis der Mündigen fallen und offen für stete Revisionen sein. Nur so lässt sich weiterhin von Mündigkeit reden. Eine solche Offenheit sowie die Möglichkeit der Reversibilität lässt sich gar bei Kant (AA VIII, S. 39) finden:

> „Ein Zeitalter kann sich nicht verbünden und darauf verschwören, das folgende in einen Zustand zu setzen, darin es ihm unmöglich werden muß, seine (vornehmlich so sehr angelegentliche) Erkenntnisse zu erweitern, von Irrtümern zu reinigen, und überhaupt in der Aufklärung weiter zu schreiten. Das wäre ein Verbrechen wider die menschliche Natur, deren ursprüngliche Bestimmung gerade in diesem Fortschreiten besteht; und die Nachkommen sind also vollkommen dazu berechtigt, jene Beschlüsse, als unbefugter und frevelhafter Weise genommen, zu verwerfen".

Die Diskussion um eine praxistheoretische Konzeption von Mündigkeit weist über die Schemata einfacher Dichotomien hinaus: Weder geht es um die vollständige Verantwortung des Einzelnen noch um einen Nanny-State, der alles bestimmt. Vielmehr bildet und spiegelt die Auseinandersetzung der Mündigen den Staat selbst und inkludiert so die (auch teils spannungsreichen) Selbstbehauptungsansprüche seiner Mitglieder. Dass die Aufgabe der Umsetzung solcher Selbst- und Mitbestimmungspraktiken nun einfacher geworden ist, darf bezweifelt werden. Gleichzeitig rückt aber mit der hier revisierten Form von Mündigkeit eine andere Normativität in praktischen Geltungsbereich politischer Adressierung: Offenheit und mit ihr die Möglichkeit des Scheiterns. Anstatt die Suche nach letzten Zielen auszurufen, gilt es die prozessuale Selbstbewegung der Mündigkeit zu gewähren. In der Erkenntnis sich stets wandelnder Selbst- und Weltbezüge richten sich so die Blicke auf Aneignungshindernissen wie Blockaden, Unterdrückungen und Exklusionen. Nicht ein Scheitern oder ein fehlendes Wissen als solches ist für Mündigkeit problematisch, sondern Perfektibilitätsvorstellungen, in denen bereits die Lösungen vorentschieden sind.

Zum Schluss lässt sich noch ein letzter Punkt ansprechen: Eine Forderung nach Mündigkeit verlangt eine Verantwortung zur Offenheit und sofern ein Staat diese Forderung stellt, folgt er so etwas wie einem ‚negativen Paternalismus'. Es handelt sich in gewisser Weise um eine *invertierte* Form des Anstoß-Paternalismus, in der auf die Aufhebung eines solchen gedrängt wird. Damit geht es weder um eine Unterwanderung der Selbst- und Mitbestimmungspraktiken, nicht um Manipulation oder Täuschung, noch um Unterdrückung. Neben

Schutz- und Ermöglichungsmaßnahmen gehört zum Anliegen eines solchen negativen Paternalismus, Menschen dazu aufzufordern, ihre Selbstständigkeit und damit ein reflektiertes Selbstverhältnis anzugehen. Die Schwierigkeit aber, die ihm dabei begegnet, ist freilich, dass er stets die soziale Wirklichkeit, den Kontext der Betroffenen in seiner Forderung berücksichtigen muss. Worauf die Intervention dann abzielt, ist nicht so sehr, was eine Person tun oder nicht tun sollte, sondern sie schützt einerseits Personen und ihre Fähigkeiten, selbstständig Entscheidungen zu treffen, sie schützt ihre Selbstbezüglichkeit. Andererseits behandelt der Staat mit dem Ziel der Mündigkeit auch die unmündigen Bürger als potenzielle Mündige – mit Hegel gesprochen: So kann er ihnen Anschluss an Fragen der Selbstständigkeit offerieren, da er sie aus der Perspektive des ‚Geistes‘, also in einem für sie zur Selbständigkeit relevanten Sinne anspricht. Das meint Mündigkeit als Praxis. Auf eine Formel gebracht: In ihr geht es weniger darum, ob Institutionen oder der Staat Befugnisse und Entscheidungsgewalten erhalten, sondern darum, wie flexibel und offen sie dafür sind, diese wieder in den Mitgestaltungskreis von Mündigen zu überantworten. In diesem Sinn muss auch ein Verbraucherleitbild nicht nur den Verbraucher leiten, sondern von dem, wer und wie der Verbraucher geworden ist, geleitet werden.

Literatur

Adorno, Theodor W. 1971. *Erziehung zur Mündigkeit*. Frankfurt/M.: Suhrkamp.
Adorno, Theodor W., und Max Horkheimer. 2008. *Dialektik der Aufklärung*. Frankfurt/M.: Fischer.
Bala, Christian, und Klaus Müller, Hrsg. 2015. *Abschied vom Otto Normalverbraucher*. Essen: Klartext.
Barclay, Linda. 2000. Autonomy and the social self. In *Relational autonomy*, Hrsg. M. Catriona und N. Stoljar, 52–71. New York: Oxford University Press.
Bertram, Georg. 2017. *Hegels‚Phänomenlogie des Geistes‘*. Stuttgart: Reclam.
Blatter, Harry. 2007. *Coming of age in times of uncertainty*. New York: Berghahn.
Brandom, Robert. 1994. *Making it explicit*. Cambridge: Harvard University Press.
Brandom, Robert. 2014. A hegelian model of legal concept determination. In *Pragmatism, law and language*, Hrsg. G. Hubbs und D. Lind, 19–39. New York: Routledge.
Brandom, Robert. 2019. *On the spirit of trust*. Cambridge: Harvard University Press.
Bröckling, Ulrich. 2007. *Das unternehmerische Selbst*. Frankfurt/M.: Suhrkamp.
Bundesverband der Deutschen Industrie e. V. 2014. Verbraucherleitbild und Positionsbestimmung zum ‚Mündigen Verbraucher‘. https://e.issuu.com/embed. html#2902526/58123202. Zugegriffen: 18. Nov. 2019.
Bundeszentrale für politische Bildung und Landeszentralen für politische Bildung. 1997. *Demokratie braucht politische Bildung – Münchner Manifest*. Bonn: Bundeszentrale für politische Bildung.

Cannaday, Thomas. 2018. *Mündigkeit*. Frankfurt: Campus.

Christman, John, Hrsg. 1989. *The inner citadel, essays on individual autonomy*. Brattleboro: Echo Point Books.

Christman, John. 2009. *The Politics of Persons*. Cambridge: Cambridge University Press.

Cunningham, Carolyn, Hrsg. 2013. *Social networking and impression management, self-presentation in the digital age*. Plymouth: Lexington.

Dan-Cohen, Meir. 1992. Conceptions of choice and conceptions of autonomy. *Ethics* 102:221–234.

de Boer, J.-H. 2019. Praktiken, Praxen und Praxisformen. In *Praxisformen*, Hrsg. J.-H. de Boer, 21–43. Frankfurt: Campus.

Dworkin, Gerald. 1988. *The theory and practice of autonomy*. New York: Cambridge University Press.

Ebersold, Günther. 1980. *Mündigkeit*. Frankfurt/M.: Lang.

Eidam, Heinz, und Timo Hoyer, Hrsg. 2006. *Erziehung und Mündigkeit*. Münster: LIT.

Erikson, Erik. 1987. *Childhood and society*. London: Paladin Grafton Books.

Europäischer Gerichtshof. WRP 1998, 848, 850, Rn.31 (‚Gut Springenheide').

Europäischer Gerichtshof. GRUR Int 2005, 44, 45, Tz. 24 -Sat.1.

Feinberg, Joel. 1989. Autonomy. In *The inner citadel, essays on individual autonomy*, Hrsg. J. Christman, 27–53. Brattleboro: Echo Point Books.

Fridrich, Christian, Renate Hübner, Karl Kollmann, Michael Burkhard Piorkowsky, und Nina Tröger, Hrsg. 2017. *Abschied vom eindimensionalen Verbraucher*. Wiesbaden: Springer VS.

Gadamer, Hans Georg. 1973. Verkehrte Welt. In *Materialien zu Hegels ‚Phänomenologie des Geistes'*, Hrsg. H.F. Fulda und D. Henrich, 117–140. Frankfurt: Suhrkamp.

Günther, Klaus. 2002. Zwischen Ermächtigung und Disziplinierung. In *Befreiung aus der Mündigkeit*, Hrsg. A. Honneth, 117–140. Frankfurt: Campus.

Habermas, Jürgen. 1996. Drei normative Modelle der Demokratie. In *Die Einbeziehung des Anderen*, Hrsg. J. Habermas, 277–292. Frankfurt/M.: Suhrkamp.

Hegel, Georg Wilhelm Friedrich. 1986a. *Enzyklopädie der philosophischen Wissenschaften im Grundrisse 1830*. Frankfurt/M.: Suhrkamp.

Hegel, Georg Wilhelm Friedrich. 1986b. *Phänomenologie des Geistes*. Frankfurt/M.: Suhrkamp.

Heidegger, Martin. 2006. *Sein und Zeit*. Tübingen: Max Niemeyer Verlag.

Hirschman, Albert. 1987. *Leidenschaften und Interessen. Politische Begründungen des Kapitalismus vor seinem Sieg*. Frankfurt/M.: Suhrkamp.

Honneth, Axel. 2002. Organisierte Selbstverwirklichung. In *Befreiung aus der Mündigkeit*, Hrsg. A. Honneth, 141–158. Frankfurt/M.: Campus.

Honneth, Axel. 2011. *Das Recht der Freiheit*. Berlin: Suhrkamp.

Honneth, Axel. 2015. *Die Idee des Sozialismus*. Berlin: Suhrkamp.

Jaeggi, Rahel. 2002. Aneignung braucht Fremdheit. *Texte Zur Kunst* 46:60–69.

Jaeggi, Rahel. 2005. *Entfremdung*. Frankfurt: Campus.

Jaeggi, Rahel. 2009. Was ist eine ‚gute' Institution? In *Sozialphilosophie Und Kritik*, Hrsg. A. Honneth und R. Forst, 528–544. Berlin: Suhrkamp.

Jaeggi, Rahel. 2014. *Lebensformen*. Berlin: Suhrkamp.

Kant, Immanuel. Akademische Ausgabe. https://korpora.zim.uni-duisburg-essen.de/kant/verzeichnisse-gesamt.html. Zugegriffen: 30. Jan. 2020.

Kant, Immanuel. AA III, Kritik der reinen Vernunft. https://korpora.zim.uni-duisburg-essen.de/kant/verzeichnisse-gesamt.html. Zugegriffen: 30. Jan. 2020.

Kant, Immanuel. AA VI, Metaphysik der Sitten. https://korpora.zim.uni-duisburg-essen.de/kant/verzeichnisse-gesamt.html. Zugegriffen: 30. Jan. 2020.

Kant, Immanuel. AA VIII, Beantwortung der Frage: Was ist Aufklärung? https://korpora.zim.uni-duisburg-essen.de/kant/verzeichnisse-gesamt.html. Zugegriffen: 30. Jan. 2020.

Lamla, Jörn. 2018. Entgrenzter Konsum und Konsequenzen für die Verbraucherforschung. In *Entgrenzungen des Konsums*, Hrsg. P. Kenning und J. Lamla, 147–153. Wiesbaden: Gabler.

Marx, Karl, und Friedrich Engels. 1971. *Zur Kritik der Politischen Ökonomie*. Berlin: Dietz.

Menke, Christoph. 2010. Autonomie und Befreiung. *Deutsche Zeitschrift für Philosophie* 58:675–694.

Menke, Christoph. 2015. *Kritik der Rechte*. Berlin: Suhrkamp.

Mill, John Stuart. 2009. *On Liberty*. Auckland: The Floating Press.

Müller, Robert Casper. 2019. *Konsumentenbilder als produktive Fiktion*. Wiesbaden: Springer Gabler.

Neuhouser, Frederick. 2012. Rousseau und die Idee einer ,pathologischen' Gesellschaft. *Politische Vierteljahresschrift* 53:628–645.

Oehler, Andreas. 2012. Neue alte Verbraucherleitbilder: Basis für die Verbraucherbildung? *Haushalt in Bildung und Forschung* 2:44–60.

Oshana, Marina. 2006. *Personal Autonomy in Society*. Cornwall: Routledge.

Pothast, Ulrich. 2002. Selbstbestimmung durch die Formung des eigenen Willens? *Deutsche Zeitschrift für Philosophie* 50:641–647.

Reckwitz, Andreas. 2003. Grundelemente einer Theorie sozialer Praktiken. *Zeitschrift für Soziologie* 32:282–301.

Reckwitz, Andreas. 2004. Die Reproduktion und die Subversion sozialer Praktiken. In *Doing Culture. Neue Positionen zum Verhältnis von Kultur und sozialer Praxis*, Hrsg. K.H. Hörning, 40–53. Bielefeld: transcript.

Reckwitz, Andreas. 2008. *Unscharfe Grenzen. Perspektiven der Kultursoziologie*. Bielefeld: transcript.

Reckwitz, Andreas. 2016. Zwischen Hyperkultur und Kulturessenzialismus. *Soziopolis*. http://www.soziopolis.de/beobachten/kultur/artikel/zwischen-hyperkultur-und-kulturessenzialismus/. zugegriffen: 20. Nov. 2019.

Ronge, Sebastian. 2015. *Adam-Smith-Projekt*. Wiesbaden: Springer VS.

Rosa, Hartmut. 2016. *Resonanz*. Berlin: Suhrkamp.

Sack, Rolf. 2005. Die neue deutsche Formel des europäischen Verbraucherleitbilds. *Wettbewerb in Recht und Praxis* 51:462.

Schatzki, Theodore. 1996. *Social practices*. Melbourne: Cambridge University Press.

Schatzki, Theodore. 2002. *The site of the social*. University Park: The Pennsylvania State University Press.

Schatzki, Theodore. 2013. Human activity as indeterminate social event. In *Wittgenstein and Heidegger*, Hrsg. D. Egan, S. Reynolds, und A.J. Wendland, 179–194. New York: Routledge.

Schechtmann, Marya. 1996. *The constitution of selves*. New York: Cornell.

Scherhorn, Gerhard. 1973. *Gesucht: Der mündige Verbraucher*. Düsseldorf: Droste.

Schmitt, Lennart. 2018. *Das unionsrechtliche Verbraucherleitbild.* Baden-Baden: Nomos.

Simanowski, Roberto. 2019. Zauberformel Nudging. *Lettre* 125:27–31.

Stachura, Mateusz. 2017. Bewertungsspiele – Von der Handlungs- zur Koordinations-theorie. *Kölner Zeitschrift für Soziologie und Sozialpsychologie* 69:1–26.

Stahl, Titus. 2011. Verdinglichung als Pathologie zweiter Ordnung. *Deutsche Zeitschrift für Philosophie* 59:731–746.

Stahl, Titus. 2013. *Immanente Kritik.* Frankfurt: Campus.

Strünck, Christoph, Ulrike Arens-Azevédo, Tobias Brönneke, Kornelia Hagen, Mirjam Jaquemoth, Peter Kenning, Christa Liedtke, Andreas Oehler, Ulf Schrader, und Marina Tamm. 2012. *Ist der‚ mündige Verbraucher' ein Mythos? Auf dem Weg zu einer realistischen Verbraucherpolitik.* Berlin: Bundesministerium für Ernährung, Landwirt-schaft und Verbraucherschutz.

Taylor, Charles. 1971. Interpretation and the sciences of man. *The Review of Metaphysics* 25:3–51.

Taylor, Charles. 1985. *Human agency and language.* Cambridge: Cambridge University Press.

Tugendhat, Ernst. 1979. *Selbstbewußtsein und Selbstbestimmung.* Frankfurt/M.: Suhrkamp.

Ulbrich, Sebastian. 2005. *Irreführungs- und Verwechslungsgefahr im Lauterkeits- und Markenrecht.* Berlin: Dr. Köster.

Vogelmann, Frieder. 2016. Drei Gefahren philosophischer Begriffsanalysen von Ver-antwortung. *Deutsche Zeitschrift für Philosophie* 64:273–286.

Zymek, Bernd. 2004. Vom Bürger zum Kunden, Der Strukturwandel des Bildungs-systems und der demokratischen Kultur in Deutschland. *Schweizerische Zeitschrift für Bildungswissenschaften* 26:121–140.

Thomas Cannaday, Dr., ist Philosoph und Soziologe. Er arbeitet als freier Lektor in Berlin. Zu seinen Forschungsschwerpunkten zählt Sozialontologie, Kritische Theorie, politische Philosophie und Praxistheorie.

Politischer Konsum und
politische Partizipation

Protest – Partizipation – Propaganda: Was ist politisch am Politischen Konsum?

Karsten Fischer

Zusammenfassung

Ausgehend von dem in der Literatur verbreiteten Verständnis Politischen Konsums wird ein Mehrebenenmodell der Politik entwickelt, das es erlaubt, die diversen Erscheinungsformen Politischen Konsums einzuordnen und insbesondere zwischen von ‚von oben' inzentivierten beziehungsweise ‚von unten' initiierten Boycott- beziehungsweise ‚Buycott'- Aktionen zu unterscheiden sowie einige zukünftige Forschungsdesiderate zu bestimmen.

Schlüsselwörter

Boycott · Buycott · Partizipation · Politik · Politischer Konsum

Es gehört zu den Eigenarten der soziokulturellen Wirklichkeit, im Gegensatz zu natürlichen Phänomenen keinen ein für alle Mal bestimmbaren Gegenstandsbereich zu haben, sondern sich eben einer gesellschaftlichen Konstruktion der Wirklichkeit zu verdanken (Berger und Luckmann 2003), sodass es im Auge des

Für Hinweise und Kritik danke ich Kai-Uwe Hellmann, Stefan Matern, Vincent Rost und Lorans El Sabee

K. Fischer (✉)
Geschwister-Scholl-Institut für Politikwissenschaft, Ludwig-Maximilians-Universität München, München, Deutschland
E-Mail: karsten.fischer@gsi.uni-muenchen.de

Betrachters liegt, ob etwas als politisches, rechtliches, wirtschaftliches, religiöses oder noch anders einzuordnendes Problem erscheint. Solche Einordnungen sind auch keineswegs rein theoretisch, sondern sie haben weitreichende Konsequenzen, insbesondere für die Politik, die stets Steuerungsfantasien hat und abwechselnd mit Gestaltungshoffnungen oder mit Repressionsfurcht konfrontiert wird – oder für obsolet gehalten wird. So kann sich gar die Verwendung des Politikbegriffs erübrigen, wie im Früh- und Hochmittelalter, das unter dem Vorzeichen theologischer Dominanz bis zum Einsetzen der scholastischen Aristoteles-Rezeption im 13. Jahrhundert gar keinen Bedarf hatte, hoheitliche Entscheidungen mit dem aus der Antike stammenden und Konnotationen von Autonomie mitführenden Politikbegriff zu beschreiben (Struve 1993, S. 189).

Die Frage, was als politisches Phänomen zu klassifizieren ist, ist also stets von ebenso theoretischer wie praktischer Bedeutung, und von entsprechend großem Interesse ist es, dass zu Beginn des 21. Jahrhunderts mit dem Politischen Konsum ein Feld neu konstruiert worden ist, das der in der neuzeitlichen okzidentalen Politik sukzessive entwickelten Differenzierung zwischen Politik und Wirtschaft und zwischen Privatheit und Öffentlichkeit zuwiderläuft.

Schließlich ist das Konzept der bürgerlichen Gesellschaft gekennzeichnet durch die Ablösung des alteuropäisch-republikanischen Konzeptes einer politischen Gemeinschaft (κοινωνία πολιτική, societas civilis) zugunsten der Trennung einer politisch-staatlichen von einer privatistisch-gesellschaftlichen, bürgerlichen Sphäre, in der die Bürger legitimerweise unpolitisch bleiben dürfen, um allein ihren ökonomischen Eigennutzen zu verfolgen, während der Staat für die friedlichen Rahmenbedingungen dieser Wettbewerbsordnung sorgt. Damit vertraut die moderne Gesellschaft darauf, die sozial-moralische Intentionalität von Akteuren durch ein institutionelles Arrangement der Austarierung egoistischer Eigeninteressen ersetzen zu können.

Mit Bezug auf Kategorien der Systemtheorie Niklas Luhmanns lässt sich diese Entwicklung wie in Abb. 1 gezeigt typologisieren (Fischer 2005, S. 21 f.).

Angesichts dieser komplexen Konstellation wird nun zunächst ein Mehrebenenmodell politischen Handelns entwickelt (1), das es anschließend erlaubt, die Erscheinungsformen des Politischen Konsums einzuordnen und zwischen maßgeblich auf Initiativen der Konsumenten zurückgehenden beziehungsweise vonseiten politischer Institutionen gesetzten Anreizen für Politischen Konsum zu unterscheiden (2). Von hier aus wird dann bestimmbar, welche Potenziale und Probleme im Politischen Konsum liegen und welche weiteren Forschungsperspektiven sich daraus ergeben (3).

	Gesellschaftsstruktur (Primärdifferenzierung)	Semantik	Selbstbeschreibung
Alteuropäischer Republikanismus	segmentär	Politische Tugend	Politische Gemeinschaft (κοινωνία πολιτική, societas civilis)
Moderner Liberalismus	funktional	rationales Eigeninteresse	Staat vs. bürgerliche Gesellschaft

Abb. 1 Alteuropäischer Republikanismus und moderner Liberalismus. (Quelle: eigene Darstellung)

1 Ein Mehrebenenmodell politischen Handelns

Vor dem Hintergrund der kurzen historischen Skizze der Politikverständnisse ist es bemerkenswert, dass Politischer Konsum in der einschlägigen Forschung verstanden wird als Ensemble von

„Praktiken, die eher explizit als implizit politisch motiviert sind und mit denen sich die Konsumentinnen, indem sie die exit-, voice- und loyalty-Optionen des Marktes nutzen, bewusst und absichtsvoll auf eine Politik hinter den Produkten beziehen. Es handelt sich um Konsumentscheidungen, bei denen zwar auch, aber nicht nur private Anliegen Berücksichtigung finden, sondern zudem Acht gegeben wird auf Ungerechtigkeiten in den Ordnungen des globalen Handels […]. Im Vergleich zur Beteiligung in kollektiven Interessenorganisationen oder sozialen Bewegungen ist politischer Konsum sporadischer, alltagsnäher, für die Akteure auch kosteneffizienter und überwiegend von Frauen getragen. […] Die Teilnahme an Boycotts, Buycotts oder beidem liegt auch der Messung von politischem Konsum im Rahmen der umfragebasierten Forschung zugrunde, die eine wachsende Beliebtheit dieser marktbasierten Form des politischen Engagements konstatiert" (Lamla 2006, S. 12 f.).

Bemerkenswert ist dieses Verständnis, weil es offenbar eine ebenso allgemeine wie festgefügte Vorstellung davon hat, was das Politische am Politischen Konsum ausmacht, obwohl sich die Politikbegriffe ja nicht nur, wie vorstehend angedeutet, im Verlauf der Geschichte verändert haben, sondern auch noch in der Gegenwart stark umstritten sind. Letzteres zeigt sich allein schon an der umfassenden Kontroverse um Carl Schmitts Begriff des Politischen. In seiner gleichnamigen Schrift hatte Schmitt 1932 und neu aufgelegt 1963 geltend gemacht, das Ende der Epoche der Staatlichkeit sei bedingt durch die vom Liberalismus

verschuldete mangelnde Einsicht in den Umstand, dass das Politische darin
bestehe, Freund und Feind unterscheiden und den Feind als existenziell anderen
erkennen zu können (Schmitt 1963). Demgegenüber hatte die liberale Politische
Theorie geltend gemacht, die Entwicklung des modernen Staates habe in einer
Monopolisierung des Politischen bestanden, das dessen frei flottierendes Gewalt-
potenzial in Form des staatlichen Gewaltmonopols eingehegt und folglich auch
keinen Bedarf an einer existenzialistischen Politisierung habe, die sich nicht in
den verfassungsrechtlich gezogenen Grenzen bewege (Holmes 1995). Hiergegen
regt sich wiederum der Widerstand einer affirmativen Schmitt-Rezeption seitens
einer radikal-demokratischen Theorie, die das Politische in seinen kreativen
Potenzialen nicht durch den liberalen Konstitutionalismus beschränkt sehen
möchte (Mouffe 2007).

Jenseits all dieser Differenzen macht das zitierte Verständnis Politischen
Konsums allein die Motivation zu politischem Handeln, und sei sie ‚implizit‘, als
hinreichendes Kriterium für einen politischen Charakter von Konsumverhalten
geltend. Die Frage nach einem Staatsbezug beziehungsweise der Erfüllung eines
generellen Politik-Kriteriums wird nicht gestellt, was im Rahmen eines solch
voluntaristischen Politikverständnisses konsequent ist. In seiner Reinform kann es
bis zu dem Paradox der Frauenbewegung und der studentischen Protestbewegung
Ende der sechziger Jahre führen, das Private für politisch zu erklären, wo doch
gleichzeitig eine politische Verantwortung für private Belange wie die familiäre
und berufliche Gleichstellung von Frauen reklamiert wurde, sofern die Formel
nicht ein reiner ‚Sponti‘-Spruch blieb, wie in der Kommune 1.

Aus Sicht der Politikwissenschaft, die sich bislang ebenso erstaunlicher- wie
fahrlässigerweise kaum mit dem Phänomen des Politischen Konsums befasst hat,
sondern dies der Konsum-, Marken- und Politischen Soziologie überlassen hat,
ist es jedoch zweifelhaft, ob es ein hinreichender Grund ist, soziales Handeln als
politisch einzustufen, weil Akteure eine entsprechende Selbstbeschreibung vornehmen, womit das Politische allein im Auge des Betrachters läge.

So wird auch im Bereich der Religion zwar vonseiten des liberalen Staates
auf die Selbstbeschreibung von Glaubensgemeinschaften rekurriert, weil nur
dies garantiert, dass das im Fall der Bundesrepublik Deutschland von Art. 4
GG geschützte Menschenrecht auf Religionsfreiheit nicht durch eine staatliche Bestimmung, die unliebsame Gruppen definitorisch ausschließt, aus-
gehebelt wird. Dies hat zu skurrilen Phänomenen wie demjenigen der Kirche
des Fliegenden Spaghettimonsters geführt, die den Status einer Weltan-
schauungsgemeinschaft reklamiert, hierzu Verfassungsbeschwerde beim Bundesverfassungsgericht eingelegt und eine Klage beim Europäischen Gerichtshof für
Menschenrechte eingereicht hat. Auch wenn das Bundesverfassungsgericht in

ständiger Rechtsprechung den Rekurs auf das ‚Selbstverständnis der Religions-
und Weltanschauungsgemeinschaften' aus dem Neutralitätsprinzip abgeleitet
hat, sodass als Religion gilt, was sich selbst für Religion hält beziehungsweise
zur Religion erklärt,[1] hat das Gericht andererseits betont, es müsse letztlich den
Gerichten obliegen zu prüfen, ob es sich „auch tatsächlich, nach geistigem Gehalt
und äußerem Erscheinungsbild, um eine Religion und Religionsgemeinschaft"[2]
handelt, und dabei dürfen auch weltliche Kriterien herangezogen werden.[3]

Der Fall des Politischen Konsums fordert offenkundig in ähnlich grundsätz-
licher Weise dazu heraus, eine definitorische Festlegung jenseits bloßer Selbstbeschreibung vorzunehmen: Was gehört zu der ‚Politik hinter den Produkten',
von der in Lamlas Definition die Rede ist, und auf welche Weise ist Konsum dazu
angetan, diese Politik zu affizieren?

Wenn man die diversen Politikverständnisse gleichsam abschichtet, lassen
sich drei Ebenen differenzieren, die die in der Politikwissenschaft übliche Unterscheidung zwischen ‚polity' als der institutionellen Struktur des politischen
Systems, ‚politics' als den Inhalten politischer Konflikte und ‚policy' als den
einzelnen politischen Prozessen der Konfliktbearbeitung (von Debatten über
Wahlen bis hin zu Kriegen) variiert (Böhret et al. 1988, S. 7), s. Abb. 2.

Auf der basalen Ebene besteht demnach das Erfordernis zur Legitimation
der ‚Politischen Grammatik' (Meier 1997, S. 7 ff., 162 ff.), in Form
einer Reproduktion der Akzeptanz formaler Verfahren zur Bearbeitung
sozialer Konflikte. Diese ‚compliance', also die freiwillige Folgebereit-
schaft, deren Motive von Einsicht in die Sinnhaftigkeit bis zur Vermutung
noch vermeidenswerterer Alternativen reicht, ist die Voraussetzung einer
Prozeduralisierung politischen Handelns, mit der auf der mittleren Ebene die
Organisation kollektiv verbindlicher Entscheidungen in politischen Institutionen
möglich wird,[4] insbesondere wenn diese, wie in der liberalen Demokratie,
gewaltenteilig organisiert wird und es also um ‚compliance' gegenüber Entscheidungen gehen kann, bei denen das vom Volk gewählte Parlament, also die

---

[1]BVerfGE 24, 236 (247 f.) – Aktion Rumpelkammer; BVerfGE 42, 312 (334 ff., 344) –
Inkompatibilität/Kirchliches Amt; BVerfGE 53, 366 (391 ff.) – Konfessionelle Kranken-
häuser; BVerfGE 108, 282 (298 f.) – Kopftuch am Arbeitsplatz.

[2]BVerfGE 83, 341 (353) – Bahá'í.

[3]BVerfGE 102, 370 (394) – Körperschaftsstatus der Zeugen Jehovas; BVerfGE 105, 279
(294) – Osho.

[4]Vgl. Luhmann (2000, S. 84) mit Bezug auf Hermann Heller, Talcott Parsons und Fritz W.
Scharpf.

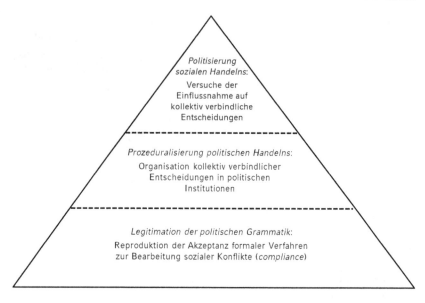

Abb. 2 Dreiebenenmodell der Politik. (Quelle: eigene Darstellung)

Legislative, von der Judikative in Gestalt eines Verfassungsgerichts korrigiert worden ist, wie beispielsweise im Jahr 2006 im Fall des Luftsicherheitsgesetzes.[5]

Mit dieser Ebenendifferenzierung kann man auch die Formulierung Fritz W. Scharpfs (1971, S. 1) modifizieren, Politik garantiere die „Möglichkeit kollektiven Handelns bei nicht vorauszusetzendem Konsens". Während die fehlende Garantierbarkeit von Konsens auf der Ebene der Prozeduralisierung politischen Handelns durch Gewaltenteilung förmlich institutionalisiert und also gesteigert wird, insofern zwischen Legislative, Exekutive und Judikative ja eher Kontrolle als Konsens erwünscht ist, bedarf dieses Modell umso mehr des Konsenses hinsichtlich der Politischen Grammatik, insofern das formale Verfahren als legitime Konfliktbearbeitung auch und gerade dann der Akzeptanz bedürftig ist, wenn Einzelne oder soziale Gruppen ihre Interessen und Präferenzen nicht verwirklicht finden. Gleichzeitig kann die Einvernehmlichkeit hinsichtlich der Politischen Grammatik nicht durch konkrete Verfahren

---

[5]BVerfGE 115, 118 – Luftsicherheitsgesetz.

reproduziert werden, weder im liberal-demokratischen Verfassungsstaat, der, dem berühmten Diktum Ernst-Wolfgang Böckenfördes zufolge, von Voraussetzungen lebt, „die er selbst nicht garantieren kann" (Böckenförde 2007, S. 71), weil er mit autoritativen Geboten seine Freiheitlichkeit aufgäbe, noch in der Römischen Republik, die an einer „Krise ohne Alternative" (Meier 1997, S. 203) zum Bestehenden scheiterte, als ihre Politische Grammatik nicht mehr funktionierte, noch in autoritären Regimen, wie zuletzt die Systemtransformationen von 1989/90 und der ‚Arabische Frühling' bewiesen haben, unabhängig davon, ob und mit welcher Stabilität freiheitliche politische Systeme etabliert werden konnten.

Gerade weil der Konsens über die Politische Grammatik stets nur ein stillschweigender ‚tacit consent' (Locke 1764, S. 301 f.) bleiben kann, der institutionell gleichsam verfestigt wird, ist es nur auf der nun schließlich noch zu unterscheidenden Ebene der Politisierung sozialen Handelns ablesbar, wie es mit der Politischen Grammatik jeweils steht. Dieser Ebene sind sämtliche Versuche der Einflussnahme auf kollektiv verbindliche Entscheidungen zuzuordnen, gleich ob sie individuellen Motiven oder organisierten Interessen entspringen, und unabhängig von ihrer Resonanz auf der Ebene der Prozeduralisierung politischen Handelns.

Auf dieser spezifischen Ebene des sozialen Funktionssystems Politik kann nun auch der Vorstellung von Konsumentscheidungen, die als marktbasierte Form des politischen Engagements auf eine ‚Politik hinter den Produkten' abzielen und damit eine Verbraucherpolitik ‚von unten' praktizieren, ein politikwissenschaftlich haltbarer Sinn verliehen werden.

Demnach handelt es sich bei Politischem Konsum um bewusste und absichtsvolle Versuche der Einflussnahme auf politische Entscheidungen oder aber der Kompensation politischer Entscheidungen durch Konsum oder Konsumverzicht. Es geht also einerseits um die Herstellung einer Verbindung zum politischen System (Stolle und Hooghe 2003, S. 278 ff.), mit dem Ziel „to convince state actors to impose regulation" (Dubuisson-Quellier 2019, S. 828; Stolle und Micheletti 2013, S. 229 ff.), also um eine indirekte Strategie, Handlungsanreize für demokratische Politiker jenseits von Wahlzyklen und Wiederwahlmotiven zu schaffen. Aufgrund der dezidiert moralischen Orientierung hinter Politischem Konsum wird dabei typischerweise nicht darauf reflektiert, ob die politischen Institutionen überhaupt zuständig und in der Lage sind, ein beispielsweise ökologisches oder menschenrechtliches Problem in einer weit entfernten Weltregion zu lösen. Hieran zeigt sich, dass Politik „als Ansaugsystem für alle Restprobleme, die anderswo anfallen, dort aber ungelöst bleiben" (Hellmann 2003, S. 358) angesehen und behandelt wird.

Andererseits kann Politischer Konsum aber auch bis zu dem Versuch reichen, durch die konstruktive oder destruktive Einflussnahme auf Firmenumsätze die Verweigerung oder Unfähigkeit politischer Institutionen bei der Regulierung vermeintlicher Probleme zu kompensieren, also nicht nur durch indirektes, symbolisches und zudem kostengünstiges Handeln bewusstseinsbildende und motivierende Anreize zu setzen, sondern direkte Wirkungen zu erzielen und auf diese Weise Verhaltensänderungen zu inzentivieren (Andersen und Tobiasen 2004, S. 216; Hysing 2019, S. 835 ff.).

In beiden Fällen ist das Handeln oder Unterlassen zwar marktbasiert, seine Primärorientierung aber jedenfalls politisch und nicht konsumistisch, wobei Konsumverzicht mit dem verbreiteten Begriff Boycott bezeichnet wird, Konsum hingegen mit dem Neologismus Buycott.

2   Facetten Politischen Konsums

Trotz aller Heterogenität von Boycott- und Buycott-Kampagnen und einigen gemeinsamen Merkmalen, zu denen bemerkenswerterweise Gewaltfreiheit gezählt wird (Pezzullo 2011, S. 125,135), werden beide Formen Politischen Konsums gemeinhin idealtypisch unterschieden. So gilt Boycott als „more protest- and punishment-oriented, while buycotts are rewardoriented and therefore may appeal to different individuals with varying motivations for participation" (Katz 2019, S. 529 mit Bezug auf Copeland 2014).

Diese Unterscheidung behandelt sowohl Boycott als auch Buycott gleichwohl als ähnliche, und zwar moralisch ‚guten' Motiven entspringende, aus Minderheitenpositionen vorgenommene und demnach gegen Machteliten gerichtete, von Protest bis Partizipation reichende Maßnahmen.

Dies gilt in der Tat für Boycott-Aktionen wie die schon seit den siebziger Jahren des 20. Jahrhunderts gegen den Nestlé-Konzern gerichteten Proteste hinsichtlich Baby-Nahrung, Wasserpolitik und Kaffee-Kapseln, und für Buycott-Kampagnen wie die Fairtrade-Bewegung sowie die Initiative Carrotmob, die Flashmobs organisiert, um Geschäfte zu unterstützen, die ökologische Aktivitäten und Spenden zugesagt haben (Pezzullo 2011, S. 135 ff). Alle diese Initiativen sind»von unten«entstanden und von breiten, anonymen Gruppen getragen, also nicht von Organisationen oder politischen Institutionen inzentiviert worden, und auch wenn man die konkreten Ziele und Praktiken dieser Aktionen nicht teilt, lassen sich kaum prinzipielle Einwände gegen ihre Motivlage erheben.

Das verhält sich anders beispielsweise bei der gegen den Staat Israel gerichteten Kampagne ‚Boycott, Divestment and Sanctions', die sich im vorgeblichen Einsatz für palästinensische Anliegen gegen israelische Waren und Produkte wendet, sich damit aber auch dem Vorwurf ausgesetzt hat, antijüdische Ressentiments zu nutzen und zu bestärken und somit die Schwelle von Protest und Partizipation hin zu Propaganda zu überschreiten (Micheletti und Oral 2019, S. 705 ff.).

Vor allem aber ist die verbreitete Konzentration auf initiative Kampagnen ‚von unten' korrekturbedürftig. Denn wenn man den Blick auf Kampagnen Politischen Konsums ausweitet, die von öffentlichen Organisationen und politischen Institutionen, mithin ‚von oben' inzentiviert worden sind, zeigen sich bemerkenswert ähnliche Muster.

So sind die vermeintlich als bürgerschaftliches Engagement auftretenden Buycott-Aktionen sogar vonseiten US-amerikanischer Präsidenten praktiziert worden, wenn etwa George W. Bush im Anschluss an die Terroranschläge des 11. September 2001 dafür geworben hat, den privaten Konsum zu verstärken (Zieger 2004, S. 92 ff.), um ein politisches Signal des unverdrossenen Optimismus gegen den Terrorismus zu setzen, oder wenn Donald Trump gefordert hat, amerikanische Produkte zu kaufen, um seinen protektionistisch-isolationistischen Kurs zu unterstützen. Und das Instrument der Kriegsanleihen, das während des Ersten Weltkrieges nicht nur in Deutschland eine militärische und eine die SPD spaltende, innenpolitische Bedeutung hatte, sondern auch in den USA in Form von Liberty Bonds 17 Mrd. US-\$ zu akquirieren vermochte (Kang und Rockoff 2015), ist ebenfalls als vonseiten politischer Institutionen inzentivierter Buycott einzustufen.

Im Bereich ‚von oben' inzentivierter Boycott-Maßnahmen ist schließlich die größte Diversität festzustellen. Denn einerseits umfasst er den vom damaligen Regierenden Bürgermeister West-Berlins Willy Brandt befürworteten Boycott der Berliner S-Bahn, die der Verantwortung der Deutschen Reichsbahn unterstand und dadurch der DDR Devisen einbrachte, was nach dem Mauerbau von 1961 für die West-Berliner nicht mehr akzeptabel war (Jacob 2011).

Andererseits war es auch ein inzentivierter Boycott ‚von oben' als das nationalsozialistische Regime dazu aufrief, Geschäfte jüdischer Betreiber zu boykottieren, was zwar nur eine kurze Kampagne im Jahr 1933 mit wenig unmittelbarer Resonanz in der Bevölkerung war, aber zweifellos unterschwellig viel zur gesellschaftlichen Stimmung, zum nationalsozialistischen Selbstbewusstsein beigetragen hat (Ahlheim 2011; Stolle und Huissoud 2019, S. 629) und einen Tiefpunkt in einer auch seither fortgesetzten Reihe rassistischer, nationalistischer, sexistischer, homophober und religiös-fundamentalistischer Kampagnen solcher Art darstellt (Affeldt 2019; Lekakis 2019; Park 2019).

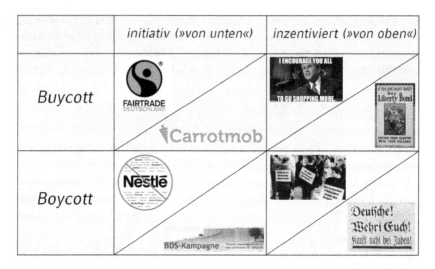

Abb. 3 Varianten von Buycott und Boycott. (Quelle: eigene Darstellung)

Diese Komplexität des zwischen Boycott und Buycott oszillierenden Politischen Konsums lässt sich schematisch mit Abb. 3 illustrieren, wobei deutlich wird, dass Buycott und Boycott in unterschiedlichen politischen Lagern gleichermaßen beliebt sind.

Diesbezüglich kann nun auch die eingangs entwickelte Differenzierung zwischen Versuchen der Einflussnahme auf kollektiv verbindliche Entscheidungen und deren prozeduralistischer Organisation in politischen Institutionen heuristisch nutzbar gemacht werden. Denn die Versuche der Inzentivierung Politischen Konsums lassen sich nicht nur als gouvernementale Formen der Verbrauchermobilisierung verstehen (Lamla 2013, S. 376 ff.), sondern es existiert offenbar ein reziprokes Beobachtungs- und Resonanzverhältnis zwischen den politischen Ebenen dergestalt, dass sowohl vonseiten politischer Institutionen auf Buycott- und Boycott-Aktivitäten reagiert wird, als auch von Verbraucherseite solche Aktivitäten genutzt werden, um auf Handlungen oder Unterlassungen politischer Institutionen zu reagieren. Dies erklärt auch das politische Interesse an Verbraucherleitbildern, ob dies nun „der ethische, der flüchtige, der gläserne, der informierte oder informierbare, der ignorante, der moralische, der mündige, der verletzliche, der verantwortungsvolle, der (angemessen) verständige oder der vertrauende Verbraucher" ist (Hellmann 2018b, S. 22).

Auch in dieser Hinsicht gilt es also, ein einseitig intentionalistisches Missverständnis politischen Handelns zu vermeiden und die politische Relevanz des Politischen Konsums in seinem Wechselspiel mit politischen Institutionen zu erkennen, das darüber entscheidet, ob und wann Konsumverhalten politisch wird oder eine individuelle Entscheidung ohne öffentliche Konsequenzen bleibt.

Die Relevanzbedingungen Politischen Konsums sind mithin offensichtlich; fraglich bleibt jedoch, ob ihm tatsächlich ein positives politisches Potenzial zu attestieren ist, wie es beispielhaft in Lamlas (2013) Buchtitel von der ‚Verbraucherdemokratie' aufscheint, oder ob ihm auch problematische Züge zuzuschreiben sind.

3 Potenziale und Probleme Politischen Konsums

Mit dem Begriff der Partizipation werden das Interesse und die Beteiligung an öffentlichen Debatten bis hin zur Einflussnahme auf politische Entscheidungen verstanden, die wiederum von der bloßen Wahlbeteiligung bis zur Wahrnehmung des passiven Wahlrechts oder anderen Formen unmittelbaren Engagements, etwa in Parteien, Verbänden und sozialen Bewegungen reichen kann. Dementsprechend ist die Vorstellung, Politischer Konsum sei eine ‚Politics in the Supermarket' (Stolle et al. 2005) und als ‚Politik mit dem Einkaufswagen' (Baringhorst et al. 2007) eine Form politischer Partizipation, die Entfaltung des Paradoxons, der per definitionem öffentliche Bereich der Politik könne durch privates Konsumverhalten affiziert werden.

Dies lässt sich als Reaktion auf zunehmende Selbstbezüglichkeit der Politik deuten, die es attraktiv macht, die höheren Freiheitsgrade des Konsums zu nutzen, „individuell auszuscheren, etwas für sich auszuprobieren, Neues kennen zu lernen und sich selbst beim und durch seinen individuellen Konsum neu zu erfinden" (Hellmann 2019, S. 188 f.).

Jedenfalls zeigt sich hieran die Vollendung der eingangs beschriebenen Entwicklung vom tugendbesessenen, das Engagement in der politischen Gemeinschaft fordernden, alteuropäischen Republikanismus hin zum Vertrauen des Liberalismus auf die Rationalität legitimer Eigeninteressen in einer vom Staat unterschiedenen bürgerlichen Gesellschaft. So ist die traditionelle Kontrastierung zwischen dem eigennützig ökonomisch interessierten Bourgeois und dem tugendhaft politisch aktiven Citoyen in der Debatte über Politischen Konsum endgültig aufgehoben worden durch das Begriffspaar von ‚Citizen' und ‚Consumer', in dem kein unvereinbarer Gegensatz mehr gesehen wird (Schudson 2006; Hellmann 2018a).

Dazu gehört, dass den Politischen Konsumenten „a postmaterialist outlook"
(Stolle und Micheletti 2013, S. 84) im Sinne der berühmten Theorie Ronald
Ingleharts (1977) attestiert wird (Katz 2019, S. 526; kritisch hingegen Andersen
und Tobiasen 2004, S. 211). Zudem ist bekannt, dass beim Politischen Konsum
die in herkömmlichen Partizipationsformen unterrepräsentierten Frauen über-
repräsentiert sind und ein Übergewicht an gebildeten, wohlhabenden Stadt-
bewohner(inne)n mittleren Alters besteht, die sich auch bereits zu rund zwei
Dritteln anderweitig engagieren, auch in politischen Organisationen, wo sie
immerhin doppelt so häufig vertreten sind wie Durchschnittsverbraucher(innen),
obwohl sie kritisch gegenüber politischen Institutionen sind und eher ein überdurchschnittlich großes Vertrauen in ihre Mitbürger(innen) zeigen (Stolle und
Micheletti 2013, S. 68 ff.; vgl. Baek 2010). Im Vergleich zur Beteiligung in
kollektiven Interessenorganisationen oder sozialen Bewegungen ist politischer
Konsum aber individueller, sporadischer, alltagsnäher und für die Akteure kosteneffizienter (Haenfler et al. 2012, S. 15; Forno 2019).

Auch eine solche im Privaten gründende Form politischer Partizipation vermag indes nicht Ungleichheiten von Teilhabe zu vermeiden, wie sie auch in
anderen Partizipationsformen auftreten. So ist Politischer Konsum „only within
reach for those groups of the population who already are (because of their
cognitive, financial, and other resources) highly active in social and political life"
(Stolle und Micheletti 2013, S. 94).

Angesichts dessen stellt sich die Frage, für welches Problem Politischer
Konsum die Lösung sein soll, und die in dem referentialisierten Diskussions-
stand deutlich werdende Antwort darauf lautet, dass Politischer Konsum ein
auf moralischen Überzeugungen beruhendes, rationales Engagement innerhalb marktwirtschaftlicher und repräsentativ-demokratischer Strukturen darstellt, das auf eine Kompensation der kollektiven Steuerungsdefizite funktional
differenzierter Gesellschaften abzielt.

Aus politikwissenschaftlicher Sicht wirft dieses Verständnis aber ebenso
viele Probleme auf, wie es Problemlösungspotenzial bietet. Denn jegliches zivilgesellschaftliche Engagement ist nicht nur aufgrund des Risikos von Frustration
und Enttäuschung fragil (Hirschman 1984), sondern zu thematischer Singulari-
tät neigend. Und während staatliche Institutionen zumindest den Anspruch
erheben, beispielsweise in der Umwelt- und Wohlfahrtspolitik komplex, weit-
sichtig und nachhaltig zu operieren, ist zivilgesellschaftliches Engagement
zumeist ein partikulares ‚one-issue-movement' (gegen Umweltverschmutzung
und Rüstungsexporte und für Klimaschutz und Kinderbetreuung etc. pp.), sodass
es zur NIMBY-Haltung (‚Not In My BackYard') neigt, das heißt dass sich der
Protest regelmäßig nur bei unmittelbarer eigener Betroffenheit artikuliert (Fischer

2005, S. 28) und zu Phänomenen konsumistischer Doppelmoral führen kann, wenn bestimmte Konzerne wegen menschenrechtlich fragwürdiger Produktionspraktiken boykottiert werden, während gleichzeitig andere Konzerne mit vergleichbaren Praktiken nicht boykottiert werden, sei es aus Unkenntnis, oder sei es aus der höheren Priorisierung ihrer Produkte für den eigenen Lebensstil, oder einfach aus alltagspraktischen Zwängen.

Das wirft nicht nur die Frage auf, wie sich die Rationalität Politischen Konsums mit seinen zur Emotionalisierung neigenden moralischen Motivationen in Einklang bringen lässt, sondern auch, wie sich eine gesellschaftliche Spaltung vermeiden lässt, die in den USA daraus entstanden ist, dass sich in unterschiedlichen politischen Lagern exklusive und doktrinäre, moralische Selbstgerechtigkeiten verfestigt haben (Haidt 2012). Erst recht, wenn Politischer Konsum dadurch gekennzeichnet ist, demokratische Entscheidungsverfahren um die Nutzung von Marktmechanismen zu ergänzen (Micheletti 2003), um die vorstehend aufgeführten, mittelbaren oder unmittelbaren politischen Effekte zu erzielen, steht ein solches „Gegenkulturdenken" (Lamla 2013, S. 133) im Spannungsverhältnis zur liberal-demokratischen Rechtsstaatlichkeit, was in Zeiten eines zunehmenden antiliberalen Populismus das Problem unintendierter Nebenfolgen Politischen Konsums hervorrufen könnte.

Umso wichtiger ist es, nach den soziodemografischen Merkmalen und moralischen Orientierungen Politischer Konsument(inn)en nun auch dem noch unzureichend erforschten Bereich ihrer Parteipräferenzen und ihres Wahlverhaltens die gebührende Aufmerksamkeit zu widmen. Zwar gibt es erste Untersuchungen zur Entstehung neuer Institutionen für Politischen Konsum (Gulbrandsen 2019), aber die politische Einstellungsforschung ist in diesem Bereich bislang ebenso defizitär wie Analysen, welche Formen Politischen Konsums größere beziehungsweise geringere Anschlussfähigkeit für politische Institutionen entwickeln und welche Folgen dies jeweils für verschiedene Policy-Bereiche, von der Umweltpolitik bis hin zu internationalen Handelsbeziehungen, haben kann.

Dabei sind auch nationale und regionale Unterschiede zu berücksichtigen, wie sie sich in der innereuropäischen Ost-West-Spaltung (Pellandini-Simányi und Gulyás 2019) und dem Unterschied zwischen der OECD-Welt einerseits und Afrika und dem Nahen Osten andererseits zeigen (Oosterveer et al. 2019) und die besonders bedeutsame Frage aufwerfen, welche Rolle Politischer Konsum in einer neo-totalitären Diktatur mit marktliberalen Wirtschaftspraktiken wie der Volksrepublik China spielen kann (Lei et al. 2019).

In dieser globalen Perspektive darf nämlich nicht voreilig nach den Gründen für fehlenden Politischen Konsum gefragt und also die noch junge westliche

Entwicklung gleichsam zum heuristischen Richtwert gemacht werden (so aber beispielhaft Boström et al. 2019, S. 896), wo doch eher sein Auftreten erklärungsbedürftig ist und die Bedingungen seiner Möglichkeit außerhalb von Gesellschaften, für die das doppeldeutige Akronym WEIRD (*Western, Educated, Industrialized, Rich, Democratic*) gemäß Henrich et al. (2010) gilt, genau bestimmt werden müssen. Alle diese offenen Fragen zeigen jedenfalls, dass Politischer Konsum ein bedeutsames und gerade in politikwissenschaftlicher Hinsicht noch erheblicher Weiterentwicklung bedürftiges Forschungsfeld ist.

Literatur

Affeldt, Stefanie. 2019. ‚Buy White—Stay Fair': Racist political consumerism in Australian history. In *The Oxford handbook of political consumerism*, Hrsg. M. Boström, M. Micheletti, und P. Oosterveer, 643–663. Oxford: Oxford University Press.

Ahlheim, Hannah. 2011. *‚Deutsche, kauft nicht bei Juden!' Antisemitismus und politischer Boykott in Deutschland 1924 bis 1935*. Göttingen: Wallstein.

Andersen, Jørgen Goul, und Mette Tobiasen. 2004. Who are these political consumers anyway? Survey evidence from Denmark. In *Politics, products, and markets*, Hrsg. M. Micheletti, A. Follesdal, und D. Stolle, 203–221. New Brunswick: Transaction Publishers.

Baek, Young Min. 2010. To buy or not to buy: Who are political consumers? What do they think and how do they participate? *Political Studies* 58:1065–1086.

Baringhorst, Sigrid, Veronika Kneip, Annegret März, und Johanna Niesyto, Hrsg. 2007. *Politik mit dem Einkaufswagen. Unternehmen und Konsumenten als Bürger in der globalen Mediengesellschaft*. Bielefeld: transcript.

Berger, Peter L., und Thomas Luckmann. 2003. *Die gesellschaftliche Konstruktion der Wirklichkeit. Eine Theorie der Wissenssoziologie*, 19. Aufl. Frankfurt a. M.: Fischer.

Böckenförde, Ernst-Wolfgang. 2007. Die Entstehung des Staates als Vorgang der Säkularisation (1967). In *Der säkularisierte Staat. Sein Charakter, seine Rechtfertigung und seine Probleme im 21. Jahrhundert*, 43–72. München: Carl Friedrich von Siemens Stiftung.

Böhret, Carl, Werner Jann, und Eva Kronenwett. 1988. *Innenpolitik und politische Theorie. Ein Studienbuch*, 3. Aufl. Opladen: Westdeutscher Verlag.

Boström, Magnus, Michele Micheletti, und Peter Oosterveer. 2019. Political consumerism: Research challenges and future directions. In *The Oxford handbook of political consumerism*, Hrsg. M. Boström, M. Micheletti, und P. Oosterveer, 879–898. Oxford: Oxford University Press.

Copeland, Lauren. 2014. Conceptualizing political consumerism: How citizenship norms differentiate boycotting from buycotting. *Political Studies* 62:172–186.

Dubuisson-Quellier, Sophie. 2019. From moral concerns to market values: How political consumerism shapes markets. In *The Oxford handbook of political consumerism*, Hrsg. M. Boström, M. Micheletti, und P. Oosterveer, 814–832. Oxford: Oxford University Press.

Fischer, Karsten. 2005. ‚Zivilgesellschaft' als Problemindikator – Semantik und Perspektiven einer Begriffskarriere. In *Zivilgesellschaft auf dem Prüfstand. Argumente – Modelle – Anwendungsfelder*, Hrsg. J. Inthorn, 20–32. Stuttgart: Kohlhammer.

Forno, Francesca. 2019. Protest, social movements, and spaces for politically oriented consumerist actions – Nationally, transnationally, and locally. In *The Oxford handbook of political consumerism*, Hrsg. M. Boström, M. Micheletti, und P. Oosterveer, 69–89. Oxford: Oxford University Press.

Gulbrandsen, Lars H. 2019. Globalization, governance gaps, and the emergence of new institutions for political consumerism. In *The Oxford handbook of political consumerism*, Hrsg. M. Boström, M. Micheletti, und P. Oosterveer, 227–249. Oxford: Oxford University Press.

Haenfler, Ross, Brett Johnson, und Ellis Jones. 2012. Lifestyle movements: Exploring the intersection of lifestyle and social movements. *Social Movement Studies* 11:1–20.

Haidt, Jonathan. 2012. *The righteous mind. Why good people are divided by politics and religion*. New York: Penguin.

Hellmann, Kai-Uwe. 2003. *Soziologie der Marke*. Frankfurt a. M.: Suhrkamp.

Hellmann, Kai-Uwe. 2018a. Ein Casting der besonderen Art: Zum Menschenbild der Verbraucherwissenschaften. In *Multiperspektivische Verbraucherforschung. Ansätze und Perspektiven*, Hrsg. S. Nessel, N. Tröger, C. Fridrich, und R. Hübner, 53–81. Wiesbaden: Springer VS.

Hellmann, Kai-Uwe. 2018b. Leitbilder, Erlebnisse und die mentale Dimension des modernen Konsums. Zum Menschenbild der akademischen Verbraucherforschung. In *Jenseits des Otto Normalverbrauchers. Verbraucherpolitik in Zeiten des ‚unmanageable consumer'*, Hrsg. C. Bala und W. Schuldzinski, 19–51. Düsseldorf: Verbraucherzentrale.

Hellmann, Kai-Uwe. 2019. *Der Konsum der Gesellschaft. Studien zur Soziologie des Konsums*, 2., erweiterte Aufl. Wiesbaden: Springer VS.

Henrich, Joseph, Steven J. Heine, und Ara Norenzayan. 2010. The weirdest people in the world? *Behavioral and Brain Sciences* 33:61–135.

Hirschman, Albert O. 1984. *Engagement und Enttäuschung. Über das Schwanken der Bürger zwischen Privatwohl und Gemeinwohl*. Frankfurt a. M.: Suhrkamp.

Holmes, Stephen. 1995. *Passions and constraint. On the theory of liberal democracy*. Chicago: University of Chicago Press.

Hysing, Erik. 2019. Government engagement with political consumerism. In *The Oxford handbook of political consumerism*, Hrsg. M. Boström, M. Micheletti, und P. Oosterveer, 833–855. Oxford: Oxford University Press.

Inglehart, Ronald. 1977. *The silent revolution. Changing values and political styles among western publics*. Princeton: Princeton University Press.

Jacob, Manuel. 2011. *Endstation Mauerbau. Wie das S-Bahnnetz am 13. August 1961 getrennt wurde*. Berlin: VBN Verlag Bernd Neddermeyer.

Kang, Sung Won, und Hugh Rockoff. 2015. Capitalizing patriotism: The liberty loans of world war I. *Financial History Review* 22:45–78.

Katz, Meredith A. 2019. Boycotting and buycotting in consumer cultures: Political consumerism in north America. In *The Oxford handbook of political consumerism*, Hrsg. M. Boström, M. Micheletti, und P. Oosterveer, 515–538. Oxford: Oxford University Press.

Lamla, Jörn. 2006. Politisierter Konsum – konsumierte Politik Kritikmuster und Engagementformen im kulturellen Kapitalismus. In *Politisierter Konsum – konsumierte Politik*, Hrsg. J. Lamla und S. Neckel, 9–37. Wiesbaden: VS Verlag.

Lamla, Jörn. 2013. *Verbraucherdemokratie. Politische Soziologie der Konsumgesellschaft.* Berlin: Suhrkamp.

Lei, Zhang, Wenling Liu, und Peter Oosterveer. 2019. Institutional changes and changing political consumerism in China. In *The oxford handbook of political consumerism*, Hrsg. M. Boström, M. Micheletti, und P. Oosterveer, 583–603. Oxford: Oxford University Press.

Lekakis, Eleftheria J. 2019. Political consumerism and nationalist struggles in Europe. In *The Oxford handbook of political consumerism*, Hrsg. M. Boström, M. Micheletti, und P. Oosterveer, 663–681. Oxford: Oxford University Press.

Locke, John. 1764. *Two treatises of government*, Hrsg. T. Hollis. London: A. Millar.

Luhmann, Niklas. 2000. *Die Politik der Gesellschaft*. Hrsg. A. Kieserling. Frankfurt a. M.: Suhrkamp.

Meier, Christian. 1997. *Res publica amissa. Eine Studie zu Verfassung und Geschichte der späten römischen Republik*, 3. Aufl. Frankfurt a. M.: Suhrkamp.

Micheletti, Michele. 2003. *Political virtue and shopping. Individuals, consumerism, and collective action*. New York: Palgrave Macmillan.

Micheletti, Michele, und Didem Oral. 2019. Problematic political consumerism: Confusions and moral dilemmas in boycott activism. In *The Oxford handbook of political consumerism*, Hrsg. M. Boström, M. Micheletti, und P. Oosterveer, 699–721. Oxford: Oxford University Press.

Mouffe, Chantal. 2007. *Über das Politische. Wider die kosmopolitische Illusion*. Frankfurt a. M.: Suhrkamp.

Oosterveer, Peter, Laurent Glin, und Michele Micheletti. 2019. Tracing political consumerism in Africa and the middle east. In *The Oxford handbook of political consumerism*, Hrsg. M. Boström, M. Micheletti, und P. Oosterveer, 559–583. Oxford: Oxford University Press.

Park, Bo Yun. 2019. Racialized political consumerism. In *The Oxford handbook of political consumerism*, Hrsg. M. Boström, M. Micheletti, und P. Oosterveer, 681–699. Oxford: Oxford University Press.

Pellandini-Simányi, Léna, und Emese Gulyás. 2019. Political consumerism in central and eastern Europe. In *The Oxford handbook of political consumerism*, Hrsg. M. Boström, M. Micheletti, und P. Oosterveer, 479–515. Oxford: Oxford University Press.

Pezzullo, Phaedra C. 2011. Contextualizing boycotts and buycotts: The impure politics of consumer based advocacy in an age of global ecological crises. *Communication and Critical/Cultural Studies* 8:124–145.

Scharpf, Fritz W. 1971. Planung als politischer Prozeß. *Die Verwaltung* 4:1–30.

Schmitt, Carl. 1963. *Der Begriff des Politischen. Text von 1932 mit einem Vorwort und drei Corollarien*, 3. Aufl. Berlin: Duncker & Humblot.

Schudson, Michael. 2006. The troubling equivalence of citizen and consumer. *The Annals of the American Academy of Political and Social Science* 608:193–204.

Stolle, Dietlind, und Lucas Huissoud. 2019. Undemocratic political consumerism. In *The Oxford handbook of political consumerism*, Hrsg. M. Boström, M. Micheletti, und P. Oosterveer, 625–643. Oxford: Oxford University Press.

Stolle, Dietlind, und Marc Hooghe. 2003. Consumers as political participants? Shifts in political action repertoires in western societies. In *Politics, products, and markets*, Hrsg. M. Micheletti, A. Follesdal, und D. Stolle, 265–288. New Brunswick: Transaction Publishers.

Stolle, Dietlind, und Michele Micheletti. 2013. *Political consumerism. Global responsibility in action*. Cambridge: Cambridge University Press.

Stolle, Dietlind, Marc Hooghe, und Michele Micheletti. 2005. Politics in the supermarket: political consumerism as a form of political participation. *International Political Science Review* 26:245–269.

Struve, Tilman. 1993. Regnum und Sacerdotium. In *Pipers Handbuch der Politischen Ideen*, Bd. 2, Hrsg. I. Fetscher und H. Münkler, 189–242. München: Piper.

Zieger, Robert H. 2004. ‚Uncle Sam Wants You ... to Go Shopping': A consumer society responds to national crisis, 1957–2001. *Canadian Review of American Studies/Revue canadienne d'études américaines* 34:83–103.

Karsten Fischer ist Professor für Politische Theorie an der LMU München, https://www.gsi.uni-muenchen.de/personen/professoren/fischer/index.html.

Verbraucherteilhabe durch digitale Bewertungspraktiken? Zur Soziologie der Infrastrukturen der Verbraucherpartizipation

Jörn Lamla

Zusammenfassung

Digitale Bewertungspraktiken sind heute ein verbreitetes Phänomen. Verbraucher*innen partizipieren daran teils direkt, mittels Sternchen und Kommentaren, teils indirekt, indem sie maschinell lernende Empfehlungssysteme durch Datenspuren trainieren. Der Beitrag fragt, welche Artikulationschancen Verbraucher*innen hierdurch erhalten. Stützen diese Bewertungspraktiken eine Verbraucherpolitik von unten? Oder handelt es sich um Verbraucheraktivierung, die einen postdemokratischen Verfall verstärkt, insofern sie politische Teilhabe lediglich simuliert? Zur Beantwortung greift der Beitrag auf die Soziologie der Infrastrukturen zurück und argumentiert, dass Bewertungspraktiken in vorab kuratierten, lenkenden oder nudgenden Entscheidungsarchitekturen erfolgen. Diese tragen zum postdemokratischen Wandel dann bei, wenn sie durch konventionalisierendes Framing und starke Vereinfachung von Bewertungsproblemen das Abrufen kritischer Kompetenzen behindern und deren Reproduktion so gefährden.

Schlüsselwörter

Consumer Citizen · Digitale Bewertungspraktiken · Entscheidungsarchitektur · Infrastruktur · Kritikfähigkeit · Plattformökonomie · Postdemokratie

J. Lamla (✉)
Universität Kassel, Kassel, Deutschland
E-Mail: lamla@uni-kassel.de

© Springer Fachmedien Wiesbaden GmbH, ein Teil von Springer Nature 2020
K.-U. Hellmann et al. (Hrsg.), *Verbraucherpolitik von unten,* Konsumsoziologie und Massenkultur, https://doi.org/10.1007/978-3-658-29754-1_5

1   Einleitung

Vor bald 20 Jahren, als ich mich in der BSE-Krise mit Verbraucherpolitik zu beschäftigen begann, wurde in der Bundesregierung von der ‚Politik mit dem Einkaufswagen' gesprochen, auf der globalisierungskritischen Bühne eine Protestbewegung gegen transnational operierende Markenkonzerne heraufbeschwört – ‚No Logo!' (Klein 2002) – und mit Blick auf das Internet das Zeitalter des ‚Citizen-Consumers' proklamiert (Scammell 2000). Das Internet schien eine Infrastruktur für bürgerschaftliches Engagement von Verbraucherinnen und Verbrauchern bereitzustellen und neue Formen der Teilhabe in Gestalt einer Lifestyle-Politik zu mobilisieren (Bennett 2004). Ich begann mit ersten empirischen Untersuchungen, die in einem gemeinsam mit Christoph Bieber verfassten Aufsatz für das Forschungsjournal Neue Soziale Bewegungen mündeten. Wir wollten wissen, welche Innovationschancen das Internet für die ‚Verbraucherpolitik von unten' bereithält und haben hierfür verschiedene Formen der Vernetzung und Aktivierung von Verbraucherinnen und Verbrauchern kontrastiert – damals noch mit Studierenden in einem gemeinsamen Lehrforschungsprojekt (Bieber und Lamla 2005).

Das Spektrum von Initiativen, die wir in den Blick genommen haben, reichte von top-down-Aufklärungskampagnen des neuen grünen Bundesverbraucherministeriums – zu nennen ist hier beispielsweise die Website ‚echt gerecht – clever einkaufen' – bis zu Versuchen der bottom-up-Aktivierung, etwa durch das Attac-Konsumnetz. Die Ministeriumsseite enthielt auch Mitmachangebote wie Selbsttests oder eine eingeschränkte Kommentarfunktion und wurde später unter der neuen Leitung des CSU-Ministers Seehofer wieder abgeschafft. Die Mailingliste von Attac existierte demgegenüber noch, wird aber nur noch ganz sporadisch bedient. Dazwischen lagen einerseits erste Formate der Einbeziehung von Verbraucherinnen und Verbrauchern in die kritische Marktbeobachtung, etwa von Foodwatch oder Greenpeace, andererseits kommerzielle Marketing-Plattformen wie ciao.de, yopi.de oder dooyoo.de, die das Crowdsourcing von Produktbewertung und Vertrauensgenerierung durch Erfahrungsberichte von Verbraucherinnen und Verbrauchern mitentwickelt haben, was heute durch Amazon, YouTube, diverse Reise- und Hotelbuchungsseiten und vieles mehr allgegenwärtig geworden ist. Die alten Shopping- und Meinungsplattformen sind inzwischen überwiegend abgeschaltet, haben aber interessante Karrieren durchlaufen und sind nicht zuletzt in die Infrastruktur von Suchmaschinen eingeflossen. Etwas später kamen dann Seiten wie utopia.de oder karmakonsum.de dazu, die mit ähnlichen Formen des Community-Building speziell die LoHaS vernetzen und mobilisieren wollen, also die Verbraucherinnen und Verbraucher, die einen ‚Lifestyle of Health and Sustainability' anstreben. Und der Bundesverband der Verbraucherzentralen (vzbv) hat mit den Verbraucherzentralen der Länder den Marktwächter Digitale Welt breit aufgesetzt, der den Gedanken der ausgelagerten Detektivarbeit von Verbraucherinnen und Verbrauchern weiterführt.[1]

Selbstverständlich sind die Formen des Engagements und der Teilhabe von Verbraucherinnen und Verbrauchern nicht auf solche digitalen Partizipationsangebote und -möglichkeiten beschränkt. Was an den digitalen Beispielen aber sehr gut sichtbar und mich auch im Folgenden beschäftigen wird, ist der Zusammenhang zur Entwicklung von (technischen) Infrastrukturen. Meine These lautet, dass es einer Perspektive auf die Infrastrukturen der Verbraucherpartizipation bedarf, um den gesellschaftlichen und politischen Stellenwert sowie Problemgehalt von Verbraucherteilhabe sozialwissenschaftlich diagnostizieren und einschätzen zu können.

Diese Perspektive ist dann keineswegs auf Phänomene der Digitalisierung beschränkt, sondern kann auch auf analoge Aspekte einer (politischen) Verbraucherteilhabe erhellend angewendet und übertragen werden – wobei die Trennung dieser Bereiche in Zeiten von Ubiquitous Computing, Smart Environment und Internet of Things ohnehin immer schwieriger wird. Mir ist aber wichtig zu betonen, dass die (politische) Teilhabe von Verbraucherinnen und Verbrauchern einen äußerst breiten und unübersichtlichen Phänomenkomplex umfasst, zu dem ebenso Initiativen des Urban Gardening gehören wie auch verschiedene Kulturen der Selbstbedienung vom ethisch motivierten – oder bloß überhöhten? – Reparieren im Repair-Café bis zur Heroisierung des Selbermachens in den Werbefilmen großer Baumarktketten. Die Einbeziehung der Verbraucherinnen und Verbraucher in die Praktiken und Bedeutungswelten des Konsums ist vielschichtig, und die Grenze zwischen verbraucherpolitischer Artikulation und privater Alltagsökonomie verläuft fließend und dynamisch.

Dadurch ist es nicht leicht, zu allgemeinen Aussagen über den Zustand und die Relevanz der Verbraucherteilhabe in der Gegenwartsgesellschaft zu gelangen, die hier im Zentrum des wissenschaftlichen und verbraucherpolitischen Interesses stehen. Dieser Aufgabe will ich mich nicht durch definitorische Eingrenzung des Phänomens entziehen; vielmehr dient mir der Blick auf digitale Bewertungspraktiken

---

[1]Zu den älteren, teilweise bereits abgeschalteten Websites siehe die Angaben in Bieber und Lamla (2005). Der Marktwächter Digitale Welt ist zu finden unter https://www. marktwaechter.de/digitalewelt. Zugegriffen: 07. Januar 2020.

umgekehrt dazu, die Theorieperspektive an einem paradigmatischen Aspekt heutiger Verbraucherteilhabe einzuführen und zu plausibilisieren. Ein Blickwechsel von den vielfältigen Praktiken auf die evolutionäre Wandlungsdynamik von Infrastrukturen der Verbraucherpartizipation, so mein Argument, ermöglicht erst zu gehaltvollen Hypothesen und zeitdiagnostischen Generalisierungen über die ‚Verbraucherpolitik von unten' zu gelangen.

2 Postdemokratie? Infrastrukturen der Consumer Citizen

Bevor ich auf die Verbraucherteilhabe durch digitale Bewertungspraktiken genauer eingehe, will ich den Horizont für solche allgemeinen Aussagen etwas genauer abstecken. Wie ich an anderer Stelle genauer erläutert habe (Lamla 2013, S. 86 ff.), erscheint es mir sinnvoll, hierzu zunächst kurz eine Hypothese zu referieren, die in der wissenschaftlichen Literatur zum demokratischen Wandel verbreitet ist. Diese Nullhypothese bringt das Anwachsen von Verbraucherengagement, -teilhabe und -partizipation mit einem grundlegenden Formenwandel der Demokratie in Zusammenhang. Sie verdient eine gründliche Prüfung und ist keineswegs leicht von der Hand zu weisen, auch wenn sie m. E. den gesellschaftlichen Entwicklungen nicht voll gerecht wird und daher revidiert werden muss. Die politischen oder politisch aufgeladenen Konsumphänomene sind dieser Nullhypothese zufolge – gerade auch in ihrer Diversität – Ausdruck einer postdemokratischen Wende der Politik, in der sie primär der Simulation von demokratischer Beteiligung dienen (Blühdorn 2013). In dieser Lesart steckt eine generalisierende Aussage, wonach die Ausweitung von Verbraucherteilhabe und deren politische Aufwertung letztlich die gesellschaftliche Abwertung demokratischer Prozeduren widerspiegele. Paradoxerweise sei der politische Relevanzgewinn der Verbraucherinnen und Verbraucher somit als Relevanzverlust der Staatsbürgerinnen und Staatsbürger zu werten, da sich das politische Spiel insgesamt von demokratischen Kontrollen und Beteiligungen emanzipiere. Indem sie die Illusion demokratischer Selbstbestimmung erzeuge und bediene, helfe die Konsumentendemokratie sogar entscheidend, das staatliche Handeln und Regieren von öffentlicher Willensbildung und Kontrolle abzulösen und so den Übergang zur technokratischen Verwaltung von wachsenden sozialen und politischen Ungleichheiten, von ökologischen Nebenfolgen systemischer Imperative und von ökonomischen Sachzwängen und Kapitalinteressen zu legitimieren und abzusichern.

Nun sollte diese bestechend elegante und radikal ernüchternde Postdemokratie-Hypothese nicht ungeprüft übernommen werden. Vielmehr gehen in diese Diagnose einige Annahmen ein, die es zu hinterfragen gilt. So wird beispielsweise die Verlagerung des Engagements in den privaten Bereich des Konsums bei Ingolfur Blühdorn (2013, S. 134) mit Sennett und Bauman über einen allgemeinen und tiefgreifenden Wandel der Subjektform des Consumer Citizen erklärt. Diese verlange und stütze mit ihrer charakterlichen Flexibilität und Flüchtigkeit im Unterschied zum innengeleiteten bürgerlichen Subjekt der vorangehenden Epoche eine Demokratie der Unverbindlichkeit und Oberflächlichkeit, die zwar das Gefühl der Teilhabe vermitteln solle, aber die gewohnten Freiheiten des privaten Konsums bitte nicht stören möge. Aber schon Albert O. Hirschman (1984) hat in seiner Abhandlung über Engagement und Enttäuschung solche Veränderungen weniger als langfristige kulturelle Verschiebungen der Subjektform denn als ‚Shifting Involvements', d. h. als Schwankungen interpretiert, die sich aus den institutionellen Bedingungen und Teilhabechancen funktional differenzierter Gesellschaften ergeben. Und vielleicht kommt eine solche Lesart, die der Konsumentendemokratie kein geschöntes Bild von echter staatsbürgerlicher Teilhabe gegenüberstellt, sondern deren Unzulänglichkeiten ebenso in den Blick nimmt, der heutigen Realität von Demokratie und Teilhabe näher. Vielleicht schlägt das Pendel auch wieder in die andere Richtung und mobilisiert die Consumer Citizen, stärker in politischen Institutionen zu partizipieren. Dann wäre die generalisierende Deutung von Praktiken der Verbraucherteilhabe als Postdemokratie oder simulative Demokratie überzogen und ungenau.

Auf Hirschman verweise ich auch, weil er den Blick von den Akteuren weg auf die Infrastrukturen lenkt, in denen die Verbraucher-Bürgerinnen ihr Engagement entfalten müssen, um an Verbraucherpolitik teilhaben zu können. Mit dem Konzept der Infrastruktur nehme ich dabei von Interpretationen Abstand, die an dieser Stelle lieber von Teilsystemen der funktional differenzierten Gesellschaft sprechen und damit scharf zwischen den Kommunikationszusammenhängen der Wirtschaft und der Politik trennen. Auch die Systemtheorie hilft zwar, das Handeln und die Selbst- oder Fremdzuschreibungen eines Subjektstatus der Consumer Citizen zu relativieren und zu hinterfragen. Sie verleiht diesen Status dafür aber den autonom operierenden Funktionssystemen, was ebenfalls zu viel Theorieballast erzeugt und ein uneingestandenes subjektphilosophisches Erbe der Systemtheorie selbst widerspiegeln dürfte (Habermas 1985, S. 426 ff.).

Das Konzept der Infrastrukturen verweist auf andere sozialwissenschaftliche Schulen, insbesondere auf die Science and Technology Studies (Bauer et al. 2017) und hier z. B. auf die Akteur-Netzwerk-Theorie (Latour 2007), die viel aus der Analyse technischer Infrastrukturen über Gesellschaft gelernt haben. Infrastrukturen handeln nicht ersatzweise für Akteure, sondern sie handeln mit. Sie sind nicht nur ermöglichende und einschränkende Bedingungen des Handelns menschlicher Subjekte, sondern konstituieren gemeinsam mit diesen erst die Agency, also in unserem Fall die Teilhabepraktiken und das politische Engagement von Verbraucherinnen und Verbrauchern. Sie zeichnen nicht nur mitverantwortlich dafür, ob und wie Verantwortungsübernahme durch Verbraucherinnen und Verbraucher gelingen und sich zu einer stabilen Disposition entwickeln kann. Vielmehr greifen sie auch in die konsumkulturellen Prozesse der Wertzuschreibung und Bewertung ein, denen sich die neuere ‚Sociology of Valuation and Evaluation' zuwendet (Lamont 2012). Das möchte ich im Folgenden am Beispiel digitaler Bewertungspraktiken näher ausführen.

Die Soziologie der Infrastrukturen lenkt hierbei die Analyse auf die Hervorbringung von Infrastrukturen und nicht nur auf ihre handlungs- oder verhaltensstabilisierende Wirkung. Sie betrachtet diese als potenziell umstritten und untersucht ihre Kapazitäten zur Sicherung von Kooperation, ohne einen Konsens zwischen allen verschiedenen Akteuren voraussetzen zu müssen, die an der Aufrechterhaltung der Infrastruktur beteiligt sind und/oder diese nutzen.[2] Sie entkleidet die Infrastrukturen gewissermaßen ihres infrastrukturellen, d. h. geronnenen und unhinterfragt geltenden, konventionellen Charakters, um Unterschiede, Kontingenzen, Machtverteilungen und Folgeprobleme von Infrastrukturen herausarbeiten zu können. Wenn ich im Folgenden die politische Verbraucherteilhabe beispielhaft anhand von Infrastrukturen der digitalen Verbraucherpartizipation thematisiere, dann auch aufgrund der Implikation oder Schlussfolgerung, dass Verbraucherpolitik (von unten wie von oben) auch Infrastrukturpolitik sein könnte. Im Fazit meines Vortrags versuche ich zu begründen, warum verbraucherpolitische Akteure die Herausforderungen von Infrastruktur-Gestaltung annehmen und diese nicht länger im Hintergrund belassen sollten. Maßgeblich für dieses Argument wird

---

[2]Einen wichtigen Beitrag zur Soziologie der Infrastrukturen aus dem Umfeld der Science and Technology Studies haben Susan Leigh Star und Kolleg_innen mit ihren Arbeiten zu Grenzobjekten und Grenzinfrastrukturen geliefert, vgl. Star 2017. Die Ermöglichung von Kooperation, ohne den heterogenen beteiligten Akteuren zuvor eine schwierige Konsensbildung abverlangen zu müssen, ist eine besondere Eigenschaft von (insbesondere technischen) Grenzobjekten. Auf diese Objekte richtet die Infrastrukturforschung nicht zuletzt deshalb ihre Aufmerksamkeit, weil sich damit sozio-technische Steuerungsinteressen verbinden können.

sein, dass sich die Art und Weise, wie Infrastrukturen der Verbraucherteilhabe heute gestaltet werden, durch die Digitalisierung und Verhaltensökonomik deutlich verändert haben.

3   Digitale Bewertungspraktiken und ihre Infrastrukturen

Ein wichtiger Aspekt von Verbraucherteilhabe sind Praktiken der Bewertung. Sie geben Verbraucherinnen und Verbrauchern eine Stimme und eröffnen ihnen Möglichkeiten, auf die zukünftige Ausgestaltung von Angeboten, auf kulturelle Moden oder die Preisgestaltung Einfluss zu nehmen. Mit der Digitalisierung sind Aufforderungen zur Bewertung von Konsumgütern, Diensten, Peers, Anbietern usw. deutlich ausgeweitet worden. In der Soziologie wird vermehrt ein Wandel der Gesellschaft hin zu einer Bewertungsgesellschaft diagnostiziert.[3] Die Praktiken der Bewertung reichen vom Anklicken von Like-Buttons und der Vergabe von Sternchen bis zum Verfassen ausführlicher Rezensionen und Erfahrungsberichte. Die Partizipation an Bewertungen erfolgt aber auch über automatisierte oder teilautomatisierte Verfahren der Datenerhebung und -auswertung, etwa wenn Kaufprofile oder -statistiken in Empfehlungsalgorithmen eingehen (,Kunden die dies gekauft haben, haben auch das gekauft' oder noch anonymer ,Jörn, dies könnte Dir gefallen'). Auch Kaufakte selbst werden also als Bewertungen interpretiert und verarbeitet. Zugleich spielen soziale Medien und Netzwerke eine große Rolle: Bewertungen werden durch Influencer auf YouTube oder Instagram inszeniert und zu einer Möglichkeit, Kultstatus oder Werbeverträge zu erlangen. Auf diversen Plattformen wird darüber hinaus das wechselseitige Feedback bis hin zur Vergemeinschaftung von Peers zu einem wichtigen Aspekt von Marktpraktiken, sei es, um die eigene Vertrauenswürdigkeit bzw. die anderer Marktteilnehmer unter Beweis zu stellen (Airbnb, eBay) oder sei es, um sich nach dem Modell von Facebook, Runtastic oder den Weight Watchers durch Zuspruch oder Bewertung durch andere in eigenen Selbst- und Konsumpraktiken bestärken oder korrigieren zu lassen (Lamla 2013, S. 270 ff.). Offensichtlich ist, dass digitale Technologien und Infrastrukturen an dieser Ausweitung und Veränderung von Verbraucherteilhabe erheblichen Anteil haben. Unklar ist jedoch, welchen Anteil genau und inwiefern dieser verbraucherpolitisch relevant ist.

---

[3]Beispiele hierfür sind die Arbeiten von Mau (2017) und Reckwitz (2017), aber auch die Einrichtung eines DFG-Netzwerks unter dem Titel ,Auf dem Weg in die Bewertungsgesellschaft?'.

Digitale Bewertungspraktiken sichern den Verbraucherinnen und Verbrauchern über den privaten Konsum hinaus gewisse Teilhabechancen. Ihre Meinung ist gefragt. Sie erhalten Voice- und nicht nur Exit-Optionen, um damit auf Märkte und Marktentwicklungen Einfluss zu nehmen. Das Publikum dieser Artikulationen ist dabei in vielen Fällen nicht auf Anbieter beschränkt, es geht nicht um Beschwerden oder Reklamationen, um auswertbares Nutzungswissen, Fehlerkorrekturen oder anonyme Evaluationen, die im Einzelfall oder systematisch an die Hersteller rückgemeldet werden. Diese Kommunikationskanäle sind nicht verschwunden, aber die digitalen Bewertungspraktiken gehen darüber hinaus und nähern sich vor allem deshalb einer ‚Verbraucherpolitik von unten' an, weil sie in einer größeren Öffentlichkeit stattfinden. Sie ähneln eher dem Leser_innenbrief, der an die lokale Zeitung geschickt wird, oder der anonymen Stimmenzählung bei der Sonntagsfrage als der direkten Auseinandersetzung mit Herstellern oder Verkäufern. Die Einflussnahme basiert auf öffentlichem und kollektivem Druck – Verbraucherpolitik von unten. Verschiedene Plattformen haben mit diesem Muster ganz offensiv für sich geworben und die neue, gesteigerte Macht der Verbraucherinnen und Verbraucher, die eine Partizipation an öffentlichen Bewertungspraktiken mit sich bringe, betont (Lamla 2008). Verbraucherinnen und Verbraucher werden demnach scheinbar durch digitale Teilhabechancen empowert. Und die Grenzen ihrer Einflussnahmen erscheinen dabei fließend: Wie Hotels oder PC-Spiele können auch Parteien in einschlägigen Netzen bewertet werden. Rezo hat gezeigt, wie's geht.[4] Und schon wünschen sich manche die Begrenzung und Kontrolle der freien Meinungsartikulation.

Die Valuation Studies der neuen Bewertungssoziologie nehmen solche Praktiken nun jedoch genauer unter die Lupe (Kropf und Laser 2019). Sie entkleiden diese dafür zunächst ihrer scheinbaren Natürlichkeit und Offenheit, welche sie durch den (nicht zuletzt grundrechtlich geschützten) Interpretationsrahmen der freien Meinungsäußerung verliehen bekommen. Dabei geht es noch nicht um die Rolle von Infrastrukturen, sondern zunächst einmal darum, die Praktiken der Bewertung selbst genauer unterscheiden und typisieren zu lernen. Sie werden dafür als voraussetzungsvolle Handlungen betrachtet, die spezifische Konventionen und Register der Bewertung mobilisieren. So lassen sich etwa vergleichende von singularisierenden Bewertungen unterscheiden, quantitativ messende von qualitativ kuratierenden oder laienhafte von solchen, die eine

---

[4]Vgl. https://www.youtube.com/watch?v=4Y1lZQsyuSQ. Zugegriffen: 07. Januar 2020.

gewisses Expertenwissen für sich reklamieren. Für meine Argumentation wichtig ist hier die jeweilige Bezugnahme auf bestimmte konventionelle Bewertungsordnungen, die den Bewertenden Maßstäbe, Formate und Kriterien der Bewertung an die Hand geben (Diaz-Bone 2011). Die Bewertungssoziologie betont dabei stets die Kontingenz und Pluralität solcher Ordnungen, die z. B. maßgeblich mit darüber entscheiden, ob eher Schnäppchen besonders positiv bewertet werden oder aber soziale Statussymbole, ob Fun und privates Wohlbehagen oder kompetitive Leistungsmessung angesagt sind, ob die ökologische Nachhaltigkeit eine Rolle spielt oder allein die ästhetische Anmutung im Vordergrund steht, ob politically correct auf Diversity geachtet oder kulturell Andersdenkende geächtet werden.

Damit Verbraucherinnen und Verbraucher überhaupt bewerten können, müssen sie bzgl. solcher konventionellen Ordnungen der Bewertung gewisse Festlegungen vornehmen. In den Vorentscheidungen darüber, welche Bewertungsordnung in einer bestimmten Bewertungssituation die angemessene ist, welches Register sie also jeweils ziehen, äußert sich ihre praktische oder pragmatische Bewertungskompetenz und Urteilskraft (Boltanski und Thévenot 2007). Die Pluralität möglicher Bewertungsordnungen wird dabei zur Schule zivilgesellschaftlicher Kritikfähigkeit, insofern sie solche Angemessenheitsurteile unter Rechtfertigungsdruck zu setzen erlaubt: Ist es richtig oder falsch, die ökologischen Folgen bei der Bewertung von Urlaubsreisen weitgehend zu vernachlässigen? Können subjektive Geschmackserlebnisse den Verzicht auf objektive Zahlen rechtfertigen? Ist es in Ordnung, die ästhetische Anmutung weit über jede finanzielle Vergleichskalkulation zu stellen? Innerhalb einmal gesetzter Ordnungen stellen sich solche Fragen nicht mehr und ist das Exekutieren von Bewertungen keine große Schwierigkeit. Es gewinnt routineförmigen Charakter und kann tendenziell von Algorithmen ausgeführt werden (so wie bei einer elektronischen Klausur das Zusammenrechnen von Punkten und Ranking der Klausurergebnisse).

Hier nun kommen die Infrastrukturen der Verbraucherpartizipation ins Spiel: Im Bereich der Bewertungspraktiken beschränken sich technische Infrastrukturen nicht auf allgemeine Ermöglichungsbedingungen wie Strom, digitale Protokolle, Hardware usw. Vielmehr betreffen sie komplexe Plattformarchitekturen und spezifisch ausgeformte Interfaces, mit denen sie bestimmte Bewertungsordnungen absichern, also einen mehr oder weniger engen konventionellen Rahmen für die Exekution von Bewertungen setzen. Verbraucherteilhabe droht dabei zum bloßen Hilfsalgorithmus zu verkommen, der die maschinellen Rankings und Ratings mit manuellen Trainingsdaten füttert (Engemann 2018; Mühlhoff 2019), sofern den Verbraucherinnen und Verbrauchern nicht auch

Auseinandersetzungen mit Fragen und Problemen der Angemessenheit und Gewichtung unterschiedlicher Ordnungen und Register der Bewertung abverlangt werden, die ihre kritische Kompetenz in besonderem Maße fordern und aktivieren. Bewerten könnte sich tatsächlich zur bequemen postdemokratischen Simulation von Teilhabe entwickeln. Gewiss können nicht alle Infrastrukturen der Bewertung über einen Kamm geschärt werden. Einige besorgniserregende Trends sind gleichwohl zu erkennen, die ich im Folgenden kurz aufliste:

- Infrastrukturen werden von privaten Unternehmen der Digitalwirtschaft gestaltet, ohne dass es öffentliche Auseinandersetzungen oder eine Beteiligung von Verbraucherinnen und Verbrauchern bzw. deren politischer Stellvertreterinnen und Stellvertreter an dabei getroffenen Vorfestlegungen über Bewertungsordnungen gibt.
- Bei der Vorfestlegung kommen intransparente Kriterien zum Tragen, die den Geschäftsmodellen der Infrastrukturanbieter Rechnung tragen. Das können Skalierungs-, Netzwerk- und Vertrauenseffekte von Social-Media-Aktivitäten sein, für die der Eigensinn von Bewertungen nebensächlich wird, oder aber Gewinne aus Verträgen, die mit Dritten auf Märkten des Datenhandels eingegangen werden (Zuboff 2018). Diese interessengebundenen Kriterien wirken selektiv auf die Gestaltung von Bewertungsinfrastrukturen, die dann z. B. bestimmte Generationen anpeilen oder überwiegend zum ‚bejubeln' neigen (Lamla 2008).
- Verhaltenspsychologie und -ökonomik liefern Wissen über die verhaltenslenkende Kraft von Entscheidungsarchitekturen, das in der Gestaltung von Bewertungsordnungen zur Anwendung kommt, um bestimmte Bewertungen unbemerkt zu ‚nudgen', so z. B. durch Vorfestlegungen auf subjektives Testen gekaufter Produkte (Lamla 2013, S. 285). Der Modus des Nudging (Thaler und Sunstein 2011) ermöglicht, offiziell die Meinungsfreiheit hochzuhalten (libertärer Paternalismus). Selektive Vorfestlegungen bedürfen so scheinbar keiner öffentlichen Rechtfertigung mehr.
- Infrastrukturen digitaler Bewertungspraktiken verändern sich zudem rasant, ohne die Verbraucher darüber aufzuklären, indem sie deren Bewertungspraktiken beobachten und z. B. durch A/B-Testing und Nutzungsmessungen ihre Infrastruktur laufend nachbessern – ganz zu schweigen von den Möglichkeiten, Architekturen zunehmend zu diversifizieren und in Echtzeit anzupassen (Zweig et al. 2019).

Wenn sich Bewertungen weitgehend überschneidungsfrei in Blasen vollziehen, kann sich keine kritische Kompetenz zur angemessenen Vermittlung zwischen und Trennung von unterschiedlichen Ordnungen und Registern der Bewertung bilden, obwohl deren Pluralität über verschiedene Plattformen hinweg vorhanden ist. Ihre Segmentierung gewinnt infrastrukturellen Charakter. Kritik bleibt abstrakt und steril; die demokratische Öffentlichkeit wird fragmentiert.

Schließlich – und das ist wohl am schwerwiegendsten – haben derart gestaltete Bewertungsordnungen Sozialisationseffekte für Mensch und Maschine: Menschliche und künstliche Intelligenz nähern sich an und entwickeln sich zu einer einzigen, hybriden Intelligenz, wenn Bewertung und Kritik sich nur noch in vorgezeichneten Bahnen bewegt und mit diesen Bewertungsdaten IT-Infrastrukturen wie Empfehlungsalgorithmen und andere KI-Elemente trainiert werden (Lamla 2019). Die Neuauflagen des alten kybernetischen Traums von der universellen Integration aller Informationsflüsse (Wiener 1952) entwickeln sich hierbei zum demokratischen Alptraum, da sie dabei helfen, der gesellschaftlichen Praxis die für die Entwicklung kritischer Kompetenzen erforderlichen Reibungsflächen zu entziehen (Nassehi 2019).

4   Verbraucherpolitik von unten jenseits postdemokratischer Teilhabe

Ich komme damit zum Schluss. Meine Ausführungen haben einige Gesichtspunkte freigelegt, die Beachtung finden sollten, wenn sich Verbraucherpolitik von unten nicht in postdemokratischer Teilhabe erschöpfen soll. Ich habe mit digitalen Bewertungspraktiken sicherlich nur einen kleinen Teil von Verbraucherpartizipation in den Blick genommen. Diese Teilhabepraktiken berühren aber mit der (mittelfristigen) Entwicklung von kritischer Kompetenz etwas Entscheidendes: Es geht um die Frage von Erhalt oder Verlust von Fähigkeiten in der Bevölkerung, auch über die situative Angemessenheit bestimmter normativer Register der Bewertung und Rechtfertigung zu urteilen und Bewerten nicht in inflationär erwartete und zugleich maximal komplexitätsreduzierte Klickroutinen aufzulösen. Wo der Teilnahme an vorgestanzten, teils algorithmischen Bewertungspraktiken noch der Nimbus einer Verbraucherpolitik von unten verliehen wird und damit das gute Gefühl politischer Teilhabe gezielt verstärkt wird, befestigt dies die postdemokratische Wende der Politik und verkommt Partizipation in der Tat zu ihrer bloßen Simulation.

Auch die staatliche Verbraucherpolitik ist nicht davor gefeit, Verbraucherteilhabe in einer Weise zu ermuntern, die postdemokratischen Tendenzen bestärkt. Sie verfolgt mit dem Nudging-Ansatz teilweise ähnliche infrastrukturelle Weichenstellungen – wenn auch mit anderen normativen Zielvorstellungen als die Plattformökonomie. Sie kann deren Gestaltungsparadigma dann aber nicht leicht ablehnen oder gesetzlich grundlegend modifizieren. Mit der analytischen Perspektive auf die Gestaltung von Infrastrukturen digitaler Bewertungspraktiken wird jedoch auch erkennbar, dass eine solche postdemokratische Entwicklung nicht unausweichlich ist. Sie muss auch nicht in einen Grundsatzstreit über die Verhaltensökonomik führen, insofern sie die Rolle von verhaltensstützenden Infrastrukturen keineswegs negieren will, sondern durchaus anerkennt. Sie zeigt aber, dass für demokratische Teilhabe und die Reproduktion kritischer Verbraucherkompetenz zweierlei wichtig ist, dass nämlich die Verbraucherteilhabe erstens von den Gestaltungsentscheidungen über digitale Bewertungsarchitekturen und -ordnungen nicht abgeschnitten wird, sondern Verbraucherpartizipation sich auf die infrastrukturellen Weichenstellungen für das eigene Engagement und deren Kontrolle erstrecken muss. Und zweitens sollte die Reproduktion kritischer Kompetenz selbst ein Kriterium für die Gestaltung von Ordnungen sein, in denen Verbraucherinnen und Verbraucher sich mit ihrer Stimme bewertend einbringen können und sollen (Lamla 2019, S. 53). Dies bedeutet, dass entgegen der Tendenz zur Algorithmisierung und Hybridisierung digitaler Bewertungspraktiken die Infrastrukturen der Verbraucherpartizipation zukünftig so gestaltet werden sollten, dass die Pluralität und Konflikthaftigkeit unterschiedlicher Ordnungen und Register der Bewertung erfahrbar bleiben und den Druck zur öffentlichen Kritik und Rechtfertigung damit wachhalten.

Im eingangs erwähnten Artikel zum Netz der Konsumenten hatten Christoph Bieber und ich abschließend auch solche Initiativen in den Blick genommen, die sich offensiv der Gestaltung digitaler Infrastrukturen zugewendet haben und diese nicht lediglich passiv nutzen wollten, nämlich die Wikipedia-Community, die stets auch über die eigenen Kriterien und Verfahren der Evaluation nachgedacht und debattiert hat, sowie die Initiative der Freifunker, die für nicht-kommerzielle, offene WLan-Netze und eine Kultur des Breitband-Sharing eintrat (Bieber und Lamla 2005, S. 71 ff.). Deren Enthusiasmus der Infrastrukturaneignung scheint in der Verbraucherpolitik von unten heute weitgehend verflogen zu sein. Im Bereich der Bewertungspraktiken aber ist ein solcher Gestaltungsenthusiasmus erforderlicher denn je.

Literatur

Bauer, Susanne, Torsten Heinemann, und Thomas Lemke, Hrsg. 2017. *Science and Technology Studies. Klassische Positionen und aktuelle Perspektiven*. Berlin: Suhrkamp.
Bennett, Lance W. 2004. Branded political communication: Lifestyle politics, logo campaigns, and the rise of global citizenship. In *Politics, products, and markets*.

Exploring political consumerism past and present, Hrsg. M. Micheletti, A. Follesdal, und D. Stolle, 101–125. New Brunswick: Transaction Publishers.

Bieber, Christoph, und Jörn Lamla. 2005. Das Netz der Konsumenten. Innovationschancen der Verbraucherbewegung im Internet. *Forschungsjournal Neue Soziale Bewegungen* 18 (4): 65–77.

Blühdorn, Ingolfur. 2013. *Simulative Demokratie. Neue Politik nach der postdemokratischen Wende*. Berlin: Suhrkamp.

Boltanski, Luc, und Laurent Thévenot. 2007. *Über die Rechtfertigung. Eine Soziologie der kritischen Urteilskraft*. Hamburg: Hamburger Edition.

Diaz-Bone, Rainer, Hrsg. 2011. *Soziologie der Konventionen. Grundlagen einer pragmatischen Anthropologie*. Frankfurt a. M.: Campus.

Engemann, Christoph. 2018. Rekursionen über Körper. Machine Learning-Trainingsdatensätze als Arbeit am Index. In *Machine Learning – Medien, Infrastrukturen und Technologien der Künstlichen Intelligenz*, Hrsg. C. Engemann und A. Sudmann, 247–268. Bielefeld: transcript.

Habermas, Jürgen. 1985. *Der philosophische Diskurs der Moderne. Zwölf Vorlesungen*. Frankfurt a. M.: Suhrkamp.

Hirschman, Albert O. 1984. *Engagement und Enttäuschung. Über das Schwanken der Bürger zwischen Privatwohl und Gemeinwohl*. Frankfurt a. M.: Suhrkamp.

Klein, Naomi. 2002. *No Logo! Der Kampf der Global Players um Marktmacht. Ein Spiel mit vielen Verlierern und wenigen Gewinnern*, 2. Aufl. Pößneck: Riemann.

Kropf, Jonathan, und Stefan Laser, Hrsg. 2019. *Digitale Bewertungspraktiken. Für eine Bewertungssoziologie des Digitalen*. Wiesbaden: Springer VS.

Lamla, Jörn. 2008. Markt-Vergemeinschaftung im Internet. Das Fallbeispiel einer Shopping- und Meinungsplattform. In *Posttraditionale Gemeinschaften. Theoretische und ethnographische Erkundungen*, Hrsg. Ronald Hitzler, Anne Honer, und Michaela Pfadenhauer, 170–185. Wiesbaden: VS Verlag.

Lamla, Jörn. 2013. *Verbraucherdemokratie. Politische Soziologie der Konsumgesellschaft*. Berlin: Suhrkamp.

Lamla, Jörn. 2019. Selbstbestimmung und Verbraucherschutz in der Datenökonomie. *Aus Politik und Zeitgeschichte* 24–26:49–54.

Lamont, Michèle. 2012. Toward a comparative sociology of valuation and evaluation. *Annual Review of Sociology* 38:201–221.

Latour, Bruno. 2007. *Eine neue Soziologie für eine neue Gesellschaft. Einführung in die Akteur-Netzwerk-Theorie*. Frankfurt a. M.: Suhrkamp.

Mau, Steffen. 2017. *Das metrische Wir. Über die Quantifizierung des Sozialen*. Berlin: Suhrkamp.

Mühlhoff, Rainer. 2019. Menschengestützte Künstliche Intelligenz. Über die soziotechnischen Voraussetzungen von ,deep learning‘. *Zeitschrift für Medienwissenschaft* 21:56–64. https://doi.org/10.25969/mediarep/12633.

Nassehi, Armin. 2019. *Muster. Theorie der digitalen Gesellschaft*. München: Beck.

Reckwitz, Andreas. 2017. *Die Gesellschaft der Singularitäten. Zum Strukturwandel der Moderne*. Berlin: Suhrkamp.

Scammell, Margaret. 2000. The internet and civic engagement: The age of the citizen-consumer. *Political Communication* 4:351–355.

Star, Susan Leigh. 2017. *Grenzobjekte und Medienforschung*. Bielefeld: transcript.

Thaler, Richard H., und Cass R. Sunstein. 2011. *Nudge. Wie man kluge Entscheidungen anstößt.* Berlin: Ullstein.

Wiener, Norbert. 1952. *Mensch und Menschmaschine. Kybernetik und Gesellschaft.* Frankfurt a. M.: Alfred Metzner Verlag.

Zuboff, Shoshana. 2018. *Das Zeitalter des Überwachungskapitalismus.* Frankfurt a. M.: Campus.

Zweig, Katharina A., Bernd Lachmann, Christian Montag, und Marc Herrlich. 2019. Kontinuierliches A/B-Testing zur Optimierung von Spielerbindung und Monetarisierung bei ‚Freemium'-Spielen. In *Paradoxien des Verbraucherverhaltens. Dokumentation der Jahreskonferenz 2017 des Netzwerks Verbraucherforschung*, Hrsg. B. Blättel-Mink und P. Kenning, 43–57. Wiesbaden: Springer Gabler.

Jörn Lamla, geb. 1969, ist Professor für Soziologische Theorie an der Universität Kassel. Er ist außerdem Direktor am dortigen Wissenschaftlichen Zentrum für Informationstechnik-Gestaltung (ITeG) und einer der Gründungsdirektoren des Hessischen Kompetenzzentrums für verantwortungsbewusste Digitalisierung. Ein Forschungsschwerpunkt ist neben der Digitalisierung sowie neueren Entwicklungen pragmatistischer soziologischer Theorie insbesondere die Politische Soziologie der Konsumgesellschaft und deren Bedeutung für den Wandel von Demokratie. In diesem Zusammenhang engagiert er sich seit vielen Jahren in der Verbraucher(politik)forschung. Aktuell ist er Sprecher des Koordinierungsgremiums des Bundesnetzwerks Verbraucherforschung mit Geschäftsstelle beim BMJV sowie Mitglied im Wissenschaftlichen Beirat des Kompetenzzentrums Verbraucherforschung in NRW.

Verantwortung und Verantwortlichkeiten

Politikwissenschaftliche Perspektiven auf Verbraucherverantwortung

Kathrin Loer

Zusammenfassung

Verbraucher treffen regelmäßig Entscheidungen für bestimmte Produkte oder Dienstleistungen, die eine Reihe von Konsequenzen nach sich ziehen – dies betrifft beispielsweise die Produktionsbedingungen, Umweltschäden oder Klimabelastungen. Verantwortungsbewusste Verbraucherentscheidungen könnten also politisch gewünscht sein, wobei sich die Frage stellt, welche Rolle Verantwortung für Verbraucherpolitik spielt. Um sich verschiedenen Facetten der Verbraucherverantwortung systematisch zu nähern, geht es in diesem Kapitel zunächst um Verantwortungskonzepte, wie sie für die Verbraucherpolitik relevant sein können. Auf dieser Basis widmet sich das Kapitel der konkreten Verantwortungsübernahme des Verbrauchers, wie sie schließlich zu politischem Handeln werden kann. Darüber hinaus steht die Verantwortung des Verbrauchers in Bezug darauf im Fokus, wie sie als Erwartung für politische Entscheidungen handlungsleitend wirkt. Das Kapitel kommt zu dem Schluss, dass selbst verantwortungsbewusste Verbraucher in komplexen Konsumgesellschaften auf Unterstützung angewiesen sind und liefert Argumente, warum staatliche Eingriffe in den Markt weiterhin – oder vielleicht auch immer stärker – notwendig sind.

K. Loer (✉)
Fakultät für Kultur- und Sozialwissenschaften, FernUniversität in Hagen,
Hagen, Deutschland
E-Mail: kathrinloer@me.com

© Springer Fachmedien Wiesbaden GmbH, ein Teil von Springer Nature 2020
K.-U. Hellmann et al. (Hrsg.), *Verbraucherpolitik von unten*, Konsumsoziologie und Massenkultur, https://doi.org/10.1007/978-3-658-29754-1_6

Schlüsselwörter

Nachhaltige Entwicklung · Politische Instrumente · Regulierung ·
Verbraucherverantwortung · Verhalten · Verhaltenspolitik · Zivilgesellschaft

1   Einführung

‚Endlich übernehmen junge Menschen wieder Verantwortung' könnte eine
spontane Reaktion lauten, wenn jemand von den ‚Fridays for future'[1]-
Demonstrationen erfährt, die seit 2018 in vielen Großstädten zunächst in
Europa, mittlerweile weltweit stattfinden. Darin geht es um Forderungen nach
politischem, ökonomischem und teilweise auch sozialem Wandel, der notwendig
ist, um die im Pariser Klimaabkommen formulierten Ziele durch passende
Maßnahmen umzusetzen und einzuhalten. Doch häufig treffen die lobenden
Reaktionen oder allgemein positive Kommentare auf Kritik und Zweifel – jenseits der Frage, welche konkrete Motivation (Fernbleiben von der Schule)
überhaupt hinter dem Engagement steckt, kommt es zu Zweifeln, die den
Lebensstil der Demonstranten betreffen: Passt deren Lebensstil zu dem, was
sie fordern? Sind das wirklich nachhaltig lebende Konsumenten? Übernehmen
die Demonstranten bei ihren alltäglichen Entscheidungen als Verbraucher Verantwortung für ihre Einkäufe?

Aber was ist eigentlich Verbraucherverantwortung? Ist damit gemeint, dass
der Verbraucher aus freien Stücken oder individuellen Bedürfnissen heraus

---

[1]Als ‚Skolstrejk för klimatet' begann eine Protestaktion der schwedischen Schülerin Greta
Thunberg, der mittlerweile von Schülerinnen und Schülern weltweit regelmäßig organisiert
wird – so auch in Deutschland. Während der sonst üblichen Schulunterrichtszeit am
Freitagvormittag demonstrieren Schülerinnen und Schüler, wobei die Beteiligungsquanti-
täten ein sehr unterschiedliches Ausmaß erreichen, unabhängig davon jedoch vor allem in
Europa einen umfassenden Diskurs prägen. Dieser Diskurs lässt sich ausgehend von universalen Dimensionen der Verantwortung (Banzhaf 2016, S. 4) als nächster Schritt zur Verantwortungsübernahme einordnen, bei der es um die Natur und nachfolgende Generationen
geht. Auch wenn sich bei den „Fridays for future" um eine aktuelle Bewegung der
späten 2010er Jahre handelt, so korrespondieren ihre Anliegen mit dem, was Banzhaf als
Ansprüche der Rawl'schen Verantwortungsethik (Rawls 1975) beschreibt, auf dessen Basis
er zu dem Schluss kommt, dass „[e]ine anhaltende Zerstörung der Lebensgrundlagen,
ungebremste Klimaerwärmung oder jahrtausendelang strahlende atomare Abfälle [...]
gegenüber kommenden Generationen nicht zu verantworten" seien (Banzhaf 2016, S. 4).

Verantwortung für sein Handeln übernimmt und sein Handeln davon leiten lässt? Oder ist damit gemeint, dass Verantwortung auf den Verbraucher übertragen wird, damit bestimmte (verbraucher)politische Ziele erreicht werden können? Die erste Frage führt zur Überlegung, wie sich ein individuelles und intrinsisches Verbraucherhandeln auf den Markt auswirkt, und in welchen Formen es sich zu politischem Handeln – also einer ‚Verbraucherpolitik von unten‘ – entwickeln kann. Aus der zweiten Perspektive auf den Verbraucher stellt sich unmittelbar die anschließende Frage nach den geeigneten Instrumenten für politische Akteure, aber auch danach, inwieweit Anbieter von Produkten und Dienstleistungen dafür sorgen können oder sollen, dass der Verbraucher seiner – zugeschriebenen – Verantwortung gerecht werden kann und so eine ‚Verbraucherpolitik von unten‘ initiiert werden kann. Für diesen Fall stehen politische Maßnahmen mit unterschiedlicher Verbindlichkeit zur Verfügung. Weniger im Sinne allgemeiner (verbraucher)politischer Ziele, sondern ausgehend von der Schutzpflicht des Staates stellt sich außerdem (auch) die Frage, wieweit die Verantwortung des Verbrauchers reicht oder reichen kann, wenn es um risikobehaftete Produkte oder Dienstleistungen geht oder auch wenn es darum geht, dass der Verbraucher oder Bürger seinen Anteil zu einem Kollektivgut beitragen soll (Loer 2016).

Schon diese ersten Fragen deuten darauf hin, dass sich ein Spektrum an politischen Optionen eröffnet, die im Sinne der ‚Verbraucherpolitik von unten‘ zu einer Weiterentwicklung der Verbraucherpolitik beitragen oder beitragen können. Im Folgenden soll dargestellt werden, welche Paradoxien, Perspektiven und Problematisierungen (und Problemstrukturen) im politischen Handeln auftreten, wenn es um die Verbraucherverantwortung geht. Der Blick gilt dabei nicht nur der Verbraucherschutzpolitik oder einer explizit so bezeichneten Verbraucherpolitik. Denn eine politisch relevante Verantwortung des Verbrauchers (sowohl intrinsisch motiviert als auch durch staatliche Maßnahmen angesprochen) lässt sich sehr grundsätzlich für eine Vielzahl politischer Themen in unterschiedlichen Politikfeldern ausmachen. Dabei stößt der Anspruch an Verbraucherverantwortung auf Herausforderungen und erzeugt eine Reihe von Widersprüchen vor allem in freien Marktwirtschaften, in denen Verbraucher bestimmte Lebensstile und Komfort gewohnt sind.

Kollektive Güter wie beispielsweise ein hohes Niveau an Umweltschutz, die Reduktion von CO_2-Emissionen oder auch freie Verkehrswege durch verringertes Verkehrsaufkommen können nur entstehen, wenn eine kritische Masse an Verbrauchern sich in einer bestimmten Weise möglichst kontinuierlich passend verhält. Gibt es einen Missstand, also zum Beispiel ein deutliches Ausmaß an Umweltverschmutzung, einen zu hohen CO_2-Ausstoß oder überfüllte Verkehrswege, müssen Verbraucher unter Umständen gewohnte und beliebte

Routinen durchbrechen, um zum politischen Ziel beizutragen. Insbesondere in dem breiten Handlungsfeld der Nachhaltigkeit[2] entfaltet sich das Spektrum vielfältiger Themen wie Ökologie, Umwelt, Klima, Gesundheit, Tierwohl, Verkehr, Handel und weiteres mehr. Jenseits dessen lassen sich weitere Themenfelder skizzieren, in denen Verbraucherverantwortung in ihren vielfältigen Dimensionen zum Tragen kommt; selbst Sozialpolitik benötigt in solidarisch konzipierten Systemen immer ein Element der Verantwortung jedes einzelnen, um funktionsfähig zu sein und vor allem zu bleiben. In der Sozialpolitik kann außerdem dann Verantwortung des Verbrauchers wesentlich sein, wenn sich der Staat aus seiner Verantwortung zurückzieht und zunehmend den Einzelnen in die Verantwortung nimmt, der für seine (soziale und finanzielle) Absicherung privat sorgen soll oder muss. Die Übergänge zwischen ausdrücklich zugesprochener Verantwortung, Schutzfunktion des Staates im Hinblick auf Risiken für den Verbraucher (Produkte und Dienstleistungen) und individuell getragener Verbraucherverantwortung – aus Eigeninteresse oder aus altruistischen Motiven – sind häufig fließend, wie im Folgenden erläutert wird. Außerdem lassen sich zwar systematisch Formen einer ‚Verbraucherpolitik von unten' einerseits innerhalb des politischen Systems und andererseits außerhalb dieses Systems, also ausschließlich im Markt differenzieren. Aber beide Sphären sind so miteinander verwoben, dass Verantwortungsübernahme in beiden Sphären sich auch wechselseitig bedingen oder zumindest beeinflussen kann.

Konkreter betrachtet zeigt sich also, dass das Verbraucherverhalten und damit die Verantwortung des Verbrauchers für sein Handeln politisch eine wichtige Rolle spielen oder spielen müssten, dies gleichzeitig aber in einem komplexen Handlungsumfeld auf Herausforderungen und Widersprüche stößt. Nicht nur die Komplexität von politischen Handlungsfeldern provoziert Paradoxien. Sehr prägend dürften zusätzlich stets handlungsleitende Motive sein, die jenseits einer wertorientierten Verantwortungsübernahme für das Handeln der Verbraucher eine Rolle spielen. Dabei sei vor allem an ökonomische Motive (Preis) und

---

[2]Der ‚Oslo Roundtable on Sustainable Production and Consumption' (als eine der Nachfolgekonferenzen zum ‚Earth Summit', der als Gipfel der Vereinten Nationen zu Umwelt und Entwicklung im Juni 1992 in Rio de Janeiro stattfand) hat 1994 als Definition für nachhaltigen Konsum formuliert: „goods and services that respond to basic needs and bring a better quality of life, while minimising the use of natural resources, toxic materials and emissions of waste and pollutants over the life cycle, so as not to jeopardise the needs of future generations" (https://enb.iisd.org/consume/oslo004.html, zuletzt: 02.01.2020).

Komforteinbußen gedacht, aber auch an kulturelle Prägungen, Gewohnheiten und schwierig zu durchbrechende Verhaltensmuster.

Um sich den verschiedenen Facetten der Verbraucherverantwortung als einer ‚Verbraucherpolitik von unten' systematisch nähern zu können, geht es in den folgenden Ausführungen zunächst um ein Konzept von Verantwortung, wie es für die Verbraucherpolitik relevant sein kann. Nach diesem Einstieg widmen sich die anschließenden Unterkapitel zum einen der konkreten Verantwortungsübernahme des Verbrauchers, wie sie schließlich zu politischem Handeln werden kann. Zum anderen steht die Verantwortung des Verbrauchers in Bezug darauf im Fokus, wie sie als Erwartung für politische Entscheidungen handlungsleitend wirkt. Beide Facetten der Verbraucherverantwortung im Sinne einer ‚Verbraucherpolitik von unten' werden an konkreten Beispielen dargestellt und erläutert – dies dient als Grundlage, um problematisierte Strukturen, Paradoxien und Perspektiven aufzuzeigen.

2 Verantwortungskonzepte: Was bedeutet Verantwortung in der Verbraucherpolitik?

Sehr grundsätzlich lässt sich Verbraucherverantwortung als ein Teil der umfassenden Verantwortung des Menschen für ökonomische, politische und soziale Entwicklungen in den Sphären des Lebens verstehen, die im Wesentlichen durch Marktlogik geprägt sind. Die Verantwortung für Charakter, Entwicklung und Wirkungen von globalem Marktgeschehen liegt jedoch ausgehend von einer so grundsätzlichen Perspektive nicht ausschließlich beim Verbraucher. Er teilt sie sich mit Regierungen, die Märkte in unterschiedlichem Ausmaß regulieren können, und Marktakteuren, also den Unternehmen, die in den Märkten aktiv sind (Schmidt 2016, S. 9; Schoenheit 2009; Luchs und Miller 2017, S. 261). Der Verbraucher kann dann Verantwortung übernehmen, wenn er bestimmte Konsumentscheidungen, die er freiwillig und bewusst trifft, von seinen persönlichen Werten und Überzeugungen abhängig macht (Luchs und Miller 2017, S. 255.).

Werte und Überzeugungen wiederum können sich wandeln und sind individuell verschieden. Auch wenn spätestens seit den 1990er Jahren der Nachhaltigkeitsdiskurs sowie auch die Umweltwirkungen von Konsum und insbesondere seit den 2010er Jahren die Diskussion um den Klimawandel Werte und Überzeugungen von Verbrauchern maßgeblich prägen (können), lassen sich zudem auch solche Werte und Überzeugungen (Normhintergrund) als handlungsleitend identifizieren, die beispielsweise auf individuelle und kollektive Gesundheit, Menschenrechte oder kulturelle Aspekte bezogen sind. Die Verbraucherwissenschaften umreißen ein breites Spektrum an Phänomenen, in

denen sich Verbraucherverantwortung beobachten lässt – diese sind nicht trennscharf voneinander abzugrenzen, weshalb auch von ‚globaler Konsumentenverantwortung' gesprochen werden kann (Beck 2018). Denn angesichts globaler
Wertschöpfungsketten hängen Arbeitsbedingungen, soziale Ungerechtigkeit und
wirtschaftliche Ungleichheit, Folgen des Klimawandels, die sich in Umweltschäden und Naturkatastrophen niederschlagen, aber auch verschiedene Formen
von Gewalt in Produktionsprozessen miteinander zusammen und bedingen letztlich auch Gesundheit und kulturelle Entwicklungen entlang der gesamten Wertschöpfungskette (Beck 2018, S. 54).

Letztlich geht es also immer bezogen auf einen individuellen Normhintergrund darum, dass der einzelne Verbraucher Verantwortung für den Kauf eines
Produkts oder einer Dienstleistung übernimmt und dies vor einer externen oder
internen Instanz verantwortet (Schmidt 2016, S. 6) – dies kann eben das eigene
Gewissen (interne Instanz) oder die soziale Gemeinschaft, ein Gericht, eine staatliche Autorität o. ä. (externe Instanzen) sein. Insofern sind gängige Konzepte
der Verbraucherverantwortung vollständig rational geprägt; sie gehen von einem
bewusst handelnden Akteur aus und schließen intuitives Handeln aus.

Damit diese Form der bewussten Verantwortungsübernahme zu politischem
Handeln wird, müssen jedoch weitere Bedingungen erfüllt sein. Dass überhaupt Verantwortung übernommen werden kann, lässt sich an Voraussetzungen
knüpfen, wie Heidbrink und Schmidt unter Rückgriff auf Auhagen 1999
erläutern: „Menschen [sind] dann bereit, Verantwortung zu übernehmen, wenn
sie über Freiräume verfügen, sich mit ihren Vorhaben identifizieren und Einfluss auf ihr Handeln nehmen können" (Heidbrink und Schmidt 2009, S. 29).
In Bezug auf das Verbraucherhandeln dürfte dazu noch ergänzt werden, dass es
eine prinzipielle Bereitschaft und eine nicht-existenzgefährdende Möglichkeit
zum Verzicht geben muss, oder aber dass – je nach Produkt oder Dienstleistung
und Lebenssituation – Konsum- und Handlungsalternativen zur Verfügung stehen
müssen. Schmidt (2016) arbeitet des Weiteren heraus, dass es immer auch eine
Hoffnung geben muss, dass das verantwortliche Verbraucherhandeln tatsächlich
etwas bewirken kann, damit es zur Verantwortungsübernahme kommt. Dieses
Spektrum an Kriterien, die letztlich auch für die Zuschreibung von Verantwortung
angewandt werden können, korrespondiert mit dem Verantwortungskonzept von
Aristoteles, auf das sich auch Schmidt bezieht (2016, S. 7): Kausalität, Freiheit,
Wissentlichkeit und Intentionalität.

Diese Zuschreibung von Verantwortung erweist sich in Bezug auf das Verbraucherhandeln ganz konkret jedoch als äußerst schwierig. Angesichts globaler
Wertschöpfungsketten und einer in vielen Bereichen unübersichtlichen Auswahl von verschiedenen Produkten und Dienstleistungen ist die Übertragung

eines solchen Verantwortungsmodells an viele Faktoren geknüpft: Es muss tatsächlich eine kausale Verbindung zwischen der Konsumentscheidung und dem Produkt hergestellt werden können, was bedeutet, dass der Verbraucher mit seiner Kaufentscheidung wirksam Einfluss auf Produktion, Verkauf(sbedingungen), Nutzung und Entsorgung[3] nehmen können müsste. Für diese Einflussnahme muss es geeignete Kanäle und Handlungsoptionen geben. Der Verbraucher muss die Freiheit und das Privileg haben, sich gegen das Produkt oder die Dienstleistung zu entscheiden, es muss also Optionen zum Verzicht, zur Reduktion oder Substitution geben. Zudem muss er über Informationen verfügen und letztlich ein Interesse an Veränderung haben.[4]

Dass der Verbraucher allein diese Bedingungen gestaltet, um Verantwortung für sein Konsumverhalten übernehmen zu können, dürfte in komplexen Konsumgesellschaften unrealistisch sein. Insoweit kommt Kollektivakteuren – sowohl Regierungsorganisationen, Unternehmen, als auch Nicht-Regierungsorganisation – eine Mitverantwortung zu, um diese Bedingungen zu gestalten. Dabei stehen Individuum, zivilgesellschaftliche Organisationen, Marktakteure und staatliche Akteure immer in einer Wechselbeziehung zueinander: Staatliche Akteure können von Individuen herausgefordert werden (siehe Abschn. 3), um Marktakteure zu regulieren, ihnen beispielsweise Informations- oder Transparenzpflichten auferlegen und diese kontrollieren (Baringhorst et al. 2007, S. 14). Marktakteure können freiwillig aktiv werden im Sinne einer prospektiven oder retrospektiven Verantwortungszuschreibung, die sie zum Beispiel aus Reputationsgründen erfüllen (Beck 2018, S. 56 f.).

Interessanterweise zeigt die Verbraucherforschung, dass es vor allem in der jüngeren Zeit eher zu Formen der ‚Responsibilisierung' des Verbrauchers kommt, also zu einem Abwälzen von Verantwortung auf den Verbraucher durch staatliche und durch Markt-Akteure. Evans stellt heraus, dass es zu einer Individualisierung von Verantwortung kommt und Verbraucher gleichzeitig verantwortlich gemacht werden (Evans et al. 2017, S. 1399). Dazu identifizieren Giesler und Veresiu

---

[3]Systematisch lassen sich für jedes Produkt und jede Dienstleistung verschiedene Aspekte differenzieren, für die der Verbraucher (mit)verantwortlich sein kann: die Wirkungen 1) der Produktion oder Bereitstellung 2) des Verkaufs und der Nutzung sowie 3) der Entsorgung unterscheiden, die einem Produkt immanent sind, vgl. auch Luchs und Miller (2017, S. 261); diese Aspekte können ökonomische, soziale und umweltbezogene Auswirkungen haben.

[4]Siehe zu Einfluss und Macht, Privilegien, Interesse und kollektiven Fähigkeiten auch Young 2013.

(2014) vier Prozesse (gestützt auf das Konzept P.A.C.T. von Shamir 2008), die dazu beitragen sollen, ein ‚verantwortungsbewusstes Verbrauchersubjekt' (Giesler und Veresiu 2014, S. 841) zu schaffen: Personalisierung (P), Autorisierung (A), Befähigung (Capabilization, C) und Transformation (T). Mit Personalisierung ist gemeint, dass sich der Verbraucher in Bezug auf ein soziales, ökonomisches oder ökologisches Problem verantwortlich im Sinne eines moralisch aufgeklärten Individuums entscheiden muss – im Gegensatz zu einem verantwortungslosen Verbraucher. Mit Autorisierung ist gemeint, dass Marktakteure und staatliche Institutionen die Verantwortungsübertragung auf den Verbraucher dadurch ökonomisch und moralisch rechtfertigen, dass er diese Verantwortung übernehmen kann, weil ökonomische, psychologische und andere wissenschaftliche Erkenntnisse diese Fähigkeiten in Studien nachweisen und staatliche Akteure wie Marktakteure damit von der Verantwortung entlasten. Damit die Verantwortungsübernahme gelingt, sollen Verbraucher befähigt werden (dies korrespondiert mit dem Foucault'schen Konzept der Gouvernementalität), damit ein Markt an Produkten und Dienstleistungen für ein solches Selbstmanagement entsteht. Letztlich bedarf es zudem der Transformation des Einzelnen zu diesem verantwortlichen Subjekt, das ein – unter Umständen neues – aus übergeordneter Sicht (Nachhaltigkeit, Wirtschaftlichkeit, Gesundheit u. ä.) passendes moralisches Selbstverständnis annimmt und sein Handeln daran ausrichten kann (Giesler und Veresiu 2014, S. 841). Die beiden Autoren kritisieren diese Entwicklung und konfrontieren sie mit realistischem Verbraucherverhalten (ebd., 854).

Unabhängig von dieser Kritik dürften die Anforderungen an den verantwortlichen Konsumenten in vielen politischen und ökonomischen Kontexten tatsächlich von den Ideen im Sinne des P.A.C.T.-Konzepts geprägt sein. Denn viele Regierungsorganisationen und vor allem Unternehmen haben ein Interesse daran, den Verbraucher in die Verantwortung zu nehmen und damit politischen Auseinandersetzungen um Verantwortungsübernahme aus dem Weg zu gehen. Dies ist insbesondere dann der Fall, wenn aus politischen Gründen – seien es nationale politische Ziele oder auch internationale Vereinbarungen – bestimmte Verhaltensmuster erwartet werden, um bestimmte politische Ziele zu erreichen, die sonst nur durch strenge Regulierung realistisch sind, was wiederum politisch unattraktiv ist und von Marktakteuren attackiert würde (z. B. für einen effektiven Klimaschutz). Dabei lässt sich an die Idee der ‚bottom-of-the-pyramid' (bop) denken, also der Integration von bisher vernachlässigten Bevölkerungsgruppen in bestimmte Marktkonzepte und Wertschöpfungsketten, die zwar als „Armutsbekämpfung" vermarktet werden kann, aber in besonderer Weise der Erschließung von Arbeitskraftpotenzialen und Absatzmärkten im Sinne der international tätigen Unternehmen dient. Weitere Ziele dürften sich auf Ökologie im Sinne

des ‚grünen' Verbrauchers erstrecken, wenn diese aus Sicht von Regierungsorganisationen und Unternehmen nicht nur umwelt-, sondern auch wirt-
schaftsfördernd wirken können. Des Weiteren kann es um die Stärkung von
Gesundheitsbewusstsein oder auch ‚financial literacy' gehen, was ebenfalls zwar
dem Wohl des Individuums dienen kann, aber gleichzeitig häufig mit dem Rück-
bau von sozialen Sicherungssystemen und deren Verlagerung auf den privaten
Markt verbunden ist. Verantwortungszuschreibungen sind demnach häufig
politisch aufgeladen und dürften in den beschriebenen Fällen in besonderer
Weise interessengeleitet durch Marktkräfte sein. Inwieweit sich die aktive Verantwortungsübernahme durch den Verbraucher, die durch die beschriebenen
Prozesse provoziert wird, zu einer ‚Verbraucherpolitik von unten' wandeln kann,
die unter Umständen gegenläufige Interessen verfolgt und sich sogar gegen
diese Verantwortungslast wehrt, müssen empirische Studien zeigen. Schon
konzeptionell lassen sich aber Widersprüchlichkeiten erkennen. Zwar ist im Sinne
der P.A.C.T.-Logik von Verantwortung die Rede; und auch die verschiedenen
Konzepte von ‚bop' über den ‚grünen' bzw. gesundheitsbewussten Verbraucher
bis hin zu ‚financial literacy' unterstellen ein bestimmtes Ausmaß an Eigenverantwortung. Aber diese Konzepte ignorieren die Notwendigkeit des individuellen
Moralhintergrunds, der in Allgemeinen Verantwortungskonzepten maßgeblich
ist. Die Abwälzung von Verantwortung macht es letztlich notwendig, auch den
Moralhintergrund der Individuen mit zu beeinflussen.

Dass der Verbraucher in komplexen Produkt- und Dienstleistungsmärkten
prinzipiell die Fähigkeit zur Verantwortungsübernahme entwickeln kann, hängt
allerdings auch ohne eine so bewusste und interessengeleitete Verantwortungs-
abwälzung, wie sie oben beschrieben wurde, immer von Unternehmen und
insbesondere von politischen Akteuren ab, die Unterstützung leisten und Einfluss nehmen können und müssen. Nur so kann der Konsument befähigt und
berechtigt werden, Verantwortung zu übernehmen (Schmidt 2016, S. 15).
Dies müsste idealerweise unabhängig von spezifischen unternehmerischen
Interessen geschehen, was allerdings in der politischen Praxis ein kaum ein-
zuhaltendes Kriterium sein dürfte. Um Verbraucher als handelnde Subjekte
zur Verantwortungsübernahme zu befähigen, stehen staatlichen Akteuren und
Organisationen verschiedene Instrumente zur Verfügung (siehe den Abschn. 4).
Auch dazu müssten empirische Studien zeigen, inwieweit die Wahl und Ausgestaltung der Instrumente politisch aufgeladen ist und damit Verantwortungszuschreibungen politisch prägt.

Der Verbraucher selbst kann als Ausdruck seiner Verantwortungsübernahme auf verschiedene Weise handeln, auch ohne dass er durch politische
Maßnahmen dazu angeleitet wird: Er kann abwandern, also das Produkt oder die

Dienstleistung nicht kaufen (Boykott), oder sich als Nachfrager loyal verhalten (Buykott), um ein bestimmtes Produkt oder Marktsegment zu stärken und damit ein anderes zu schwächen. Darüber hinaus kann er sich zu Produkten und Dienstleistungen äußern, was bis hin zu politischem Druck auf Konzerne reichen kann (Beck 2018, S. 64 f.). Zudem kann er NGOs unterstützen, damit diese durch gebündelte Machtressourcen effektiv handeln können. Daneben stehen ihm traditionellen Formen der politischen Einflussnahme in Demokratien zur Verfügung: Wahlen, die Ansprache politischer Repräsentanten und aktives politisches Engagement in der Politik, zum Beispiel in politischen Parteien. Einen gewissen Einfluss können Verbraucher zudem nehmen durch entsprechendes Antwortverhalten (bezogen auf ihren Normhintergrund) bei Verbraucherbefragungen zur Marktforschung (Luchs und Miller 2017, S. 255 in Abwandlung von Devinney et al 2006, S. 3).

Konzeptionell lässt sich festhalten, dass der Verbraucher sich in einem Spannungsfeld bewegt. Ihm stehen in freien Marktwirtschaften (weiterhin) nahezu alle Optionen zum Konsum von Produkten und Dienstleistungen offen. Er kann sich frei für Verzicht oder Kauf entscheiden und dieses Handeln an seine individuellen Werte und Überzeugungen knüpfen. Allerdings dürften sowohl in Bezug auf die Vermittlung von Informationen, die Verfügbarkeit von Wahlmöglichkeiten als auch letztlich für die Entstehung von moralischen und ethischen Bezugspunkten (Medien u. ä.) externe Einflüsse eine wesentliche Rolle spielen. Wenn dem Verbraucher gelingt, seine Kauf- oder Verzichtsentscheidungen an seine eigenen Werte und Überzeugungen rückzukoppeln, kann er Verantwortung übernehmen. Dazu müssen ihm allerdings die geeigneten, verlässlichen Informationen zur Verfügung stehen. Er muss sie verarbeiten können und tatsächlich verzichten oder ausweichen können, was zum einen finanzielle Ressourcen, teilweise aber auch überhaupt die Verfügbarkeit einer Alternative voraussetzt. Insbesondere wenn ein übergeordnetes politisches Interesse mit der Verbraucherverantwortung in Verbindung steht, bedarf es geeigneter politischer Instrumente, um diese Verbraucherverantwortung zu stärken (siehe Abschn. 4). Neben dem verantwortungsbezogenen Konsum kann der Verbraucher außerdem aktiv politisch tätig werden (siehe Abschn. 3).

Dieser konzeptionelle Blick auf die Verbraucherverantwortung vermittelt einen Eindruck davon, dass die Diskussion um Verbraucherverantwortung immer politisch ist; es handelt sich stets um ein Ausbalancieren aus Verantwortungszuschreibung an den Verbraucher, sein aktives verantwortungsbezogenes Verbraucherhandeln und Verantwortungsübernahme durch den Staat oder Regierungsorganisationen (regional, national oder international), insbesondere dann, wenn es zu Informations- und Machtasymmetrien im Markt zwischen

Unternehmen und Verbrauchern kommt. An der Frage, inwieweit Verbraucher einerseits Verantwortung übernehmen können, aber auch, auf welche Instanzen (intern und extern) sich Verbraucher wie beziehen, entscheidet sich der Charakter einer ‚Verbraucherpolitik von unten'.

3 Verantwortung: Verantwortungsübernahme durch den Verbraucher

Um nicht den noch folgenden Kapiteln zur Verbraucherteilhabe und zu verbraucherpolitischen Akteuren vorzugreifen, soll hier im Sinne eines Überblicks skizziert werden, welche Handlungsformen für die Verantwortungsübernahme durch den Verbraucher im Sinne einer ‚Verbraucherpolitik von unten' prinzipiell denkbar sind, zu welchen Paradoxien dieses Handeln führen kann, und welche Perspektiven sich daraus ergeben.

Jeder einzelne Verbraucher trifft in seinem Alltag ständig Entscheidungen, die nicht nur für ihn bestimmte Konsequenzen haben: Die Auswahl des Kaffees am Morgen, seine Zubereitungsform, die Wahl des Verkehrsmittels für den Weg zur Arbeit, der Lebensmitteleinkauf wie auch der Kleiderkauf, die Beheizung der Wohnung oder des Hauses, die Nutzung von digitalen Diensten – dies alles hat mittelbare oder unmittelbare Auswirkungen darauf, welche Ressourcen in welchem Ausmaß künftig zur Verfügung stehen, unter welchen Rahmenbedingungen Produkte und Dienstleistungen her- oder bereitgestellt werden und wie sich die Lebensbedingungen in einer Kommune oder Region entwickeln. Wenn eine kritische Masse an Verbrauchern die Nutzung eines Produkts oder einer Dienstleistung von übergeordneten Zielen abhängig macht, wenn sie die eigene Verantwortung darin erkennt,[5] dass die eigene Marktaktivität einen Einfluss hat und sie das Markthandeln konsequent daran ausrichtet, wird diese Form der Verantwortungsübernahme zu politischem Handeln und kann als ‚Verbraucherpolitik von unten' eingeordnet werden. Dieses verantwortungsbewusste Markthandeln kann verschiedene Formen annehmen.

Verbraucher können – theoretisch – von sich aus letztlich täglich, also ohne staatlichen Impuls, Verantwortung übernehmen, um bestimmte Ziele durchzusetzen,

---

[5]Prinzipiell ist auch vorstellbar, dass es zufällig zu gleichförmigem Marktverhalten kommt, welches wiederum einen Effekt auf das Marktgeschehen hat. In diesem Fall ist jedoch nicht klar zu identifizieren, inwieweit es sich eher um eine Mode handelt oder tatsächlich die Verantwortung in einem normativen Sinne handlungsleitend ist.

von denen sie überzeugt sind. In einem freien Markt handelt es sich dann um eine unmittelbare politische Einflussnahme auf den Markt, wenn Verbraucher aus Überzeugung eigenverantwortlich ihre Kaufentscheidungen von übergeordneten Werten abhängig machten, um bewusst Verantwortung zu übernehmen. Allerdings dürfte dies nur dann tatsächlich in einem politischen Sinne bedeutsam werden, wenn es sich nicht nur um einzelne Verbraucher, sondern vielmehr um eine marktrelevante Anzahl an Verbrauchern handelt und wenn die jeweiligen Verbraucher ihr Tun bemerkbar (medial) in die Öffentlichkeit tragen. Die Verbraucherwissenschaften sprechen dabei von diskursivem politischem Konsum. Ein Beispiel dafür ist das Culture Jamming, was Stolle (2018, S. 7) als Technik beschreibt, um „ein Unternehmenssymbol [zu benutzen] und daraus mit Humor auf Probleme im Produktionsprozess aufmerksam [zu machen]." Daneben stellt der Einsatz sozialer Medien (Instagram, Twitter, Facebook) ein breites Spektrum an Möglichkeiten zum diskursiven politischen Konsum bereit. Allerdings sind diese Plattformen immer gleichzeitig auch Aktionsflächen für die Marktanbieter (Unternehmen).

Politischer Konsum hat dann konkrete Auswirkungen auf den Markt, wenn eine dadurch verringerte Nachfrage (als Folge eines Boykotts) die Anbieter von Produkten oder Dienstleistungen wirtschaftlich trifft oder umgekehrt eine gestiegene Nachfrage (als Folge eines Buykotts) zum Markterfolg bestimmter Anbieter führt. Es kommt dann zur „Bündelung von Konsumentemacht" (Lamla 2018, S. 28), um Unternehmen zu Veränderungen zu bringen. Dies unterscheidet sich von traditionellen Formen der politischen Partizipation innerhalb des politischen Systems, wenn die Interessen von Verbrauchern im Sinne ihrer Verantwortungsübernahme zu politischen Aktivitäten werden. Politischer Konsum kann so als eine ‚Verbraucherpolitik von unten' verstanden werden, die wiederum eng an die Frage geknüpft ist, an welchen Bezugspunkten (Moralhintergrund) sich Verbraucher im Sinne ihrer Verantwortungsübernahme orientieren. Dabei muss es nicht notwendigerweise zur Konfrontation zwischen Verbrauchern und Marktanbietern kommen, bei denen dann der Staat eventuell vermittelnd oder unterstützend tätig ist (siehe Abschn. 4). Es können auch Verbraucherkräfte zusammen mit Marktakteuren durch ihr ökonomisches Handeln politische Kraft entfalten. Diese Form der politischen Rationalität von Marktakteuren, die bewusst handeln, kann unter Umständen zur Destabilisierung von etablierten Machtbeziehungen führen, wie Giesler und Veresiu (2014) an einem Beispiel beschreiben. Dazu verweisen sie auf bereits frühe Formen der Verantwortungsübernahme von Verbrauchern im Sinne politischer Aktivität in den Kaffeehäusern des Osmanischen Reichs. Dort hatten sich die Kaffeehauskonsumenten mit den Marktinstitutionen in einer Allianz zusammengefunden, um staatliche und religiöse Autoritäten politisch herauszufordern (Giesler und Veresiu

2014, S. 853). Denkbar sind auch andere Formen eines politischen Konsums, der sich gegen staatliche Autoritäten wendet. Allerdings stellt sich in diesem Zusammenhang vor allem in aktuellen Marktsituationen (inkl. subtiler Formen von Werbung und ‚Verbraucherinformation') schnell die Frage, wie unabhängig die Verbraucher von den Marktakteuren tatsächlich sind und auf welcher Basis sie im Sinne ihrer Verantwortung letztlich handeln (können). Darauf verweist Forschung, die sich mit der Konstruktion von neuen Verbraucheridentitäten auseinandersetzt und offenlegt, wie Werbende, Marketing- und Marken-Experten bewusste Strategien wählen, um den Verbrauchern über Produkte und Marken bestimmte Narrative zu vermitteln, die diese in ihrem politischen Konsum im Einklang mit ihrem guten Gewissen oder ihrer Überzeugung unter Umständen auch als Widerspruch zu staatlichen Autoritäten einsetzen.[6] Nicht nur als Demonstration bestimmter politischer Interessen gegenüber staatlichen Akteuren, sondern auch im Sinne der Verkaufsförderung können Marketing-Strategien von Unternehmen ein erwartetes Verantwortungsbewusstsein triggern, um den Verbraucher zum Konsum bestimmter Produkte oder Dienstleistungen zu bewegen. Dies lässt sich in jüngerer Zeit vor allem im Bereich von Lebensmitteln (‚regional', ‚gesund', ‚heimisch', ‚kontrollierte Anbaubedingungen' etc.) beobachten.

Eine andere Facette der ‚Verbraucherpolitik von unten', die über einen engen Fokus auf Verbraucherpolitik hinausgeht, beschreibt Stolle (2018). Sie ordnet politischen Konsum als eine neue Art der politischen Partizipation oder des zivilen Engagements ein, die dem Reden von ‚Politikverdrossenheit' gegenübersteht. Diese Entwicklung sei, so Stolle (2018, S. 5),

„oft – aber nicht ausschließlich – mit [...] Verantwortungsgefühl verbunden. Wir sehen also darin eine Art Transformation, wie sich Menschen in der Politik beteiligen. Politischer Konsum ist so ein Teil dieser Transformation, die politische Herausforderungen sozusagen in die eigene Hand nimmt, ohne auf Hilfe vonseiten der Regierung oder politischer Parteien zu warten."

Solche Formen der Verantwortungsübernahme können außerdem die Basis für politische Partizipation in zivilgesellschaftlichen Organisationen darstellen. Neben der oben beschriebenen Form, Verbraucherverantwortung durch Markhandeln auszudrücken, kann es also dazu kommen, dass sich Verbraucher

---

[6]Ein Überblick über diese Forschung findet sich bei Giesler und Veresiu (2014, S. 853).

mit dem Ziel der Verantwortungsübernahme bewusst und zielgerichtet als gesellschaftliche Gruppe organisieren, um das eigene Interesse entweder gegenüber politischen Akteuren auszudrücken und/oder auch um genügend (Markt) macht zu entfalten. Wenn eine kritische Masse an Verbrauchern sich aus einem bestimmten (ggf. auch aus einem unter Umständen von außen nicht eindeutig erkennbaren) Motiv heraus in einer bestimmten Weise verhält, also Produkte oder Dienstleistungen bewusst vermeidet (Boykott) oder bewusst wählt (Buykott), kann sie damit eine (markt)politische Wirkung erzeugen. Micheletti (2003) spricht in diesem Zusammenhang von den ‚politics behind products' und betont, dass das ein wertegeleitetes Verbraucherverhalten im Markt ein bestimmtes Verständnis von sozialen und normativen Rahmenbedingungen ausdrückt, die mit dem jeweiligen Produkt verknüpft sind. Dies dürfte jedenfalls dann der Fall sein, wenn tatsächlich genügend Informationen über das Produkt verfügbar sind und diese Informationen keine widersprüchlichen Optionen für wertgeleitetes Verhalten provozieren. Denkbar wäre zum Beispiel die bewusste Entscheidung für regionale landwirtschaftliche Produkte mit einem Ökolabel, bei denen aber unter Umständen nicht bekannt ist, inwieweit die Produkte auch im Einklang mit sozialen Ansprüchen zum Beispiel an Arbeitsbedingungen bei der Produktion, im Transport oder Handel und Verkauf stehen. An diesem Beispiel zeigt sich, dass für wertegeleitetes Verbraucherverhalten häufig eine unabhängige Instanz dafür sorgen muss, dass die entsprechenden Informationen verfügbar sind. Insbesondere staatlichen Akteuren kommt dabei eine besondere Aufgabe zu (siehe Abschn. 4).

Um für Aufklärung zu sorgen, Produzenten zur Herausgabe von Informationen zu bewegen oder sie zu bestimmten Produktionsweisen zu verpflichten können verbraucherpolitische Organisationen ihrerseits auf politische Akteure Einfluss nehmen.[7] Die zivilgesellschaftliche Formierung von Verbraucherinteressen stellt allerdings ein besonders anspruchsvolles Unterfangen dar. Wie bereits Claus Offe in den 1980er Jahren herausarbeitet hat, lassen sich Verbraucherinteressen wegen ihrer Heterogenität (Themenvielfalt, Interessenvielfalt zu einzelnen Themen) nur schwierig (bottom-up) organisieren (Offe 1981). Letztlich vereinen sogar Individuen unter Umständen widersprüchliche Interessenlagen in sich, was die Formierung derselben erschwert. Zudem kann davon ausgegangen werden, dass Bürger also auch Verbraucher sich in jüngerer Zeit in geringerem Maße formalen und traditionellen zivilgesellschaftliche Organisationen anschließen, sondern

---

[7]Zu den Handlungsoptionen für politische Akteure siehe Abschn. 4.

eher informelle, fluide und persönliche, zum Teil sogar individualisierte Formen von sozialen Verbindungen bevorzugen (Putnam 2002, S. 411). Im Sinne einer verantwortungsbezogenen ‚Verbraucherpolitik von unten' kann das nützlich sein. Denn solche Aktivitäten von Verbrauchern lassen sich beispielsweise als informelle Gruppierungen beobachten; sie treten auf als spontane Organisation von Protestaktionen oder Flashmops und führen zur Mobilisierung von Netzwerken, die sich möglicherweise zunächst nur virtuell formiert haben (Stolle et al 2005, S. 250). Inwieweit sich die Beteiligung an solchen Aktionen dann tatsächlich auf eine bewusste Verantwortungsübernahme der Einzelnen zurückführen lässt und davon abhängig ist, bleibt letztlich allerdings offen. Denkbar ist, dass eine bestimmte soziale Kaskade (Sunstein 2019) ausgelöst wird und sich einzelne Verbraucher innerhalb einer Gruppe von Gleichgesinnten oder Peers einem Narrativ anschließen, das dann die Entstehung einer bestimmten Aktion prägt. Der vermeintliche Bezug zu bestimmten Werten und Überzeugungen, der diese Gruppe von außen gesehen eint (Narrativ), könnte gemeinsame Verbraucherverantwortung demonstrieren, ohne dass tatsächlich Werte und Überzeugungen miteinander geprüft und bewusst in Übereinstimmung gebracht wurden. Künftige Forschung muss jedoch noch zeigen, inwieweit ein solches aktives verbraucherpolitisches Handeln letztlich mehr als den Anschein der Verantwortungsübernahme ausmacht, und welche (anderen) Kräfte auf die Mobilisierung wirken (Herdentrieb, Wunsch nach sozialer Inklusion unabhängig von verbraucherrelevanten Werten u. ä.).

Interessanterweise lässt sich die Hervorhebung – also eine öffentliche Artikulation – von Verantwortung direkt oder indirekt ebenfalls aus (mindestens) zwei Richtungen denken; beides kann hohes Politisierungspotenzial entfalten. Entweder entstammt die Problematisierung eines bestimmten Verbraucherverhaltens der Feder von Verbrauchern selbst, die ihrerseits Zusammenhänge identifizieren, ihre Verantwortung wahrnehmen und Handlungsdruck erzeugen wollen, indem sie mehr Verbraucher für ihr Anliegen gewinnen wollen. Dies kann dann insbesondere der Fall sein, wenn Verbraucher von einem Problem persönlich betroffen sind (Umweltbelastung, Gesundheitsschädigung u. ä.) oder sie einen guten Zugang zu bestimmten Informationen haben, die auf die Diskrepanzen zwischen eigenem Moralhintergrund und den Eigenschaften eines Produkts oder einer Dienstleistung hinweisen. Oder aber der Appell an Verbraucherverantwortung kommt von außen, zum Beispiel von Marktanbietern, die dies jedoch unter Umständen auch als Marketingfaktor nutzen; gerade die Ansprache des verantwortungsbewussten Verbrauchers kann die Bindung an ein Produkt oder eine Dienstleistung stärken, weil sie unter Umständen ein ‚gutes Gefühl' beim Verbraucher erzeugt. Dabei könnte dies zum Machtspiel zwischen Marktakteuren mit vergleichbaren Produkten oder

Dienstleistungen führen, wenn die Anbieter dem Verbraucher vermitteln, dass er seinem Verantwortungsbewusstsein nur mit den eigenen Produkten, nicht aber mit jenen des Konkurrenten nachkommen kann. Die Aufforderung, Verantwortung zu übernehmen, kann zudem auch von staatlichen Akteuren kommen, wie im folgenden Kapitel diskutiert wird (siehe Abschn. 4).

Unabhängig davon, ob es sich um eine zufällige, spontane oder zielgerichtete, dauerhafte Formierung von Verbrauchern handelt, die ihrem Verantwortungsgefühl durch bestimmte Aktivitäten im Markt oder im politischen Raum Ausdruck verleihen wollen, stellt sich die Frage, inwieweit es sich tatsächlich um politische Partizipation handelt, also auf diese Weise von einer ‚Verbraucherpolitik von unten' gesprochen werden kann. In der Forschung lassen sich Argumentationen nachvollziehen, die gerade Aktivitäten jenseits von traditionellen Beteiligungsformen als politisch relevant anerkennen. Ihnen steht die Warnung gegenüber, dass so jede Form von Partizipation als ‚politisch' bezeichnet werden könnte. Stolle et al. (2005, S. 250) fordern in diesem Zusammenhang empirische Evidenz durch Forschung, die zeigt, wie sich Beteiligungsformen in unterschiedlichen Sphären, der politischen Sphäre auf der einen und anderer Sphären auf der anderen Seite voneinander abgrenzen lassen. Jüngere Forschung verweist darauf, dass die (neuen) Partizipationsformen, in denen private und öffentlich-politische Sphären sowie die Rollen von Bürgern und Konsumenten verschwimmen, ein Zeichen für eine bestimmte, kritisch einzuordnende Entwicklung sind. So klassifiziert Thompson und Kumar (2018, S. 2) „these market-oriented redefinitions of social activism" als „emblematic of an ongoing neoliberal colonization of the political field." Auf diese Weise kommt es zu einer Stilisierung des ethischen, nachhaltig handelnden Verbrauchers, der sich allerdings auf einem Markt bewegt, der wiederum den ‚carbon instensive consumer lifestyles' dient. Dass Marktanbieter eine „ethical aura" (ebd., S. 3) schaffen, führt dazu, dass der scheinbar verantwortlich handelnde Verbraucher mit seinem Konsum ein bestimmtes politisches Ziel zu unterstützen meint, ohne dass er sich für nachhaltige Rahmenbedingungen zu Produktion und Handel (z. B. Entwicklung und erfolgreiche Implementation von Standards) einsetzt (ebd., S. 2 f.). Dies kann sogar zu einem ‚alternativen Hedonismus' ausarten. So hat Caruana und Eckhardt (2019) am Beispiel des alternativen Tourismus herausarbeitet, der letztlich als besonderer Ausdruck nachhaltigen Lebens genossen, gleichzeitig dann dem ‚Massentourismus' entgegengestellt wird, seinerseits aber auch Marktlogiken folgt und negative Effekte versursacht. Die kapitalismuskritische Argumentation von Thompson und Kumar(2018) verweist auf die generell grundlegende Paradoxie, dass die Logik von Marktwirtschaften, wie sie mittlerweile verfasst sind, entlang der gesamten Wertschöpfungsketten bestimmte

Folgewirkungen verursacht. Es bleibt in Bezug auf bestimmte Wertvorstellungen oder Überzeugungen dann letztlich häufig nur der reine Konsumverzicht in Kombination mit politischer Einflussnahme zur Veränderungen der Produktionsbedingungen etc., wenn es sich um konsequente Übernahme von Verbraucherverantwortung handeln soll.

Inwieweit überhaupt diese Folgewirkungen problematisiert werden, hängt von politischen Machtverhältnissen und den Rahmenbedingungen zur Artikulation und Verbreitung bestimmter Informationen in demokratischen Marktwirtschaften ab. Letztlich muss die Problematisierung dieser Konsequenzen politisch verstanden und eingeordnet werden, wenn sie in eine (breitere) Öffentlichkeit transportiert wird oder werden soll. Denn sie hat immer einen (markt)politischen Effekt, wenn sie auf entsprechende Rezipienten trifft. Häufig spielt dabei die Nutzung von Medien eine wesentliche Rolle. Das Tempo der Informationsverbreitung und ihre Durchdringung sind durch den Einfluss sozialer Medien (Twitter, Facebook, Instagram, einschlägige Blogs oder Foren etc.) in besonderer Weise verschärft; (soziale) Medien dürften auch dazu beitragen, dass Zusammenhänge in besonders politisierter Form konstruiert werden, wenn die Absender der Botschaften ihrerseits sich davon eine bessere politische Durchdringung versprechen. Mehr oder weniger konkret muss bei den Autoren und Absendern solcher Informationen ein Verständnis dafür vorhanden sein, welche Werte und Normen für Verbraucher tatsächlich handlungsleitende Effekte entfalten können. Dies kann immer auch zu Manipulation führen, wie es zum Beispiel Marketing-Strategien von Unternehmen nutzen. Ein äußerer Anstoß zur weiteren Problematisierung kann zudem auch durch andere Faktoren erfolgen: spontane Ereignisse, die zu Skandalisierung führen (z. B. Lebensmittelskandale), wissenschaftliche Erkenntnisse oder auch die Aufdeckung von Missständen zum Beispiel durch Journalisten können Auslöser dafür sein, dass Verbraucher ihre Marktaktivitäten verändern.

Für Deutschland verweist die Vertiefungsstudie des Umweltbundesamts auf die Herausforderungen, mit der sich selbst verantwortungsbewusste Verbraucher konfrontiert sehen:

„Für viele Menschen [entsteht] [...] zunehmend ein Eindruck von „komplizierten Gemengelagen" [...], in denen sich die Bürgerinnen und Bürger kaum noch auskennen und immer schwerer erkennen können, was auf der individuellen und alltäglichen Ebene zu tun und was zu lassen wäre. Viele in der Bevölkerung sehen sich einem wachsenden materiellen, zeitlichen und psychischen Druck im Alltagsleben ausgesetzt. Dies trägt dazu bei, dass Kosten- und Convenience-Gesichtspunkte eine größere Rolle spielen. Nachhaltige und ökologisch-korrekte Verhaltensweisen treten mit den Erfordernissen der unmittelbaren Alltagsbewältigung daher häufiger in Konflikt." (Schipperges et al. 2016, S. 16f.)

Auch wenn diese Studie sich dem Umweltbewusstsein in Deutschland widmet, dürften vergleichbare Befunde auch in Bezug auf andere Felder der Verbraucherpolitik – in einem weiten Verständnis – gelten; dies gilt für die individuelle Gesundheitsfürsorge, also gesundheitsbewusstes Verhalten zur Vermeidung chronischer Krankheiten, die letztlich nicht nur individuelle, sondern auch kollektive Effekte haben (Kostenbelastung im Gesundheitswesen, Arbeitsausfall u. ä.) (umfassend Ewert und Loer 2019). Dies gilt auch für Fragen des Freizeitverhaltens und der Mobilität (Beispiel des individuellen Personenverkehrs). Der Übernahme von Verbraucherverantwortung durch das alltägliche Konsumverhalten im Sinne einer wirksamen „Verbraucherpolitik von unten" sind also einige Grenzen gesetzt. Daher verwundert die Forderung nicht, Anreize sowohl für Verbraucher als auch für Unternehmer (Anbieter) zu gestalten, damit es tatsächlich zu einem Wandel kommt (für das Beispiel der Kohlenstoff-Emmissionen umfassend Zaks et al. 2009).

4   Zwischenfazit I

Im Hinblick auf die aktive Verantwortungsübernahme durch Verbraucher lässt sich festhalten, dass gerade die Individualisierung von Lebensstilen, der starke Fokus auf Märkte und Konsum, widersprüchliche Verantwortungsbezüge und neue Formen der Kommunikation eine diffuse und häufig nicht gut prognostizierbare ‚Verbraucherpolitik von unten' hervorbringen. Diese formiert sich anders, als das in traditionellen Formen zivilgesellschaftlichen Engagements zu erwarten wäre. Digitale Plattformen und Foren sind unter Umständen nicht eindeutig in ihrer Absicht identifizierbar. Die Komplexität von Bezugspunkten und die Uneindeutigkeit von Konsumeffekten können von den unterschiedlichen Akteuren (Verbraucher, Unternehmen wie staatliche Akteure) in verschiedener Weise angesprochen und auch massenkommunikativ (aus)genutzt werden. Es dürfte zu erwarten sein, dass sich ‚Verbraucherpolitik von unten' (auch) künftig nicht immer zielgerichtet entwickelt. Erwartbar sind Formen einer ‚Verbraucherpolitik von unten', die immer dann entstehen, wenn Verbraucher ihre Verantwortungsübernahme in Einklang mit anderen Faktoren bringen können, die ihr jeweiliges Markthandeln beeinflussen (z. B. Preise (ökonomische Ressourcen), Verfügbarkeit von Handlungsoptionen im politischen Raum und/oder Produkt- oder Dienstleistungsalternativen sowie auch die Fähigkeit, bestimmte Gewohnheiten zu durchbrechen, Komforteinbußen in Kauf zu nehmen). Eine solche Balance im Sinne der Verbraucherverantwortung ist aus den dargestellten Gründen höchst voraussetzungsvoll. Letztlich hängen alle Varianten der verantwortungsbezogenen

‚Verbraucherpolitik von unten' immer von den für Verbraucher verfügbaren Informationen und von seinen Handlungsressourcen ab.

Informationen, die den Verbraucher dann schließlich zu verantwortungsbewusstem Markthandeln bringen, sind zwar vermeintlich mittlerweile – vor allem digital – schneller und einfacher verfügbar, unterliegen aber auch der Gefahr der Manipulation oder zumindest einer Quellen- und Qualitätsunsicherheit. Der Verbraucher muss in der Lage sein, seriöse Information von unseriöser zu unterscheiden und relevante bzw. sachgemäße Informationen eigenständig zu verarbeiten, um diese mit seinen eigenen Überzeugungen und Wertvorstellungen in Verbindung zu bringen. Selbst ohne manipulatives Handeln ergeben sich Widersprüche, weil bestimmte Werte und Überzeugungen sich nicht in Bezug auf alle Faktoren (Ressourcengewinnung, Arbeitsbedingungen, Umweltbeeinflussungen, ökonomische, soziale und gesundheitliche Folgen in Bezug auf Produktion, Handel, Kauf und Entsorgung) wiederfinden lassen, die bei Produkten und Dienstleistungen für die gesamte Wertschöpfungskette wirken. Letztlich können insbesondere staatliche Akteure dazu einen Beitrag leisten, dass Märkte im Sinne auch verantwortungsbezogener Verbraucherinteressen reguliert sind, dass Unternehmen bestimmte Informationen bereitstellen und dass öffentlich zugängliche Informationen für den Verbraucher zur Verfügung stehen.

5 Verantwortung: Erwartungen an den Verbraucher im politischen Raum

Wenn politische Akteure auf Verbraucherverantwortung rekurrieren, hat dies mit ihren eigenen politischen Interessen zu tun. Es kann politisch opportun und attraktiv sein, gerade das Verantwortungsbewusstsein der Verbraucher anzusprechen, um bestimmte Ziele zu erreichen, wie beispielsweise bei der Klima- und Energiepolitik, bei Fragen der öffentlichen Gesundheit (Impfen) oder auch in sozialpolitischen Fragen (Solidargemeinschaft). Dabei spielen bestimmte Erwartungen an den Verbraucher eine Rolle, wie er sich letztlich verhalten soll, worauf sich wiederum die Übernahme von Verantwortung für das eigene Verhalten auswirken kann. Konzeptionell lassen sich mit Blick auf den politischen Raum zwei Varianten von Verbraucherverantwortung unterscheiden: Zum einen kann es eine – mehr oder weniger – diffuse Vorstellung davon geben, wie Verbraucher Verantwortung übernehmen oder übernehmen können. Diese Vorstellung kann davon beeinflusst sein, wie sich politische Akteure die Verbraucherverantwortung wünschen (normativ, ideologisch). Anders verhält es sich mit der Wahrnehmung davon, wie Bürger als Verbraucher im Markt bzw. in ihrem Alltag tatsächlich handeln, was wiederum vom politischen Wunsch abweichen kann. Besonders offensichtlich wird dies beispielsweise beim Mobilitätsverhalten: In vielen Ballungsräumen wünschen sich politische Akteure, dass weniger Autos für den Individualverkehr genutzt werden und ein Umstieg auf alternative Transportmittel (ÖPNV, Fahrrad u. ä.) gelingt. Tatsächlich steht dem häufig trotz vieler Diskussionen um individuelle Verantwortung (noch) das tatsächlich Verhalten der Einzelnen entgegen, weshalb es nicht nur zu überfüllten Straßen, sondern in vielen Ballungsräumen auch zu einer schlechten Luftqualität kommt.

Politische Akteure können auf mindestens drei verschiedene Weisen versuchen zu identifizieren, inwieweit Verantwortung, also eine Verbindung von Kauf- und Konsumentscheidungen mit individuellen Wertvorstellungen und Überzeugungen, eine Rolle spielt: 1) als alltägliche, gegebenenfalls anekdotische Wahrnehmung und Beobachtung von Verbraucherhandeln, das dann von politischen Akteuren hinsichtlich der korrespondierenden Wertvorstellungen interpretiert wird, 2) als offensichtlich erkennbares oder vermitteltes verantwortungsbewusstes Verbraucherhandeln (z. B. Buykotte oder Boykotte) oder 3) wissenschaftlich ermittelt als Studienergebnis der Verbraucherwissenschaften, die nachweisen, dass bestimmte Überzeugungen und Wertvorstellungen das Verbraucherhandeln prägen. Die erste Variante, also das, was politische Akteure als das alltägliche und anekdotische Verbraucherverhalten abspeichern, kann ein subjektiver Eindruck sein, der sich mit der Vorstellung davon mischt, wie sich politische Akteure die Verbraucherverantwortung wünschen. Es handelt sich um eine Interpretation von Beobachtungen und Überlegungen zu Motiven für Verbraucherhandeln, die davon abweichen kann, welche Motive tatsächlich die Grundlage für Entscheidungen darstellen. Bisher gibt es noch keine systematische Forschung dazu, inwieweit und in welcher Art konkrete Vorstellungen von und Ansprüche an verantwortliches Handeln das politische Handeln beeinflussen und zur Wahl und Kombination unterschiedlicher politischer Instrumente führen.

Verschiedene politische Instrumente lassen sich differenzieren, wie politische Akteure sowohl Verbraucher als auch Unternehmen adressieren. Diese Instrumente können in einem Zusammenhang mit Verbraucherverantwortung stehen. Dabei reicht das Spektrum von Ver- und Geboten als Instrumente mit der größten Eingriffstiefe, in der die Autorität des Staates voll zur Geltung kommt, über Anreizsteuerung (ökonomisch und sozial) hin zu einem breiten Portfolio an informatorischen Instrumenten (Bereitstellung von Information, Labelling, Bildung u. w. m.) sowie zu organisatorischen Instrumenten (Runde Tische, Anstoßen freiwilliger Vereinbarungen, Organisation von Beratungsleistungen, Expertengruppen etc.), die auch Infrastrukturmaßnahmen einschließen können (Loer 2019a). Setzt der Staat Ver- oder Gebote ein, übernimmt er seinerseits die

Verantwortung, unter Umständen auch auf der Grundlage normativer Erwägungen. Dies kann insbesondere dann der Fall sein, wenn die Erwartung besteht, dass weder Marktakteure in der Gestaltung ihres Angebots, noch die Verbraucher von sich aus ihre Entscheidungen verändern, diese aber politisch gewollt sind. Ein Beispiel dafür sind die Nichtraucherschutzgesetze.[8] Wenn es um den Schutz der Nichtraucher ginge, könnte die Erwartung vorherrschen, dass jeder einzelne Raucher sich der Schädigung von Nichtrauchern bewusst ist, in deren Gegenwart er raucht (jedenfalls dann, wenn den jeweiligen Rauchern die Effekte von Passivrauchen bekannt sind) und er deshalb aus Verantwortung gegenüber Nichtrauchern auf den Tabakkonsum verzichtet. Das Beispiel zeigt aber, dass der Staat ein solches Verantwortungsbewusstsein nicht erwartet, sondern klare Regeln einführt, um Nichtraucher zu schützen. Gleichzeitig gehen staatliche Akteure auch nicht davon aus, dass private Einrichtungen (Gaststätten etc.) ihrerseits ohne gesetzliche Regelung, also aus reinem Verantwortungsbewusstsein für die nichtrauchenden Kunden (Verbraucher) ein Rauchverbot in ihren Räumlichkeiten aussprechen.

Die Nutzung von Anreizen als Steuerungsinstrument kann einen unterschiedlichen Charakter haben. Es kann sich um soziale Anreize handeln, die auch auf Verantwortungsbewusstsein anspielen können, dieses hervorbringen oder nutzen. Ein Beispiel dafür findet sich in Deutschland an vielen Ampeln: Zusätzlich zu den Farbzeichen (rot und grün) von Fußgängerampeln gibt es Schilder mit der Aufschrift ‚Nur bei Grün – den Kindern ein Vorbild'. Zwar handelt es sich um eine Aktion der Verkehrswacht als Verein (zivilgesellschaftliche Organisation), die hier aber eine gesellschaftspolitische Funktion einnimmt und gezielt soziale Anreize als Steuerungsinstrument nutzt.[9] Die Verkehrswacht geht davon aus, dass es ein geteiltes moralisches Verständnis davon gibt, dass das eigene Verhalten einen Einfluss auf andere Mitmenschen (hier insbesondere Kinder) hat. Eine andere Form des Anreizes stellen Steuern oder Subventionen dar, die auf ökonomische Rationalität abstellen. Im Hinblick auf die Erwartung an Verbraucherverantwortung ist dabei sowohl denkbar, dass ein bereits existierendes Verantwortungsbewusstsein unterstützt werden soll, als auch, dass den Verbrauchern Verantwortungsbewusstsein fehlt, weshalb ein ökonomischer Anreiz gesetzt werden soll. Dies wäre zum Beispiel im Hinblick auf die Energienutzung

---

[8]In Deutschland als Nichtraucherschutzgesetze mit variierenden Detailregelungen auf der Ebene der Bundesländer.
[9]Die Verkehrswacht wird von staatlichen Organisationen in ihren Aktivitäten unterstützt, vgl. https://www.muenchen.de/rathaus/Stadtverwaltung/Kreisverwaltungsreferat/Verkehr/Verkehrssteuerung/Nur-bei-Gruen.html (Abruf: 02.01.2020).

in privaten Haushalten denkbar. Dabei könnte zum einen bereits vorhandenes Verantwortungsbewusstsein (Überzeugung, individuell zum Ressourcensparen beizutragen u. ä.) genutzt, zum anderen auch fehlendes Verantwortungsbewusstsein
kompensiert werden.

Staatliche Maßnahmen, in denen es um die Bereitstellung und Vermittlung von
Informationen geht, stellen einerseits den Ausgangspunkt dar, damit überhaupt
Verbraucherverantwortung entstehen kann. Dabei müsst es sich um eine möglichst neutrale und transparente Vermittlung von Informationen beispielsweise
über die Rahmenbedingungen für die Produktion von bestimmten Gütern, über
Nutzungsoptionen, die zum Beispiel umweltschonend oder gesundheitsfördernd
sind, oder auch zu Entsorgungsfragen handeln. Wenn ein bestimmtes Verantwortungsbewusstsein zu erwarten ist, könnte auch die Darstellungsform von
Informationen entscheidend sein, damit Verbraucher dabei unterstützt werden,
ihre alltäglichen Entscheidungen mit ihren eigenen Werten und Überzeugungen
im Sinne der Verbraucherverantwortung in Einklang zu bringen.

Mit dem Ziel, die Verbraucher zu verantwortlichem Handeln zu bewegen,
können auch organisatorische Instrumente gestaltet sein. Ein prominentes Beispiel dafür sind die Verbraucherzentralen in Deutschland mit einem umfassenden
Leistungskatalog. Dabei kommt es dann vielfach zu einer Kombination mit
informatorischen Instrumenten, die überhaupt erst durch die Organisation von
entsprechenden Institutionen an den Verbraucher vermittelt werden können.
Weniger dauerhaft sind Einzelkampagnen wie jene Kampagne der Bundesregierung aus dem Jahr 2004 zur ‚Aktivierung des Bürgerkonsumenten‘, die von
der damaligen Verbraucherministerin Künast (Bündnis 90/Die Grünen) durchgeführt wurde (umfassend Kneip und Niesyto 2007). Ein anderes Beispiel wäre
die Initiierung freiwilliger Selbstverpflichtungen oder Vereinbarungen zum Beispiel der Lebensmittelindustrie, die daraufhin Zertifizierung und Kennzeichnung
von Produkten gewährleistet, um dem Verbraucher die Verantwortungsübernahme
zu erleichtern (zum Beispiel durch entsprechende Label). In diesem Zusammenhang lässt sich verstärkt der Einsatz von verhaltenswissenschaftlich informierten
Politiken beobachten, welche die Wirksamkeit klassischer Instrumente verstärken
können (Loer 2019b), wie beispielsweise die Änderungen von Voreinstellungen
(defaults), Nutzen von Heuristiken, Ankereffekte oder Vereinfachungen (Reisch
und Zhao 2017).

Letztlich spielt eine wichtige Rolle für die Beurteilung und Evaluation von
politischen Instrumenten, dass diese stets mit einem politischen Ziel verknüpft
sind, dem jeweils eine bestimmte Konstruktion der jeweiligen Problemstruktur
vorausgeht. Einige Beispiele sollen im Folgenden veranschaulichen, wie mit den
Erwartungen an Verbraucherverantwortung im politischen Raum umgegangen wird.

6   Hilfe bei der Verantwortungsübernahme: Verbraucherschutz

Eine sehr enge Betrachtung von Verbraucherschutzpolitik dürfte Verantwortungskonzepte dann einschließen, wenn es um die Frage geht, ab wann oder inwieweit der Staat seiner Schutzverantwortung durch entsprechendes Handeln gerecht werden muss, weil der Verbraucher selbst diese Verantwortung nicht übernehmen kann. Die Erwartungen an die Verbraucher zeigen sich dann mittelbar oder auch unmittelbar darin, in welchen Zusammenhängen es zu staatlicher Regulierungen von Produkten und Dienstleistungen kommt und wie umfassend diese Regulierungen sind. Für die Verbraucherschutzpolitik dürfte zunächst entscheidend sein, in welchem Zusammenhang überhaupt die Verantwortung des Verbrauchers problematisiert und damit zu einem Teil der politischen Agenda wird. Dass die individuelle Verantwortungsübernahme aus der Perspektive staatlicher Akteure an Grenzen stößt, lässt sich an der Institutionalisierung von Organisationen veranschaulichen, die für die Einführung, Überprüfung und Überwachung von Produkt- oder Dienstleistungsstandards sorgen. Als Beispiele lassen sich der Technische Überwachungsverein (TÜV) oder auch das Bundesinstitut für Arzneimittel und Medizinprodukte (BFARM) nennen, die für Produkte jeweils feste Routinen vorsehen, um den Schutz des Verbrauchers zu sichern. Dabei könnte der TÜV in gewissem Sinne auch als ‚Verbraucherpolitik von unten' verstanden werden, selbst wenn seine Mitglieder nicht die Verbraucher sind, sondern Unternehmen, die in diesem Fall für den Verbraucher Verantwortung übernehmen. Als klassisches korporatistisches Gremium erfüllen die verschiedenen TÜVs in Deutschland im Sinne der Selbstverwaltung staatliche Aufgaben auch im Sinne des Verbraucherschutzes und sind eng mit staatlicher Steuerung verkoppelt. Institutionen wie der TÜV sind Beispiele dafür, dass die eigenständige Verantwortungsübernahme durch den Verbraucher an Grenzen stößt und er deshalb ohne entsprechende regulative Maßnahmen den Risiken von Produkten oder Dienstleistungen ausgeliefert wäre. Die Beteiligung und Unterstützung von verbraucherschutzpolitischen Organisationen ließe sich als intermediär einordnen: Hier kommt es ebenfalls zur staatlichen Verantwortungsübernahme, die sich z. B. in der finanziellen Unterstützung von Institutionen ausdrückt – diese wiederum sollen aber nicht gänzlich dem Verbraucher die Verantwortung abnehmen, sondern ihn befähigen.

7   Problematisches Verbraucherverhalten: Produktfälschungen

Das Beispiel von Produktfälschungen veranschaulicht einen besonderen Bereich der Verbraucherverantwortung: Insbesondere bei bestimmten Markenprodukten und einer entsprechenden Markenaffinität von Verbrauchern können Fälschungen einen großen Reiz auf preisbewusste Verbraucher ausüben. Eine Studie von Large (2015) thematisiert, wie hier der Verbraucher zur Verantwortung gezogen werden kann. Dabei unterscheidet sie zwei Varianten: Ein Ansatz zielt auf die Bildung des Verbrauchers im Rahmen von Aufklärungskampagnen. Teilweise mischt sich dieser Ansatz mit der Idee, den Kauf von Fälschungen zu stigmatisieren – dabei bleibt fraglich, ob es tatsächlich zu einem Wandel von Werten und Überzeugungen kommt, die dann eine Verhaltensänderung auslösen, bzw. inwieweit selbst die Veränderung von Einstellungen als Moralhintergrund das Primat des attraktiven Preises ablösen kann, sodass die Verbraucher vom Kauf gefälschter Produkte absehen. Alternativ könnte der Kauf von Fälschungen auch kriminalisiert werden, also strafrechtliche Verfolgung nach sich ziehen. Diese Vorgehensweise dürfte dann wirksam sein, wenn die jeweiligen Werte und Überzeugung von Verbrauchern eigentlich in Konflikt mit dem preisbewussten Kauf der Fälschung stehen und er nur eine Unterstützung braucht, um keine gefälschten Produkte mehr zu kaufen. Allerdings setzen beide Varianten voraus, dass der Verbraucher von der Fälschung weiß. Insofern geht die Anforderung an Verbraucherverantwortung noch weiter, wenn es darum geht, dass jeder Verbraucher selbst über genügend Informationen verfügt, um legale von illegalen Produkten zu unterscheiden (Large 2015, S. 182). Von einer ‚Verbraucherpolitik von unten' wäre in diesem Fall dann zu sprechen, wenn Verbraucher ihrerseits rückbezogen auf entsprechende Werte und Überzeugungen für die Stigmatisierung von Fälschungskäufen sorgen (z. B. durch peer-to-peer-Information in digitalen Medien, Verweis auf Anbieter, die Fälschungen anbieten, Einrichtung von Internet-Foren etc.).

8   Widersprüchliches Verbraucherverhalten: Nachhaltige Entwicklung

Aktuelle Debatten um Klimaschutz und sparsamere Ressourcennutzung drehen sich zwar häufig um ein paar einzelne Marktaktivitäten, wie Flugreisen oder den Kauf bzw. die Nutzung von Autos (vor allem solchen mit hohem CO_2-

und/oder Feinstaub-Ausstoß). Letztlich lässt sich diese Diskussion aber auf ein unüberschaubares Spektrum von Produkten erweitern, mit denen jeweils ein konkreter Ressourcenverbrauch für Material, Transport, Marketing und Handel verbunden ist. Je ausdifferenzierter das Produkt, je ferner die Produktions-stätten, je höher der Preisdruck im Welthandel, umso mehr Fragen stellen sich aus ethischen, umwelt- oder klimarelevanten sowie auch sozialen Perspektiven. Verantwortliches Verbraucherhandeln stellt sich in einer freien Marktwirt-schaft dann als wesentlicher Pfeiler in vielen Politikfeldern dar, wenn Nach-haltigkeitsziele erreicht werden sollen. In einer Studie zur Umweltpolitik haben Soneryd und Uggla (2015) herausgearbeitet, wie Erwartungen von grünen Regierungen an den einzelnen gerichtet sein können, sich umweltschonend und im Sinne der Nachhaltigkeitsziele zu verhalten, und welche Effekte dies hat. Dabei stellen sie heraus, dass es sogar zu einer Betonung der Verbraucher-rolle an erster Stelle (und nachrangig zum Appell an den Bürger) kommt, um verantwortliches Verbraucherhandeln anzustoßen (Soneryd und Uggla 2015, S. 925 f.). Die Studie kommt zu dem interessanten Ergebnis, das die staat-liche Anregung zur Verantwortungsübernahme selbst dann jene Verbraucher zu aktiver Beteiligung, zur Veränderung von Alltagspraktiken bringt, deren Moral-hintergrund nur teilweise mit den vermittelten Werten korrespondiert und auch teilweise mit bestimmten Verantwortungsdimensionen im Widerspruch stehen kann. Die direkte Ansprache und Formulierung von Erwartungen an den ver-antwortungsbewussten Verbraucher kann aber auch, so zeigen Soneryd und Uggla, zu Ablehnung, Kritik und „Anti-Konsum" führen (Soneryd und Uggla 2015, S. 926). In freiheitlichen Demokratien erzeugt dies jedoch wiederum auch Gegenpositionen, sodass sich Verbraucher in Reaktion auf jene Aktive, die grünen Konsum als Weg zu einer nachhaltigen Gesellschaft ablehnen, sich zum Beispiel in NGOs organisieren und versuchen, Druck auf Unternehmen und Regierungsorganisationen auszuüben (Soneryd und Uggla 2015, 926). Das Beispiel soll zeigen, wie staatliche Maßnahmen zum einen Erwartungen an verantwortungsbewusste Verbraucher richten, dies gleichzeitig der Anstoß zu einer zweifachen „Verbraucherpolitik von unten" sein kann: Einerseits der Multiplikation individueller Verhaltensänderungen als Reaktion auf den staat-lichen Anstoß, die marktpolitische Effekte hat und andererseits die Provokation eines gesellschaftlichen Diskurses, der sich in aktiver politischer Partizipation ausdrückt.

9   Zwischenfazit II

Erwartungen an Verbraucherverantwortung durch politische Akteure lassen sich in vielen Politikfeldern ausmachen, die über die Beispiele hinausgehen. Es dürfte zu erwarten sein, dass sie einerseits angesichts des Stellenwerts von individuellem Konsum vor allem bei Fragen des Klimaschutzes und zur nachhaltigen Entwicklung sowie andererseits angesichts politischer Interessen, staatliche Verantwortung zu reduzieren, umfassender werden kann. Gleichzeitig zeigen viele verbraucherpolitische Diskussionen, wie beispielsweise zum Datenschutz, dass der staatliche Anspruch an Verbraucherverantwortung mit den realistischen Bedingungen für verantwortungsbewusstes Verbraucherverhalten kollidiert oder kollidieren kann, selbst wenn diese im eigenen Interesse des Verbrauchers sein müssten. Entsprechend kommt es auch zu Zweifeln daran, in welchem Umfang die Vermittlung von datenschutzbezogener Information und Bildung, um den Verbraucher zu befähigen und ihm die Verantwortung übertragen zu können, im Sinne des Verbraucherschutzes sinnvoll und letztlich wirksam ist (z. B. Kamleitner in Kenning et al. 2018, S. 132). Darüber hinaus können Gewohnheiten (insbesondere im Kontext eines bestimmten Lebensstilniveaus) sowie ökonomische Rationalitäten mit Werten und Überzeugungen widerstreiten, die für verantwortungsbewussten Konsum notwendig wären. Dass, was Isenhour (2018) zu Verbraucherverhalten in Schweden herausstellt, dürfte für viele Industrie- und Dienstleistungsgesellschaften gelten: Nur eine kleine Gruppe von Verbrauchern orientiert sich konsequent im Sinne der Verbraucherverantwortung und reduziert den Konsum von Gütern und Dienstleistungen aus nachhaltigkeitspolitischen Motiven. Selbst für diese Gruppe stößt die Umstellung auf effizientere Produkte oder die Reduzierung des Energieverbrauchs auf Hürden, zum Beispiel, weil keine entsprechenden Alternativen zur Verfügung stehen. Diese Barrieren, die bereits für verantwortungsbewusste Verbraucher im Sinne einer nachhaltigen Politik schwierig zu überwinden sind, sind wahrscheinlich für diejenigen mit weniger ausgeprägtem Verantwortungsbewusstsein unüberwindbar (Isenhour 2010, S. 466). Insofern bezweifelt Isenhour, inwieweit überhaupt der Appell oder die Herausforderung von Verbraucherverantwortung durch Regierungen dazu ausreicht, eine wirksame Nachhaltigkeitspolitik zu betreiben. Bemühungen zur Förderung eines nachhaltigen Lebensstils und Konsumverhaltens hängen somit nicht nur von Appellen an die Verbraucherverantwortung ab, sondern von sehr grundsätzlichen strukturellen Entscheidungen, Märkte im Sinne der Nachhaltigkeit politisch zu regulieren (ebd., S. 466). Dies korrespondiert mit den Forderungen der ‚Fridays for future' sowie anderer zivilgesellschaftlicher klimapolitischer Organisationen, die im Sinne einer „Verbraucherpolitik von unten"

aktiv sind und trifft zum Teil auch auf Diskurse im politischen Raum: Die alltäglichen Verführungen und Konsumoptionen in den Marktwirtschaften, wie sie
derzeit verfasst sind, aber auch Komplexitäten ‚hinter' Produkten und Dienstleistungen provozieren Forderungen nach mehr staatlicher Regulierung, damit
Verbraucher im Sinne ihrer Werte und Überzeugungen handeln können.

10   Schluss

Wenn sich Aktivisten der ‚Fridays for future' mit Forderungen konfrontiert
sehen, sie sollten verantwortungsbewusst konsumieren und nicht demonstrieren,
könnten sie auf die vielen Dimensionen hinweisen, die Verbraucherverantwortung im Sinne einer ‚Verbraucherpolitik von unten' ausmachen und
durchaus rechtfertigen, dass Demonstrationen und Forderungen an Regierungen
und Unternehmen in jedem Fall notwendig sind und das Warten auf intrinsisch
motivierten verantwortungsbewussten Konsum nicht ausreicht. Die wechselseitigen Bedingungen von verantwortungsbewusstem Handeln durch Unternehmen, Regierungsorganisationen und Verbraucher (Bürger/Gesellschaft) in
einer komplexen Konsumwelt erfordern den Blick in alle Richtungen: Jede
Akteursgruppe kann ihrerseits sowohl bezogen auf den Markt als auch im
politischen Raum Verantwortung übernehmen – je nach politischem Ziel wirken
sich allerdings Machtasymmetrien aus, die häufig nur durch umfassende staatliche Regulierung auszugleichen sind, wenn tatsächlich ernsthaft das Ziel
angestrebt werden soll (zum Beispiel Umwelt- oder Gesundheitsschutz).

Politischer Konsum umfasst nicht nur traditionelle Formen der Partizipation,
sondern erstreckt sich auf verschiedene Beteiligungsformen im Markt wie
auch auf politische Kontexte. Die konzeptionellen Überlegungen zur Verbraucherverantwortung führen zu der Ausgangbedingung, dass Werte und Überzeugungen mit politischen Zielen im Einklang stehen müssen, wenn diese Ziele
erreicht werden sollen – jedenfalls ist der Einklang notwendig, wenn die Überzeugungen als interne Instanz (Moralhintergrund) wirken sollen. Individuelle
Verantwortungsübernahme durch die Verbraucher wäre unter dieser Bedingung
möglich, benötigt aber weitere Rahmenbedingungen: Entsprechende Handlungsressourcen (Informationen, materielle Ressourcen) müssen zur Verfügung
stehen, entweder ist Verzicht existenziell möglich oder eine Alternative steht
bereit, und es muss aus Sicht des Verbrauchers eine realistische Wahrschein-lich-
keit geben, dass das eigene Handeln wirksam ist. Abgesehen von diesen Einflussfaktoren lässt sich aus der Verhaltenswissenschaft lernen, welche weiteren
Mechanismen bestimmte Muster verstärken können, die unter Umständen sogar

im Gegensatz zu individuellen Überzeugungen, Präferenzen oder Zielen stehen –
wenn selbst die Überzeugung, für die eigene Gesundheit sorgen zu wollen, bei
vielen Menschen immer wieder durch gesundheitsschädigende Verhaltensweisen (mangelnde Bewegung, ungesunde Ernährung) konterkariert wird, lässt
sich dies in anderen Sphären (Energienutzung, Mobilitätsverhalten, Auswahl
von Produkten und Dienstleistungen etc.) erst recht erwarten. Dann gelingt der
individuelle Rückbezug auf Werte und Überzeugungen, die unter Umständen
auch in Umfragen benannt werden oder Wahlentscheidungen beeinflussen, nicht
oder nur in geringem Maße.

Fehlt der individuelle Rückbezug auf Werte und Überzeugungen oder fehlt
die Kraft des Individuums, das eigene Handeln daran auszurichten, kann nur eine
externe Instanz wirksam zu verändertem Konsum beitragen; dann wären Ver- und
Gebote oder gegebenenfalls auch ökonomische Anreize das Mittel der Wahl. Insbesondere die Erkenntnis, dass häufig auch Gewohnheit oder sogar individueller
Genuss mögliche Verantwortungsbezüge überlagert, und dass entsprechende
Konsumangebote in freien Marktwirtschaften im Überfluss vorhanden sind, führt
zur Frage danach, wie umfassend staatliche Maßnahmen erforderlich sind, um
Verbraucher zu verantwortlichem Handeln zu bringen.

Die politikwissenschaftliche Perspektive auf Verbraucherverantwortung
eröffnet insofern verschiedene Dimensionen für eine ‚Verbraucherpolitik von
unten‘. Dabei steht sie stets in einem Abhängigkeitsverhältnis zur ‚Verbraucherpolitik von oben‘. Denn verantwortungsbewusste Verbraucher sind in komplexen
Konsumgesellschaften auf Unterstützung angewiesen: Erstreckt sich der
Anspruch an Verbraucherverantwortung angesichts politischer Ziele in Bezug auf
Nachhaltigkeit, Klimaschutz und Gesundheitsförderung, dürften auch Erkenntnisse der Verhaltens- und Verbraucherwissenschaften wichtige Argumente liefern,
warum staatliche Eingriffe in den Markt weiterhin – oder vielleicht auch immer
stärker – notwendig sind.

Literatur

Banzhaf, Günter. 2016. Der Begriff der Verantwortung in der Gegenwart: 20.-21. Jahr-
    hundert. In *Handbuch Verantwortung*, Hrsg. L. Heidbrink, C. Langbehn, und J. Loh,
    1–19. Wiesbaden: Springer VS.
Baringhorst, Sigrid, Veronika Kneip, Annegret März, und Johanna Niesyto, Hrsg. 2007.
    *Politik mit dem Einkaufswagen. Unternehmen und Konsumenten als Bürger in der
    globalen Mediengesellschaft.* Bielefeld: transcript.

Beck, Valtentin. 2018. Globale Konsumentenverantwortung – Überlegungen zu ihrer Konzeptualisierung und Begründung. In *Entgrenzungen des Konsums*, Hrsg. P. Kenning und J. Lamla, 53–65. Wiesbaden: Gabler.

Caruana, Robert, Sarah Glozer und Gianna M. Eckhardt. 2019. ‚Alternative Hedonism‘: Exploring the role of pleasure in moral markets. *Journal of Business Ethics*, online first: 1–16.

Devinney, Timothy M., Pat Auger, Gianna M. Eckhardt, und Thomas Birtchnell. 2006. The other CSR: Consumer social responsibility. *Stanford Social Innovation Review* 4:30–37.

Evans, David, Daniel Welch, und Joanne J. Swaffield. 2017. Constructing and mobilizing 'the consumer': Responsibility, consumption and the politics of sustainability. *Environment and Planning A* 49:1396–1412.

Ewert, Benjamin, und Kathrin Loer, Hrsg. 2019. *Behavioural policies for health promotion and disease prevention*. Cham: Palgrave.

Giesler, Markus, und Ela Veresiu. 2014. Creating the responsible consumer: Moralistic governance regimes and consumer subjectivity. *Journal of Consumer Research* 41:840–857.

Heidbrink, Ludger, und Imke Schmidt. 2009. Die neue Verantwortung der Konsumenten. *Aus Politik und Zeitgeschichte* 32–33:27–32.

Isenhour, Cindy. 2010. On conflicted Swedish consumers, the effort to stop shopping and neoliberal environmental governance. *Journal of Consumer Behaviour* 9:454–469.

Kenning, Peter, Ellen Enkel, Birgit Blättel-Mink, Bernadette Kamleitner, und Walter Blocher. 2018. Was steht im Fokus der Verbraucherforschung angesichts der Entgrenzungen des Konsums? Podiumsdiskussion. In *Entgrenzungen des Konsums*, Hrsg. P. Kenning und J. Lamla, 127–144. Wiesbaden: Gabler.

Kneip, Veronika, Niesyto, Johanna. 2007: Politischer Konsum und Kampagnenpolitik als nationalstaatliche Steuerungsinstrumente? Das Beispiel der Kampagne Echt gerecht. Clever kaufen. In Politik mit dem Einkaufswagen Unternehmen und Konsumenten als Bürger in der globalen Mediengesellschaft, Hrsg. S. Baringhorst, V. Kniep, A. März, und J. Niestyo, 155–180, transcript.

Lamla, Jörn. 2018. Entgrenzter Konsum und Konsequenzen für die Verbraucherforschung. In *Entgrenzungen des Konsums*, Hrsg. P. Kenning und J. Lamla, 147–154. Wiesbaden: Gabler.

Large, Joanna. 2015. ‚Get real, don't buy fakes': Fashion fakes and flawed policy–the problem with taking a consumer-responsibility approach to reducing the 'problem'of counterfeiting. *Criminology & Criminal Justice* 15:169–185.

Loer, Kathrin. 2016. Gesundheitspolitik zwischen Schutzpflicht und Eigenverantwortung. Das Beispiel der Impfpolitik in Deutschland. In *Risiko und Katastrophe als Herausforderung für die Verwaltung. Schriften der Deutschen Sektion des Internationalen Instituts für Verwaltungswissenschaften*, Hrsg. H. Pünder und A. Klafki, 81–104. Baden-Baden: Nomos.

Loer, Kathrin. 2019a. Approaches and Instruments in Health Promotion and the Prevention of Diseases. In *Behavioural policies for health promotion and disease prevention*, Hrsg. B. Ewert und K. Loer, 11–28. Cham: Palgrave.

Loer, Kathrin. 2019b. The enzymatic effect of behavioural science. In *Handbook on behavioural policy making*, Hrsg. S. Silke und H. Straßheim, 180–194. Cheltenham: Edward Elgar.

Luchs, Michael Gerhard, und Rebecca A. Miller. 2017. Consumer responsibility for sustainable consumption. In *Handbook of research on sustainable consumption*, Hrsg. L.A. Reisch und J. Thøgersen, 254–266. Cheltenham: Elgar.

Micheletti, Michele. 2003. *Political virtue and shopping: Individuals, consumers, and collective action*. New York: Palgrave.

Offe, Claus. 1981. Ausdifferenzierung oder Integration – Bemerkungen über strategische Alternativen der Verbraucherpolitik. *Journal of Consumer Policy* 5:119–131.

Putnam, Robert, Hrsg. 2002. *Democracies in Flux*. Oxford: Oxford University Press.

Rawls, John. 1975. *Eine Theorie der Gerechtigkeit*. Frankfurt a. M.: Suhrkamp.

Reisch, Lucia A., und Min Zhao. 2017. Behavioural economics, consumer behaviour and consumer policy: State of the art. *Behavioural Public Policy* 1:190–206.

Schipperges, Michael, Maike Gossen, Brigitte Holzhauer, und Gerd Scholl. 2016. *Umweltbewusstsein und Umweltverhalten in Deutschland 2014. Vertiefungsstudie: Trends und Tendenzen im Umweltbewusstsein*. UBA-Texte, 59. Dessau-Roßlau: Umweltbundesamt.

Schmidt, Imke. 2016. Konsumentenverantwortung. In *Handbuch Verantwortung*, Hrsg. L. Heidbrink, L. Langbehn, und J. Loh, 1–30. Wiesbaden: Springer VS.

Schoenheit, Ingo. 2009. Nachhaltiger Konsum. *Aus Politik und Zeitgeschichte* 32–33:19–26.

Shamir, Ronen. 2008. The age of responsibilization: On market-embedded morality. *Economy and Society* 37:1–19.

Soneryd, Linda, und Ylva Uggla. 2015. Green governmentality and responsibilization: New forms of governance and responses to 'consumer responsibility'. *Environmental Politics* 24:913–931.

Stolle, Dietlind. 2018. Kaufen, um die Welt zu retten: Wie Verbraucherinnen und Verbraucher globale Probleme lösen wollen. In *Entgrenzungen des Konsums*, Hrsg. P. Kenning und J. Lamla, 3–14. Wiesbaden: Gabler.

Stolle, Dietlind, Marc Hooghe, und Michele Micheletti. 2005. Politics in the supermarket: Political consumerism as a form of political participation. *International Political Science Review* 26:245–269.

Sunstein, Cass. 2019. *How Change Happens*. Cambridge: MIT Press.

Thompson, Craig J., und Ankita Kumar. 2018. Beyond consumer responsibilization: Slow food's actually existing neoliberalism. *Journal of Consumer Culture* 2018:1–20.

Young, Iris Marion. 2013. *Responsibility for justice*. Oxford: Oxford University Press.

Zaks, David, Carol Barford, Navin Ramankutty, und Jon Foley. 2009. Producer and consumer responsibility for greenhouse gas emissions from agricultural production – A perspective from the Brazilian Amazon. *Environmental Research Letters* 4:1–12.

Prof. Dr. Kathrin Loer lehrt seit Juli 2020 Politikwissenschaft an der Hochschule Osnabrück. Zuvor arbeitete als Wissenschaftliche Mitarbeiterin an der FernUniversität in Hagen und leitete dort von 2017 bis 2020 ein Forschungsprojekt zu ‚Instrumenten in der Verbraucherpolitik'. Von 2007-2012 widmete sie sich Forschungs- und Lehrtätigkeiten an der Universität Osnabrück, an der sie im Jahr 2010 promoviert wurde. 2012 wechselte sie in die Politikberatung zu einem Beratungsunternehmen in Berlin (Schwerpunkt: Gesundheitspolitik) und kehrte 2013 in die Wissenschaft zurück. Seitdem befasst sie sich intensiv mit Verbraucherpolitik, sozialpolitischen Themen, darunter vor allem der Gesundheitspolitik sowie übergreifend der Politikfeldanalyse inklusive Theorieentwicklung.

Verantwortungsdesign. Konsumieren als moralisches Handeln

Wolfgang Ullrich

Zusammenfassung

Konsumieren wird seit einiger Zeit verstärkt als Handeln interpretiert und damit zu etwas erhoben, das genauso dem ‚Prinzip Verantwortung' unterworfen ist wie andere Formen des Handelns. Zuerst einmal droht dieses Verständnis von Konsum jedoch zu noch mehr Ressourcenverbrauch und Umweltbelastung zu führen. Denn je besser sich vor allem über (oft neu entwickelte) Spielarten des Konsums soziales, politisches oder ökologisches Verantwortungsbewusstsein – als besonders werthaltig – demonstrieren lässt, desto mehr wird auch konsumiert. Der Beitrag erörtert, wie ein alternatives Verantwortungsdesign aussehen könnte. Diskutiert wird, ob eine Pflichtenethik im Sinne von Hans Jonas der im heutigen Konsumismus vorherrschenden Wertethik nicht überlegen ist.

Schlüsselwörter

Hans Jonas · Konsumistischer Imperativ · Pflichtenehtik · Prinzip Verantwortung · Wertethik

Kaum etwas dürfte sich in den letzten Jahrzehnten so stark verändert haben wie die Erfahrung des Konsumierens. Wurde es lange Zeit pauschal als problematisch – als oberflächlich, manipuliert, infantil – abgewertet, wird es zunehmend als etwas

W. Ullrich (✉)
München, Deutschland
E-Mail: ullrich@ideenfreiheit.de

© Springer Fachmedien Wiesbaden GmbH, ein Teil von Springer Nature 2020   133
K.-U. Hellmann et al. (Hrsg.), *Verbraucherpolitik von unten,* Konsumsoziologie
und Massenkultur, https://doi.org/10.1007/978-3-658-29754-1_7

angesehen, das man auch engagiert und anspruchsvoll betreiben kann. Konsumieren wird nicht mehr damit gleichgesetzt, von einer Reklame verführt worden zu sein, sondern soll bedeuten, auf der Grundlage von Kriterien eine bewusste Entscheidung getroffen zu haben. Entsprechend wird auf Verpackungen über Inhaltsstoffe oder Produktionsprozesse aufgeklärt, und Reizvokabeln wie ‚nachhaltig‘, ‚regional‘, ‚fair trade‘ oder ‚vegan‘ markieren die jeweiligen Produkte als ambitioniert; mit ihnen lassen sich jeweils ganze Weltanschauungen artikulieren und verhandeln. Dies geschieht erst recht dadurch, dass allenthalben von Werten – von Familie, Heimat, Gesundheit, Freiheit, Natürlichkeit – die Rede ist, sobald es um Konsum geht. Und schon bald dürfte es vermutlich üblich werden, dass man zu Produkteigenschaften, Lieferketten und Unternehmensphilosophien am ‚Point of Sale‘ via Smartphone noch zusätzliche Informationen einholt, die von den Herstellern selbst oder von Verbraucherinitiativen und unabhängigen Instituten stammen und jede Konsument-scheidung erst recht zu einem Urteil werden lassen.

Schon heute gilt Konsumieren mehr als jemals zuvor als maßgebliche, wichtige Form des Handelns – als etwas, womit sich die Welt verändern lässt. ‚Konsumieren‘ wird, mit Werten aufgeladen, fast selbstverständlich mit ‚Verantwortung übernehmen‘ gleichgesetzt; mit dem eigenen Konsumverhalten kann, soll, will man sich mehr als mit vielem anderen als klug, vorausschauend, problemsensibel und moralisch integer erweisen.

Marketing ist heutzutage also nicht zuletzt Verantwortungsdesign. Beliebt sind etwa Produktkonzepte, bei denen den Konsument*innen zuerst schlechtes Gewissen gemacht wird, indem man ihnen ein Problem plastisch vor Augen führt, um dann das jeweilige Produkt als Lösung oder zumindest Linderung des Problems zu offerieren und seinen Kauf als aktives Engagement und damit als von Verantwortung getriebenen Akt darzustellen. Hinweise darauf, dass Teile des Unternehmensgewinns für ökologische, soziale, infrastrukturelle oder andere Projekte verwendet oder gespendet werden, dienen ebenfalls dazu, den Konsument*innen das beruhigende und erhebende Gefühl zu geben, ihr Konsum habe weit über sie selbst hinausreichende – positive – Auswirkungen, finde also von vornherein in einer Sphäre von Verantwortung statt. Dasselbe Gefühl ist möglich, wenn Kausalitäten transparent gemacht werden. Dann sehen die Konsument*innen, oft durch große Zahlen in erhabene Stimmung versetzt, welche Voraussetzungen und Folgen ihr Handeln hat und wie komplex es vernetzt ist.

Allerdings wird ihnen meist nur nahegebracht, was sie durch Kauf des entsprechenden Produkts Gutes bewirken können – wie dadurch etwa Menschen in einem anderen Teil der Welt Arbeit bekommen. Es hieße aber wohl auch, von den Herstellern zu viel zu verlangen, sollten sie den Kaufakt nicht als verantwortungsvolles, sondern als fahrlässiges, schädliches Verhalten darstellen.

Würden sie das Konsumieren vor allem mit negativen Assoziationen verknüpfen und den Konsumierenden schlechtes Gewissen und Schuldgefühle bereiten, liefen sie Gefahr, sie abzuschrecken und selbst entsprechend weniger zu verdienen. Der Kunde käme sich dann nicht mehr als König vor, der zum umsichtigen Verantwortungsträger erhöht wird, sondern als Sündenbock, auf den man alles schiebt – und der sich entsprechend früher oder später abwendet oder hinter Ressentiments verschanzt.

Die Hersteller haben also gute Gründe, das Konsumieren als verantwortliches Handeln zu designen und die Konsument*innen in eine schmeichelhafte Position zu versetzen. Indem sie ihnen Kompetenz, Professionalität, Wertebewusstsein und Urteilskraft attestieren, entlasten die Unternehmen zugleich sich selbst ein Stück weit von Verantwortung. Damit tragen sie aber auch dazu bei, dass der Druck auf Konsument*innen wächst. Gerade durch das Marketing hat sich das Bild festgesetzt, die Zukunft der Welt hänge vornehmlich an den Konsument*innen. Von Teilen der Politik wird das Bild oft bestätigt, lässt sich dann doch analog zum mündigen Bürger vom mündigen Konsumenten schwärmen – und ebenfalls Verantwortung abschieben.

Die Beschwörung verantwortungsseligen Konsumierens ist jedoch nicht nur einseitig, sondern sogar gefährlich – und dies insbesondere für ökologische Belange. Je stärker den Konsument*innen nämlich suggeriert wird, ihr Konsumverhalten sei verantwortungsvoll, desto leichter täuschen sie sich über die Folgen ihres Handelns, überschätzen ihre Verdienste und lösen Rebound-Effekte aus, da sie im Überschwang ihres ershoppten guten Gewissens glauben, zwischendurch auch mal nachlässig oder exzessiv sein zu dürfen. Das mag dann gut für die Umsätze des Unternehmens sein; dass Verantwortung als schöne Sache mit schnellen Erfolgen inszeniert wird, ist bezogen auf die jeweiligen übergeordneten Ziele hingegen gerade unverantwortlich.

Doch unabhängig davon, wie sehr die Verdienste der Konsument*innen verklärt werden, existiert ein noch grundsätzlicheres Problem. Wird Verantwortung eng an Konsumhandeln geknüpft, entsteht nämlich die Vorstellung, durch nichts anderes könne man sich so verantwortungsvoll erweisen wie durch – richtigen – Konsum. Und je mehr mit Werten assoziierte Konsumentscheidungen eine Person trifft, desto mehr Verantwortlichkeit wird ihr auch attestiert. Die Option, Verantwortung könne gerade im Verzicht auf Konsum demonstriert werden, wird hingegen gar nicht erwogen.

Selbst NGOs propagieren dasselbe Verantwortungsdesign wie Unternehmen. Nur ein Beispiel: Auf der Website der international agierenden Initiative ‚Parley‘, die sich für die Rettung der Ozeane einsetzt und vor allem gegen Plastikmüll in den Weltmeeren kämpft, findet sich die Aussage, man sei überzeugt davon, dass

„die Macht, etwas zu verändern, in den Händen der Konsument*innen liegt" („we believe the power for change lies in the hands of the consumer'). Diese werden aber nicht etwa zu Boykotts oder Sparsamkeit aufgerufen. Vielmehr konzentriert sich die Initiative darauf, zur Entwicklung neuer, umweltfreundlicherer Produkte zu animieren und zudem prominente Unterstützer*innen zu finden, die diese Produkte und das Problem des Plastikmülls als Influencer*innen präsent machen sollen.

Dass moralisch-verantwortliches Handeln vornehmlich als eine Frage des Konsums interpretiert wird, ist überhaupt nur in einer Wohlstandsgesellschaft denkbar. Da an dieser aber nie alle gleichermaßen teilhaben, können auch nicht alle gleichermaßen frei entscheiden, was und wie viel sie konsumieren. Das bedeutet jedoch, dass die Ärmeren auch weniger Möglichkeiten haben, sich als verantwortlich zu erweisen. Indem ihr Konsumhandeln eingeschränkt ist, drohen sie vielmehr als gleichgültig und unsensibel abgestempelt zu werden – oder nehmen sich gar selbst als zu schwach wahr, um Verantwortung demonstrieren zu können.

So entsteht die paradoxe Situation, dass die einen vermögend sind, viel – ideell Überhöhtes – konsumieren und gerade deshalb als verantwortungsvoll gelten, die anderen hingegen nicht vermögend sind, viel weniger – und nicht durch Werte Veredeltes – konsumieren, sich daher aber auch moralisch nicht profilieren können. Zugespitzt formuliert: Wer am meisten konsumiert, also am meisten verbraucht, hat die besten Chancen, als vorbildlich zu gelten, während denjenigen, deren Konsum über Notdurft kaum hinausgeht, unterstellt wird, unverantwortlich zu sein. Und je nachdrücklicher man Konsumprodukte mit Werten auflädt, je emphatischer das Konsumieren als verantwortungsvolles Handeln dargestellt wird, desto stärker setzt sich auch insgesamt eine Idee von Ethik durch, die in ihrer Anlage inegalitär ist und moralisches Handeln an ökonomische Voraussetzungen knüpft.

Es braucht im Übrigen nicht zu wundern, dass diese Werteethik vor allem eine Ethik des Konsumierens ist. So galten als Werte ursprünglich materielle Güter wie ein Haus, Schmuck oder eine gute Aussteuer, die aber zugleich ideell aufgeladen waren, da sie Tradition, Fleiß oder gesellschaftlichen Status verkörperten. Seit dem späten 19. Jahrhundert haben sich die Akzente verschoben. Nun versteht man unter Werten zwar primär etwas Ideelles – Familie, Gesundheit, Nachhaltigkeit –, doch haben sie nach wie vor zumindest eine materielle Fundierung. Ohne Geld kann man sich keine genügend große Wohnung und Zeit für Kinder leisten und so den Wert ‚Familie' glaubwürdig leben. Und um dem Wert ‚Nachhaltigkeit' gerecht zu werden und in Verantwortung für künftige Generationen zu leben, stattet man das eigene Haus mit zusätzlicher Technik – von Wärmedämmung bis

Solarzellen – aus oder rüstet bei Haushaltsgeräten wie Kühlschränken auf ökologischere Modelle um.

Zwar könnte es im Fall von Nachhaltigkeit auch um Verzicht – um die Einschränkung von Flügen oder Autofahrten – gehen, doch ist die Verknüpfung von Werten mit etwas Materiellem so stark und üblich, dass sie meisten doch nur verzichten, solange es Alternativen gibt, die, was den Einsatz von Zeit oder Geld anbelangt, oft sogar noch aufwendiger sind. Sprich: Lieber fliegt man in den Urlaub und leistet eine Kompensationszahlung für den CO_2-Ausstoß, als den Urlaub zuhause zu verbringen. Zumal sich die Zusatzzahlung viel besser als Wertebekenntnis, als bewusste Entscheidung darstellen lässt als der bloße Verzicht, der auch Bequemlichkeit oder Armut geschuldet sein könnte. Die Anerkennung von Werten ist also sehr eng mit ökonomischen Bedingungen verknüpft, weshalb sich in einer werteethisch grundierten Gesellschaft materielle Ungleichheiten in Form ungleicher Chancen auf moralische Qualifikation immer weiter reproduzieren und verstärken.

Begünstigt wird die wertethische Verknüpfung von Verantwortung mit Konsum zudem dadurch, dass Konsumprodukte sich als Beweisstücke für Gesinnungen eignen. Produkte von Marken mit starkem Werte- und Verantwortungsdesign fungieren als moralische Statussymbole – und haben nicht zuletzt dank der Sozialen Medien Hochkonjunktur. So wird mancher Kauf heutzutage sogar nur deshalb getätigt, weil man auf dem eigenen Instagram-Account mal wieder demonstrieren will, was für ein verantwortungs- und wertebewusster Mensch man ist. Polemisch zugespitzt: Gerade in einigen Milieus von Besserverdienenden besteht die Arbeit an der eigenen moralischen Qualifikation mittlerweile vor allem darin, Fotos werthaltiger Produkte, ergänzt mit passenden Hashtags, zu posten.

Infolge der vorherrschenden Werteethik mit ihren Spielarten von Verantwortungsdesign wird aber nicht nur noch mehr als ohnehin schon konsumiert, zudem droht auch noch eine Beschleunigung von Konsumkreisläufen. Wer sein Verantwortungsgefühl vor allem via Konsum zum Ausdruck bringt, nutzt vieles nämlich nicht, bis es kaputt ist, sondern nur so lange, bis er oder sie in einer anderen Spielart Verantwortung demonstrieren will oder etwas findet, mit dem sich Verantwortungs- und Wertebewusstsein noch aktueller, prägnanter, witziger oder stilvoller zur Geltung bringen lässt. So kauft man vielleicht neue Sneaker ohne umweltschädliche Kunststoffe, obwohl ein anderes Paar aus dem Fair-Trade-Shop erst ein paar Monate alt und eigentlich noch tadellos ist. Ihr Wohlstand verführt Konsument*innen zu seltsamen Formen von Wettbewerb, deren Hauptregel darin besteht, dass mehr moralische Autorität erwirbt, wer mehr konsumiert und immer noch weitere Kriterien und Werte berücksichtigt, nach den

ohne Kinderarbeit produzierten Schuhen also als nächstes ein zudem vegan her-
gestelltes Paar kauft. So endet der Wettlauf um verantwortliches Konsumhandeln
– zumindest in ökologischer Hinsicht – in einem hohen Maß an Unverantwort-
lichkeit.

Daher braucht es nicht weniger als ein neues Verantwortungsdesign. Statt
Konsumprodukte weiter als Manifestation von Werten zu inszenieren und den
Konsum damit immer weiter anzuheizen und zugleich Formen gesellschaftlicher
Ungleichheit zu forcieren, sollten die Kriterien für verantwortungsvolles Handeln
grundsätzlich von allen Menschen gleichermaßen erfüllbar sein; außerdem darf
es nicht noch die Probleme verschärfen, die es zu lindern vorgibt. Verantwortung
sollte also nicht länger in eine Werteethik integriert, sondern ausgehend von einer
Tugend- oder einer Pflichtenethik gedacht werden, die in ihrem Charakter egalitär
sind. Sie mögen nicht so attraktiv wie eine Werteethik sein, die zumindest den
bessergestellten Milieus der Gesellschaft viele Chancen auf Selbstverwirklichung
und Satisfaktion bereitet. Aber sie dürften den einzigen Ausweg in einer Situation
bieten, in der spätestens mit der ‚Fridays for Future'-Bewegung eine Dringlichkeit Einzug in die Debatten gehalten hat, die die bisherigen Bemühungen
um ein ökologisches Verantwortungsdesign als unzureichend oder sogar falsch
erscheinen lässt. Daher sei im Folgenden aus der Perspektive der ‚Fridays for
Future'-Bewegung skizziert, wie ein neues – radikaleres – Verantwortungsdesign
verfasst sein könnte.

Tatsächlich gibt es bereits eine detailliert ausgearbeitete Pflichtenethik, die der
Verantwortung vor dem Hintergrund der ökologischen Krise eine zentrale Rolle
zuweist. So hat der Philosoph Hans Jonas 1979 – innerhalb einer ersten Welle
ökologischer Untergangsängste – unter dem Titel ‚Das Prinzip Verantwortung'
den ‚Versuch einer Ethik für die technologische Zivilisation' publiziert, der in
den Jahren danach auch höchst lebhaft diskutiert wurde. Jonas denkt darin Kants
Kategorischen Imperativ weiter, ausgehend von der Überzeugung, dass mensch-
liches Handeln nie so folgenreich und verantwortungsträchtig war wie heute, da
ihm infolge der Technisierung eine ungeahnte Wirkmächtigkeit zukommen kann.
Statt wie bisher meist nur das direkte Umfeld und die Gegenwart zu betreffen,
kann es sogar globale Konsequenzen haben und die Lebensbedingungen künftiger
Generationen beeinflussen, im Extremfall zu einem Ende der Menschheit führen.
Da „keine frühere Ethik [...] die globale Bedingung des menschlichen Lebens
und die ferne Zukunft, ja Existenz der Gattung zu berücksichtigen" (Jonas 1979,
S. 28) hatte, steht die Philosophie vor einer großen neuen Aufgabe, muss aber vor
allem jeder einzelne erst lernen, die mögliche Tragweite des eigenen Handelns
einzuschätzen. Kants Imperativ ‚Handle so, dass du zugleich wollen kannst, dass
deine Maxime allgemeines Gesetz werde' schließt nach Jonas die Möglichkeit

einer Selbstzerstörung der Menschheit jedoch gerade nicht aus, daher muss er um einen neuen Imperativ ergänzt werden: „Handle so, daß die Wirkungen deiner Handlungen verträglich sind mit der Permanenz echten menschlichen Lebens auf Erden." (ebd., S. 36)

Um diesem Imperativ aber überhaupt entsprechen zu können, „wird Wissen zu einer vordringlichen Pflicht" (ebd., S. 28) – und zwar Wissen über die möglichen Folgen – also über die Wirkungen – des jeweiligen Handelns. Es muss zum allgemeinen Anspruch werden, die Dimensionen, in denen das eigene Handeln steht, zumindest abschätzen zu können. Jonas spezifiziert die Wissenspflicht noch weiter und sieht eine ‚erste Pflicht' des Menschen in der ‚Beschaffung der Vorstellung von den Fernwirkungen'. Statt nur auf die unmittelbaren Auswirkungen einer Handlung zu achten, sollte man mit möglichst viel Wissen über die Kausalitäten, in denen diese steht, die Einbildungskraft mobilisieren und sich vor allem ‚worst case'-Szenarios ausmalen. Erst dann lässt man sich auf den neuen Kategorischen Imperativ sachgemäß ein. Die ‚zweite Pflicht' umschreibt Jonas mit den Worten ‚Aufbietung des dem Vorgestellten angemessenen Gefühls'. Es genügt also nicht, unliebsame Handlungsfolgen zu imaginieren; vielmehr muss man sich davon auch ‚affizieren' lassen, also bereits die Furcht verspüren, die erst für diejenigen ganz real wird, die die Folgen eines Handelns einmal auszubaden haben (ebd., S. 64 f.).

Sosehr Jonas die in Pflichten übersetzte Verantwortung allen Menschen gleichermaßen auferlegt, so sehr ist ihm auch bewusst, dass der neue Kategorische Imperativ weniger egalitär ist als sein Kantischer Vorgänger. Je mehr Wissen zur Grundlage der Beurteilung eines Handelns und damit selbst zur Pflicht wird, desto größer ist die Gefahr, dass nur noch einige qualifiziert genug sind, um diese Pflicht auch zu erfüllen. Allerdings relativiert sich das Problem insofern, als „der neue Imperativ sich viel mehr an öffentliche Politik als an privates Verhalten richtet, welches letztere nicht die kausale Dimension ist, auf die er anwendbar ist" (ebd., S. 37). Während es für den Einzelnen zwar wünschenswert ist, seinerseits möglichst viel über die Zusammenhänge zu wissen, in denen sein Handeln jeweils steht, mangelndes Wissen aber nicht alles diskreditiert, ist es für die Zukunft der Menschheit viel entscheidender, dass die Eliten der direkten und indirekten Entscheidungsträger*innen – Gesetzgeber*innen, Unternehmer*innen, aber auch Wissenschaftler*innen oder Journalist*innen – Wissensmaximierung zu ihrer obersten Pflicht erklären.

Jonas' Pflichtenethik richtet sich also auch weniger an Konsument*innen als an Institutionen; er will die Verantwortung für die Zukunft gerade nicht auf diejenigen abwälzen, die es oft am schwersten haben, das nötige Wissen zu erwerben, und deren Handeln zugleich weniger folgenschwer ist. Dennoch entlässt seine Pflichtenethik niemanden aus der Verantwortung. Im Rahmen des Möglichen muss vielmehr jede*r versuchen, den Pflichten des neuen Imperativs zu gehorchen. Was aber bedeutet das für den Konsum, für Konsumprodukte, für Verantwortungsdesign?

Über Produktionsprozesse, Handelswege, Schadstoffbilanzen oder andere Kausalketten aufzuklären, passt zwar gut zum Konzept einer Wissenspflicht, sollte dann jedoch nicht länger vornehmlich auf Verpackungen und Hersteller-Websites stattfinden, wo damit eher Konsumermunterung betrieben als Konsumverzicht forciert wird. Sofern es sich um Produkttypen handelt, bei denen ein völliger oder weitgehender Verzicht gar nicht möglich wäre, sind aber immerhin Informationen wünschenswert, die den Konsument*innen ihre Verantwortung für einen möglichst langen Gebrauch und vollständigen Verbrauch vergegenwärtigen oder die transparent machen, wie die darin gebundenen Ressourcen einer Neuverwendung zugeführt werden können.

Um das oft abstrakte Produktwissen sinnlicher und emotionaler zu vermitteln, sollte ein reformiertes Verantwortungsdesign auch die ästhetische Erfahrung umfassen. Geht die Aneignung und erste Nutzung eines Produkts etwa damit einher, dass es bereits irreversibel verändert, in seiner makellosen Neuheit verletzt wird, dann entsteht nicht nur eher ein Gefühl von Eigentum und damit von Verpflichtung, sondern es wird auch eigens spürbar, wie sehr Konsumieren insgesamt ein Eingreifen und damit eine verantwortungsreiche – oder verantwortungslose – Sache ist. Die ökologische Sensibilität kann auf diese Weise erhöht werden, Konsument*innen sehen sich dann eher in der Pflicht, auf ihre Produkte zu achten und sie sachgemäß zu entsorgen.

Genauso könnten Designer*innen verstärkt daran arbeiten, Effekte guten Alterns von Produkten zu entwickeln und gezielt zum Einsatz zu bringen. Galt in früheren Jahrhunderten etwa Patina als Statussymbol, weil man damit demonstrierte, traditionsbewusst, verlässlich, im besten Sinne konservativ zu sein, so könnte es künftig von entwickeltem ökologischen Bewusstsein zeugen, hätte man vor allem Gegenstände um sich, die schon lange im Gebrauch sind und denen das auch anzusehen ist. Bevorzugt müssten also Materialien Verwendung finden, die durch Gebrauchsspuren interessanter werden: individueller oder markanter. Das Neue, Glatte, Makellose erschiene im Kontrast als neureich und obszön verschwenderisch, ja als Zeichen mangelnden Verantwortungsbewusstseins.

Zu überlegen wäre aber auch, wie generell ein Bewusstsein für das Übernehmen von Verantwortung entsteht. So dient etwa das Ritual des Unterschreibens – der Akt einer Vertragsunterzeichnung – dazu, eine Schwellenerfahrung zu schaffen, bei der man eigens spürt, eine Verpflichtung einzugehen und die eigene Zukunft ein Stück weit zu determinieren. Entsprechend wäre vorstellbar, dass einzelne Labels ein Produkt erst verkaufen, wenn die Konsument*innen nicht nur dafür zahlen, sondern zudem eine Unterschrift leisten oder ein ähnliches Ritual vollziehen. Sie würden sich damit verpflichten, das Produkt sorgfältig zu nutzen, seine Materialien dem Recycling zuzuführen oder Mitglied in einer Initiative zu werden, die sich bestimmten Zielen verschrieben hat.

Ein pflichtenethisch motiviertes Verantwortungsdesign könnte aber sogar noch weiter gehen. Dabei könnte gerade starken Marken, die Kultstatus besitzen und Fans haben, eine bedeutende Rolle zukommen. Sie könnten dazu übergehen, Angebot und Nachfrage nicht nur über Geld – einen Warenpreis – zu regeln. Vielmehr könnten sie den Verkauf an weitere Bedingungen knüpfen, also etwa daran, wie viel CO_2 die an einem Produkt interessierte Person gespart, auf welche Weise sie sich ernährt oder wie viel gemeinnützige Arbeit sie geleistet hat. Der Erwerb des Produkts besäße dann den Charakter einer Belohnung, sodass die Motivation, auf etwas zu verzichten oder etwas zu tun, zwar nicht unbedingt moralisch im Sinne Kants wäre, aber zumindest Verhaltensweisen eingeübt würden, die als gesamtgesellschaftlich verantwortungsvoll anzusehen sind. Die Marken, die ihr Geschäftsmodell entsprechend ändern, könnten durch diese Formen der Exklusivierung sogar noch begehrter werden und ihren Kultstatus steigern. Ihre Produkte wären als moralische Statussymbole nicht mehr zu überbieten und ließen alle bisherigen ,werthaltigen' Produkte als peinlichen Ablasshandel erscheinen. (Vergleichbar läuft es bereits in Teilen des Kunstmarkts, wenn Galerien Werke besonders prominenter Künstler*innen ebenfalls nicht denjenigen verkaufen, die am meisten Geld dafür bieten, sondern denjenigen, die besonders viel für die Kunstwelt getan oder sich bisher fair auf dem Markt verhalten haben.) (Zugleich mit der Etablierung einer zweiten Währung – einer Pflichterfüllungs- oder Tugendwährung – würden Techniken des Scoring etabliert, denn jede*r müsste ja belegen können, sich auf eine bestimmte Weise verhalten zu haben und damit die Kriterien für einen Produkterwerb zu erfüllen. Im Extremfall mündete das in eine von Unternehmen mit Kultstatus betriebene Ökodiktatur.)

Schließlich könnte man auch dazu gelangen, Kants Kategorischen Imperativ nochmals umzuformulieren und diesmal speziell an Konsument*innen zu adressieren, um ihnen zu helfen, sich von einem werteethisch auf ein pflichtenethisch motiviertes Verhalten umzustellen, aber auch um einer ,Verbraucherpolitik von unten' Orientierung und Anregung zu geben. Eine solche Neuformulierung liegt nicht nur nahe, sofern und solange Konsumieren als ausgezeichnete Form des Handelns gilt. Mit ihr ließe sich auch die Hypothek vermeiden, die Hans Jonas auf sich nimmt. Immerhin setzt sein Imperativ die Überzeugung voraus, dass der dauerhafte Fortbestand der Menschheit unbedingt erstrebenswert ist. Das jedoch ist, wie er selbst einräumt, „letztlich nur metaphysisch zu begründen" (ebd., S. 35, womit er innerhalb seines Buchs durchaus in argumentative Nöte gerät).

Der neue konsumistische Imperativ könnte daher – weniger voraussetzungsreich – lauten: ‚Konsumiere nur das, von dem Du zugleich wollen kannst, dass alle es konsumieren.' Zuerst würde dieser Imperativ vermutlich bewusstmachen, wie oft ein vermeintlich rein werteorientiertes Konsumhandeln vor allem von Distinktionsbedürfnissen getrieben ist. Denn die Vorstellung, jede*r würde auf einmal mit denselben Produkten dieselben Wertbekenntnisse ablegen, würde kaum als Sieg für die entsprechenden Werte empfunden, sondern eher zu Enttäuschung darüber führen, sich nicht mehr so gut von anderen abheben zu können. Allein dadurch dürfte künftig mancher Konsum vermieden werden.

Vor allem aber würde die durch den konsumistischen Imperativ lancierte Vorstellung, alle lebten auf demselben Standard wie man selbst, oft zu einem Erschrecken führen. Im Wissen um ökologische Faktoren würde deutlich, wann das nicht oder nur mit schlimmen Folgen möglich wäre. Die von Hans Jonas zur Pflicht erhobene Furcht vor der Zukunft wäre mit dem neuen Imperativ also schlagartig und immer wieder neu zu wecken.

Wenn man aber erst einmal damit begonnen hat, das Konsumieren nicht mehr als an sich gute und verantwortliche Form des Handelns anzusehen, sondern ihm sogar eher auszuweichen versucht, wird man es auch mit anderen Formen des Handelns vergleichen. Statt auf jedes Problem wertebewusst mit dem Konsum neuer Produkttypen – also neuer, zusätzlicher Angebote – zu reagieren, wird man überlegen, ob man alternativ nicht lieber etwa in eine Partei oder eine Organisation eintritt, die das betreffende Problem auf dem Weg der Gesetzgebung bekämpfen will. Oder könnte man nicht eine NGO unterstützen, die Demos, Proteste und Boykotts gegen Unternehmen organisiert, die für das Problem mehr als andere verantwortlich sind? Könnte man nicht einfach auch auf etwas verzichten – und das gesparte Geld spenden?

Vielleicht werden die heutigen Praktiken des Konsums schon bald absurd und vor allem verantwortungslos anmuten. Was waren das für Zeiten – wird man fragen –, in denen Menschen glaubten, mit immer noch mehr Konsum könnten sie immer noch mehr Probleme – und gerade auch ökologische Probleme – lösen? Ein konsumistischer Imperativ und ein pflichtenethisch verfasstes Verantwortungsdesign könnten hingegen gerade einer ‚Verbraucherpolitik von unten' Dynamik verleihen und einen neuen Wettbewerb in Gang setzen, der davon geprägt wäre, immer mehr Ideen für Formen des Handelns zu entwickeln, die an die Stelle von Konsumhandeln treten oder zumindest dessen Folgeschäden minimieren. Konsumieren mit moralisch-verantwortungsvollem Handeln gleichzusetzen, würde dann der Vergangenheit angehören.

Literatur

Jonas, H. 1979. *Das Prinzip Verantwortung. Versuch einer Ethik für die technologische Zivilisation*. Frankfurt a. M.: Suhrkamp.

Parley 2019: *Parley for the Oceans*. https://www.parley.tv/#fortheoceans. Zugegriffen: 14. Aug. 2019.

Wolfgang Ullrich, geb. 1967, lebt als freier Autor und Kulturwissenschaftler in Leipzig. Publikationen zur Geschichte und Kritik des Kunstbegriffs, zu bildsoziologischen Themen und Konsumtheorie.

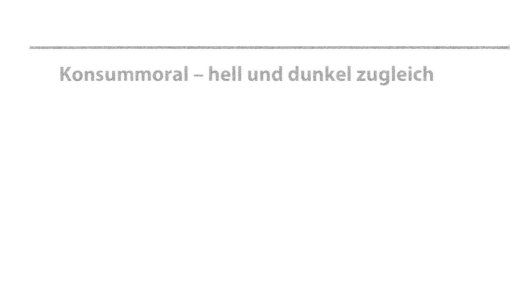

Konsummoral – hell und dunkel zugleich

Zwischen Selbst- und Gesellschaftsveränderung: Zur Gegenwart des alternativen Konsumdiskurses der 1970er Jahre

Marianne Heinze

Zusammenfassung

Ausgehend von der gegenwärtigen Konjunktur ökologischer Einstellungen und Protestphänomene im Zuge der sogenannten Klimadebatte fragt der Aufsatz nach ihrer kulturellen und historischen Spezifik. Drei Besonderheiten der ökologischen Kritik lassen sich feststellen: erstens die Fokussierung auf Handlungsalternativen im unmittelbar verfügbaren Alltag, zweitens eine Zuwendung zum Selbst und dessen Veränderungspotenzialen als Vorbedingung für eine gesellschaftliche Veränderung sowie drittens eine zeitliche Bestimmung sozialen Handelns als in die Zukunft weisend. Konsumhandeln und Konsumvorstellungen rücken immer wieder ins Zentrum der ökologischen Lösungssuche, auch im westdeutschen Alternativen Milieu der 1970er Jahre, wo der kritische Konsum seinen Anfang nahm, so die Annahme. Anhand von zeitgenössischem Zeitschriftenmaterial des historischen Diskurses soll die Historizität der drei Besonderheiten deutlich gemacht werden, aber auch, wie sich die Kultur und Haltung der Alternativen der 1970er Jahre von heutigen Konsumkritiken unterscheidet.

M. Heinze (✉)
Berlin, Deutschland
E-Mail: marianne.heinze@tu-dresden.de

© Springer Fachmedien Wiesbaden GmbH, ein Teil von Springer Nature 2020   147
K.-U. Hellmann et al. (Hrsg.), *Verbraucherpolitik von unten,* Konsumsoziologie
und Massenkultur, https://doi.org/10.1007/978-3-658-29754-1_8

Schlüsselwörter

Alternatives Milieu · Kritischer Konsum · Nachhaltigkeit · Ökologische
Kritik · Politischer Konsum · 1970er Jahre

1   Tu was! Aber was?

In der aktuellen Debatte zur Klimakrise sind die öffentlichen Appelle, in der
Umweltpolitik und individuellen Lebensführung radikal umzusteuern, so präsent
wie seit 40 Jahren nicht mehr, als die von der ökologischen Kritik beflügelte
linksalternative Avantgarde auf ihrem Höhepunkt angelangt war. Dabei wird mit
Dringlichkeit beschworen, jetzt und sofort zu handeln, irgendetwas zu tun, um
sich nicht schuldig zu machen an einem drohenden ‚Klimakollaps‘. Bemerkenswert ist, dass in den neuen klimapolitischen Protestbewegungen nicht der Angst
Luft gemacht wird, dass einzelne konkrete Menschen durch die Folgen nicht-
nachhaltigen Wirtschaftens sterben könnten, sondern dass die ‚Gattung Mensch‘
aussterben könnte. Programmatisch im Titel trägt dies die neue politische
Initiative ‚Extinction Rebellion‘, die sich durch ihre choreografierte Protest-
ästhetik und ihren professionellen Umgang mit den Medien von der Bewegung
‚Fridays for Future‘ absetzt. Platz- und Straßenbesetzungen oder die Schule
schwänzen, verschiedene Formen des zivilen Ungehorsams erleben im Zuge der
neueren Proteste eine Renaissance. Dies kann auf der einen Seite auf die polizei-
liche Vorverlagerung der Gefahren-Definition und die erweiterten Möglichkeiten
der Strafverfolgung und Festnahme im Rahmen der Änderung der Polizeigesetze
in den letzten Jahren zurückgeführt werden (Janisch 2019; Amnesty International
2019). Auf der anderen Seite erfahren die Beteiligten bei den Aktionen zivilen
Ungehorsams einen hohen Grad an Selbstwirksamkeit: „Ein Kohlebagger, der
anhält, weil Menschen in der Grube sind, ist ein Erfolg, den die Beteiligten sofort
sehen können" (Weiermann 2019).

2   ‚Politisierung‘ des Konsums, Werte- und
Strukturwandel in den 1970er Jahren

Das Krisenszenario, welches die Klimadebatte entwirft, stellt gesellschaftlich
relevante Fragen danach, wie eine zukunftsfähige Gesellschaft nicht nur das
Überleben, sondern das menschenwürdige Leben Vieler sichern kann. Dieses
Erfordernis einer nachhaltigen Gesellschaftsentwicklung wird auch im Diskurs

des kritischen Konsums bekräftigt, wo der Warenkonsum auf dessen Berücksichtigung von sozial-ökologischen Grenzen hin problematisiert wird. Beispielsweise wird gefragt: Wie wird und wie kann der gesellschaftliche Wohlstand künftig erarbeitet und verteilt werden? Wie können utopische Fragen nach einem guten Leben gestellt werden? Welche Wirkungsspielräume haben Experimente und Modelle in den gegebenen sozialökonomischen Strukturen? Wie könnte ein Jenseits dessen aussehen?

Im Phänomenbereich des kritischen Konsums der Gegenwart, der unter dem Stichwort ‚Nachhaltigkeit' firmiert und markt- wie nicht marktförmige Praktiken diskursiv einschließt, taucht der Appell an das Individuum, *jetzt* etwas zu tun, für Umwelt und Gesellschaft, wieder auf. Die Attraktivität liegt dabei in den mit diesem Appell verbundenen Konsum- und Handlungsalternativen, die es leicht möglich machen, niedrigschwellig und bei alltäglichen Aufgaben Nachhaltigkeit herzustellen. Das Ideal eineR verantwortungsbewusst-genussorientierten KonsumentIn, welches von Marketing und Politik beschworen, aber auch vonseiten der KonsumentInnen vielfach angenommen und in das eigene Selbstbild integriert wird, scheint hier auf.

Phänomene des kritischen Konsums wie etwa ‚zero-waste', ‚zero-plastic', ‚Degrowth' oder solidarische Ökonomie (Zajak 2018, S. 99) und die durch Webseiten und soziale Medien ermöglichten neuen Formen des Wissensaustauschs und der Vergemeinschaftung werden in der Sozial- und Geschichtswissenschaft häufig als ‚Politisierung von Alltagspraktiken' interpretiert, was ein zeitgeschichtliches Urteil mit einschließt. So schrieb Sigrid Baringhorst (2015, S. 24) über die Entstehung des ‚politischen Konsums':

> „Fragen des gesamtgesellschaftlichen wie individuellen Konsums und der allgemeinen Lebensführung werden seit den 80er Jahren zunehmend medienöffentlich verhandelt und Normen sozialer Verantwortlichkeit unterworfen."

Für die internationale Fachdebatte problematisieren Dietlind Stolle und Michele Micheletti (2013, Klappentext) den Phänomenbereich ähnlich: „Political Consumerism captures the creative ways in which citizens, consumers, and political activists use the market as their arena for politics." Die Möglichkeiten, politische Partizipation über Konsum herzustellen und die Konsequenzen für die Demokratietheorie und Politische Theorie sind auch Forschungsgegenstände der deutschsprachigen politischen Soziologie (Lamla 2013). Stolle und Micheletti plausibilisieren ihre Politisierungsperspektive – zunächst für die USA mit jedoch ähnlicher Entwicklung für die westlichen Länder – mit einem Wandel in der politischen Kultur zwischen Mitte der 1970er Jahre und den 90er Jahren. Dieser werde markiert durch eine Zunahme unkonventioneller Formen politischer

Beteiligung, bspw. die Teilnahme an Demonstrationen und Boykotten. Dagegen nähmen sogenannte konventionelle Formen, wie das Engagement in Parteien und klassischen politischen Institutionen, der Tendenz nach ab (Stolle und Micheletti 2013, S. 32 ff.).

Den sozioökonomischen und kulturellen Kontext für diese Entwicklungen seit den 70er Jahren, darauf verweisen auch die AutorInnen, bildet der von Ronald Inglehart (1977) analysierte Wandel in der Wertorientierung westlicher Gesellschaften, vom Primat sozioökonomischer Sicherheit und sozialer Anerkennung durch Leistung hin zu postmateriellen Werten wie Lebensqualität, Freizeit und individueller Sinnhaftigkeit. Dieser tritt, das wird im Bereich des Konsums augenfällig, erst ein, wenn gesellschaftlich ein bestimmtes Maß an materieller Saturiertheit besteht. Doch in Deutschland endete die Phase des Booms, die nach dem Zweiten Weltkrieg einsetzte, mit den 60er Jahren. Das bis dahin für sicher gehaltene Wohlstandsniveau und der Glauben an das Wachstumsmodell, was dieses ermöglichte, wurden erschüttert. Der Zerfall des internationalen Währungssystems von Bretton Woods 1971/72 und die daraus folgende Geldentwertung, die Ölkrise 1973 und das Bedrängnis der ohnehin schon im Niedergang begriffenen industriellen Produktion, der wirtschaftspolitische Wechsel vom Keynesianismus zum Monetarismus, der den Grundstein für die neoliberale Politik sowie den heutigen Finanzmarktkapitalismus legte und die Zunahme von Arbeitslosigkeit wurden in der Bevölkerung als bedrohlich wahrgenommen (Doering-Manteuffel und Raphael 2012, S. 24; 48 ff.). Detlef Siegfried, der sich mit der Jugendlichen Pop- und Protestkultur der 60er Jahre beschäftigt, hält vor diesem Hintergrund fest, dass in den 70er Jahren das Bewusstsein der jungen Generation eine hohe politische Sensibilität erreicht hätte, während zugleich ökonomisch „die Grenzen des ökonomischen Wachstums erreicht waren" (Siegfried 2006, S. 13). Dies unterstreicht auch der etwa zeitgleich veröffentlichte Bericht des Club of Rome über die ‚Grenzen des Wachstums', der als Initial für die gegenwärtige Diskussion um Nachhaltigkeit gilt (Meadows et al. 1973).

3   Historizität und kulturelle Ordnung des kritischen Konsums

Die gegenwärtigen Problematisierungen von Nicht-Nachhaltigkeit und die Entwürfe von möglichen Lösungen haben selbst eine historische Entwicklung durchgemacht, was ich im zweiten Kapitel am Beispiel des Konsumdiskurses des Alternativen Milieus der 1970er Jahre beleuchten möchte. Denn die heute virulente Vorstellung, so meine These, über alternatives Einkaufs- und

Verbrauchsverhalten entscheidende gesellschaftliche Veränderungen herbeiführen zu können, wurde zunächst in einem westdeutschen, linksalternativen Milieu geprägt. Die Umweltproteste der 80er Jahre und die Globalisierungsbewegung im folgenden Jahrzehnt entwickelten öffentlichkeitswirksame Kampagnen wie beispielsweise der Boykott von Shell-Tankstellen 1995, womit gegen die Versenkung der Ölplattform Brent Spar durch das Unternehmen protestiert wurde (Idies 2015). In dieser Zeit wurde auch das Modell des ‚ökologischen Fußabdrucks' in die Debatte eingeführt, mit welchem – interpoliert von den weltweit durchschnittlich zur Verfügung stehenden Ressourcen – die Angemessenheit des Verbrauchs per capita bemessen und so veranschaulicht werden kann. Mit im Internet verfügbaren Rechnern kann jede Privatperson für sich bestimmen, ob und in welchem der Bereiche wie Mobilität, Wohnen, Energieverbrauch oder Nahrungsmittelkonsum sie noch ‚etwas tun' kann, um die Übergröße ihres Fußabdrucks dem Durchschnitt anzunähern. Mit der Jahrtausendwende, im Zuge neuer wachstums- und globalisierungskritischer Debatten und Organisationen, spätestens aber mit der Finanzkrise 2008, erlebte der kritische Konsum einen endgültigen Durchbruch, auf welchen mit den aktuellen Forderungen nach einem nachhaltigen, verantwortungsbewussten Konsum im Kontext der Klimadebatte aufgebaut wird.

Die dargestellte Historizität des kritischen Konsums macht deutlich, dass der Diskurs ein Wissen von Nachhaltigkeit, welches soziale und ökologische Aspekte gleichermaßen einschließt, produziert und weiterentwickelt.[1] Dabei wird die Problematisierung eines nicht erwünschten Zustandes oft verbunden mit der Projektion einer künftigen, anderen Gesellschaft (Wendt 2017).

In diesem Aufsatz möchte ich die Weichenstellung für die ‚Politisierung des Konsums' in den 1970er Jahren genauer unter die Lupe nehmen: Wie wurden Selbst- und Gesellschaftsveränderung in diesem Feld zusammengedacht und praktiziert? Hierzu werde ich Zeitschriftenmaterial zu drei Diskurssträngen des alternativen Konsumdiskurses vorstellen: 1) Selbsthilfe, 2) Selbstversorger und Lebensreform sowie 3) Internationale Solidaritäts- und Friedensgruppen.[2] Die

---

[1]Der Bericht des Club of Rome definierte Nachhaltigkeit zunächst damit, dass nur so viel verbraucht werden soll, wie nachwachsen kann. Die soziale Dimension der Nachhaltigkeit kam erst mit dem Brundtland-Bericht von 1987 hinzu, woran sich die heutige Konzeption von Nachhaltigkeit und die Begriffsverwendung in diesem Aufsatz orientiert.

[2]Dieses Material ist meinem, laufenden Dissertationsprojekt mit dem Titel ‚Warenästhetische Subjektivität – Verschiebungen und Erneuerungen von Diskursen alternativen Konsums' an der TU Dresden entnommen. Die in den Kapiteln 7 und 8 der Übersichtlichkeit halber nur mit Kurztiteln nachgewiesenen Quellen/Diskursfragmente sind aus den Beständen des Archivs für Soziale Bewegungen in Freiburg, des Archivs für Alternativkultur der HU Berlin sowie des Papiertiger Archivs in Berlin.

Auswahl des Materials lässt sich nicht auf einzelne politische Gruppen oder weltanschaulich klar abgrenzbarer Teilmilieus zurückführen. Neben der Vorauswahl durch Sekundärliteratur (Büteführ 1995; Pasterny und Gehrets 1982; Huber 1980) wurde die Strategie einer motivgeleiteten Verdichtung zum Querschnittsthema ‚Konsum, Alltagsleben und Versorgung' mit Blick auf ökologische und solidarische Problematisierungen einer anderen Ökonomie und Politik gewählt.

4   Drei Besonderheiten des kritischen Konsums in der Gegenwart

Als Folie für die weitere Analyse des historischen Diskurses in den 70er Jahren sollen drei Besonderheiten der aktuellen Debatte um Nachhaltigkeit und Klimakrise berücksichtigt werden. Zum ersten, dass der eigene Lebens- und Konsumstil zu einem bedeutsamen Feld für politisches Handeln erklärt wird. Es wird suggeriert, dass nicht oder nicht nur auf der Straße, in Vereinen und Nachbarschaften etwas gegen den Klimawandel getan werden kann, sondern im eigenen Alltag, im Bereich des Konsums, praktische und überschaubare Lösungen für gesellschaftliche und globale Probleme liegen. Das können Experimentierfelder wie selbstverwaltete Betriebe oder Landwirtschaftsprojekte sein, aber auch schon die alltägliche Wahl des Verkehrsmittels, der Kauf von Lebensmitteln, Gebrauchsgeräten und Dienstleistungen, eine sparsame Energienutzung sowie Haushaltsführung. Die zweite Besonderheit, die mit der als Politisierung des Alltags beschriebenen Entwicklung zusammenhängt, ist, dass der Fokus der Gesellschaftskritik verstärkt auf das Moment der Selbstveränderung gelegt wird. Die Identifikation der Akteure mit den politischen Zielen und Forderungen nimmt größeren Raum ein, und damit zusammenhängend, die Überzeugung anderer durch das persönliche Vorleben eines anderen Verhaltens (Persuasion), Stichwort ‚Flugscham'. Die dritte Besonderheit ist die zeitliche Ordnung der Debatte: Im Jetzt muss gehandelt werden, um eine zukünftige, schon sehr bald mögliche, Katastrophe abzuwenden. Dieser Modus der Vorbeugung oder Prävention scheint sich mit dem Konzept der Präfiguration, der Suche und Förderung von Ansätzen des Neuen in der jetzigen Gesellschaft zu vermischen (Boggs 1977, S. 100). Das Vorleben von Alternativen, also Persuasion, und Präfiguration sind voneinander abhängig, da die Realisierung von präfigurativen Ideen, zur Nachahmung anregt und damit der Weg zu deren Verallgemeinerung oder Vergesellschaftung imaginiert werden kann (Baringhorst 2015, S. 22).

5   Der Konsumdiskurs des westdeutschen Alternativen Milieus um 1970

Das Alternative Milieu hat in Westdeutschland zwischen den Jahren 1968 und 1983 existiert und ist parallel zu den Protestbewegungen der Neuen Linken entstanden (Reichardt 2014, S. 13). Am besten kann es mit Dieter Rucht (2010, S. 65) als beschrieben werden

> „ein Konglomerat von Menschen, Gruppen, Orten, Institutionen und Infrastrukturen" definiert werden, „die durch physische und symbolische Präsenz einen bestimmten sozialen Raum markieren, der sich durch eine stark binnenzentrierte Kommunikation und insbesondere durch direkte Interaktion reproduziert".[3]

Eine wesentliche Entstehungsbedingung für dieses historisch-spezifische Milieu stellte die Gründung der ersten Kommunen und Wohngemeinschaften während der anti-autoritären Phase zwischen 1967 und 1969/70 dar (Glaetzer 1978). Das zweite Standbein waren die Alternativprojekte, d. h. basisdemokratisch geführte Betriebe, Selbstversorgerhöfe, linke Buchläden und Kneipenkollektive, von welchen die Großzahl zwischen den Jahren 1970 und 1975 gegründet wurde. Die folgenden fünf Jahre, 1976 bis 1980, in die auch der Tunix-Kongress an der TU Berlin im Januar 1978 fällt, bilden dann die Hochphase des Milieus (Büteführ 1995, S. 133). Sven Reichardt schätzt die Zahl des harten Kerns der Alternativen Ende der 70er Jahre auf 300.000 bis 600.000 Aktivisten, mit einem Sympathisantenkreis von etwa 5,6 Mio. (Reichardt 2014, S. 14).

6   Was ist ‚alternativ'?

Über die Frage, was eine Alternative ist und sein kann, wurde in den 70er Jahren unter den Beteiligten selbst viel diskutiert und gestritten. An dieser Stelle wird nicht der Anspruch erhoben, die verschiedenen Positionen innerhalb der Debatte aufzurollen. Stattdessen soll mit einigen Schlaglichtern ein Eindruck des ‚alternativen' Selbstverständnisses gegeben werden. Zum Beispiel schreibt Gerda Kurz (1979, S. 56 f.) in ihrem Buch ‚Alternativ Leben? Zur Theorie und Praxis der ‚Gegenkultur" aus einer sympathisierend-teilnehmenden Haltung heraus:

---

[3]Vgl. Büteführ (1995, S. 119), die eine umfangreiche Zeitschriftenforschung zum Alternativen Milieu angestrengt hat.

„Alternativ heißt wörtlich übersetzt: anders geboren. Laut Duden bedeutet es: die Wahl zwischen zwei Möglichkeiten. In diesem Zusammenhang ist die Wahl gemeint zwischen dem bestehenden System mit seinem Wohlstand und Fortschritt und all seinen Schwächen und Mängeln und einer Gesellschaft mit mehr Freiheit und Selbstverwirklichung und weniger Entfremdung."

Dieser Zustand des ,Andersgeboren-Seins' benennt das kritische Ansinnen, sich aufgrund der Unzufriedenheit mit der vorgefundenen Umwelt, mit dem, was als vermeintlich naturgegeben erscheint, auseinanderzusetzen, um etwas Neues zu schaffen. Hier deutet sich der utopische beziehungsweise präfigurative Anspruch der Alternativler an, einen Zustand, der nicht von dieser Welt ist, vorwegzunehmen und im Selbstexperiment zu leben. Eine andere Einschätzung von außen gibt eine Reporterin in der ZEIT (Gerste 1978) über ein Szene-Treffen[4] 1978 in Hamburg:

„Alternativ denken, alternativ handeln, alternativ leben, ,Projekte machen', ,Ziel-perspektiven entwickeln', ,konkret was tun' – die Sprachfloskeln sind schon gestanzt –, das wollen sie alle, die aus ihren Landkommunen, Wohngemeinschaften und selbstverwalteten Kleinbetrieben nach Hamburg gereist waren. Eine Flut von Literatur haben sie mitgebracht – über ,Bio-Energie' und ,Öko-Diät', ,Zen-Koch-kunst' und Landkommunen – und eigene Produkte: Brot aus der Alternativbäckerei und selbstgesponnene Wolle."

Im Sammelband ,Gegenkultur' von 1985 formuliert eine Artikel-Überschrift betont nonchalant: „Grün und Kräftig – Wir wollten nicht unbedingt ,alternativ' sein, aber es machte Spaß, und darum wirkte es alternativ" (Pletsch 1985, S. 32). Kämpferischer hingegen führt im selben Band ein anderer Zeitgenosse aus (Röder 1985, S. 153):

„,Wir wollen's anders' heißt die Parole, die eine eindeutige und selbstbewusste Absage an das Gegebene beinhaltet. Längst ist man über den Punkt hinaus, ausschließlich Ablehnung zu postulieren und nur gegen etwas zu demonstrieren. Machbare Ansätze, das Alte zu überwinden und das Neue zu leben, finden sich mit unterschiedlichem Ausmaß in nahezu allen Lebens- und Arbeitsbereichen: im Zusammenleben, im Konsumverhalten, in der Medienarbeit, in der Nutzung von Technik und Energien, in der Medizin, in den Produktions- und Distributions-formen."

---

[4]Gemeint ist vermutlich der ,Große Ratschlag' zur alternativen Ökonomie, der im Herbst 1978 in Hamburg vom Sozialistischen Büro, einer 1969 gegründeten Organisation der Neuen Linken, organisiert wurde.

7   Alternative wozu? ,Die Krise – ein Angriff'

Ein Beispiel für die Formierung alternativer Gesellschaftskritik ist das Gründungsmanifest der europäischen Kooperative Longo Maï, die aus einer Schweizer Lehrlingsorganisation und einer österreichischen Jugendgruppe gegründet wurde. Sie besteht bis heute und unterhält 10 genossenschaftlich- und selbstverwaltete Höfe in fünf Ländern, u. a. in Deutschland sowie Costa Rica. Das Manifest von 1972 lässt sich als Herrschafts- und Ideologiekritik an den gesellschaftlichen Wohlstands- und Krisenerzählungen des kapitalistischen Gesellschafts- und Wirtschaftssystems lesen, was der Titel ,Die Krise – ein Angriff' (Longo Maï 1972, S. 1) bereits andeutet. Auf der ersten Seite heißt es:

> *„Die Krise ist keine Krise.* Auch kein wirtschaftlicher Rückschritt. Nur eine simple wirtschaftliche Umstellung. Über unseren Köpfen entschieden. Von hohen Wirtschaftsgremien, Strategen und Politikern. Sie spielen unser Schicksal. Wir sollen die Ausführenden sein. Ohne uns!"

Sehr deutlich wird hier auf die einschneidenden Ereignisse des Jahrzehnts referiert, welches die bereits erwähnten Historiker Anselm Doering-Manteuffel und Lutz Raphael (2012) als von einem tiefgreifenden Strukturwandel erfasst charakterisiert haben.

In dem 4-seitigen Manifest wird außerdem auf die Verdinglichung und Entmenschlichung als Effekte des Prozesses der ,Überindustrialisierung' sowie die zunehmende Verstädterung bzw. Verödung der Provinzen eingegangen. Die zwischenmenschlichen Beziehungen würden durch diese Prozesse gestört, die körperliche und geistige Gesundheit angegriffen („Unmenschliche, steinerne Riesenneurosen, isolierte Roboter im teuer ersparten Kleinwagen, auf überfüllten Straßen"); es mangle an ,Gebrauchswerten' wie guter Bildung („schlechte Schulen, Lehrermangel") und gesunder Nahrung („Europa wird abhängig von der industriellen Nahrungsmittelproduktion. Die natürlichen Nahrungsmittel werden mehr und mehr durch Industriekonserven ersetzt. Die Qualität der Nahrungsmittel wird schlechter"; „Wir atmen Benzin, wir trinken Waschmittel, wir hören Maschinen. Unser Tag ist eingeteilt, unsere Arbeitskraft genau kalkuliert"); es gebe „keine oder zu teure Wohnungen" (ebd., S.1).

Ein Grundzug der benannten Krise, die für die UrheberInnen des Textes keine Randbedingung, sondern systemische Normalität besitzt, ist die imperialistische Staatenkonkurrenz – man muss sich den historischen Kontext mit der sogenannten Blockkonfrontation vor Augen halten –, die ihrer Ansicht nach ein Denken produzierte, welches auf der einen Seite die ArbeiterInnen noch weiter

spalten, auf der anderen Seite die Ausbeutung von Ländern des globalen Südens
vorantreiben würde. Die militärischen und politischen Konflikte, die zwischen
den industrialisierten Staaten ausgetragen und medial vermittelt würden, liefen
in der Realität auf eine schlichte Ausweitung, Aufteilung und Sicherung der
nationalen Absatzmärkte hinaus. So heißt es weiter im Wortlaut:

> „Die scheinbare wirtschaftliche Rezession ist wie geschaffen für eine derartige
> Gehirnwäsche. Die Arbeiter sind unzufrieden. Gebt ihnen also ihren inneren und
> äußeren Feind – ihren Juden und bolschewistischen Untermenschen. Jetzt, wo das
> Lockmittel und die Einschläferung, die Konsumgesellschaft nicht mehr da ist, wird
> die Begeisterung zur wirtschaftlichen Notwendigkeit."[5]

Fünf Jahre später, im Einladungsscheiben zum Tunix-Kongress in Berlin, findet
man an prominenter Stelle dieselbe Abgrenzungsfolie wieder wie im Manifest.
Man wolle Alternativen entwickeln, die sich deutlich von der Bundesrepublik,
„umschrieben als ‚Fabrikgesellschaft‘, ‚Technokratie‘, als ein von einem Eis-
panzer oder von Beton überzogenes Land" (Rucht 2010, S. 62), absetzen sollten.

8   Was also tun?

8.1   Die sogenannten Selbsthilfe-Projekte

‚Wir wollen's anders‘, die von Röder zitierte Parole war zugleich der Name
einer Alternativzeitung, die als repräsentativ für den ersten Diskursstrang
der Selbstverwaltungsbetriebe gelten kann und von der Arbeiterselbsthilfe
(ASH) Krebsmühle herausgegeben wurde. Der Zeitschriftenname deutet auch
eine politisch-strategische Weiterentwicklung an, bezieht er sich doch, für
ZeitgenossInnen offensichtlich, auf die vorangegangene linke Betriebszeitung
‚Wir wollen alles‘. Waren die UrheberInnen letzterer der Überzeugung, dass
Betriebsinterventionen und die Kritik der Lohnarbeit die wesentlichen Punkte
linker Politik darstellen müssten (Notz 2012, S. 79 f.), markiert die ASH Krebs-

---

[5]Dies deckt sich mit Alexander Sedlmaiers historischer Studie, laut der die Zeitgenossen
das Klima der militärischen Rüstung und Drohung der Blockstaaten als Verdeckung der
‚wahren‘ Schlachten, die auf dem Feld des Konsums und der (Manipulation) menschlichen
Bedürfnisse ausgetragen würden, ansahen, vgl. Sedlmaier (2017, S. 8 f.).

mühle und ‚Wir wollen's anders'[6] genau den Übergang zum Aufbau des eigenen alternativen Projekts innerhalb des kapitalistischen Regelbetriebs. In der ersten Ausgabe der WWA (WWA 1977, H. 0, S. 4) wird sich folgendermaßen zum ideellen Selbstverständnis der Selbsthilfe geäußert:

> „Wir haben uns zu Gruppen zusammengeschlossen, mit denen wir versuchen, unsere eigenen Betriebe, unsere eigene Ausbildung, pädagogische und soziale Arbeit nach unseren eigenen Vorstellungen zu machen."

Die Perspektive, die die Selbsthilfeprojekte von einer gesellschaftlichen Transformation durch ihr Tätigsein hatten, illustriert ein Comic, übertitelt mit der Zeile ‚Schafft 1, 2, viele Selbsthilfegruppen' und darunter die Erklärung „Geschichtsunterricht 1985" (WWA 1977, H.O, S. 47). Abgebildet ist eine vermeintliche Lehrer-Person mit den typisch alternativen Merkmalen lange Haare, Bart, ‚Jesus-Latschen', der seinen Zeigestab auf eine Karte Westdeutschlands richtet, die flächendeckend mit Ortsnamen gefüllt ist. In seiner Sprechblase steht:

> „Die Bewegung der Selbsthilfegruppen in der BRD entstand Mitte der siebziger Jahre. Ab etwa 1980 war die ökonomische Situation dieser Gruppen absolut gesichert. Zu der Zeit existierten etwa 2000 Gruppen in einem solidarischen Verband. In unserem heutigen Gesellschaftssystem ist diese alternative Art zu leben u. arbeiten wohl nicht mehr wegzudenken" (ebd.).

8.2   Selbstversorger und Lebensreform

Einen zweiten Diskursstrang im Konsumdiskurs bilden Zeitschriften, die sich mit den Möglichkeiten einer anderen und ökologischeren Lebens-, Produktions- und Arbeitsweise befassen. Der Fokus liegt auf dem Leben in der Gemeinschaft, in Kommunen in der Stadt und dem Aufbau von Selbstversorgungsprojekten in Stadt und Provinz. Die Haltung ersterer bilden die ‚Montagsnotizen (Mono) – Zeitung für Wohngemeinschaften und andere Alternativen' aus Hamburg ab, herausgegeben vom Verein für Humanes Wohnen e. V. Unter diesem Titel will die Zeitschrift den Austausch und die Vernetzung von Wohngemeinschaften, Kommunen und Kollektivbetrieben befördern, einen theoretischen und

---

[6]Im Folgenden abgekürzt als WWA.

politisch-undogmatischen Austausch schaffen. Neben praktischen Informationen, Ankündigungen und Anzeigen wird versucht, an die revolutionären Ideen der 68er-Bewegten anzuknüpfen, sie aber zu aktualisieren. Auf den marxistischen Soziologen Henri Lefèbvre, insbesondere seine Kritik des Alltagslebens, wird beispielsweise Bezug genommen. In ‚Mono' 39 aus dem Jahre 1978 heißt es: „Jeder Bereich im alltäglichen Leben trägt dazu bei, das Leben zu verändern, sobald er nur von einem kritischen und revolutionären Bewusstsein angegangen wird." Und in einem weiteren Abschnitt wird" im selben Duktus und mit dem Appell zum Aktionismus verlautbart: „Der Reichtum der Gesellschaft erlaubt schon heute eine Bedürfnisbefriedigung, die längst schon den Bannkreis des bloß materiellen verlassen hat. Die Gesellschaft ist reif für ihre allseitige Aneignung, Eignen wir sie uns an!" (Mono 1978, H. 39, o.O.)

Die Fragen der Selbstveränderung und Selbstversorgung, aber auch die permanente Reflexion über die gesellschaftlichen Effekte der Entscheidung, individuell oder kollektiv zu leben und zu wirtschaften, nehmen einen großen Raum ein. Eine übergreifende Stimme für die an ländlichen Projekten Interessierten bietet die Zeitschrift ‚Kompost' (1973–1980) um den Herausgeber Werner Pieper. Ohne Zuordnung zu einem bestimmten Betrieb oder einer Kommune deckt diese Themen wie Biodynamik, Spiritualismus, Natursehnsucht, Anti-Repression und AKW-Protest ab. Wie die ‚Mono' ist ‚Kompost' als Leserzeitschrift konzipiert (jedeR kann eigene Beiträge einsenden) und enthält einen umfangreichen Anzeigenteil, Reiseberichte zu anderen Kommunen, Interviews und Anleitungen, wie verschiedene Dinge des täglichen Bedarfs selber hergestellt oder organisiert werden können. So geht es beispielsweise darum, wie man einen Selbstversorgerhof erfolgreich bewirtschaften, Solarduschen bauen, Leder gerben oder Wolle spinnen kann. Bei der Definition von Alternativsein geht die Zeitung deutlich über die Suche nach mehr Ursprünglichkeit hinaus. Es geht vielmehr darum, eine Expertise im Selbertun zu erlangen, wie der Artikel ‚Kleinbäuerliche Tierhaltung' in ‚Kompost' 24 zeigt. Bevor die AutorIn auf die Grundlagen der agrikulturellen Bewirtschaftung eingeht, grenzt sie sich von denjenigen ab, die Selbstversorgung nur als rein ästhetische Entscheidung begreifen (Kompost 1977, H. 24, o.O.):

> „Manchem reicht es lange Haare zu haben und auf dem Land zu leben, hinterm Haus etwas Gras und Gemüse anzubauen und sich als Landfreak zu fühlen (und das Kerzenmachen nicht vergessen). Wirklich Bauer zu werden und die bäuerliche Lebensform als eine grundlegende Alternative zu unserer technokratischen Gesellschaft anzustreben, ist eine andere Sache."

8.3 Internationale Solidarität und Frieden

Einen dritten Diskursstrang und Beitrag zum Alternativkonsumdiskurs bilden Zeitschriften und Texte, die die gegenwärtige (Konsum)Gesellschaft in ihrer globalen Dimension kritisieren, indem sie politische Graswurzelarbeit machen. Die politische und theoretische Betätigung erstreckt sich von Informations- und Austauschangeboten zu weltweiten Unterdrückungs- und Ausbeutungsverhältnissen über Unterstützungsaufrufe zu Solidaritätsaktionen bis hin zu vorgeschlagenen Modellen und Wegen, die Ungerechtigkeiten z. B. vermittels genossenschaftlicher Konzepte zu verändern. Hierunter fällt auch das Thema solidarischer oder ‚fairer' Handel, das in den 70er Jahren im politischen Spektrum von Ökumene, Entwicklungspolitik und (linkspolitischem) Internationalismus, in den Dritte-Welt-Initiativen und entwicklungspolitischen Aktionsgruppen aufkam. Diese hatten die militärischen Konflikte im Nord-Süd-Verhältnis, aber auch verschiedene Kämpfe gegen einen „Kultur- und Wirtschaftsimperialismus" (Huber 1980, S. 23) auf der Agenda. Einen guten Eindruck zur weltanschaulichen Ausrichtung und zum Themenspektrum geben die heute noch existierenden Zeitschriften ‚Graswurzelrevolution' oder die Hefte des IZ3W, des Informationszentrums Dritte Welt in Freiburg.

Auch die Zeitschrift ‚Gewaltfreie Aktion'[7] vermittelt einen guten Eindruck der zeitgenössischen Konsumkritik. Die Ausgabe 5,6 aus dem Jahr 1970 enthält Berichte zu Solidaritäts-Kampagnen, theoretische Artikel zur Kritik von Werbung und Konsum, zu Verteilungsgerechtigkeit sowie zur Idee des Boykotts als politischem Protestmittel. Problematisiert wird jedoch auch ein übermäßiger Konsum. Eine politische Kampagne widmet sich beispielsweise dem anstehenden Weihnachtsfest 1970. Im ‚Aufruf zur Konsumverweigerung' (GA 1970, H. 5,6, S. 42) ist zu lesen:

> „Während 10 Millionen Menschen jährlich an Unterernährung sterben, während die armen Nationen in ihrer wirtschaftlichen Entwicklung immer weiter hinter uns zurückbleiben [...], haben wir als Konsumenten an einer Verschwendung teil, deren erschreckendes Ausmaß der Einzelne nicht mehr durchschaut. [...] Der Umsatz für Luxusausgaben steigt im Monat November um ca. 110 % und im Dezember um ca. 280 %"

---

[7]Im Weiteren als GA bezeichnet.

Im weiteren Text ruft die ‚Arbeitsgruppe Kritischer Konsum' dazu auf, „sich dem Verschwendungskonsum und dem Schenkzwang zu verweigern" und das Weihnachtsgeschenk wieder seinem christlichen Sinn zurückzuführen, nämlich „Aufmerksamkeit und Liebe" zu schenken. In diesem Sinne wird vorgeschlagen, in ein „Entwicklungsprojekt eigener Wahl" zu investieren oder Anti-Konsum zu praktizieren, sprich, *nichts* zu schenken. Gleichzeitig möchte die Aktionsgruppe mit ihrem Aufruf sicherstellen, dass nicht die „überholte Vorstellung" bedient werde, „daß das Problem des Hungers und der Ausbeutung in der Dritten Welt mit nur caritativen Mitteln zu lösen sei". In Abgrenzung zur etablierten staatlichen Entwicklungspolitik und religiösen Wohltätigkeit sehen die AutorInnen der Kampagne ihr Engagement nämlich als eines ‚von unten': „Ohne daß wir im persönlichen Engagement gewaltfreie Macht von unten entwickeln, ist mit einer Neuorientierung der Regierungspolitik nicht zu rechnen" (ebd., S. 43).

9   Der Alternativkonsum als Problemgeschichte der Gegenwart

Schauen wir uns das vorgestellte Material noch einmal unter der Fragestellung an, wie Selbst- und Gesellschaftsveränderung in diesem Feld zusammengedacht und praktiziert wurden, und zwar hinsichtlich der Alltags-, Selbst- und zeitlichen Verhältnisse. Die alternativen Projekte und Gruppen versuchen auf unterschiedliche Weise das Problem, wie mit einer als krisenhaft wahrgenommenen Gesellschaft umgegangen wird, kleinzuarbeiten.

Zu den Praktiken des Alltagshandelns, die einer Revision unterzogen werden, gehört beispielsweise, die Form der Arbeit neu zu bestimmen. In den Selbstverwaltungsbetrieben und Selbsthilfen werden nicht nur eigene Maßstäbe und Produktionsabläufe erprobt, auch die Art und Weise, wie Ausbildung und Lernen nicht-hierarchisch und ohne Ausbeutung organisiert werden können, sind Themen. Die Idee ist, dass sich über eine Neudefinition von Arbeit als abwechslungsreich, freiwillig und kollektiv, im Dienstleistungs- wie manuellen Bereich, mehr Sinnhaftigkeit, Lebenszufriedenheit und Zusammenhalt erreichen lässt. Vage bleibt jedoch, wie sich diese Modelle in die Gesellschaft ausbreiten können; die Ideen der Persuasion und Präfiguration bleiben in den 70er Jahren oft implizit. Dies ändert sich jedoch mit der Dauer des Bestehens der Betriebe Anfang der 80er Jahre, als zunehmend Fragen der Mitarbeitermotivation, Produktivität und des Absatzes der hergestellten Güter den Diskurs bestimmen.

Für jene Akteure, die sich mit Fragen der Selbstversorgung beschäftigen, steht die Produktionsweise, häufig in der Form von Eigenproduktion im Bereich ökologischer Lebensmittel, im Zentrum. In den Stadtkommunen, wo die Mittel für den Selbstanbau begrenzt sind, setzen sich die Wohngemeinschaften daher verstärkt für eine Vernetzung mit Projekten in der Provinz ein. So lassen sich beispielsweise die Positionen in der ‚Mono' deuten, die auch der theoretischen Debatte innerhalb des Milieus einen hohen Stellenwert einräumen. Für die Landkommunen sind andere Fragen präsent: zum einen ganz praktisch, wie eine dauerhafte ökologische Selbstversorgung gelingen kann. Zum anderen nimmt die Selbstbildung, die Entfaltung des kreativen Potenzials in einer entsprechenden Lebensweise viel Raum ein, was die vielen Anleitungen nach den Prinzipien des ‚do-it-yourself/learning-by-doing' veranschaulichen. Die regelmäßigen Berichte in Kompost oder Mono über ‚unterdrückte Völker', Befreiungsbewegungen, nordamerikanische Hippies, ‚community'-Projekte oder vereinzelt spirituelle Stichwortgeber zeigen den Wunsch, als Individuum oder Gruppe an einer emanzipatorischen Bewegung teilzuhaben. Selbstveränderung und Gemeinschaft sind also hier die zentralen Themen.

Auch im Diskursstrang der Solidaritäts- und Friedensbewegten in der GA spielt der Bezug zur globalen Protestbewegung eine Rolle, jedoch ist das Medium der Aktion nicht Selbermachen und Selbstverwaltung, sondern internationalistische Politik. Zwar müssen das eigene Selbstbild und Konsumhandeln auf die politischen Ziele und Wertvorstellungen einer gerechteren, gewalt- und herrschaftsfreieren Welt hin abgeglichen werden. Jedoch sind die diesbezüglichen Informationsangebote und Aufrufe, die internationalen Arbeits- und Befreiungsbewegungen zu unterstützen, diesen vorgeordnet. Insofern spielt der Alltag eher als Ort der Mobilisierung für symbolische Aktionen und die Bewusstmachung globaler und systemischer Zusammenhänge des Imperialismus, Militarismus, der Rohstoff- und Finanzmärkte eine Rolle. Dafür werden jene Protestmittel angewendet und propagiert, die seit den 70er Jahren die soziale Bewegungsdynamik weltweit bestimmen: Demonstrationen und Happenings auf der Straße, Kundgebungen vor örtlichen Niederlassungen von Institutionen, Boykotte von Unternehmen, Unterschriften-Aktionen. Entschieden werden die politischen Ziele und Werte letztendlich in der öffentlichen Politik und auf der Straße, im öffentlichen Raum.

10   Ambivalenzen des kritischen Konsums

Der Kritische Konsum als Diskurs vereint verschiedene Zielvorstellungen. Grob kann man danach unterscheiden, ob weniger Konsum(ption), das heißt ‚consuming less', ein anderer Konsum (‚consuming differently') oder ein besserer Konsum gefordert werden (Binkley und Littler 2008, S. 525). Zu Recht kann gefragt werden, ob Warenkonsum[8], der lediglich unter einem anderem, nämlich nachhaltigen Vorzeichen fortgesetzt wird, seine Nachteile nicht aufrechterhält. Dass also jedes konsumkritische Handeln, was nicht das kapitalistische System als solches – das heißt kontinuierliches Wachstum, Lohnarbeit, Eigentum und Kapitalkonzentration – angreift, überhaupt kritisch genannt werden darf. Konsumkritik, und gleiches kann für ökologische Kritik gelten, steht daher legitimatorisch, analytisch und wirkungsmäßig vor einem Dilemma: gegen das System oder mit ihm? Gegenwärtig sieht es so aus, als ob die Frage pragmatisch entschieden wird. Denn die aktuelle Debatte wird nicht allein von Polemiken, Enthüllungen und Wirksamkeitsanalysen bestimmt. Verschiedene Ideen und Praktiken einer nachhaltigeren Lebensweise sind omnipräsent. Immer mehr BürgerInnen in Deutschland scheinen bereit, etwas an ihrer Lebensweise, ihrem Konsumverhalten zu ändern oder es zumindest zu überdenken, ohne dabei auf ein gewisses Maß an Genuss zu verzichten (Uchatius 2019; Hage et al. 2019).

Gesellschaftsveränderung durch Selbstveränderung: Diese Grundtendenz ist paradigmatisch für die gegenwärtige politische Kultur der Klimadebatte. Der Alternativkonsumdiskurs der 1970er Jahre hat dieses Narrativ geschaffen, welches heute noch – oder wieder – wirkt. Denn die alternativen Projekte setzten auf drei Ebenen an, die gesellschaftliche Realität zu ändern.

- Erstens auf der Ebene der Subjektivität: Indem im ‚Hier und Jetzt' nach neuen Lebensformen gesucht wurde, kam es zu einer zunehmenden Politisierung des Alltags. Reflexionen über Entfremdungsstrukturen im eigenen Selbst führten dazu, dass nun Bedürfnisse und Wünsche als gestaltungsoffen begriffen werden konnten.
- Zweitens auf der Ebene der Gemeinschaft und der ‚Verkehrsformen': In den Projekten und Kommunen erfuhren die Alternativen eine Art Nach-Sozialisation: Die ‚geöffneten' alternativen Subjekte gerieten hier in Aushandlungs- und Lernprozesse mit dem Kollektiv, beziehungsweise der Gemeinschaft, wodurch die politischen Aktivitäten, die Arbeitsweise, die Werte und auch das Konsumverhalten neu bestimmt wurden.

---

[8]Definiert als „Erwerb und Gebrauch von Konsumobjekten unter den Bedingungen der Geldwirtschaft" (Schrage 2009, S. 19).

- Drittens auf der Ebene der Ökonomie: Grundlagen für eine alternative Ökonomie wurden gelegt, in der Tätigkeit, Besitz und Versorgung nach Maßstäben des Gebrauchswerts, Genusses und Gemeinwohls organisiert wurden.

11   Zurück zur Gegenwart

In der aktuellen Debatte um Klima und kritischen Konsum zeigt sich der Wunsch, als KonsumentIn, als BürgerIn mehr Handlungsmacht zu besitzen. Verbraucherpolitische Plattformen wie Utopia.de, die öffentlichen Austausch und Information zu korrektem Konsumverhalten im Alltag bieten, Fehlverhalten einzelner Unternehmen oder bedenkliche, weil nichtnachhaltige Produkte anprangern und Alternativen aufzeigen, sind beliebt. Aus den zusammengetragenen Kaufempfehlungen, Boykott-Aufrufen oder auch Anleitungen, Dinge selbst herzustellen, kann sich JedE etwas herauspicken. Im nachhaltigen Konsumgütersegment der Industrie, aber auch von der Politik wird dieser Wunsch genutzt, um eigene Interessen durchzusetzen, was vielen bewusst ist. Es besteht Skepsis gegenüber der Sinnhaftigkeit (Dohmen 2014) bestimmter nachhaltiger Konsumalternativen in Anbetracht der nicht vorhersehbaren negativen Folgen (Naylor 2018), ihres Potenzials, von Unternehmens- oder Kapitalinteressen vereinnahmt zu werden (Stichwort ‚green washing', ‚green economy'), oder der sozialen Ungleichheit und Distinktion, die der alternative Konsum auf nationaler wie globaler Ebene (re)produziert (Wendt und Görgen 2018; Weller 2006; Kraemer 2007). Ebenso gibt es zunehmend Stimmen, die einseitige Appelle an eine individuelle Verantwortungsübernahme und Privatinitiative kritisieren (Grunwald 2012), wenn es darum geht, nachhaltiger zu konsumieren oder zu leben. Zum historischen Kontext der Entdeckung des Konsumerismus durch die Politik gehören schließlich auch „staatliche Deregulierungspolitiken, der damit verbundene Abbau staatlicher Fürsorgeleistungen und der omnipräsente Appell an die Eigenverantwortung" (Baringhorst 2015, S. 24).

Wie nah Handlungsmacht und Ohnmacht, das Gefühl, den Überblick zu verlieren, beieinander liegen, versucht Slavoj Žižek (2019) unter dem provokanten Titel ‚Der Regenwald brennt – na und?' ideologiekritisch herauszuarbeiten. So offenbare der Übereifer, mit welchem die immanente ‚Ökologie der Angst' ein nachhaltiges Alltagshandeln einfordere, eine Erlösungsfunktion im religiösen Sinne. Über den Zusammenhang von schlechtem Gewissen und Handelsantrieb schreibt er: „Wir sind gerne schuldig, denn wenn wir schuldig sind, hängt alles von uns ab: Wir ziehen die Fäden der Katastrophe, damit wir uns retten können,

indem wir unser Leben ändern" (Žižek 2019). Der Aktionismus der Klima-
protestierenden wirke nach Žižek wie ein Narkotikum, beruhige und betäube, was
ihn zugleich verständlich mache: Die eigene Ohnmacht angesichts der globalen
sozioökonomischen und ökologischen Komplexität und der tatsächlich schwer
vorhersehbaren Zukunft könne so bewältigt werden. Während Žižek den Fokus
gerade vom Alltagshandelns weg und hin zur Großvision des Kommunismus
lenken will, rät der Sozialwissenschaftler Alfred O. Hirschman in seinem 1982
erschienenen Buch ‚Shiftings Involvements' zu mehr politischem Pragmatis-
mus: „Es liegt an der Beschränktheit unseres Vorstellungsvermögens, dass dieses
paradoxerweise Bilder ‚totalen' Wandels anstelle bescheidenerer Erwartungen
hervorbringt" (Hirschman 1988, S. 105). Ursachen für das unstetige politische
Engagement sieht er in den, sich im Verlauf regelmäßig einstellenden, Ent-
täuschungen über die gerade zu hoch gesetzten und deswegen nicht erreichten
Ziele.

Literatur

Amnesty International. 2019. *Übersicht über die Änderungen der Polizeigesetze in den einzel-
nen Bundesländern.* https://www.amnesty.de/informieren/positionspapiere/deutschland-
uebersicht-ueber-die-aenderungen-der-polizeigesetze-den. Zugegriffen: 19. Dez. 2019.
Baringhorst, Sigrid. 2015. Konsum und Lebensstile als politische Praxis. Systematisierende
und historisch kontextualisierende Annäherungen. *Forschungsjournal Soziale
Bewegungen* 28:17–27.
Binkley, Sam, und Jo Littler. 2008. Introduction. In *Cultural studies and anti-consumerism.
A critical encounter,* Hrsg. Sam Binkley und Jo Littler, 519–530. London: Routledge.
Boggs, Carl. 1977. Marxism, prefigurative communism, and the problem of workers'
control. *Radical America* 11: 99–122. Online (23. Sept. 2010). https://libcom.org/
library/marxism-prefigurative-communism-problem-workers-control-carl-boggs.
Büteführ, Nadja. 1995. *Zwischen Anspruch und Kommerz: Lokale Alternativpresse 1970–
1993.* Münster: Waxmann.
Doering-Manteuffel, Anselm, und Lutz Raphael. 2012. *Nach dem Boom. Perspektiven auf
die Zeitgeschichte seit 1970.* Göttingen: Vandenhoeck & Ruprecht.
Dohmen, Caspar. 2014. *Otto Moralverbraucher. Vom Sinn und Unsinn engagierten
Konsumierens.* Zürich: Orell Füssli.
Gerste, Margrit. 1978. Was ist alternativ? *Die Zeit 41. Oktober 1978.* https://www.zeit.
de/1978/41/was-ist-alternativ.
Glaetzer, Harald. 1978. *Landkommunen in der BRD Flucht oder konkrete Utopie?* Biele-
feld: AJZ-Dr. u. Verl.
Grunwald, Armin. 2012. *Nachhaltiger Konsum – Das Problem der halbierten Ver-
antwortung.* Karlsruhe: KIT Scientific Publishing.
Hage, Simon, Anton Rainer, Thomas Schulz und Gerald Traufetter. 2019. Die Weltver-
besserer. *Der Spiegel* 29.

Hirschman, Albert O. 1988. *Engagement und Enttäuschung. Über das Schwanken der Bürger zwischen Privatwohl und Gemeinwohl*. Frankfurt a. M.: Suhrkamp.

Huber, Joseph. 1980. *Wer soll das alles ändern. Die Alternativen der Alternativbewegung*. Berlin: Rotbuch.

Idies, Yusif. 2015. *Kritischer Konsum zwischen Selbsttechnologie und globalem Handeln. Zur Konstituierung ‚verantwortlicher‘ und ‚raumsensibler‘ Konsumsubjekte*. Leipzig: Universität Leipzig, Diss.

Inglehart, Ronald. 1977. *The silent revolution. Changing values and political styles among western publics*. Princeton: Princeton University Press.

Janisch, Wolfgang. 2019. Wenn schon die Gefahr einer Gefahr ausreicht. *Süddeutsche Zeitung*. https://www.sueddeutsche.de/politik/polizei-polizeigesetze-sicherheit-1.4333604-0#seite-2. Zugegriffen: 19. Dez. 2019.

Kraemer, Klaus. 2007. Umwelt und soziale Ungleichheit. *Leviathan* 35:348–372.

Kurz, Gerda. 1979. *Alternativ leben? Zur Theorie und Praxis der Gegenkultur*. Berlin: AHDE-Verl.

Lamla, Jörn. 2013. *Verbraucherdemokratie. Politische Soziologie der Konsumgesellschaft*. Berlin: Suhrkamp.

Meadows, Dennis, Donella Meadows, Peter Milling, und Erich Zahn. 1973. *Die Grenzen des Wachstums. Bericht des Club of Rome zur Lage der Menschheit*. Reinbek: Rowohlt.

Naylor, Tony. 2018. Ditch the almond milk. Why everything you know about sustainable eating is probably wrong. *The Guardian*. https://www.theguardian.com/food/2018/sep/05/ditch-the-almond-milk-why-everything-you-know-about-sustainable-eating-is-probably-wrong. Zugegriffen: 14. Febr. 2019.

Notz, Gisela. 2012. *Theorien alternativen Wirtschaftens. Fenster in eine andere Welt*. Stuttgart: Schmetterling-Verl.

Pasterny, Udo, und Jens Gehret. 1982. *Deutschsprachige Bibliographie der Gegenkultur. Bücher & Zeitschriften von 1950–1980*. Amsterdam: Verl. Azid-Presse.

Pletsch, Eugen. 1985. Grün und Kräftig. Oder: Wir wollen nicht unbedingt ‚alternativ‘ sein, aber es machte spaß, und darum wirkte es alternativ. In *Gegenkultur. Von Woodstock bis Tunix von 1969 bis 1981*, Hrsg. J. Gehret, 32–34. MarGis: Asslar.

Reichardt, Sven. 2014. *Authentizität und Gemeinschaft. Linksalternatives Leben in den siebziger und frühen achtziger Jahren*. Berlin: Suhrkamp.

Röder, Klaus. 1985. Thesen zur Alternativbewegung. In *Gegenkultur. Von Woodstock bis Tunix von 1969 bis 1981*, Hrsg. J. Gehret, 152–159. MarGis: Asslar.

Rucht, Dieter. 2010. Das alternative Milieu in der Bundesrepublik. Ursprünge, Infrastruktur und Nachwirkungen. In *Das Alternative Milieu. Antibürgerlicher Lebensstil und linke Politik in der Bundesrepublik Deutschland und Europa 1968–1983*, Hrsg. S. Reichardt und D. Siegfried, 61–86. Göttingen: Wallstein.

Schrage, Dominik. 2009. *Die Verfügbarkeit der Dinge: Eine historische Soziologie des Konsums*. Frankfurt a. M.: Campus.

Sedlmaier, Alexander. 2017. *Konsum und Gewalt. Radikaler Protest in der Bundesrepublik*. Berlin: Suhrkamp.

Siegfried, Detlef. 2006. *Time is on my side. Konsum und Politik in der westdeutschen Jugendkultur der 60er Jahre*. Göttingen: Wallstein.

Stolle, Dietlind, und Michele Micheletti. 2013. *Political Consumerism. Global Responsibility in Action*. New York: Cambridge University Press.

Uchatius, Wolfgang. 2019. Ich habe kein schlechtes Gewissen mehr. Der Mythos vom Verzicht. Warum es in Ordnung ist, Auto zu fahren, in den Urlaub zu fliegen, Fleisch zu essen und trotzdem für den Klimaschutz einzutreten. *Die Zeit* 29.

Weiermann, Sebastian. 2019. Ungehorsam statt militant. *Jungle World* 46.

Weller, Ines. 2006. *Mit Kaufentscheidungen die Krise bewältigen? Bedingungen für den Wandel von Konsum- und Produktionsmustern in Richtung Nachhaltigkeit.* Vortrag, 29. November 2006. FU Berlin.

Wendt, Björn. 2017. *Nachhaltigkeit als Utopie.* Dissertation. Münster: Universität Münster.

Wendt, Björn, und Benjamin Görgen. 2018. Macht und soziale Ungleichheit als vernachlässigte Dimensionen der Nachhaltigkeitsforschung. Überlegungen zum Verhältnis von Nachhaltigkeit und Verantwortung. In *Reflexive Responsibilisierung. Verantwortung für nachhaltige Entwicklung Sozialtheorie*, Hrsg. A. Henkel, N. Lüdtke, N. Buschmann, und L. Hochmann. transcript: Bielefeld.

Zajak, Sabrina. 2018. Engagiert, politisch, präfigurativ – Das Selbstexperiment als transformative Bewegungsforschung. *Forschungsjournal Soziale Bewegungen* 31:98–105.

Žižek, Slavoj. 2019. Der Amazonas brennt – na und? *Die Welt* 210. https://www.welt.de/kultur/plus199865460/Slavoj-Zizek-Der-Amazonas-brennt-na-und.html.

Marianne Heinze ist derzeit Doktorandin am Institut für Soziologie der TU Dresden und Promotionsstipendiatin der Hans-Böckler-Stiftung. Forschungsschwerpunkte: Konsumkritische Bewegungen, Gesellschaftstheorie und Diskursforschung. Letzte Publikation: Verantwortung tragen - Schlaglichter auf die gegenwärtige Debatte um nachhaltigen Konsum, in: Nicole Burzan (Hg.): Komplexe Dynamiken globaler und lokaler Entwicklungen. Verhandlungen des 39. Kongresses der Deutschen Gesellschaft für Soziologie in Göttingen 2018. Online: http://publikationen.soziologie.de/index.php/kongressband_2018.

Revolte gegen die Moral – Nichtintendierte Rückkopplungseffekte von Citoyens und Bürgern

Daniel Kofahl

> ... Wäre es da
> Nicht doch einfacher, die Regierung
> Löste das Volk auf und
> Wählte ein anderes?
> (aus: Die Lösung von Bertold Brecht, erstmalig
> veröffentlich 1959 in Die Welt)

Zusammenfassung

Als Teil einer soziologischen Gegenwartsdiagnose lässt sich attestieren, dass es eine beständige Zunahme unterschiedlicher Moralunternehmer gibt, die mittels diskursiver Strategien sogenannter ‚Political Correctness‘ daran arbeiten, missliebige Alltagspraktiken und Lebensstile moralisch zu kontaminieren. Vermeintlich nicht aufgeklärte Bürger und Verbraucher würden demnach Entscheidungen treffen, die von den hegemonialen Ideen des ‚richtigen mündigen‘ Verhaltens abweichen. Sie werden deswegen mit moralischer und erzieherischer Kommunikation negativ bewertet und als ‚unmündig‘ eingestuft. Allerdings handelt es sich in zahlreichen dieser Konsumpraktiken zwar um unerwünschte, aber durchaus begründet getroffene Entscheidungen, mit denen der im Zeitalter der Moralpluralismus lebende Citoyen seine kulturellen Präferenzen explizit zum Ausdruck bringen will (z. B. ‚Fleisch – jetzt erst recht!‘) und über nicht intendierte, kultur-kybernetische Rückkopplungseffekte gesellschaftliche Teilhabe einfordert.

D. Kofahl (✉)
Büro für Agrarpolitik und Ernährungskultur – APEK, Kassel, Deutschland
E-Mail: kofahl@apek-consult.de

© Springer Fachmedien Wiesbaden GmbH, ein Teil von Springer Nature 2020   167
K.-U. Hellmann et al. (Hrsg.), *Verbraucherpolitik von unten,* Konsumsoziologie und Massenkultur, https://doi.org/10.1007/978-3-658-29754-1_9

Keywords

Brexit · Demokratie · Ernährung · Ethik · Konsum · Medienmacht · Moral ·
Rückkopplungseffekte · Soziologie · Verbraucher · Trump

Fraglos war Bertold Brecht nicht der Erste, der auf die – freilich hier spitz-
findig ironisch formulierte – Idee kam, dass es für die herrschende Klasse, für
das regierende Milieu, für die soziale Spitze einer in vielen Fällen hierarchisch
organisierten Bevölkerung eine wahre Crux ist mit dem (übrigen) Volk. Die
Widerspenstigkeit bis hin zur Widerständigkeit der Masse gegenüber den Vorstellungen einer sich im Besitz fortgeschrittener Erkenntnis wähnenden Ober-
schicht – gewissermaßen eines *freischwebenden Establishments* – ist an vielen
Punkten der Menschheitsgeschichte und in Bezug auf die unterschiedlichsten
Anwendungsfälle bekannt.

Ebenfalls geläufig ist diesbezüglich auch, dass sich in einer solchen
Konstellation gewisse funktionale Strukturen herausbilden, wie mit einer solchen
Situation – also der idealen Vorstellung einer hierarchisch übergeordnetes Klasse
(Sollen) plus einer sich zu diesen Idealen sich deviant verhaltenen Masse (Sein)[1]
– verfahren werden kann. Zwar ist es durchaus immer eine Option, einfach einen
Stoßseufzer von sich zu geben, sich zurückzulehnen, einen Schluck Crémant de
Loire zu nehmen und die ganze Angelegenheit auf sich beruhen zu lassen. Doch
ist dies in vielen Fällen empirisch nicht der Fall. Stattdessen wird eine Art sozio-
kulturelle Organisation der Lage arrangiert, in der das abweichende Sein mit der
Norm des Sollens irgendwie in Übereinstimmung gebracht werden soll.

1 Das moralische Dilemma des Lebens nach dem Sündenfall

Die Vorstellung, die Welt sollte anders sein, als sie eigentlich ist, und dass dies –
nicht nur, aber doch zu einem nicht unerheblichen Anteil – die Folge der Lebens-
und Handlungspraktiken der Menschen respektive der Bevölkerung beziehungsweise
des Volks ist, finden wir bereits in frühen religiösen Konzeptionen. Der biblische
Sündenfall ist hierfür das Paradebeispiel. Hätte Eva ihren Appetit besser unter

---

[1]Vgl. zur Differenz von Sollen und Sein auch Luhmann 2008 (S. 27 ff.).

Kontrolle gehabt und wäre Adam nicht so leicht manipulierbar gewesen, würden wir jetzt alle noch im Paradies leben.[2] Die Folgen sind bekannt: Der Erdboden ist verflucht,[3] zu essen gibt es für die Menschen nur noch unter Mühsal[4] und das Gebären der Kinder findet unter Schmerzen statt.[5] In der Folge firmiert der Mensch, der sich die Erde gleichermaßen unterwerfen (Gen 1,28) wie auch ihre Ressourcen mit einer gewissen Rücksicht behandeln soll (5 Mose 22,6), als (ewiger) Sünder.[6]

Diese göttliche Einstufung mag zunächst einmal hart erscheinen, ist aber bei genauerer Betrachtung geradezu menschlich und der Natur des Menschen verständig. Somit ist geklärt, dass der Mensch in seiner Existenz und in all seinem Handeln fehlerhaft ist. Der Fehler gehört sozusagen zur menschlichen Grundkonstitution dazu. Das ist vielleicht bedauerlich, aber so ist nun einmal die irdische, diesseitige Welt. Zwar erhält der Mensch, neben einer Reihe von nicht diskutierbaren Gesetzmäßigkeiten, denen er unterworfen wird, noch eine Liste von Geboten (Ex 20, 1–17). Doch sogar hier wird die christlich-katholische

---

[2]Ich habe an anderer Stelle, in einer religionssoziologischen (Geschmacks-)Sinnsuche, versucht darzulegen, dass es aus Sicht einer soziologisch inspirierten Theologie durchaus Grund zu der Annahme gibt, dass die göttliche Ökologie des Paradieses eine gewisse strukturelle Schieflage in Richtung des Sündenfalls enthielt, vgl. Kofahl 2014b.

[3]Obgleich man feststellen darf, dass sich der ‚verfluchte Erdboden' im Laufe der Menschheitsgeschichte insgesamt doch als recht großzügig gezeigt hat und die Ernteerträge 2017 im globalen Durchschnitt immerhin stolze 3586 kg pro Hektar Land erreicht haben, vgl. theglobaleconomy.com 2019.

[4]Hierzu ist anzumerken, dass in der Tat auch in der Gegenwart noch 822 Mio. Menschen hungern und zwei Milliarden an Mangelernährung leiden (Welthungerhilfe.de 2019), die Versorgungssicherheit mit Lebensmitteln (Stichwort *food security*) in Bezug auf eine beständig wachsende Weltbevölkerung inzwischen allerdings gut ist wie selten (vielleicht sogar wie nie) zuvor in der Menschheitsgeschichte.

[5]Wobei selbst für diejenigen Frauen, die sich gegen eine Geburt unter Periduralanästhesie entscheiden, es inzwischen eine ganze abgestufte Palette von Möglichkeiten der Schmerzlinderung gibt, womit zwar keineswegs abgestritten werden soll, dass der Geburtsschmerz weiterhin eine gravierende Schmerzerfahrung für die Mehrheit der gebärenden Frauen darstellt, es jedoch also selbst hier eine gewisse graduelle Erleichterung gibt.

[6]Seit einigen Jahren ist in kirchennahen Diskussionen immer wieder von der „Bewahrung der Schöpfung" die Rede. Im Gegensatz zu der eindeutigen Aussage zum „herrschen über die Welt" findet sich eine solche Passage in Bezug auf das „Bewahren" allerdings nicht. In Gen 2,15 ist zwar davon die Rede, dass der Mensch ‚bearbeite[n] und hüte[n]' solle, dies bezieht sich aber eigentlich noch auf seine Stellung im Garten Eden also auf die Zeit und die Zustände *vor* dem Sündenfall. Doch das sind theologische, religions- und kommunikationssoziologische Feinheiten, die an anderer Stelle analysiert werden müssen.

Lehre Verfahren einführen (Beichte, Reue, Buße), mit der erwartbaren Nicht-Einhaltung umzugehen. Auch kann sich der Mensch nicht im Diesseits von seiner Sündhaftigkeit und Schuld befreien, sondern muss dazu auf das postmortale, jenseitige Leben vertrauen und gegebenenfalls dafür sogar bis zum Tag des Jüngsten Gerichts warten.[7] Und vor allen Dingen: Alle Menschen sind gleichermaßen Sünder. Es gibt niemanden, der sich dieser Schicksalsgemeinschaft entziehen kann. Insofern gibt es auch keinen Grund, auf einen anderen Menschen herabzuschauen. Selbst die Heiligen sind nicht vom Stigma der Sünde befreit, sondern sie sind vor allem vereinzelte Ausnahmeerscheinungen, die sich besonders um das Wohl der Welt und der Anderen verdient gemacht haben, gegebenenfalls auf eigene Kosten. Keineswegs sind Heilige irgendwie Personen, die sich selbst besonders gepflegt oder moralisch überhöht hätten. Klar ist: Die Masse der Menschen wird nicht zu Heiligen werden, sondern sich im weltlichen Leben, seinen Mühen und Versuchungen ausgesetzt, zwischen Trial and Error and try again and again hin und her bewegen.

Die Zehn Gebote, mit ihren normativen Vorgaben wie zum Beispiel ‚Du sollst neben mir keine anderen Götter haben‘, ‚Du sollst nicht die Ehe brechen‘ oder ‚Du sollst nicht falsch gegen deinen Nächsten aussagen‘ sind somit auch ganz grundsätzlich als eine Art göttliche Erfindung zu verstehen. So ist denn in der soziologischen Systemtheorie auch darauf hingewiesen worden, dass „man die kulturelle Erfindung der Normativität […] als eine Realitätsverdoppelung beschreiben [kann] – so wie man zwischen Spiel und Ernst unterscheiden kann" (Luhmann 2008, S. 231). Normen sind nun einmal nicht die Realität und die klerikalen Predigten mitsamt ihren sehr bildlich ausgeschmückten Höllenvorstellungen aus dem Mittelalter, die dem neuzeitlichen Menschen oftmals den Eindruck vermitteln, es hätte seinerzeit ein wahrer Tugendterror über die Welt geherrscht, sind in Wahrheit vor allem Ausdruck einer Welt, in der die Abweichung von der moralischen Normativität kaum hätte größer sein können. Es fehlten schließlich all die ausgeklügelten, panoptischen Überwachungs- und Erziehungsmechanismen der Moderne, um die von Trieben und Affekten im Alltagsleben beeinflussten Menschen zu überwachen, zu konditionieren und zu regulieren.

Im Zentrum der moralischen Ordnung der postparadiesischen Welt stand somit lange Zeit die Schrift mit den Ge- und Verboten, das gesprochene Wort der Predigt, die an die Normen als Realitätsverdopplung beständig erinnerten. Flankiert wurde dies über die anerkannte Sündhaftigkeit des Menschen, der

---

[7]Der dereinst eventuell auf dasselbe Datum wie der St. Nimmerleinstag fallen wird.

erst nach dem Tod auf ein wirklich von der Sünde befreites Leben hoffen durfte (aber darauf durfte er eben auch hoffen!) und durch eine von Zeit zu Zeit gewaltsame Demonstration der normativen Macht, die weniger darauf abzielte, Recht und Ordnung durchzusetzen, als daran zu erinnern, was als normative Realitätsverdopplungen zu gelten hatte und schlichtweg weltlich politische Macht zementierte (Foucault 2008).

2   Ausbildung professioneller Moralunternehmer

Die normative Verdopplung der Realität durch Normen ist nicht nur als soziokulturelles Projekt funktional, um menschlichen Kollektiven einen wertorientierten Überbau zu geben, an dem sie als Gemeinschaft – zumindest über Bekenntnisse[8] – Zugehörigkeiten (Inklusion) und Ausschlüsse (Exklusion) von Personen organisieren können. Elaboriert als Moral formulierte und narrativ ausgeschmückte Normativität erzeugt auch die Option, auf diesem Sektor ausdifferenzierte Planstellen zu schaffen und damit Möglichkeiten, einen leistungsbasierten Lebensunterhalt einzufordern:

> „Wahrscheinlich ist es historisch richtig zu sagen, daß bereits in antiken Hochkulturen ein moralisches Interesse an moralischen Beurteilungen ausdifferenziert werden konnte in Anlehnung an sei es Religion, sei es Erziehung und politische Rhetorik. Verhaltensbeurteilung wird damit selbst zu einer moralischen Leistung, die Achtung und gegebenenfalls Mißachtung erbringt. Propheten, Literaten, Agitatoren und sonstige Moralunternehmer treten auf" (Luhmann 2008, S. 149).

Als Moralunternehmer fungieren diejenigen, die sich der professionellen Beobachtung der Welt unter der binärcodierten Prämisse von achtenswerten und verachtenswerten Handlungen widmen. Die Legitimation ihrer Existenz beziehen sie daraus, dass sie einordnen, dass sie (vorgeben) beurteilen (zu) können, mit welchen Handlungen sich Personen, Organisationen, Systeme für moralischen Ruhm oder zumindest zur Nichtbeachtung qualifizieren und womit sie sich disqualifizieren und mit Beschreibungsoperationen der Verachtung belegt werden müssen.

---

[8]Man muss ja nicht gleich das *tatsächliche* Handeln an normativen Werten, Ge- und Verboten ausrichten. Auch nicht in der Gegenwart, vgl. Wilk 2011. Wichtig ist, dass man weiß, wozu man sich zu bekennen und wovon man sich zu distanzieren hat und wie die beobachtbare Praxis der anderen einzuordnen und zu bewerten ist.

Mit zunehmender Binnendifferenzierung der Gesamtgesellschaft sowie der nicht mehr bestreitbaren kulturellen Kontingenz von Normativitätsprogrammen ist eine Wettbewerbs- und Konkurrenzsituation auch auf dem Feld der Moral entstanden. Es ist gewissermaßen zu einem *Moralmarkt* geworden, mit unterschiedlichen Anbietern, Angeboten und durchaus auch mit der dem freien Markt zugrunde liegenden Entwicklung der Produktivkräfte sowie dem Hervorbringen von Innovationen. Denn auch wenn es populär ist, Moral und kulturelle Reaktion als eng miteinander verwobenen Zusammenhang zu beschreiben, so ist dies doch in der Analyse gerade auch expansiver Moralkommunikationen zu kurz gegriffen. Selbstverständlich gibt es Moralunternehmer und Moralprogramme, die sich primär auf Traditionen oder auf in der Vergangenheit Etabliertes beziehen. Doch der Moralunternehmer fungiert oftmals als Innovator.

Ein auf die Eroberung der normativen Diskurshegemonie abzielender Moralunternehmer „wirkt innovativ", wenn er „seine Moral sozusagen wahrheitswidrig ein[setzt], wenn er Achtung dafür in Anspruch nimmt, daß er schlechtes Verhalten als gut [...] oder gutes Verhalten als schlecht [...] wertet" (Luhmann 2008, S. 150). Die Wahrheit der Realität besteht dann darin, dass die Welt an sich schlecht ist und der Moralunternehmer schaut sich die je aktuell existierende Welt an und codiert sie moralisch-normativ durch. Je besser es ihm gelingt, Codierung anzuwenden, je mehr Fälle der Unmoral er identifizieren kann, je eklatanter die Diskrepanz zwischen normativer Realitätsverdopplung und tatsächlich empirisch vorgefundener Realität ist, desto eher kann es ihm gelingen, ein Moralprogramm zu entwickeln, dass er auf dem Moralmarkt als Konzept zur Komplexitätsreduktion anbieten kann.

‚Wir sind alle kleine Sünderlein' dichtete Heinz Korn 1964 und der vom rheinischen Katholizismus geprägte Willy Millowitsch machte den Satz als Volksweisheit weithin prominent. Der Moralunternehmer – oder heutzutage auch die Moralunternehmen – sieht in dieser Erkenntnis anthropologischer Sündhaftigkeit das Feld, welches er bestellen kann. Dabei variieren die Modi, in denen verfahren wird. Die Regel ist, dass statt von ‚Wir sind alle Sünderlein' aus praktischen Zwecken der kommunikativen Adressierung zumeist eher von ‚Ihr seid alle Sünderlein' gesprochen wird. Damit muss dann auch nicht immer noch einmal umständlich miterklärt werden, warum es professionelle Stellen gibt, die anderen ihre Lebenswirklichkeit verächtlich machen dürfen. Zudem steckt in der Weisheit, dass ‚Wir alle kleine Sünderlein' sind, bereits durch das verwendete Diminutiv das Plädoyer zur Nachsicht mit dem Sünder drin.

Es ist interessant zu sehen, dass es gegenwärtig eine Form der Moralunternehmungen gibt, die gleichermaßen ‚Wir sind alle Sünder' und ‚Keine Gnade mit dem Sünder' sagt. Eine Art *moralischer Masochismus* kommt darin zum Vorschein. Dieser moralische Masochismus findet sich in politischen

Diskussionen um intergenerationale kollektive Kriegsschuld ('Tätervolk') und daraus resultierender – ebenfalls intergenerationaler und kollektiver – Verachtungs(selbst-)beschreibungen sowie eingeforderter Sanktionen bis hin zur moralischen Negationen der eigenen Existenz.[9] Er findet sich aber auch neuerdings bei Themen des Konsums und des zivilen Lebens. So wird mit Bezug auf die anscheinend noch immer fehlende Selbst- und Affektkontrolle der Menschen gefordert, staatliche Konsumverbote beziehungsweise eine erschwerende Behinderungen des Konsums auf den Weg zu bringen und moralisch als unkorrekt markierte Konsumpraktiken mit Verachtungsoperationen zu markieren, um so einen Scham-Effekt bei den entsprechend konsumierenden Personengruppen hervorzurufen.

Als besonders hervorstechende und resonanzkräftige empirische Beispiele für diese Form des moralischen Masochismus können in jüngster Vergangenheit exemplarisch der Kommentar 'Bitte, bitte mehr Verbote!' von Mely Kiyak in der Wochenzeitung Die ZEIT im Juni 2019, der Kommentar des WDR-Journalisten Lorenz Beckhardt in den ARD-Tagesthemen vom 29.07.2019 sowie der Ruf nach einer 'Verbotspartei' durch Sebastian Erb in der Tageszeitung taz vom 17.06.2019 angeführt werden.

Mit dem Hinweis, Verbotserlasse seien das Instrumentarium der Politik schlechthin, werden aus einem Pool von Handlungsoptionen missliebige alltägliche und weitverbreitete Lebenspraktiken herausgegriffen und der Ruf nach einem starken, autoritären, regulierenden Staat gerechtfertigt, um diese einzuschränken. Hinter dieser Form der als politische Selbstverständlichkeit kommunizierten (Ver-)Ordnungspolitik verschwimmt jedoch, dass es durchaus auch gegenläufige liberale, libertäre und individualistische Politikprogramme gibt. Deren Fokus besteht darin, bestehende Regulierungen abzubauen, vorherrschende Verbote aufzuheben und sogar gegen nicht gesetzlich verankerte, sondern ausschließlich kulturelle Tabus, Prozesse der Erosion zu erwirken. Liberale und libertäre Politik gewichtet die Komplexität der Lebenswelt des Einzelnen oder kleinerer Kollektive gegenüber der Komplexitätsreduktion personen- und gruppenübergreifender Verordnungen und Tabus höher. Sie versucht, Eingriffe von einer Gruppe auf Lebenswirklichkeit anderer Gruppen zu reduzieren.

Gleichzeitig zu den neuen illiberalen Politikprogrammen wird durch die pure Forderung nach alltagskulturellen Verboten nun nicht nur politisch, sondern zunächst einmal moralisch kommuniziert. Die staatlich durchzusetzenden

---

[9]Zurecht wird hierbei immer wieder festgestellt, dass es zwar einen gewissen Bekenntnishang zur 'kollektiven Selbstauslöschung' gibt, dies aber empirisch nicht mit einem ersten Schritt zur 'individuellen Auslöschung' korreliert – man möchte sagen: Zum Glück!

Verbote existieren eben noch nicht, sie müssen also plausibilisiert und prospektiv legitimiert werden. Die Legitimation der Verbote von Konsumpraktiken ist auch deswegen so heikel, weil sie in einer globalen Kultur, die durch Teilhabe am Konsum die Inklusion und Exklusion ihrer Mitglieder – der individuellen Menschen – regelt, direkt in die alleralltäglichsten Identitätskonstruktionen von Einzelnen und Gruppen eingreift: in die mehrmals am Tag vollzogene Ernährungspraxis, in die Möglichkeit in einer globalisierten Welt mobil im Raum unterwegs zu sein, in den alltäglichen Wohn- und Lebensraum, in die als zweite Haut vom Menschen getragene Kleidung und so weiter. Es muss also das allgemeine empirisch gegebene Leben mit seiner qualitativ abgestuften Lebensqualität wertgeordnet und wertbeurteilt werden. Es geht gerade nicht um außeralltägliche Handlungen wie Mord, Krieg oder den Umgang mit hochinfektiösen lebensbedrohlichen Krankheiten wie beispielsweise Covid-19. Es geht um die Variablen alltäglicher Existenz und um Entscheidungen, in welcher Ausprägung diese alltägliche Existenz noch statthaft ist. Entscheidungen müssen hier deshalb getroffen werden, weil die Sache keineswegs so klar ist, dass keine Entscheidung mehr nötig wäre und sich einfach alles von selbst ergäbe. Dem ist nicht so.

Ist es legitim, Fleisch zu essen, oder nicht? Wieviel Fleisch ist legitim? Wie soll der Zugang zu Fleisch reguliert werden? Dürfen Reiche mehr Fleisch essen, größere Wohnungen bewohnen und diese stärker heizen als weniger gut betuchte Personen, weil erstere die nun geforderten höheren Verbrauchssteuern zahlen können und letztere beim Haushaltsbudget kalkulieren müssen? Soll Flugreisen so teuer werden, dass es wieder zu dem exquisiten Reiseerlebnis wird, das es in der Mitte des 20. Jahrhunderts war, als noch nicht die ganzen Krankenschwestern, Studenten, Dachdecker und prekär beschäftigte Journalisten die Flughäfen mit ihren Tickets aus dem preisgünstigen Pauschaltourismustarif verstopften? Wie geht man damit um, dass der günstige Massenkonsum immer auch ein Projekt demokratischer Teilhabe (gewesen?) ist? (Kofahl 2018a, b)

Letztlich gelingt diese Entscheidung – wenn man sie denn unbedingt erzwingen will – nur über Moral, über eine zwar begründete, doch letztlich willkürliche Codierung von (noch) geachteten und verachteten Handlungen. Diese Moralisierungen sind nun in der Welt, auch wenn die Verbote (noch) nicht erlassen sind.

Moralunternehmer finden sich in der zunehmend säkularisierten Welt jedoch wie erwähnt nicht nur auf den Kanzeln der Kirchen, sondern sie finden sich als bezahlte Positionen an anderer Stelle, vorzugsweise in der Presse, aber auch in den Hochschulen und nicht selten sogar in eigens für moralische Kommunikationen gegründeten Organisationen. Von diesen Posten aus können sie mit Reichweite und dem Zugang zur knappen Ressource Aufmerksamkeit ihre ausgewählten Moralprogramme verkünden.

3   Kontrollierte Beobachter- und Bewertungszugänge

Die Uneindeutigkeit der Richtigkeit von konkreten Normen und universeller Normativität in der Moderne, gerade auch seit den 1960er Jahren, hat man lange Zeit zunächst einmal als strukturellen Vorteil eines Liberalismus in Bezug auf Moralkommunikationen gedeutet. Wieso sollte man einer bestimmen Morallehre anhängen, wenn man doch weiß, dass andere gänzlich andere Moralprogramme präferieren und dennoch Menschen sind? Der freie Markt der Moral würde die Probleme mit der Moral schon regeln, ganz nach dem Motto von Angebot und Nachfrage. Oder die Wissenschaft für rationale Argumente anstelle von Moralismen zur Verfügung stellen. Oder man ging davon aus, dass sich die bessere oder zumindest die praktikablere Moral schon im Alltagshandeln peu à peu sanft durchsetzen wird. Leider ist es mit der Moral dann doch nicht so simpel.

Moral funktioniert wie ausgeführt zuvorderst über kommunikativ adressierte Einordnungen, Zuordnungen, Beurteilungen sowie über Bekenntnisse und eben nicht über tatsächliche erfolgte Handlungen. Moral sortiert die Welt durch die erwähnte Realitätsverdopplung, aber sie ist kein verbindliches Handlungsprogramm – dann wäre sie juristisch einklagbares Recht.

Weil Moral aber vor allem über ihre sprachlichen Ausformulierungen[10] funktioniert, ist es für eine erfolgreiche, resonanzstarke Moral extrem wichtig, über die notwendigen Verbreitungskanäle und die entsprechende Medienkompetenz zu verfügen, um die präferierte Normativität verkünden und predigen zu können. Achtung und Missachtung muss man öffentlichkeitswirksam verteilen können. Was hierbei nun früher die Kanzel der Kirche und die Autorität des kirchlich geweihten Priesters gewesen ist, das sind in der Moderne die Gatekeeper geworden, die an den Schnittstellen der Massenmedien die Mitteilungen selektieren: die Redakteure. In einer Kirche erreicht man – wenn es gut läuft und das kommt immer seltener vor – vielleicht 100 oder 200 Zuhörer.[11] Mit dem richtigen TV-Programm, der überregionalen Zeitung oder einem populären Internetportal erreicht man gegebenenfalls mehrere Millionen. Positionen, die hier programmgestalterischen Einfluss nehmen können, eignen sich somit besonders gut, um normative Innovationen zu verkünden und moralische Sortierungen zu kommunizieren.

---

[10]Dazu gehört auch die Bildsprache.

[11]In St. Peter im Vatikan ist es freilich auch möglich 20.000 Menschen zu erreichen, der Kölner Dom kommt – mit Extrabestuhlung und Stehplätzen – auf etwas über 5000 Menschen.

Zwar scheint es, dass der Zugang zu diesen Stellen im System der Massenmedien leichter zu erreichen ist als ein Platz auf einer kirchlichen Kanzel als
Priester, Kardinal oder Papst, da kein langwieriges theologisches Studium, keine
Priesterweihe und kein lebenslanger Marsch durch die klerikalen Institutionen
nötig sind, um Redakteur beim Rundfunk oder sporadischer Kommentator einer
nationalen Wochenzeitung zu werden. Doch dies wäre ein analytischer Schnell-
schuss, der verkennt, dass es sehr wohl Inklusions- und Exklusionsmechanis-
men gibt, die den Zugang zu journalistischen Stellen mit hoher Reichweite
regeln. Hierzu gehört all das, was Pierre Bourdieu (1987) in seinem Hauptwerk
‚Die feinen Unterschiede' mit kulturellem Kapital beschrieben hat. Es sind die
Wort- und Bildmächtigkeit, der Sprachschatz, das Vermögen hegemoniale
ästhetische Praktiken reproduzieren zu können, die einem bestimmten
Milieu der Bevölkerung ermöglichen, Gatekeeperstellen im massenmedialen
System zu besetzen. Wem die richtigen Wörter oder die passenden Analogien
und Metaphern fehlen oder wenn jemand eine Ästhetik präferiert, die als
anästhetisch gilt, dann sind die Zugänge versperrt. Mit den neuen Formen von
institutionalisierten, teilweise bereits verrechtlichten Sprachregelungen, bei
denen filigran und mit besonderer Achtsamkeit zwischen den Klippen politisch
korrekter und gendersensibler Wortwahl manövriert werden muss, verengen sich
die Zugänge zu den sich bereits etablierten Medien noch stärker.[12]

In Anbetracht dieser Restriktionen darf man attestieren, dass die Möglichkeit, einen Beitrag zur hegemonialen Moral zu leisten und die Welt in gut und
achtenswert beziehungsweise in schlecht und verachtenswert zu unterteilen,
nicht gleich über alle Bevölkerungsmilieus verteilt sind. Stattdessen ist es nur
einem Teil der Bevölkerung mit bereits sehr ähnlichen kulturellen Ähnlich-
keiten und in diesem Sinne auch (Anwendungs-)Wissen von ethisch-moralischen
Normen möglich, Moralkommunikation professionell und unternehmerisch zu
betreiben. Ein Diskurs, der also die gesamte Gesellschaft und im Grunde sogar
die gesamte Welt betrifft – denn auch die Natur wird moralisch beobachtet und
sortiert –, wird also weder chancenegalitär noch durchweg liberal geführt. Stattdessen wird der Zugang zur moralischen Beobachtung durch implizite Verfahren,
eben das zur Verfügungstehen von kulturellem Kapital, geregelt, welches für

---

[12]Man braucht nicht einmal unbedingt ein Rechtsliberaler zu sein, um zu diesen ana-
lytischen Schlussfolgerungen zu kommen. Die sich hier zeigende ‚Funktionalisierung der
Sprache', die dabei hilft, ‚nonkonformistische Elemente aus der Struktur und Bewegung
des Sprechens zu verdrängen' wurde auch in der Kritischen Theorie unter der Überschrift
‚Die Sprache der totalen Verwaltung' treffend thematisiert, vgl. Marcuse 1994 (S. 104 ff.)
Etwas moderner noch Robert Pfaller 2017.

neue Wettbewerber intransparenter und schwieriger zu erwerben sein kann als die expliziten Regeln einer beruflich-institutionalisierten Hierarchie wie etwa des formalisierten katholischen Klerus.

Es liegt in der Logik der Sache, dass die Verurteilung von ausgewählten Praktiken und Lebensentwürfe als schlecht und verachtenswert in aller Regel als abwertend und in der konkreten Lebenswelt der Personen, denen diese Praxis zugerechnet wird, als unangenehm empfunden wird. Zwar darf man spätestens seit der Philosophie des Marquis de Sade sagen, dass es auch eine durchaus begründete Lust am Unmoralischen geben kann (Sade 1990, 1991). Doch scheint es sich hierbei mit Blick auf die Gesamtgesellschaft um Ausnahmefälle oder einen Anlass für eine wirklich an Metaparadoxie orientierter Moralsoziologie zu handeln.

Nun wurde bereits oben der Terminus des moralischen Masochismus eingeführt, der kennzeichnet, dass in letzter Zeit nicht nur die Lebenspraktiken und lebensweltlichen Arrangements anders Lebender als moralisch verwerflich eingestuft werden, sondern dass auch die von den professionellen Moralunternehmern und mit Stellen der Moralbeobachtung ausgestatteten Personen selbst gepflegten Handlungen als moralisch höchst zweifelhaft markiert werden. Mit dem moralischen Masochismus scheint es also, als wenn schon die Zugänge zum Moralisieren nicht egalitär oder liberal zugänglich sind, wenigstens die Verteilung der Verachtung egalitär erfolgt. Doch auch dies ist ein halber Trugschluss.

Zwar kann es von Fall zu Fall gegeben sein, dass, wer eine moralische Planstelle erhalten möchte, als Qualifikationsvoraussetzung die Bereitschaft zur Selbstgeißelung mitzubringen hat. Doch die mit Sanktionswünschen fokussierte Praktiken sind dann trotzdem so ausgewählt, dass sie dort greifen, wo das moralisierende Milieu darauf vorbereitet ist, um die für ein moralisch korrektes Leben benötigten Bekenntnisse zum Guten auch praktizieren zu können. Man kann den (entgegnen aller vegetarischen Erzählungen) immer weiter ansteigenden Fleischkonsum[13] scharf kritisieren, wenn man weiß, dass der eigene Ernährungsplan längst darauf umgestellt ist, Bouletten nur noch daheim zu verzehren, unter Ausschluss der Öffentlichkeit, während man auswärts selbst noch den skurrilen Geschmack einer Erbsenproteinfrikadelle gegen die eigene physiologisch-gustatorische Erfahrung abgrenzend publikumswirksam zu loben vermag, wenn man weiß, dass man dafür seine Position im sozialen Hierarchiegefüge moralisch stabilisiert oder sogar verbessert. Man kann die Silvesterfeuerwerke als lärmende

---

[13]Vgl. dazu als soziologische Analyse Kofahl und Weyant 2016 sowie als statistische Belege für den zuletzt wieder ansteigenden Pro Kopf Konsum von Fleisch in der BRD BMEL 2019 und weltweit FAO 2019.

Praxis ästhetischer Plebejer anklagen, wenn man weiß, dass es einem sogar noch Geld spart, wenn man darauf verzichtet, sich an der Knallerei zu beteiligen und sich stattdessen das trotz allem doch ganz hübsch ausnehmende Feuerwerk von der Dachterrasse des (Büro-)Penthouses anschaut – wohlwissend, dass diejenigen, die in den unteren Etagen enger Straßen Wohnenden nur das selbst gezündete Feuerwerk zu sehen bekommen, weil sie des leichten Zugangs zur exponierten Zuschauerposition entbehren. Man kann die Autofahrerei der ländlichen Bevölkerung madigmachen und den CO_2-Ausstoß, der entsteht, wenn einer allein im Auto fährt, kritisieren, weil man selber im urbanen Raum bei gutem Wetter Fahrrad, bei schlechtem Wetter mit der U-Bahn und bei Krankheit einfach eine kurze Strecke mit dem Taxi fährt. Für jemanden der sich in Gegenden wie zum Beispiel dem nordhessischen Werra-Meißner-Kreis berufsbedingt zwischen verschiedenen sich dort liegenden Kleinstädten – Witzenhausen, Ringau, Großalmerode, Wanfried und wie sie alle heißen – bewegt und vielleicht auch noch ehrenamtlich kommunalpolitisch engagieren will, ist das Auto jedoch in der Tat alternativlos. Und wenn man als professioneller Moralbeobachter in der Öffentlichkeit steht und bei dem moralisch zweifelhaften Leben fremdbeobachtet wird, dann verfügt man eben über die Narrative der gepflogenen Entschuldigung: ‚Es ist eine Ausnahme!‘, ‚Es ist bio!‘, ‚Es müsste halt verboten werden!‘, ‚Es wurde ein Verrechnungszertifikat gekauft!‘, ‚Man darf sich doch nicht völlig vom Plebs entfernen!‘.

Durch diese elaborierte Praxis moralischer Dissonanzen unterscheidet sich letztlich der etablierte Moralbeobachter vom rangnachgeordneten Moralbeobachteten: Der eine weiß die richtige, anständige Praxis zu benennen und die schlechte zugerechnet zu verurteilen sowie andersherum exakt zugerechnet zu entschuldigen. Der andere tut, was er tut, und benennt es so, wie es ist, und kann sich nur schuldig fühlen, weil er von anderer Stelle in die Kritik geraten ist, aber ahnt, dass es ihm nicht gelingen wird, seine Praxis aufrichtig zu entschuldigen, weil sie für ihn und seine individuelle wie soziale Identität konstitutiv ist und es der vorgebrachten Entschuldigung an inszenierter Authentizität ermangeln würde.

4   Erhitzte Abkühlungen – Der kybernetische Rückkopplungseffekt

Es wurde darauf hingewiesen, dass es mit der Philosophie des Marquise de Sade eine theoretisch fundierte Ausarbeitung darüber gibt, dass das Laster und die Unmoral eine gewisse Faszination ausüben, und dass von Zeit zu Zeit einige ausgewählte Personen oder Kollektive nicht nur amoralisch, sondern absichtlich unmoralisch handeln. Hierbei muss man von einer in sich sehr konsistenten, allerdings ganz und gar nicht hegemonialen Lebensführung ausgehen, die sich im großen makrosoziologischen Gebilde zudem genau auf das stützt, was sie in der mikrosoziologischen Praxis ablehnt: eine strenge Moral. Denn ohne ein solch restriktives Moralprogramm gäbe es den lasterhaften Tabubruch nicht und damit auch keine Lust am Unmoralischen.

Etwas anderes dagegen ist die Revolte des Citoyens und Verbrauchers im Alltag gegen die Zumutungen noch nicht unstrittiger Normen, also gegen eine noch verhandelbare Moral, die von anderer Position in der Gesellschaft kommuniziert und zu oktroyieren versucht wird.[14] Diese Wellen einer weniger *anti*moralischen denn eher *a*moralischen Revolte lassen sich bis in die Zeit der neuzeitlichen, antibürgerlichen Boheme um Charles Baudelaire und Arthur Rimbaud ins 19. Jahrhundert zurückverfolgen (Schivelbusch 1997) und es tauchen solche Revolten auch später immer wieder in den kultur-ästhetischen Praktiken den unterschiedlichsten Milieus auf, auch in dem, das als der Lebensbereichs des sogenannten ‚kleinen Mannes' (mit fluiden Grenzen) betitelt wird. Dass die Amoral zunächst ein kommunikatives, (bild-)sprachliches Unterfangen ist, stellt auch der linkspolitische (und der Moralisierung an sich nicht abgeneigte) Herbert Marcuse (1994, S. 105) fest, wenn er schreibt:

> „Es ist, als setzte der einfache Mann (oder sein anonymer Wortführer) in seiner Sprechweise seine Humanität gegen die bestehenden Mächte durch, als brächen Ablehnung und Revolte, niedergehalten im politischen Bereich, in einem Vokabular hervor, das die Dinge bei ihrem Namen nennt: ‚head shrinker' (Kopfschrumpfer, für den Psychoanalytiker) und ‚egghead' (Eierkopf), ‚boob tube' (blöder Zylinder), ‚think tank' (Denk-Tank, für den Intellektuellen), ‚beat it' (mach, daß du wegkommst) und ‚dig it' (kapier doch endlich) und ‚gone, man, gone' (ich bin ganz weg)."

Es ist also ein ‚die Dinge beim Namen nennen' beziehungsweise ein ‚die Dinge bei einem anderen Namen nennen', was die erlebte Diskrepanz zwischen Alltagsrealität erster Ordnung und den Anspruchszumutungen einer moralisch propagierten Realitätsverdoppelung zweiter Ordnung zurück in die

---

[14]Als Beispiel für eine in weiten Teilen der zivilisierten Welt unstrittigen, nicht mehr verhandelbaren Moral kann etwas das Gebot ‚Du sollst nicht töten!' angeführt werden. Selbstverständlich ist diese Regel kontingent und unterliegt zahlreichen Einschränkungen – zum Beispiel die Polizei und die Armee dürfen unter bestimmten Bedingungen sehr wohl gesellschaftlich akzeptiert töten –, dennoch erscheint es gegenwärtig nicht beobachtbar, dass ein individuelles Entscheidungsrecht, wer wen wann töten dürfte, irgendwo verhandelbar ist.

gesamtgesellschaftliche Kommunikation führt. In Zeiten sozialer Medien wie Facebook, Twitter, Instagram, Reddit, Telegram et cetera ist es dem amoralisch revoltierenden Milieu sogar zum Schrecken des hegemonialen Kulturestablishments gelungen, die restriktiven Gatekeeperstellen des klassischen Journalismus und damit der neuen Moralunternehmen zu unterlaufen.[15] Anderslautende nichthegemoniale amoralische Narrative sind somit im 21. Jahrhundert wieder so präsent und so provokativ, wie sie es in ‚Bekenntnisse eines englischen Opiumessers‘, im als obszön empfundenen Hüftschwung Elvis Presleys oder auf den Schallplatten der Beatniks, Punks oder Rapper schon einmal und immer wieder gewesen sind.

Doch es bleibt nicht nur bei den (bild-)sprachlichen Revolten, es kommt zu expliziten Handlungsrevolten. Es werden von Citoyens und Konsumenten willentlich Entscheidungen getroffen, die von der hegemonialen Idee des ‚richtigen mündigen‘ Verhaltens abweichen und die dann in der Folge mit moralischer und erzieherischer Kommunikation negativ bewertet und als ‚unmündig‘ eingestuft werden, um sie wieder einzuhegen.

Hierbei sind in jüngerer Vergangenheit zwei größere, speziell politische Phänomene zu benennen: Zum einen die Wahl Donald Trumps zum 45. Präsidenten der USA am 8. November 2016 und zum anderen wenige Monate zuvor, am 23. Juni 2016, der erfolgte Sieg der sogenannten Brexiteer über die Remainder beim ‚Referendum über den Verbleib des Vereinigten Königreichs in der Europäischen Union‘. An beiden Fällen lässt sich ablesen, wie im Vorfeld sowie im Nachgang der demokratisch, in freien und geheim erfolgten Wahlen, die getroffenen Entscheidungen mittels moralischer Kommunikationen negativ beurteilt und verurteilt wurden. Dabei spielten immer auch kulturästhetische Argumentationen eine Rolle, bei der etwa der nonkonformistische, unbezweifelbar auch von lautstarker Überheblichkeit, aber auch affektstarker Spontanität geprägte Habitus Donald Trumps mit dem seines, sich elegant und stilsicher im Sinne der legitimierten Kulturästhetik bewegenden Vorgängers Barack Obama verglichen wurde.

In beiden Fällen – der Wahl Donald Trumps wie auch des Brexit-Referendums – wurden diejenigen Wählergruppen, die siegreich aus der Wahl hervorgingen, immer wieder der politischen Unmündigkeit verdächtigt und dies geschah (beziehungsweise geschieht noch immer) zentral über die etablierten

---

[15]Worauf inzwischen auch schon durch diverse rechtlich-politische Regelungen reagiert wird, wie an Gesetzen wie jenem ‚zur Verbesserung der Rechtsdurchsetzung in sozialen Netzwerken‘, dem sogenannten *Netzwerkdurchsetzungsgesetz*, exemplarisch zu sehen ist.

massenmedialen Formate.[16] Dass dabei ein Milieu mit seinen moralischen Positionen („die Wahl Donald Trumps ist verachtenswert"; „die Entscheidung für den Brexit ist normativ gesehen schlecht") massenmedial omnipräsent ist und dennoch die Wahlen nicht für sich entscheiden konnte, kann zum Teil zumindest sogar gerade auch mit dieser Omnipräsenz erklärt werden. Wie der FAZ-Herausgeber Jürgen Kaube (2016) in einer kurz nach der Wahl Trumps veröffentlichten Wahlanalyse richtigerweise feststellt, handelt es sich um eine Denkzettelwahl, eine Protestwahl. Es fand ein demokratischer Rückkopplungseffekt auf die Norm statt und eine explizit amoralische Revolte zu der institutionalisierten Norm einer massenmedial kommunizierten moralischen Normativität.

Doch es sind nicht nur politische Großereignisse, in denen sich diese Rückkopplungseffekte zeigen. Seit der politische Diskurs zugunsten einer – oben bereits beschriebenen – Deliberalisierung von Alltagspraktiken (Sprache, Konsum, Mobilität, Sexualität) kippt und nicht mehr die individuellen und kollektiven Freiheitskämpfe, sondern zuvorderst moralisch eingeführte Verbots- und Paternalisierungsstrategien verhandelt werden, wird in der Tat auch der ehemals als privat geltende Alltag der Citoyens und Konsumenten repolitisiert (Lövenich und Richardt 2018).

5   Ernährungskultur als Exempel

Besonders gut lässt sich das an Diskussionen rund um die Ernährungskultur festmachen, also in Bezug auf die alimentäre Alltagspraxis des Menschen. Essen und Trinken gehört zu den universalen Grundbedürfnissen des Menschen, sind jedoch stets kulturell geformt.[17] Über eine moralische Thematisierung der in der globalen

---

[16]Vgl. für den Brexit die detaillierte Analyse auch der Berichterstattung Beppler-Spahl 2019, für eine Nachlese zur Wahl Donald Trumps vgl. O'Neill 2016.

[17]Das unterscheidet die Ernährung z. B. auch vom Atmen. Zwar müssen alle Menschen atmen, doch läuft dies in aller Regel noch quasi-automatisch (also natürlich) ab und ist kaum Gegenstand größerer Debatten. Größere Debatten finden zum Beispiel im Bereich der Sexualität statt, doch ist es hierbei zum einen möglich, diese Praktiken weitestgehend auch in einem ‚privaten', nicht-öffentlichen Raum zu vollziehen. Zudem ist es bei der Erotik in der Tat – wie auch bei der Mobilität oder jeglichem Konsum jenseits von Ernährung – möglich, dass sich Individuen oder auch ganze Kollektive in völliger Abstinenz oder dem Zölibat üben. Essen und Trinken jedoch muss der Mensch – sofern er zumindest mittelfristig überleben will – irgendwas und irgendwie, sodass eine völlige Enthaltsamkeit ohne eine Selbstauslöschung nicht infrage kommt.

Weltgesellschaft hochgradig ausdifferenzierten Ernährungskultur[18] und der in ihr sich vorfindenden Praktiken (kulinarische Techniken, gustatorischer Geschmack, Nahrungstabus, Lebensmittelproduktion, Tischsitten, Verzehrmenge et cetera) lässt sich in der Tat die gesamte Bevölkerung in gut und schlecht einteilen, also in solche, die sich achtenswert verhalten und in solche, die mit Verachtung gestraft sollten:

> „Mithin verfügt jedes Kollektiv im Rahmen seiner Möglichkeiten über eine eigene Moral, was sich nicht zuletzt auf die Art und Weise auswirkt, welche Formen des Ernährens und Essens in solchen Kollektiven moralisch akzeptiert, d. h. vorherrschend sind" (Hellmann 2008, S. 95).

Das Paradebeispiel im alimentären Feld ist der Fleischverzehr beziehungsweise der Verzicht auf (ausgewählte) tierische Produkte (Vegetarismus/Veganismus) geworden, womit die sehr lange dominant gewesene Diskussion um die Produktgruppe der Alkoholika etwas in den Hintergrund gerückt ist.[19] Der Verzehr von Fleisch ist zwar seit der Antike – etwa durch die Pythagoreer – immer wieder von einzelnen kleineren Gruppen[20] durch moralisch gesetzte Verbote stigmatisiert worden, nicht zuletzt im Zuge der aufkommenden Reformbewegung seit der Mitte des 19. Jahrhunderts (Fritzen 2016). Doch erst mit Beginn des dritten Jahrtausends kann man sagen, dass in einzelnen Teilen der modernen Welt der Fleischverzehr abfällig bewertet und der Fleischverzicht wohlwollend beurteilt wird. Sprangen Bündnis 90/Die Grünen im Bundestagswahlkampf 2013 noch in ein politisches Fettnäpfchen, als sie einen verbindlichen ‚Veggie Day' in öffentlichen Kantinen forderten, so ist diese Position gegenwärtig bereits hegemonial und der zumindest punktuelle Fleischverzicht im wöchentlichen Speiseplan von Kantinen wird beständig als wünschenswert artikuliert. Doch auch bei der Debatte um das Fleisch-essen und die Präferenz von pflanzlichen

---

[18]Die Ernährungskultur der Gegenwartsgesellschaft ist eine Ernährungskultur der Ernährungskulturen und des Ernährungskulturkontakts, vgl. Kofahl 2014a.

[19]Hier sei angemerkt, dass die Debatte um Alkoholika keineswegs vom Tisch ist – so plädierte Christina Berndt (2019) prominent in der Süddeutschen Zeitung unter der Überschrift ‚Das letzte Glas' für ‚mehr Alkoholverbote' in Deutschland, auch im Fahrwasser der islamischen Ernährungsmoral wird der Alkoholkonsum auch in Europa verstärk thematisiert. Zudem lassen sich neben Fleisch und Alkoholika inzwischen noch weit mehr Produktgruppen finden, um deren normative Essbarkeit respektive Nicht-Essbarkeit mit moralischen Kommunikationen gestritten wird, wie z. B. Zucker, Fast Food, Convenience Food oder industriell gefertigte Lebensmittel im Allgemeinen.

[20]Als Ausnahme muss hier auf jeden Fall auf die stark vom Vegetarismus geprägte indischhinduistische Ernährungskultur erwähnt werden.

Alternativen lässt sich feststellen, dass es sich eben primär um ein Projekt von kommunikationsstarken Moralunternehmern handelt. Während sich vegane und vegetarische Kochbücher gut verkaufen und überall dort, wo andere über den Speiseplan der Essenden bestimmen (eben in Kantinen), der Fleischverzicht seine Blüten treibt, stagniert – wie oben beschrieben – der Fleischkonsum insgesamt oder steigt sogar (wieder) an. Es geht also vor allem um die erwähnte moralische Bekenntnispraxis sowie inszenierte Symbole der normativ verdoppelten Realität zweiter Ordnung.

Eine illustrative Blüte dieser Oszillation zwischen normativem Paternalismus und *amoralischem Rückkopplungseffekt* konnte man an der Revolte beobachten, die sich am ‚Kassler Wurststreit' entfachte. Die Geschichte ist schnell erzählt: Ein von dem in Kassel ansässigen Verein ‚Umwelthaus Kassel' und der Stadt Kassel alljährlich organisiertes ‚Umwelt- und Kulturfest' wurde 2017 per Dekret von der Festtagsleitung in eine Veranstaltung mit ausschließlich vegetarischer Verköstigung umgestellt. Da es sich um ein gut besuchtes Fest im öffentlichen Raum und finanziell unterstützt mit öffentlichen Geldern handelt, muss man im Vorfeld bereits davon ausgegangen sein, dass dies bei einer sich überwiegend nach den Kriterien einer omnivoren und karniphilen Esskultur ernährenden Bevölkerung zumindest auf Skepsis stoßen würde. Zudem gehört – so wird niemand bestreiten können – der Verzehr von (aus dem Fleisch von Tieren hergestellten) Würsten zur Festkultur eines großen Teils der lokalen Bevölkerung in gewohnter Tradition dazu. Und – um dem allen noch die kulinarische Krone aufzusetzen – kaum eine Speise ist so sehr mit der Identität Nordhessens verknüpft wie die aus Schweinefleisch hergestellte *Ahle Wurscht*, deren Produktion sich auch mehrere handwerklich arbeitende Betriebe in der dortigen Region widmen. Alles in allem waren die entscheidungsbefugten Organisatoren also nicht aufgrund einer lokalen Bewegung folgend, sondern im Rahmen einer ernährungsmoralischen Großwetterlage auf die Idee gekommen, den möglichen Speiseplan der Festbesucher restriktiv zu begrenzen und den Verzehr von Fleisch moralisch als nicht statthaft symbolisch zu disqualifizieren. Anstatt attraktive alimentäre Alternativen anzubieten und die Konsumenten in individuellen, demokratischen Marktentscheidungen zwischen verschiedenen Produkten und damit gegebenenfalls auch zwischen divergierenden Normativitätskonzepten auswählen zu lassen, griff man zu einem moralisch begründeten temporär und örtlich begrenzten Verbot.

Die *Rückkopplungsrevolte* im Feedbacksystem der Ernährung ließ nicht lange auf sich warten. Es hagelte Proteste gegen die Entscheidung. Ein Post der FAZ auf Facebook vom 22.01.2017 (unter der Überschrift ‚Die Stadt ist in Aufruhr') mit der entsprechenden Berichterstattung über die Entscheidung sowie zu diesem Zeitpunkt bereits erfolgten Reaktionen aus der Bevölkerung erzeugte über 1100

Reaktionen in Form von angegebenen Emoticons und provozierte über 1200 Kommentare.[21] In einem satirisch angelegten Bericht über den Kassler Wurststreit im NDR[22] konnten sich die unterschiedlichen ernährungsnormierenden Lager des Streits in Form des Vorsitzenden des Umwelthauses (pro Fleischverbot) und zwei CDU-Stadträten (contra Fleischverbot) äußern.[23] Hier wurde noch einmal der mit Schwung in Szene gesetzte moralische Masochismus deutlich, der in dem Fleischverbotsdekret lag. Der Vorsitzende bekannte nämlich frank und frei, dass er selbst keineswegs Vegetarier sei, aber für die Symbolik des Fests, das er explizit nicht mehr als Volksfest, sondern als Fest rund um Nachhaltigkeit und Umweltschutz verstanden wissen wollte, sei eben der Fleischverzichtet ‚ein Zeichen‘. Kurzum, es wurde in einer massenmedial orchestrierten Inszenierung markiert, was gut und was schlecht sei, auf einer direkten materiellen Ebene (zunächst und kausallogisch) zwar folgenlos, aber moralpolitisch durchaus effektiv.

Doch völlig folgenlos bleibt eine moralische Kommunikations- und Symbolstrategie solcher Art nicht. In den Kommentaren in den sozialen Netzwerken, in diversen Onlinezeitungsbeiträgen, Leserbriefen und in einem Tagesordnungspunkt der Stadtratsversammlung der Stadt Kassel wird deutlich,[24] dass man in einer Demokratie mit freier Marktwirtschaft, nicht ohne Widerstand zu erwarten, einfach alltagskulturelle Änderungen per moralischer Massenkommunikation – und sei sie noch so elaboriert und im Establishment hegemonial – und per symbolischen Dekreten kausal ändern kann.

---

[21]Allein dieser Beitragspost der FAZ, der den Artikel ‚Streit um Kasseler Straßenfest – Es geht um die Wurst‘ trug, wurde über bei Facebook über 130-mal geteilt und damit die Diskussion gestreut und weitergeführt.

[22]Nachzuschauen auf Youtube: https://www.youtube.com/watch?v=Vwwkl2J8WAw&feature=share Abruf: 01.02.2019.

[23]Ein interessanter Aspekt des Filmnarrativs des mit 2:32 min recht kurzen Einspielers, der in deutlich moralisierender Art pro Wurstverbot gedreht wurde, ist, dass er keine logischen Argumente bringt, sondern lediglich die Fleisch essenden Verteidiger individueller Entscheidungsmöglichkeiten lächerlich zu machen versucht. Als ‚Stimmen aus der Bevölkerung‘ werden ausschließlich drei Frauen (vermutlich in der Fußgängerzone aufgenommen) gezeigt und das ist deshalb bemerkenswert, weil der Fleischverzicht soziokulturell Frauen leichter fällt und der Verzehr von Fleisch stärker mit der Konstruktion männlicher Identität verknüpft ist, vgl. Kofahl/Weyant 2016. Es werden also Personen für das Plädoyer für das Verbot von Fleischprodukten in Anspruch genommen, die strukturell mit höherer Wahrscheinlichkeit davon nicht negativ in ihren Alltagsroutinen betroffen sind.

[24]Und vermutlich auch in zahlreichen persönlichen Gesprächen in Offline-Interaktionssituationen.

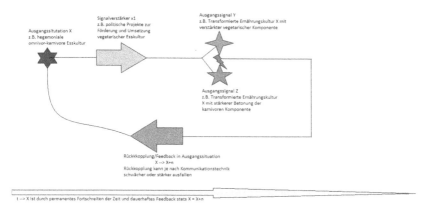

Abb. 1 Intendierte und nicht-intendierte Rückkopplungseffekte im Feedbacksystem der Ernährungskultur. (Eigene Darstellung)

In Abb. 1 wird der kybernetische Prozess kultureller Transformationen dargestellt. Es gibt demnach stets eine Ausgangssituation X, angewandt auf das vorgebrachte Beispiel, also eine vorherrschend omnivor-karnivore Ernährungskultur. Diese verläuft mehr oder weniger unreflektiert,[25] bis sich jemand daran stört und diese Ernährungskultur mit ihrer Praxis zum Thema macht. Damit wird die Aufmerksamkeit auf X gerichtet und man muss die Thematisierung als Signalverstärker begreifen, so wie die Kommunikation die sich von einer omnivoren auf eine vegetarisch-vegane Ernährung umzustellen bemüht, wobei diese Umstellung nicht primär über eine Evolution von innovativen Produkten verläuft, sondern indem die omnivore Esskultur moralisch geächtet wird. Doch wie beim Kassler Wurststreit kann auf diesen moralkommunikativen Signalverstärker immer auf (mindestens) zwei Arten reagiert werden. Freilich wäre es denkbar, dass nun einfach jeder seine bisherigen Angewohnheiten aufgibt, seinen Habitus mir nichts, dir nichts umstellt, erlernte Traditionen vergisst und am nächsten Beobachtungspunkt der kulturellen Evolution eine transformierte (Ernährungs-)Kultur Y steht. Y hieße, dass nun kein Fleisch oder keine tierischen Produkte mehr gegessen werden, einfach, weil die moralische Kommunikation so überzeugend und erweckend gewesen ist, dass sich jeder gern unter der neuen Doktrin zustimmend

---

[25]In der veganen Ernährungskulturanalyse wird von ‚Karnismus' als unreflektierte und normalisierte Form des Fleisch-essens gesprochen (Joy 2013).

einfindet. Wahrscheinlicher ist jedoch das, was sich in der ersten Hälfte des 20. Jahrhunderts in den USA zur Zeit der Prohibition auch in Bezug auf das Verhältnis von Alkoholächtung, gesetzlichem Alkoholverbot und Alkoholkonsum zeigte: Am nächsten Beobachtungspunkt der kulturellen Evolution kommt als Signal eine (Ernährungs-)Kultur Z zum Vorschein, die genau den gegenteiligen, nichtintendierten Effekt zeigt. Durch die Signalverstärkung wird die im Alltag bisher kaum registrierte nebenher laufende Praxis nicht nur betont, sondern sogar noch aufgewertet. Es werden in Auseinandersetzung mit der Gegenbewegung, gute Gründe gesammelt und neue gefunden beziehungsweise erfunden, warum das Bisherige, das traditionelle Handeln durchaus nicht völlig irrational, sondern sinnhaft ist. Es kommt also zur konservativen und bewahrenden Reaktion. In Bezug auf den Kassler Wurststreit: Viele, die vielleicht auch einfach einen Pfannkuchen, eine Brezel oder sogar eine die Neugier anregende exotische vegetarische Wurst anstatt einer Schweins-, Geflügel- oder Rindswurst verzehrt hätten, fühlen sich entmündigt, reflektieren den Wert des Fleischessens, möchten sich nicht von ihnen kulturell nicht Nahestehenden moralisch abwerten lassen und betonen nun erst recht, wie wichtig ihnen das Fleisch und die Wurst sind.

In der Summe ist durch die moralische Kommunikation also nichts gewonnen, sondern nur ein erhitzter Graben geschaffen worden, zwischen denjenigen auf der (vermeintlich) guten und denjenigen auf der (vermeintlich) bösen Seite, zwischen jenen, die sich moralisch überlegen wähnen und jenen, die mit einer amoralischen Revolte die entflammte Debatte abzukühlen versuchen – was ihnen selbstverständlich nicht gelingt, weil sie fraglos selbst erhitzt sind. Diese neue (ernährungs-)moralisch binnendifferenzierte Situation kommt als Feedback zurück in die Ausgangssituation X, welche sich nun als X + 1 darstellt und über die beständig fortlaufende Zeit weitere Entwicklungen (X + n) durchlaufen wird.

6   Schlussbemerkung

Zahlreiche Konsumenten wehren sich dagegen, als unmündig in ihren Entscheidungsfindungen begriffen und definiert zu werden. Fraglos nicht alle. Sich von anderer Stelle in seinen Handlungsoptionen beschneiden zu lassen, Freiheiten abzugeben, kann als Strategie der Komplexitätsreduktion auch entlastend wirken, Verzicht und Askese können hingenommen, teilweise sogar begrüßt werden (Auer und Kofahl 2018). Doch für diejenigen, die sich gegen die moralischen Innovationen und normativen Zumutungen erheben, gilt dieses akzeptierende Hinnehmen nicht. Das konkrete Sein ihres Alltags oder ein *artikulierter Wille*

Dagegen, gegen die hegemoniale Moral der Moralunternehmer mit Planstelle, stellen ihre Gegenmoral dar. Bei durch demokratische Wahlen getroffene Entscheidungen oder bei ausgewählten Konsumpraktiken mag es sich um ungewünschte, aber eben dennoch um entschieden getroffene Entscheidungen handeln. Mit diesen widerspenstigen Praktiken bringen Konsumenten und Citoyen ihre habituellen oder milieuspezifischen kulturellen Präferenzen zum Ausdruck und fordern gesellschaftliche Teilhabe ein. Es mag darin auch ein latentes Bewusstsein dafür liegen, dass in einer nicht-egalitären Organisation des Zusammenlebens, in der liberalen beziehungsweise libertären oder konservativen beziehungsweise traditionellen Ordnung mehr Sicherheit und Vorteile liegen als in einer moralisch induzierten Politik der durchregulierten Postmoderne. Für die Zeit der Aristokratie konnte Niklas Luhmann (1998, S. 689) feststellen: „Kein Plebejer kann, allein durch moralische Virtuosität, adelig werden". Etwas Ähnliches ließe sich auch für die unter moralischem Dauerfeuer stehenden Milieus und Personengruppe der Gegenwart sagen. Egal, wie sehr sie sich auch einem moralischen Masochismus verpflichtet fühlen, Selbstgeißelung betreiben und sich dem politisch korrekten Verzicht auf ihre Alltagspraktiken anpassen, es wird ihnen nicht gelingen, einen persönlichen Gewinn aus den neuen Verhaltensmaximen zu ziehen. Im Gegenteil werden die Lebensqualitätsverlusterfahrungen als gravierender eingeschätzt, als die prospektiven Heilsversprechen, die sich durch den neuen Moralstandard ergeben: Man soll weniger, aber teureres Fleisch essen und weiß, dass der individuelle Effekt auf das Klima und das Tierwohl global gesehen gegen Null tendiert.[26] Man soll auf Flugreisen verzichten, wohl wissend, dass man dann wieder mit staunenden Augen die Weltreisen des finanziell gut ausgestatteten Milieus betrachten wird, nur nicht mehr wie früher beim Diaabend, sondern auf Instagram. Man soll den PKW stehen lassen und sich in einen überlasteten ÖPNV begeben, der zu Stoßzeiten überfüllt ist und zu später Stunde gar nicht mehr oder unter verschärfter Sicherheitslage verkehrt. Man soll seine aus der milieuspezifischen Lebenswelt gewonnene und entwickelte Sprache normativ verklausulieren, bis es nur noch den Weg in die Schweigespirale gibt oder der Verlust der Satifikationsfähigkeit und das sozialökonomische Abstellgleis drohen. Man soll auf die kleinen Freuden im Alltag verzichten und sich an den freudlosen Selbstkasteiungen der moralischen Vorreiter erfreuen. Doch die negativen Effekte der Rückkopplungsrevolte sind vorprogrammiert, solange es sowohl eine

---

[26]Bemerkenswerterweise ist nämlich der oftmals eingeforderte Spruch ‚Think globally, act locally' in verschiedene Richtung les- und umsetzbar.

sozialstaatliche Demokratie als auch marktwirtschaftlich organisierte Auswahl-
möglichkeiten gibt. Und das sind historisch gesehen gar keine so schlechten Aus-
gangsbedingungen, um die tatsächlichen Probleme, die durch die moralischen
Kommunikationen entweder nicht gelöst oder auf Kosten vieler Einzelner mit
der paternalistischen Brechstange angegangen werden, so zu behandeln, dass
sich diese nicht aus einer um Teilhabe ringenden Protesthandlung sogar noch verschärfen.

Literatur

Auer, Rebekka, und Daniel Kofahl. 2018. Nutritive Genussaskese – Ein Beitrag über kulinarische Entschleunigung und Verzicht. *Epikur Journal*,
  Themenschwerpunkt ‚Genuss und Disziplin'. http://www.epikur-journal.at/
  interactivist/frontend/downloadDoc.asp?file=Auer%5FKofahl%2Epdf&typ=.
  pdf&id=00707&chk=1024443. Zugegriffen: 22. Dez. 2019.
Beppler-Spahl, Sabine. 2019. *Brexit – Demokratischer Aufbruch in Großbritannien.* Berlin:
  Parodos Verlag.
Berndt, Christina. 2019. Das letzte Glas. https://www.sueddeutsche.de/leben/alkohol-
  deutschland-gesellschaft-sucht-1.4698085?reduced=true. Zugegriffen: 22. Dez. 2019.
BMEL. 2019. *Nach vorläufigen Zahlen sind Fleischerzeugung und Selbstversorgungs-
  grad 2018 erneut rückläufig.* https://www.bmel-statistik.de/ernaehrung-fischerei/ver-
  sorgungsbilanzen/fleisch/. Zugegriffen: 10. Dez. 2019.
Bourdieu, Pierre. 1987. *Die feinen Unterschiede. Kritik der gesellschaftlichen Urteilskraft.*
  Frankfurt a. M.: Suhrkamp.
FAO. 2019. *Food outlook. Biannual report of global food markets.* Rome: CC BY-NC-SA
  3.0 IGO.
Foucault, Michel. 2008. *Überwachen und Strafen. Die Geburt des Gefängnisses.* Frankfurt
  a. M.: Suhrkamp.
Fritzen, Florentine. 2016. *Gemüseheilige. Eine Geschichte des veganen Lebens.* Stuttgart:
  Franz Steiner Verlag.
Hellmann, Kai-Uwe. 2008. Erst das Fressen, dann die Moral? Ein Beitrag zur Sozio-
  logie des Essens. In *Ernährung, Kultur, Lebensqualität. Wege regionaler Nachhaltig-
  keit*, Hrsg. I. Antoni-Komar, R. Pfriem, T. Raabe, und A. Spiller, 93–111. Marburg:
  Metropolis.
Joy, Melanie. 2013. *Warum wir Hunde lieben, Schweine essen und Kühe anziehen:
  Karnismus. Eine Einführung.* Münster: Compassion media.
Kaube, Jürgen. 2016. *Die Irrtümer der Wähler-Beschimpfe – Motive der Trump-Anhänger.*
  https://www.faz.net/aktuell/feuilleton/debatten/motive-der-donald-trump-waehler-
  beschimpfer-irren-sich-14520799.html?printPagedArticle=true#pageIndex_3.
  Zugegriffen: 20. Dez. 2019.
Kofahl, Daniel. 2014a. *Die Komplexität der Ernährung in der Gegenwartsgesellschaft.
  Soziologische Analysen von Kultur- und Natürlichkeitssemantiken in der Ernährungs-
  kommunikation.* Kassel: Kassel University Press.

Kofahl, Daniel. 2014b. Religionssoziologische (Geschmacks-)Sinnsuche – Ein Gesprächs-angebot über Essen, Gott und die Welt. In *Die Sprache verstehen. Interdisziplinäres zwischen Germanistik, Philosophie und biblischer Exegese*, Hrsg. S. Müller, 115–134. München: Utz-Verlag.

Kofahl, Daniel. 2018a. Versöhnen statt Ampel. Wir sollten uns mit unserer modernen Ess-kultur versöhnen, statt anderen Menschen ihr Essen vorzuschreiben oder Lebensmittel-ampeln zu fordern. *Novo – Argumente für den Fortschritt*. https://www.novo-argumente. com/artikel/versoehnen_statt_ampel.

Kofahl, Daniel. 2018b. Hartz-IV-Menü und Feinkosttheke – Warum es beim Essen um mehr geht als ums Sattwerden. *LuXemburg – Gesellschaftsanalyse und Praxis*: 60–65.

Kofahl, Daniel und Theresa Weyant. 2016. Halb vegan, halb vegetarisch, aber auch mal Huhn – soziologische Aspekte des Fleisch-essens und Fleisch- Verzichts in der Gegen-wartsgesellschaft. *Zeitschrift für Agrargeschichte und Agrarsoziologie*: 77–92.

Lövenich, Christoph, und Johannes Richardt, Hrsg. 2018. *Genießen verboten! Über die Regulierung der kleinen Freuden des Lebens*. Berlin: NOVO Argumente.

Luhmann, Niklas. 1998. *Die Gesellschaft der Gesellschaft*. Frankfurt a. M.: Suhrkamp.

Luhmann, Niklas. 2008. *Die Moral der Gesellschaft*. Frankfurt a. M.: Suhrkamp.

Marcuse, Herbert. 1994. *Der eindimensionale Mensch – Studien zur Ideologie der fort-geschrittenen Industriegesellschaft*. München: DTV.

O'Neill, Brendan. 2016. Trump ist nicht der Weltuntergang. https://www.novo-argumente. com/artikel/trump_ist_nicht_der_weltuntergang. Zugegriffen: 22. Dez. 2019.

Pfaller, Robert. 2017. *Erwachsenensprache. Über ihr Verschwinden aus Politik und Kultur*. Frankfurt a. M.: Fischer.

Sade, Donatien-Alphonse-François Marquis de. 1990. *Die 120 Tage von Sodom oder Die Schule der Ausschweifungen*. München: Orbis Edition.

Sade, Donatien-Alphonse-François Marquis de. 1991. *Justine und Juliette*, Bd. 10. München: Matthes & Seitz.

Schivelbusch, Wolfgang. 1997. *Das Paradies, der Geschmack und die Vernunft – Eine Geschichte der Genussmittel*. Frankfurt a. M.: Fischer.

Theglobaleconomy.com. 2019. *Getreideertrag pro Hektar – Land-Rankings*. https:// de.theglobaleconomy.com/rankings/cereal_yield/. Zugegriffen: 18. Dez. 2019.

Welthungerhilfe.de. 2019. *Hunger: Verbreitung, Ursachen & Folgen*. https://www.welt-hungerhilfe.de/hunger/. Zugegriffen: 2. Dez. 2019.

Wilk, Nicole M. 2011. Snack Talk – Wie (funktionalisierte) Lebensmittel mit uns „reden". In *Die Zukunft auf dem Tisch*, Hrsg. A. Ploeger, G. Hirschfelder, und G. Schönberger, 253–268. Wiesbaden: VS Verlag.

Dr. Daniel Kofahl ist Soziologe. Er leitet das Büro für Agrarpolitik und Ernährungs-kultur – APEK und ist Dozent an der Universität Wien sowie der Fachhochschule Mittel-stand. Seine Forschungsschwerpunkte liegen auf den Themenfeldern Ernährung, Genuss, Geschmack und Konsum. Er ist zudem als Berater für zivilgesellschaftliche Organisationen und Unternehmer der freien Wirtschaft tätig. Mehr Infos unter https://www.apek-consult. de/team/dr-daniel-kofahl/.

Dunkle Seiten des Konsums: Wie Verbraucher tricksen und täuschen

Günther Rosenberger

> *Jeder Mensch ist wie ein Mond: er hat eine dunkle*
> *Seite, die er niemandem zeigt.*
>
> Mark Twain

Zusammenfassung

Die Angehörigen der Zivilgesellschaft erweisen sich im Alltag oft als unhöflich und egozentrisch. Sie lügen beispielsweise, um einen Nachteil auszugleichen, oder sie betrügen, um einen Vorteil zu erschleichen. So auch im Konsum: Ladendiebstahl, Schwarzfahren, Versicherungsbetrug sind verbreitete und selten geächtete Verstöße gegen Anstand, soziale Normen und Strafrecht. Die Ursachen für solches Fehlverhalten liegen in einem Gespinst von internen und externen, situativen und strukturellen Bedingungen. Wer kann was tun gegen ‚kriminellen Konsum'? Neue Aufgaben für die Verbraucherwissenschaften werden vorgeschlagen.

Schlüsselwörter

Betrug · consumer misbehavior · Fehlverhalten im Konsum ·
Konsumentenbilder · krimineller Konsum · Ladendiebstahl · Normen ·
Verbraucherforschung · Versicherungsbetrug

G. Rosenberger (✉)
Institut für Verbraucherjournalismus ifv, Berlin, Deutschland
E-Mail: guenther.rosenberger@t-online.de

© Springer Fachmedien Wiesbaden GmbH, ein Teil von Springer Nature 2020   191
K.-U. Hellmann et al. (Hrsg.), *Verbraucherpolitik von unten,* Konsumsoziologie
und Massenkultur, https://doi.org/10.1007/978-3-658-29754-1_10

1   Konsumentenbilder in der Konsumforschung

1.1   Der ‚ethische Verbraucher' – ein Mythos?

Das Bild vom Konsumenten schwankt in der Geschichte der Verbraucherforschung. Deren vorrangiges Interesse gilt dem rationalitätslimitierten, schutzwürdigen, überforderten Konsumenten: einem potenziellen Opfer von Marketing,
Kapitalismus, Globalisierung, Digitalisierung, je nachdem. Als Akteur wird
er erst gesehen, wenn er als ethisch verantwortlicher Verbraucher oder als
‚Prosument', der partizipativ und kollaborativ handelt, in Erscheinung tritt
(Blättel-Mink und Hellmann 2010). Viele Verbraucher anerkennen in der Tat
ihre Verantwortung für Natur, Gesellschaft, Kultur und Wirtschaft. Für manchen
Beobachter ist solche „Rücksichtnahme auf das Wohlbefinden eines fernen
menschlichen oder nicht-menschlichen Dritten" (Fuentes und Sörum 2019,
S. 131) bereits zum ‚Mainstream' geworden. Das wird nicht von allen so gesehen.

Vor zehn Jahren gewannen Timothy M. Devinney, Pat Auger und Giana M.
Eckhardt (2010, S. 1 ff.) den Eindruck, dass sich das Bild vom ethischen Verbraucher schon länger entwickelt habe: vom schmalen Umweltkontext hin zu
einer umfänglichen Vorstellung, die vielerlei Gewissensfragen umschließe,
schrieben sie in ‚The Myth oft the Ethical Consumer'. Sie sahen ein Problem in
der Kombination der Debatten über ethisches Konsumdenken mit bestimmten
Initiativen, wie dem Projekt ‚Product Red 2006' (das Geld zur Bekämpfung
von AIDS, Tuberkulose und Malaria einsammeln sollte). Publikumswirk-
same Aktionen würden darüber hinwegtäuschen, dass Produkte mit einer
ethischen oder sozialen Dimension selten gekauft werden. Befragte Verbraucher
würden zwar eine Verantwortungsbereitschaft kundtun, aber nicht entsprechend
handeln. Die Lücke zwischen Einstellung und Verhalten sei ‚unangenehmen
empirischen Wahrheiten' geschuldet (Devinney et al. 2010, S. 172 ff.). Ihr Fazit
aus Befragungen, Beobachtungen und Experimenten in verschiedenen Ländern
formulierten sie so: „We argue for, and support with research findings, the
position that the ethical consumer is a myth, an idealized fiction supported by
neither theory nor fact" (ebd., S. 9). Die Figur des ethischen Konsumenten wäre
unrealistisch und heroisch, ungeeignetes Rollenmodell, und führe nur zu Streitigkeiten über ‚fehlerhaftes' Verhalten (ebd., S. 185).

Ethisches Konsumieren sei eng limitiert, weil Konsumenten auch Faktoren für
ihre Entscheidungen abwägen, die vorteilhaft für sie selbst sind (Devinney 2011)
– ein solches gegen den Zeitgeist in die Welt gesetztes Statement musste Wider-

spruch provozieren. So wurde bemängelt, dass die Studien nicht repräsentativ seien und keine Personen umfassten, die sich als ethische Verbraucher bezeichnet hätten, dass die Argumentation rund um den Mythos schwach und unpolitisch sei (Vargha 2011). Auch würde der ethische Konsument als eindimensionale Figur erscheinen; ethisches Verhalten speise sich nicht aus einer einzelnen Quelle moralischer Werte. Ethik sei kein genetisches Merkmal wie die Augenfarbe, vielmehr sei Moral erworben, vielgestaltig, widersprüchlich und unvollkommen (Kleinrichert 2012). So ist auch „the ethical consumer […] multifaceted, fluid and elusive, subject to individual, contextual, cultural and emotional vagaries" (Carrigan 2017, S. 17).

Trotz dieser Einwürfe wird in letzterem Text fast nur vom ‚ethical consumer' gesprochen, einer fiktiven Person, und nicht von ethischem Konsum als Prozess (‚consumption'). Die Kontroversen dürften auch einem mangelnden Problembewusstsein geschuldet sein, dass das Leitbild einer fiktiven Figur der Heterogenität des Konsums nicht gerecht werden kann. Man kann einem abstrahierenden Modell schlecht vorwerfen, es hätte mit der Realität wenig zu tun. Ein solcher Mythos erweist sich als ‚Pappkamerad', den zu erledigen jeder methodologischen Argumentation leicht fällt, ohne dass an empirischer Einsicht gewonnen wäre.

1.2   Ethischer Konsum – eine volatile Variable

Dass Personalisierungen irreführend sein können, zeigt sich in der Debatte über Verbraucherleitbilder. Beim Bemühen, sich vom realitätsfernen Bild des ‚mündigen Verbrauchers' zu lösen (Bala und Müller 2015), konzipierte man drei Verhaltensmuster mit den Bezeichnungen vertrauend, verletzlich und verantwortungsvoll (Micklitz et al. 2010). Diese Trias hat die verbraucherpolitischen Konzepte befruchtet und zugleich zu Missverständnissen geführt, dann nämlich, wenn die gewählten Adjektive personalisiert wurden; wenn beispielsweise von einem ‚vertrauenden Verbraucher' gesprochen wurde, so als wäre jemand nur dies Eine und keineswegs das Andere oder das Dritte (Bala und Schuldzinski 2019b, S. 9 f.). Fiktive Personen wurden als eindimensional interpretiert und missverstehend kritisiert (ebd., S. 10). Gemeint waren aber Verhaltensweisen oder -stile, die sich innerhalb einer Person überschneiden oder abwechseln können, die situationsabhängig sind, die man lernen und modifizieren kann, eben weil ‚multifaceted, fluid and elusive'. Der Verbraucher hat viele Gesichter. Auch die Konsumforschung freilich personalisiert und definiert spezifische Bilder vom Verbraucher. Es hilft weiter, wenn solche Konsumentenbilder als ‚produktive

Fiktionen' erkannt werden (Müller 2019). Hinter ihnen können Menschenbilder stehen wie beispielsweise der Mensch als vernunftbegabtes Doppelwesen, als schöpferisches Symbolwesen oder als Mängelwesen. Letzteres bezeichnet Müller (2019, S. 32 ff., S. 66) übrigens als ein skeptisch-pessimistisches Bild. Die Orientierung an Konsumentenbildern hat praktische Folgen für die Verbraucherpolitik und systematische Folgen für die Verbraucherwissenschaften. Hellmann (2019a, S. 2) folgend soll unter Konsum verstanden werden

> „die Befriedigung beliebiger Bedürfnisse, ob durch Sach- oder Dienstleistungen, ob bezahlt oder nicht, ob individuell oder kollektiv konsumiert. Konsumieren umfasst wiederum eine Vielzahl von Tätigkeiten, die zur Befriedigung beliebiger Bedürfnisse beitragen (sollen)."

Das bedeutet, dass sowohl die Informations- und Entscheidungsphasen vor einem Kauf bedeutsam sind als auch die Nutzung von Gütern und Inanspruchnahme von Leistungen. Das schließt beispielsweise Reklamationsverhalten oder Umtausch ein sowie die Entsorgung. In diesem Verständnis finden Konsumpraktiken auch außerhalb traditioneller Märkte statt, bei Sharing-Modellen, Tauschbörsen oder im Haushalt. Konsum ist auch die Inanspruchnahme öffentlicher Güter, beispielsweise des ÖPNV oder die indirekte Nutzung der Sicherheitsleistungen von Feuerwehr oder Polizei.

Konsumieren ist prozesshaft und kann verschiedene Verlaufsformen annehmen. Seine Ausprägungen lassen sich auf einem Kontinuum ethischer Relevanz verorten. Daher müsste man statt von ethischem Konsum eher von ,ethisch relevantem Konsumieren' sprechen, weil der Umfang ethischen Gehalts in Konsumpraktiken variiert. Umgangssprachlich wird ethisch in einem dualen Sinn verwendet: Wenn etwas ,ethisch' ist, ist es moralisch hochwertig. Die eine Extremposition auf der Skala des ,mehr oder weniger ethischen Verhaltens' wäre dann ,ethisch hochstehend' oder auch ,sehr ethisch'. Die entgegengesetzte Position müsste man mit ,sehr unethisch' bezeichnen, was blass klingt. Anschaulicher wären Adjektive wie verantwortungslos, gemeingefährlich, kriminell. Stellt man sich die Skala als Thermometer vor, könnte man fragen, wie tief dann böses Fehlverhalten anzusiedeln wäre, vielleicht sogar auf einer nach unten offenen Skala. In diesen dunklen Tiefen tritt der Konsument als unethischer Täter in Erscheinung, als Gegenfigur des hellen ethischen Akteurs. Für die Verbraucherpolitik gibt es womöglich auch hier, ,von unten', Ansatzpunkte.

Droht bei einer solchen Sicht die Gefahr der Übertreibung? Muss man warnen vor einem ,myth of the unethical consumer' (Hellmann 2019a, S. 42)? Jede Form des Konsums sei immer eingebettet in einen bestimmten Lebensstil, sei nur

systemisch zu begreifen und daher, im soziologischen Sinne, moralisch (ebd.).
Und im Übrigen: Wenn ausführlich ‚Krumme Touren in der Wirtschaft. Zur
Geschichte ethischen Fehlverhaltens und seiner Bekämpfung' (Engels et al. 2015)
dargestellt werden, wird unethischer Konsum gar nicht erst in Erwägung gezogen:
‚Dafür hat man doch Gründe, das zeigt doch die Übertreibung!' hört man rufen.

1.3   Fehlverhalten ist ubiquitär

Im Folgenden geht es um Konsumenten als Täter, die in ihrem Konsum Normen
verletzen. Dies erfolgt nicht als Ausdruck ihres Lebensstils. Fehlverhalten erfolgt
oft spontan, bedingt durch eine Kombination innerer und äußerer Faktoren.
‚Gelegenheit macht Diebe' wäre eine plausible Erklärung für viele Formen
konsumistischen Fehlverhaltens. Das ‚Täterprofil' eines bösen Konsumenten
wird man kaum finden. Es wird auch keine Polarisierung zwischen falschem und
richtigem Konsum unterstellt; den im Folgenden beschriebenen Praktiken wird
kein Gegenmodell eines ‚richtigen' Konsumierens entgegengehalten. So geht es
auch nicht um Anomalien, um Abweichungen von den Annahmen des Rational-
Choice-Modells. Für idealtypische oder idealistische Verhaltensmodelle wird hier
nicht eingetreten.

Es geht auch nicht um Fehlverhalten im Sinne von Richard Thalers (2015)
‚Misbehaving', das die Einschränkungen und Biaseffekte bei Entscheidungen
meint, wie er sie in ‚Misbehaving: The Making of Behavioral Economics'
beschrieben hat. Weiter sind nicht gemeint die ‚Fehler' des fiktiven Homo
Oeconomicus: „In terms of traditional economic theory, Humans misbehave"
(Thaler 2016, S. 5). Zum Thema gehören auch nicht selbstschädigende Verhaltensweisen wie unmäßiges Essen, zu vieles Trinken, zu wenig Sparen, zu
viel Rauchen etc., was ebenfalls als ‚consumer (mis)behavior' bezeichnet wurde
(Wertenbroich 2016). Schließlich sind auch nicht Denkfehler gemeint: dass man
einen Namen vergisst, sich verrechnet, etwas falsch versteht (Dobelli 2014).
Solche eher harmlosen Fehlgriffe weisen auf zwei Besonderheiten hin. Erstens
steckt in ihnen nichts Boshaftes. Zweitens hat jemand den Schaden selbst: Wenn
etwas ‚dumm gelaufen' ist, dann für den Betreffenden persönlich. Beim Fehlverhalten, um das es hier geht, ist das Gegenteilige im Spiel, nämlich Normenverletzung aus Eigennutz oder Bosheit sowie die Schädigung Dritter.

Dass solches Fehlverhalten alltäglichen Charakter hat, zeigen Beispiele
in nicht-konsumbezogenen Lebensbereichen. Eine repräsentative Befragung
des Instituts für Demoskopie Allensbach im Juli 2019 ergab Folgendes: Die
gesellschaftliche Entwicklung sorgt bei Menschen zwischen 30 und 59 Jahren

(,Generation Mitte') für massives Unbehagen. Vier von fünf Befragten konstatieren eine zunehmende Aggressivität im gesellschaftlichen Umgang. 90 % erleben dies im Straßenverkehr. Mit rücksichtslosem und aggressivem Verhalten konfrontiert sehen sich Befragte auf öffentlichen Plätzen (59 %) und in öffentlichen Verkehrsmitteln (51 %), aber auch im Internet (54 %) (Institut für Demoskopie Allensbach 2019).

Das Exzellenzcluster ,Temporal Communities' der Freien Universität Berlin findet die Frage untersuchenswert, ob Adolph Knigges ,Über den Umgang mit Menschen' von 1788 uns heute noch helfen kann. „In Zeiten von Hate Speech sei die Frage, wie Menschen miteinander umgehen, von großer gesellschaftlicher Relevanz", erklärte man dazu (Herbold 2019). Zunehmend auffällig werden übrigens Studierende: „Zu beobachten ist […], dass Verhaltensnormen bewusst verletzt werden, weil sie für ,spießig' und überholt gehalten werden. Rücksicht scheint ein nicht bekanntes Phänomen zu sein" (Turner 2019). Und bei Kindern und Jugendlichen überschlagen sich die Vorkommnisse. Eine bundesweite Befragung von 1200 Schulleitern hatte 2018 ergeben, dass es während der vergangenen fünf Jahre an fast jeder zweiten Schule zu Gewalt gegen Lehrkräfte gekommen ist; unglaubliche Respektlosigkeiten hätten zugenommen (Bachner et al. 2018, S. 7). Immer wieder müssten bessere, dem Leistungsstand nicht entsprechende Noten gegeben werden, um Ärger und Konflikte zu vermeiden (Lehmann 2016, S. 3).

Mit Entgleisungen und hässlichen Konfrontationen im Alltag haben wir alle unsere Erfahrungen. Sie finden auch ihre Darstellung. ,Über den Anstand in schwierigen Zeiten und die Frage, wie wir miteinander umgehen' lautet ein vielsagender Buchtitel. Den Schriftsteller Axel Hacke (2018, S. 10) berührt das alltägliche Fehlverhalten: „Denn es schwappt ja seit einer Weile nicht nur eine Woge von Anstandslosigkeit um die Welt, sondern ein ganzer Ozean tobt". Ein Reihe einschlägiger Buchtitel schlägt in die gleiche Kerbe: ,Benehmt Euch! Ein Pamphlet', ,Scheiss drauf. Die Kultur der Unhöflichkeit', ,Die Rüpel-Republik. Warum sind wir so unsozial?', ,Umgangsformen für das 21. Jahrhundert. Warum wir keine Manieren mehr haben – wie wir einander neu respektieren lernen', ,Meide deinen Nächsten. Beobachtungen eines Stadtneurotikers', ,Schamverlust. Vom Wandel der Gefühlskultur', ,Hatebook. Die Pöbel-Demokratie', ,Höflichkeit. Vom Wert einer wertlosen Tugend', ,Ich verbitte mir diesen Ton, Sie Arschloch! Über den Niedergang der Umgangsformen'. Fazit: Es mangelt rundum an „normaler Anständigkeit, die Bindungen zwischen den Menschen schafft und Verpflichtungen für den einzelnen mit sich bringt." (Bude, zitiert nach Monath 2019)

Härtere Regelverstöße, die über verbale Rempeleien hinausgehen, werden in unterschiedlichen Bereichen registriert. Auf die Hasstiraden in sozialen Netzen muss man gar nicht eingehen, ebenso nicht auf die Interpretation von roten Verkehrsampeln und Tempolimits als unverbindliche Empfehlungen. Auch Blockaden öffentlicher Einrichtungen durch ‚Aktivisten' gelten für manche als lässlich, das Sprengen von Vorlesungen unliebsamer Dozenten findet Verständnis. Folgende Schlagzeilen stammen aus aktuellen Zeitungen: ‚Eigensüchtig und ohne Unrechtsbewusstsein. Falschparker zeigen wenig Einsicht', ‚Bademeister beklagen Aggressivität', ‚Ich steche dich ab – Rettungsstellen-Mitarbeiter in Angst', ‚Ausgeblendete Nachrichten: Tatort Kirche. Die Zahl der Kircheneinbrüche und -diebstähle bleibt hoch', ‚Die Gewalt auf Fußballplätzen nimmt zu', ‚Mauscheln bei Professuren. Korruption an Unis ist ein internationales Phänomen', ‚Angriff auf die Ärzte. Verbale und körperliche Gewalt in Kliniken oder Praxen nimmt zu' und ‚Exkrementierfreudig. Immer mehr Buchtitel setzen auf Fäkalsprache'. Solches und anderes sind „Beispiele alltäglichen Wahnsinns in den Reihen angeblich ganz normaler Bürger." (Steinbrück 2018, S. 135)

Es fallen Gemeinsamkeiten der Beispiele auf. Stets im Spiel sind Aggressionen, geringe Hemmschwellen, Mängel an Empathie; es werden soziale Verhaltenserwartungen verletzt; dies oft in einer aktuellen Anreizsituation; ein Schuld- oder Schamgefühl wird nicht sichtbar; es gibt auch keine unmittelbaren Sanktionen. Dies alles nährt einen Anfangsverdacht. ‚Wir alle sind Verbraucher' wird oft gesagt. Dann aber dürften sich normverletzende Übergriffigkeiten auch im Konsum manifestieren. Dann wären Verbraucher nicht vor Kontrollverlusten gefeit, dann tricksten und täuschten auch sie.

2 Dunkle Seiten des Konsums

2.1 Konsumenten im Schatten: ‚consumer misbehaviour'

Die ‚dark sides' des Konsums sind seit längerem Gegenstand der amerikanischen Konsumforschung. Zum ‚consumer misbehavior' zählt beispielsweise Solomon (2016, S. 143 ff.) unterschiedliche Aktivitäten. Er versteht darunter ein für Individuen oder die Gesellschaft schädliches Verhalten: Konsumterrorismus (wenn jemand im Supermarkt Gift in ein Lebensmittel injiziert), Konsumsucht und pathologischen Kaufzwang, ‚verbrauchte' Konsumenten (die ausgenutzt werden, um Gewinne zu erwirtschaften), illegalen Ankauf und illegale Produktnutzung, Diebstahl und Betrug sowie Antikonsum. Unter letzteren Begriff fallen

Akte wie Produkte vorsätzlich verunstalten, Sprühen von Graffiti, Freisetzen von Computerviren oder das Zerstören von Werbeschildern.

Eine einflussreiche Definition von ‚consumer misbehavior' schlugen Fullerton und Punj (1997, S. 336) vor: „Consumer misbehavior may thus be defined as behavioral acts by consumers which violate the generally accepted norms of conduct in consumption situations, and disrupt the order expected in such situations". Evans et al. (2013, S. 445 ff.) subsumieren folgende Sachverhalte: beim Produkterwerb abnormales (exzessives Kaufen) oder illegales Handeln (Diebstahl, schwarzer Markt, Schmuggel, Markenpiraterie) sowie bei der Produktnutzung suchthaftes (Drogenmissbrauch, Glücksspiel, Komasaufen) und illegales Verhalten (Drogenkauf, Missbrauch von Leistungen, minderjähriges Trinken oder Rauchen). Als normverletzend gelten auch aggressives Verhalten gegenüber Verkäuferinnen oder Call Center-Mitarbeitern, Zahlungsverweigerung, das Beschmieren von Plakaten, Kreditkartenbetrug, Vandalismus, falsche Angaben bei Befragungen. Ähnlich wird der Begriff von anderen Autoren verwendet: „Consumer misbehavior, within the context of this research, is defined as the extent to which a customer deliberately behaves in a way that violates the norms and unwritten rules of an individual service setting in a negative fashion" (Reynolds und Harris 2009, S. 321). Hier wird auch verstecktes Verhalten einbezogen, im Unterschied zu Fullerton und Punj, die auf beobachtbares Handeln fokussieren (Fisk et al. 2010, S. 418).

Ein Überblick über alternative, teils synonyme Bezeichnungen für ‚consumer misbehavior' findet sich bei Hailat (2016, S. 53 ff.): ‚deviant behaviour', ‚aberrant customer behaviour', ‚problem customers', ‚dysfunctional customer behaviour', ‚inappropriate consumer behaviour' und ‚direct and indirect customer revenge'. Für das Folgende soll ‚consumer misbehaviour' eingeengt werden: Es geht vorrangig um die Besonderheiten von ‚Betrügen': „Alle Betrugsarten haben gemeinsam, dass sich jemand einen finanziellen Vorteil verschaffen möchte, indem er andere täuscht." (Fetchenhauer et al. 2019, S. 101).

2.2   Tricks und Täuschungen

Eine Repräsentativbefragung wollte 2017 wissen, ob man schon einmal gelogen hat (markengold PR; Shoop 2017). Mit diesen Tricks verschaffen sich deutsche Verbraucher ihre Vorteile:

- Urlaubsverlängerung durch Krankmeldung 44 %
- Privates Essen von der Steuer absetzen 20 %

- Vertragspartner wechseln für Neukundenvorteile 17 %
- Fake-Accounts bei eBay, um den Preis nach oben zu treiben 16 %
- Vorteile mit falschem Studentenausweis nutzen 16 %
- W-LAN des Nachbarn ohne dessen Wissen genutzt 15 %
- Falsche Angaben im Bewerbungsgespräch 13 %
- Kleidung im Laden leicht beschädigt, um Rabatt zu bekommen 11 %
- Kleidung für ein Event gekauft und danach wieder zurückgebracht 10 %
- Streaming-Dienst eines Freundes ohne dessen Wissen genutzt 9 %

Somit ist eines unübersehbar: Es wird betrogen und gelogen, dass sich ‚die Balken biegen'. „Die Verlockungen der Konsumgesellschaft fördern demnach - möglicherweise flankiert von der Hedonismustendenz - bestimmte Formen der Kriminalität." (Wiswede 2000, S. 64)

2.3   Der Verbraucher: ein Lügenbaron?

Lügen haben kurze Beine, behauptet der Volksmund. Dass Lügen große Sprünge machen und sich zu massiven Betrügereien auswachsen können, haben Forscher vom University College London herausgefunden. Ihrer Studie stellten sie eine lapidare Feststellung voran: „Dishonesty is an integral part of our social world, influencing domains ranging from finance and politics to personal relationships" (Garret et al. 2016, S. 1). Tricksen, Täuschen, Lügen gehören zum Leben: 65 % der Deutschen lügen täglich mindestens einmal, hieß es in der erwähnten Studie (markengold PR; Shoop 2017).

Die Lügenhaftigkeit von Konsumenten ist gut erforscht, denn „Consumers tell many lies" (Cowley und Anthony 2019, S. 180). Dabei laufen sie Gefahr, deren Inhalt zu vergessen und sich zu verraten; die Erinnerung an eine Lüge ist umso genauer, je riskanter ihre Aufdeckung und je höher ihr Erregungs-potenzial ist (Cowley und Anthony 2019). Nachdrückliche Aussagen (‚ich kann es beschwören') sind wahrhaftiger als rein sachliche; bei ‚schwachen' Statements wächst die Neigung zu flunkern (Gawn und Innes 2018). Wenn es um Unehr-lichkeit in einem beruflichen Kontext (z. B. Bewerbung) geht, scheinen 32 % der deutschen Bevölkerung zum eigenen Vorteil zu betrügen, und es gibt dabei kaum Unterschiede zwischen einzelnen Gruppen; nur Studierende mogeln mehr als Nicht-Studierende (Djawadi und Fahr 2015). In Marktbeziehungen ist die Neigung zum Lügen ausgeprägter als in persönlichen Beziehungen, bei denen man seine Entscheidungen stärker auf Intuition gründet (Cappelen et al. 2013). Und wenn man nicht befürchten muss, aufgedeckt und bestraft zu werden, lügen viele Menschen ganz erheblich (Yani und Siniver 2016).

Ist der tricksende und täuschende Konsument ein Sonderling, ein Konsum-Alien, ein moderner Lügenbaron? Alltägliches Fehlverhalten wie Notlügen oder taktische Flunkereien ('weiße Lügen') haben etwas Banales. Wohlwollende Zeit-betrachter empfinden unwahre Behauptungen oft als lässliche, kleine Sünde, die hilfreich sein kann und niemandem richtig schadet: ,Das ist doch normal!'. Lügen ist eben sehr verbreitet und nicht beschränkt auf Bösewichter, der Lügen-baron à la Münchhausen wäre eine überzogene Metapher. Doch die Geltungs-zonen des Marktaustausches werden in verschattete Bereiche ausgeweitet.

2.4   Der Verbraucher: ein ‚Normalo'!

Keinem Menschen sieht man an der Nasenspitze an, dass er schon mal flunkert oder lügt oder aggressiv wird. Sogar strafrechtlich relevantes Handeln entzieht sich leicht dem Augenschein. Nach Auffassung des Soziologen Wolfgang Sofsky (2016) würden Gewalttäter, immerhin ein dramatischerer Aggregatzustand von Tricksern und Täuschern, erst durch ihre Tat auffällig.

> „Stets sind sie unauffällig, freundlich, nett, ausgeglichen, manche galten als etwas schüchtern oder gehemmt. Der eine grüßte im Treppenhaus, der andere nicht. Der eine schien auf dem besten Weg zur ‚Integration', der andere war auf dem Weg zu ‚Desintegration', nach Bulgarien. Der eine betet, der andere nicht. Der eine geht in die Moschee, der andere zur Schule. […] Manche waren psychisch krank wie Millionen Zeitgenossen. Andere waren nicht psychisch krank wie Millionen Zeit-genossen. Immer jedoch waren sie ziemlich unauffällig".

Vergleichbares darf man für Verbraucher als Täter annehmen, wobei gegenüber Gewalttätigkeiten die Normverletzungen von Konsumenten leichter wiegen. Über manche Tricks und Listen, Wutanfälle und Betrügereien kann man erst staunen, wenn sie einem bekannt werden, zumal, wenn die Übeltäter wohlgelittene Nach-barn sind, Verwandte, Kollegen, Sportkameraden. Auch Menschen, die sich ,im Guten' vom Durchschnitt ihrer Mitbürger abheben, fallen eher durch Unsichtbar-keit auf.

> „In a series of studies we found that it is nearly impossible to ascertain ex ante using observable measures such as gender, income, age, education and so on who is or is not more likely to possess certain social preference."

Jedenfalls bei Vergleichen innerhalb eines Landes; soziale Verantwortlichkeit von Konsumenten sei „more deeply embedded in the psyche oft the individual" (Devinney et al. 2006, S. 8). Ob das für Konsumfehlverhalten gleichermaßen gilt, sei zunächst dahingestellt. Man mag hier an die Dreigroschenoper von Bertolt Brecht denken: „Denn die einen sind im Dunkeln/und die andern sind im Licht/ und man siehet die im Lichte/die im Dunkeln sieht man nicht.".

Fehlverhalten im Konsum ist ‚immer und überall'. Verbraucher, die sich – gelegentlich oder öfters, ein bisschen oder massiv – fehlverhalten, sind keine sozialen Randexistenzen oder Exzentriker mit pathologischen Besonderheiten. Es geht hier um das boshaft-egozentrische Verhalten von Bürgerkonsumenten, von ‚Normalos'. Über den Aufstieg von Minderheiten wurde einmal gesagt, dass deren Abweichungen von den üblichen Erwartungen inzwischen selber als erwartbar angenommen werden (Kaube 2007, S. 9). Vergleichbar geht es beim konsumistischen Fehlverhalten nicht um unerwartet Extremes oder Bizarres: „Sondern es geht um ganz normale Abweichungen und um die Beschreibung einer Gesellschaft, in der sie sich als Normalität etabliert haben." (ebd.)

2.5   Ausweitung der Konsumzone

Eine deutschsprachige Definition konsumistischen Fehlverhaltens kann sich orientieren an einer Definition für ‚dysfunktionales Kundenverhalten', die normenbasierte und schadenbasierte Bestimmungsansätze einbezieht (Plein 2016, S. 11 ff.). Von Fehlverhalten im Konsum wird im Folgenden gesprochen, wenn sich ein Konsument im Zusammenhang mit Austauschprozessen auf oder außerhalb von Märkten „– bewusst oder unbewusst, beobachtbar oder nicht beobachtbar – so verhält, dass sein Verhalten gegen eine geltende Norm verstößt und dazu geeignet ist, eine mit dem Verhalten in Zusammenhang stehende Ziel-erreichung zu beeinträchtigen" (ebd., S. 13). Als Normen gelten Gesetze, Regulierungen und allgemein akzeptierte Verhaltensregeln. Verstöße verursachen finanzielle, physische oder emotionale Beeinträchtigungen. Zielerreichung meint die eigenen, egoistischen Ziele, nicht diejenigen von Anspruchsgruppen, Unternehmen, Behörden oder anderen Konsumenten.

Das dem ‚misbehavior' entsprechende ‚Fehlverhalten' ist unanschaulich, bedeutet aber nichts Geringeres als betrügen, klauen, beschimpfen, jemanden linken, benachteiligen, leimen, ausbeuten, über den Tisch ziehen, verarschen – drastische Begriffe, die den gemeinten Normverletzungen umgangssprachlich gerecht werden.

So möchte man im Sinne des Volksmundes der Wissenschaft zurufen, sie sollte auch den Begriffen der Forschung eine objektangemessene Farbe geben. In diesem Sinn kann man von ‚kriminellem Konsum' sprechen, was im Fall von Ladendiebstahl oder Versicherungsbetrug naheliegt. In der angelsächsischen Literatur wird ‚criminal' für das Fehlverhalten von Konsumenten überwiegend abgelehnt; man verweist auf die unklare und irreführende Bedeutung des Begriffs (Fullerton und Punj 1997, S. 339). Im deutschen Sprachgebrauch hat kriminell aber eine weitergehende Bedeutung. Nach Duden (https://www.duden.de/rechtschreibung/kriminell) bedeutet kriminell zwar ‚zu strafbaren, verbrecherischen Handlungen neigend' sowie „eine strafbare, verbrecherische Handlung darstellend" – was beides gravierend ist. Umgangssprachlich bedeutet kriminell aber auch, ‚sich an der Grenze des Erlaubten bewegend; unverantwortlich, schlimm; rücksichtslos'. So hört man im Alltag ja oft ‚Das ist ja kriminell!', auch bei banalen Vorkommnissen.

Mit dieser Bedeutung wird im Weiteren von ‚kriminellem Konsum' (KK) gesprochen. Die prägnante Kurzformel wird dem gemeinten Gegenstand gerecht: KK verletzt Anstand und Benimm, Geschmack und Werthaltungen, tritt aggressiv und selbstgerecht auf, schadet Unternehmen, Behörden und anderen Verbrauchern. KK ist asozial und schwächt den sozialen Zusammenhang. „KK" bezeichnet objektives Fehlverhalten, das individuell zu verantworten ist und das nicht dezionistisch zugeschrieben wird, wie es der Etikettierungsansatz (Labelingansatz) unterstellt (Wiswede 1979, S. 142ff.) Allerdings, gerade wegen der umgangssprachlichen Bedeutung von ‚kriminell', wird man sich fragen, was denn so normverletzend sein soll an einer kritisierten Verhaltensweise und wer darüber entscheidet.

2.6   Normen und Normalität

Der Verstoß gegen soziale Normen und/oder ‚ungeschriebene Gesetze' ist konstitutiv für die Definitionen von ‚consumer misbehavior'. Das kann man als deren Pferdefuß verstehen. Denn die Unschärfe von ‚Normen' wirft Fragen auf, was im Einzelnen zutreffend zu beanstanden ist: „Indeed, behavior that is deemed ‚dysfunctional' may differ according to individuals, contexts, cultures, and geographical locations." (Fisk et al. 2010, S. 422) Beliebte Sprüche zur Relativierung normativer Erwartungen bieten sich an: ‚Das tun doch alle', ‚Das sind Peanuts', ‚Wer wird denn gleich?', ‚Man muss auch mal Schwein sein' oder ‚Einmal ist kein Mal'. Manches Gerede dürfte sogar auf gefestigten Überzeugungen beruhen. Welche wertorientierten Verhaltensansprüche also gelten heutzutage noch eindeutig? Ist es nicht normal geworden, Anstandskriterien eines Knigge-Kanons zu belächeln oder ‚Sekundärtugenden' wie Höflichkeit, Fleiß,

Disziplin, Pflichtbewusstsein, Zuverlässigkeit, Ordnungsliebe als überstandene Vorstellungen abzutun? Beharren Anwälte von Multikulti nicht darauf, kulturelle Traditionen seien prinzipiell gleichwertig, im Einzelfall irrelevant? Die Postmoderne plädiert für Beliebigkeit von Formen und Inhalten. Das Verlangen nach Diversität beansprucht allgemeine Akzeptanz auch konfliktärer Überzeugungen in gesellschaftlichen, kulturellen, politischen, ökonomischen Kontexten. Gruppenspezifisches Diversitätsbegehren bedingt aber die Zurückweisung der Maßstäbe anderer Stakeholder oder der Mehrheitsgesellschaft. Diversität hat ihren Preis auch in Form eines desorientierenden Wertestreits.

Was Normen und Verhaltenserwartungen angeht, die unter Oberbegriffen wie Anstand verstanden werden, sollen hier nur solche Wertvorstellungen gemeint sein, die in der Mehrheitsgesellschaft noch Zustimmung finden und, mehr oder weniger nachdrücklich, sanktioniert werden. Als (zumindest wohl künftig) mehrheitsfähige Normen sollen auch die wachsenden Erwartungen an ethisches, verantwortliches, nachhaltiges Konsumieren gelten. Wobei einer ‚Moralisierung des Konsums‘ entgegengehalten wird, dass sie zu einem selbstgerechten ‚Gewissenswohlstand‘ verleiten kann, der alle, die sich derartigen Konsumstil nicht leisten können (oder wollen), als ‚Konsumproletariat‘ stigmatisiert und so zur Verschärfung sozialer Differenzen beiträgt (Ulrich 2013, S. 140 f.). Schließlich soll den Normen des Zivil- und Strafrechts uneingeschränkte Geltung zukommen.

2.7 Ohne Norm nichts los

Jegliche Feststellung eines abweichenden Verhaltens setzt bestimmte ethische, moralische, politische oder theoretische Überlegungen voraus, die selbst wieder normativ orientiert sind, was zu einem infiniten Regress führen kann (Lamnek 2018, S. 33). Im Folgenden wird davon ausgegangen, dass ökonomische Austauschprozesse erfolgreich nur innerhalb eines akzeptierten Regelwerks funktionieren, seien es Anstandsnormen, Nachhaltigkeitsnormen, schuldrechtliche Verpflichtungen oder Strafgesetze. Die Verletzung solcher Normen schadet auf der Mikroebene dem Händler, Verkäufer, Handwerker und anderen Konsumenten. Zusätzlich bedingt sie Kollateralschäden: als wahrgenommene Verschiebung von Wertorientierungen, die bislang noch Geltung beanspruchen und zunehmend relativiert werden:

„Menschen richten ihr Verhalten danach aus, was sie erwarten, was andere tun oder was andere von ihnen wollen. Dabei sind sie in bestimmten Situationen sogar in der Lage, ihr Verhalten so stark zu verändern, dass sie sich von ihren Werten und Überzeugungen weit entfernen. Je unmerklicher diese Verschiebung erfolgt, umso leichter fällt uns die Veränderung. Auf diese Weise ist es möglich, dass uns selbst schwerwiegende Verfehlungen als ‚Anpassungen‘ erscheinen" (Precht 2012, S. 264)

Mit ‚shifting baselines' werden solche verzerrten Wahrnehmungen veränderter
Umweltbedingungen bezeichnet: Es verschieben sich Referenzpunkte der menschlichen Wahrnehmung (Rost 2014, S. 17 ff.). Mit der Relativierung mancher
tradierten Werte dürfte auch ein Ansehensverlust des Modells der sozialen und
nachhaltigen Marktwirtschaft verbunden sein, was wiederum Desorientierungen
auch im Konsumverhalten bedingen sollte. Weitere Folgeschäden sind anzunehmen bei gesellschaftlichem Zusammenhalt oder dem Respekt vor dem staatlichen Gewaltmonopol. Es gilt, was im Zusammenhang mit Fairem Handel gesagt
wurde: „Ohne Gerechtigkeit, Fairness oder Anstand gibt es aber keine stabilen
Tauschbeziehungen. Sie bilden das Fundament der Wirtschaft, die damit immer
auch auf eine gewisse Portion Fairness angewiesen ist." (Dohmen 2014, S. 145)

2.8   Variationen der Verbraucherrolle

Wenn KK extreme Formen annimmt, stellt sich die Frage, ob beispielsweise bei
wiederholtem Ladendiebstahl oder massivem Versicherungsbetrug noch von Verbraucherverhalten gesprochen werden kann oder ob nicht kriminelles Verhalten
zutreffender wäre. Würde sonst das Konzept der Verbraucherrolle nicht über-
dehnt? Erwartungen an einen funktionierenden Marktaustausch beinhalten ja,
dass Leistung fair gegen Leistung getauscht wird, Ware gegen Preis, und das in
manierlicher Form. Ansonsten wäre die „Elementarvernunft der Wirtschaft – ein
wettbewerblicher Wertetausch – […] in ihr Gegenteil verkehrt" (Kirchhof 2019).
Soziale Rollen konstituieren sich aus Verhaltenserwartungen an den Inhaber einer
Position. Aber Soll-Erwartungen an KK, an vorsätzliche Verletzungen der Verbraucherrolle, sind in der Mehrheitsgesellschaft nicht vorstellbar. Eher existieren
derart abnormale Erwartungen in marginalen Randgruppen, Sekten, Parallelgesellschaften, Clans, Banden.

Versteht man die Rolle des Konsumenten mit Hellmann (2019a, S. 3) als eine
Publikumsrolle (wie die des Wählers oder des Patienten, also eines Leistungsempfängers), wird deutlich, dass sie

> „den jeweiligen Konsumenten mit ganz eigenen Werten, Normen, Vorbildern aus-
> stattet. Hervorzuheben ist diesbezüglich vor allem, dass der einzelne Konsument
> beinahe völlig frei darin scheint, was konsumiert und wie es konsumiert werden
> kann." (ebd.)

Im Verständnis dieser Konsumentenrolle käme der Eigenverantwortung gegenüber dem Freiheitsmoment eine deutlich geringere Bedeutung zu, beide seien nur
lose miteinander verkoppelt, was seine Folgen hätte:

„Trotz größter Freiheitsgrade handeln Konsumenten erstaunlich verantwortungslos, so
als ob die Konsumentenrolle nicht nur ein Höchstmaß an Handlungsfreiheit verspricht,
sondern auch von angemessener Selbstverantwortung weitgehend freispricht!" (ebd.)

Unter diesen Umständen werden hergebrachte Verhaltensregeln und Anstandsnormen eher auf die leichte Schulter genommen. Das zeigt auch, wie Hellmann
(2019a, S. 261) feststellt, die dunkle Seite des oft durchaus kreativen Konsums:
beispielsweise ‚Burn-out' bei Motorradtreffen oder gezielter Umbau von SUVs,
um auf öffentlichen Straßen besonders viel Treibstoff zu verbrauchen.

„Weniger harmlos schaut es hingegen bei Ladendiebstahl, Mietnomaden oder
Stromklauern aus; nichtsdestotrotz kann man auch diesen Konsumenten eine
gewisse Kreativität bei ihren Straftaten nicht absprechen." (ebd., S. 262)

In den gängigen Konzeptionen der Verbraucherrolle wird die Möglichkeit unan-
ständiger oder strafbarer Handlungen nicht vorgesehen. Nessel (2017, S. 37 ff.)
beispielsweise beschreibt vier Dimensionen der Konsumentenrolle: die Interessen
des Konsumenten, seine spezifischen Wissensbestände, die politisch-rechtliche
Dimension und die gesellschaftlichen Anforderungen an Konsumenten. Eine der
wenigen Ausnahmen findet sich bei Fullerton (2007, S. 335), der Kleptomanie, den
pathologischen Impuls zum Stehlen, als „an extreme form of consumer misbehavior
characterized by impulse-control and obsessive-compulsive disorders" bezeichnet.
Hier wird Fehlverhalten extremer Art nicht vom gängigen Konsumentenhandeln
abgetrennt; dieses schließt Formen von kriminellem ‚misbehavior' ein. Aber gilt
auch der Taschendieb als Verbraucher, mit all dessen Rechten, oder ist er doch nur ein
geldgieriger Schurke? Handelt es sich beim Griff in fremde Taschen um eine Markt-
beziehung? Eher wohl nicht, aber es handelt sind hier um Nominaldefinitionen, allein
deren Zweckmäßigkeit über ihre Verwendung entscheiden sollte. Normverstöße bei
Austauschbeziehungen gehören nun mal zur Konsumentenrealität. Die Funktionali-
tät von Kommunikation und Interaktion bei Austauschprozessen wird zwar durch KK
bedroht, die Rolle des Leistungsempfängers aber nicht außer Kraft gesetzt. Fehlerhaftes Verbraucherverhalten bedingt freilich eine Entmoralisierung der Konsumzone
und eine Erweiterung der Verbraucherrolle.

2.9   Typologien von Fehlverhaltensweisen im Konsum

Eine Typologie von Evans et al. (2013, S. 437) fokussiert auf Verhaltens-
praktiken. Dem abnormalen und dem illegalen Verbraucherverhalten werden
jeweils die Kategorien Fehlverhalten beim Gütererwerb sowie Produktmiss-

brauch zugeordnet. So fällt Ladendiebstahl in die Kombination Erwerb und illegal, exzessives Kaufen in die Kombination Erwerb und abnormal. Manche Autoren systematisieren mittels offenkundigen und verdeckten Verhaltensweisen bei finanziellen Motiven (Harris und Reynolds 2004, zitiert nach Hailat 2016, S. 42 f.) oder definieren personale Typen wie ‚model students‘, ‚agitators‘, ‚violators‘, ‚role players‘ und ‚arguers‘ (Jackel und Veres 2010, zitiert nach Hailat 2016, S. 42). Wird weniger auf Normenverletzung fokussiert und mehr auf die Aktionsformen von ‚consumer misbehavior‘, wird gelegentlich auch von ‚jaycustomers‘ gesprochen, solchen Problemkunden, „who act in a thoughtless way, causing problems for the firm, its employees and other customers" (Lovelock 2001, S. 73). Das sind bei Lovelock Konsumentenbilder auf einem breiten Spektrum, welches auch kriminelles Handeln einbezieht: ‚thiefs‘, ‚rulebreakers‘, ‚belligerents‘, ‚cheats‘, ‚familiy feuders‘ und ‚vandals‘

Entlang der Dimensionen Intensität und Häufigkeit von Normverletzungen lassen sich Verhaltenstypen von KK beschreiben. Abb. 1 einer solchen bereichsunspezifischen Typologie unterscheidet vier Konsumentenbilder, die mit leicht polemischem Wording benannt sind:

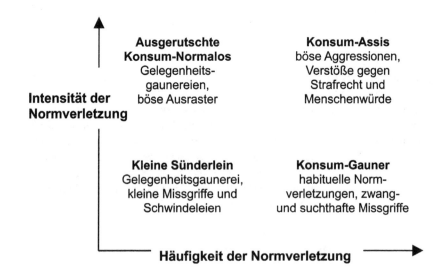

Abb. 1 Eine Typologie kriminellen Konsums (KK). (Quelle: eigene Darstellung)

Zum KK ‚kleiner Sünderlein' mit wenigen Normverletzungen würden Mikro-Fouls gegen Anstand und Manieren zählen, kleine Schummeleien, wie im Einkaufswagen etwas ‚übersehen' oder Notlügen oder das Horten von Klopapier. Das sind Praktiken, die oft aus einer aktuellen Situation erwachsen, wenn eine Verlockung zu groß und die Selbstbeherrschung zu gering ist – für Kriminologen Peanuts. Bei den ‚Ausrutschern' fände man auch jähzornige, ungeplante Kurzschlussreaktionen, öfters auch mit List geplante Verstöße zum eigenen Vorteil, hässliche Angriffe gegen Verkäufer oder Beamte, die schon etwas von den psychischen Korrelaten ahnen lassen. Bei sehr häufigen Normverletzungen sieht es anders aus. Hier kann man einen Mangel an Empathie, Gefühllosigkeit oder gar eisige Kälte annehmen, zumindest vorübergehend bei den Handlungen, wohl auch als latente Disposition. Von ‚Konsum-Gaunern' zu sprechen, dürfte bei gewohnheitsmäßigen Normverletzungen angebracht sein; hier kommt das Strafrecht ins Spiel. Eine Zuspitzung erfährt dies in den ‚Konsum-Assis', mit ihren bösartigen Aggressionen, kaltschnäuzigen Betrügereien, verächtlichen Übergriffen auf Menschen, Institutionen und Rechte – eine vermutlich kleine Minorität, zu erwarten in Randgruppen, die der Mehrheitsgesellschaft in Feindseligkeit verbunden sind; Bizarrerien im Lebensstil und psychische Anomalien wären wohl überproportional zu registrieren. Die vier Kategorien überlappen sich in der Realität, abhängig von Situation und augenblicklicher Stimmung. Handlungen wie Ladendiebstahl oder Beschimpfungen werden wohl in allen vier Konsumentenbildern zu finden sein – Otto Normalbetrüger ist beweglich.

3   Fehlverhalten im Konsumalltag

3.1   Beispielhafte Stichworte

Bezüglich minimalinvasiver Übergriffigkeiten ‚kleiner Sünderlein', wie Unhöflichkeit gegenüber dem Servicepersonal oder Hamsterkäufen, wird auf die Alltagsimpressionen von jedermann/jederfrau verwiesen. Heftiger sind die zivil- oder gar strafrechtlich relevanten Praktiken: Zurücksenden gebrauchter Kleidung an den Versender, Mietbetrug durch Mietnomaden, Benzinklau an Tankstellen, Belästigung von Flugbegleiterinnen, Urlaubsreklamationen mittels falscher Angaben, Angriffe auf Feuerwehrleute oder Polizisten, Handgreiflichkeiten gegenüber Ärzten, Herunterladen urheberrechtlicher Dateien, Zahlung mit gestohlenen Debit- oder Kreditkarten, Diebstahl im Hotel. Folgende KK-Beispiele veranschaulichen die oft stupende Kombination von mangelndem Schuldbewusstsein und massenhafter Prävalenz in der sogenannten Zivilgesellschaft.

3.2   Prototypische Beispiele

Auf der Strecke bleibt vieles bei Deutscher Bahn (DB) und im ÖPNV. Telefonieren, lautes Reden, Musik im Ruhebereich der DB sind noch das Geringste. Einige Meldungen auf dem Informationsportal der DB (bahnblogstelle 2019): 53-jähriger Mann bedroht Zugbegleiterin im ICE; Lokführer bespuckt und angegriffen – Bundespolizei sucht mit Foto nach Tatverdächtigem; stark alkoholisierte Frau randaliert im ICE. Angriffe auf Mitarbeiter der DB hatten auch 2017 weiter zugenommen (faz.net. 2018). Betroffen waren vor allem Sicherheitskräfte. „Der Umgangston in der Gesellschaft wird rauer, das spüren unsere Mitarbeiter genauso wie die Polizei oder Feuerwehr", registrierte ein DB-Sprecher (ebd.). Zwei Drittel aller Delikte ereigneten sich bei Fahrscheinkontrollen und der Durchsetzung des Hausrechts in Bahnhöfen, insbesondere bei Fußballspielen und anderen Großveranstaltungen. Die Zunahme solcher Fälle, bei einem Beinahe-Nullniveau vor wenigen Jahren, stimmt nachdenklich. Zuzunehmen scheint auch der Betrug an der DB mit der Bahncard 100: Man fordert Entschädigungszahlungen für verspätete Züge, die gar nicht genutzt worden waren (Ashelm 2019). Mit falschen Angaben kann man sich ein Viertel des Preises ergaunern. Auffällig ist die geringe soziale Ächtung: Die Nutzer tauschen sich in sozialen Medien lebhaft aus (ebd.).

Schwarzfahren ist die farbige Bezeichnung für eine „Beförderung durch ein Verkehrsmittel, um das Entgelt nicht entrichten zu müssen" (Bussmann 2016, S. 49). Man schätzt, dass jährlich rund 3,5 % aller Bus- und Bahnbenutzer ohne gültigen Fahrausweis unterwegs sind. Wegen der geringen Schadenfolgen gilt ‚Beförderungserschleichung' als Bagatelldelikt, wird aber strafrechtlich behandelt. Eine Herabstufung zu einer Ordnungswidrigkeit wird wegen des Aufwandes für Polizei und Justiz ernsthaft diskutiert. Der Schaden entsteht dem einzelnen Verkehrsbetrieb kaum wahrnehmbar, man schätzt aber die entgangenen Gesamteinnahmen auf 250 Mio. EUR jährlich, die dem defizitären ÖPNV insgesamt fehlen. Die Täter entstammen allen Altersgruppen, Männer und Jugendliche fallen überproportional auf. Als Motive gelten Kosten-Nutzen-Abwägungen (bei geringem Entdeckungsrisiko) oder auch die Suche nach Spannung, Erregung.

Diese schreibt man auch dem Ladendiebstahl zu. „Eines der eindrucksvollsten und zugleich typischen Phänomene einer modernen Wirtschafts- und Konsumgesellschaft ist der Ladendiebstahl." (Bussmann 2016, S. 33) Auch er gilt als kleine Sünde und zählt zur Bagatellkriminalität trotz weiter Verbreitung: Man schätzt, dass jährlich rund 23 Mio. Diebstahlsdelikte im Einzelhandel verwirklicht werden, mit einem Schaden von insgesamt 2,38 Mrd. EUR (HDE 2019, S. 2). Neben Lieferanten, Mitarbeitern und Servicekräften klauen am häufigsten die Kunden. Die sind vor allem Jugendliche und Rentner, Hausfrauen und

Studierende, alle aus eher einkommensschwachen Gruppen (Bussmann 2016, S. 41). Laut Polizeistatistik sind zwei Drittel männlich, der Anteil von Mehrfach-tätern beträgt rund 60 %, der Ausländeranteil ist überdurchschnittlich hoch und jeder zehnte Erwischte stand unter dem Einfluss harter Drogen (Spiegel online 2019). Als Ursachen werden genannt die steigenden Ansprüche in der Konsum-gesellschaft, Anonymität zwischen Kunden und Verkaufspersonal und die ‚Opfer-verdünnung'. Dies ist ein für Ladendiebstahl typischer Effekt, der entlastet, wenn sich seitens des Täters die Wahrnehmung eines geschädigten Opfers verflüchtigt, weil der Schaden versichert ist oder über den Preis auf alle Käufer umgelegt wird, zumal bei großen Unternehmen (Bussmann 2016, S. 43). Weitere Faktoren wurden in einer chinesischen Studie gefunden: eine materialistische Einstellung, Sensation Seeking und Entfremdung, wobei die gefühlte Ähnlichkeit mit dem Personal eher bremst und der Eindruck von Inkompetenz des Personals die Dieb-stahlsabsicht fördert (Bai et al. 2019). Grundsätzlich gilt wohl für alle Mitnahme-effekte der Seufzer eines Sicherheitsexperten: „Im Handel wird nach wie vor gestohlen, was nicht niet- und nagelfest ist" (Spiegel online 2019).

Versicherungsbetrug gilt als Kavaliersdelikt schlechthin, denn jeder dritte Ver-sicherungskunde hält einen Betrug für weitestgehend akzeptabel und jeder zweite Betrüger hat einer anderen Person davon erzählt (Köneke et al. 2015, S. 5.f): KK als Breitensport. Rund 20 % der Deutschen haben schon einmal eine falsche Schadensmeldung abgegeben (Bussmann 2016, S. 86.) und eine unberechtigte Geld- oder Sachleistung von einem Versicherungsunternehmen erlangt. „So ergab eine Sonderuntersuchung, dass 45 % der eingereichten Schadensmeldungen bei Laptops, Smartphones und Flachbildschirmen nicht begründet waren" (ebd., S. 87). Die Schäden in der Schaden- und Unfallversicherung wegen Betrugs belaufen sich auf jährlich ca. 4 Mrd. EUR und erhöhen die Prämien für alle Versicherten. Die Täter kommen aus allen Gesellschaftsschichten, jüngere Versicherungsnehmer, mittleres und gehobenes Bürgertum sind etwas über-repräsentiert (ebd., S. 89). Ursachen und Motive gleichen denen des Laden-diebstahls und anderer Wohlstandsdelikte. Hauptursachen sind die zahlreichen Tatgelegenheiten bei noch zunehmender Zahl der Versicherungspolicen sowie die ‚Opferverdünnung': Man handelt ‚rational', weil das Delikt als normal gilt, die Versicherungen weniger zahlen als sie müssten, die Schäden abstrakt sind und auf viele verteilt werden, die Risiken als gering erscheinen; und man glaubt, sich ‚rächen' zu dürfen, weil man in der Vergangenheit hohe Prämien bezahlt hat oder von Versicherungen enttäuscht worden ist (ebd., S. 90 ff.). Die Folge ist ein mangelndes Unrechtsbewusstsein, was die moralische Lage weiter unterminiert: die Unsicherheit, welche Werte und Normen eigentlich gelten, welche unklar sind oder nicht mehr gelten.

„In Bezug auf Versicherungsbetrug befindet sich unsere Gesellschaft sicher noch nicht in einem Zustand der Anomie, in dem der Wert der Ehrlichkeit gegenüber Versicherern nicht mehr existiert, aber eventuell auf dem Weg dorthin, oder anders ausgedrückt gerade irgendwo zwischen Gelb und Rot." (Köneke 2015, S. 148)

Der zivilisatorische Firnis im Konsumalltag der Zivilgesellschaft ist offensichtlich dünn. Warum denn das?

4   Ursachen und Bedingungen

4.1   Vorliegende Hinweise

‚Opferverdünnung' und mangelndes Unrechtsbewusstsein in Verbindung mit geringer sozialer Ächtung scheinen wesentliche Ursachen für KK zu sein. In der Literatur zu ‚consumer misbehavior' werden noch andere Ursachen und Motive genannt. Evans et al. (2013, S. 447) nennen Folgendes: Verlockung, unerfüllte Aspirationen zu befriedigen, wenn dies legal nicht möglich ist; Wunsch nach Nervenkitzel und Abenteuer; ein Mangel moralischer Hemmung; geringe/ starke Gruppenbindung; negative Einstellung gegenüber dem Kapitalismus oder bestimmten Unternehmen; situative Umstände; Abwägen von Risiken und Vorteilen. Beim unberechtigten Umtausch von Waren bemerken sie einen verbreiteten Mangel an Unrechtsbewusstsein (ebd., S. 436). Fullerton und Punj (1993, S. 571 f.) unterscheiden zwischen demografischen und psychologischen Eigenschaften, sozialen Einflüssen, Interaktionseffekten sowie der Situation des Austausches. Fisk et al. (2010, S. 419 ff.) trennen situative Faktoren von Persönlichkeitsfaktoren und verweisen u. a. auf die Rolle von psychischen und auslösenden Triggerfaktoren. Andere Autoren führen beispielsweise Materialismus, Narzissmus oder unethische Einstellungen an. Eine stringente Systematik ist nicht in Sicht, was an unterschiedlichen Forschungsperspektiven und -disziplinen liegen wird.

4.2   Ein Rahmenkonzept für kriminellen Konsum

Neben internen Faktoren (Persönlichkeitsmerkmalen) sind es externe, situative Faktoren, die als Trigger des aktuellen Settings wirksam werden. Hinzukommen situativ bedingte kognitive Prozesse, die aus der aktuellen Entscheidungssituation resultieren, beispielsweise Einschätzungen drohender Risiken. Externe Faktoren basieren auf kulturellen, sozialen oder ökonomischen Kontexten. Abb. 2 zeigt, wie sich die genannten einzelnen Faktoren in diese vier Kategorien gruppieren lassen.

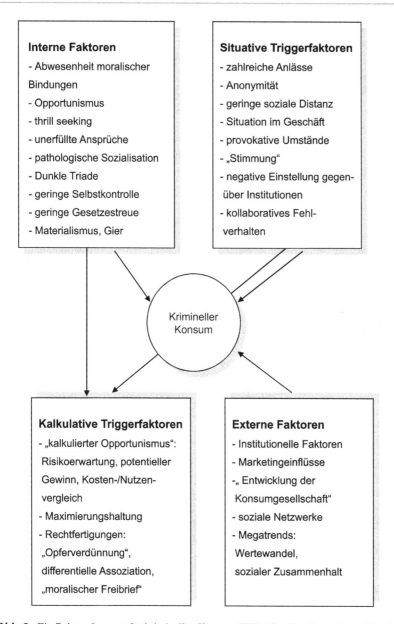

Abb. 2 Ein Rahmenkonzept für kriminellen Konsum (KK). (Quelle: eigene Darstellung)

4.2.1 Interne Faktoren

Fullerton und Punj (2004, S. 1240 ff.) heben fünf Faktoren hervor: die Abwesenheit verbindlicher moralischer Überzeugungen; Opportunismus als Ergebnis
eines Abwägens von Risiken und Vorteilen; ‚thrill seeking' als Streben nach
Nervenkitzel; unerfüllte Ansprüche, die kompensatorisches Handeln fördern
und zu einer ‚Anspruchsunverschämtheit' (Botho Strauß) beitragen; und patho-
logische Sozialisation, die zu ‚misbehavior' als Rache an einem missliebigen
Unternehmen führt. In diesem Zusammenhang kann man an die ‚Dunkle Triade'
als Sozialisationsfolge denken, den Sammelbegriff für Machiavellianismus,
Psychopathologie und Narzissmus (Jonasson und Middleton 2015, S. 671 ff.).
Machiavellianismus wird eine zynische, empathiefreie Instrumentalisierung
sozialer Beziehungen zugeschrieben, um beispielsweise in ökonomischen Aus-
tauschbeziehungen, taktisch verschlagen, eigensüchtige Vorteile zu erlangen.
Machiavellisten gelten als ausgebuffte Lügner. Psychopathologie zeichnet
rücksichtslose, aggressive Personen aus, die zu asozialem Verhalten neigen.
Narzissmus bezeichnet einen egozentrischen Lebensstil, der das Selbst über die
Bedürfnisse anderer stellt. Bei hohem Selbstwertgefühl tendiert Narzissmus zu
einer aggressiven Einstellung, zu Risikobereitschaft und Belohnungserwartung.
Narzisstische Studierende beispielsweise neigen zum Mogeln, weil sie kein
Schuldgefühl haben (Brunell et al. 2011, S. 323 ff.). Mit den drei Dimensionen
dürften geringe Selbstkontrolle und geringe Gesetzestreue, die im Zusammenhang mit ‚misbehavior' erwähnt werden, eng korrelieren. Erhöhte Werte auf
der Skala der Dunklen Triade zeigen materialistisch eingestellte Menschen,
die auch zu eskapistischem Shopping und impulsivem Kaufen neigen (Richins
2017, S. 490). Materialismus wird als Überzeugung gesehen, dass Besitz und
Erwerb zentral seien für Zufriedenheit und Glück (ebd., S. 481). Die sozialen
Beziehungen von Materialisten sind schwächer und die Ängste vor Bedrohungen
größer als bei anderen. Dies und weitere Eigenschaften von Materialisten wie
Kontrollschwäche, Neid und Selbstsucht (Lee und Ahn 2016, S. 21) dürften sie
für KK anfälliger machen. Gier äußert sich in „Maßlosigkeit, Raffen ohne Ende,
eine nie enden wollende Unbefriedigtheit" (Edelbacher et al. 2015, S. 16). Als
„excessive desire for more than is needed" (Razen und Stefan 2019, S. 164)
basiert sie auf Dispositionen oder wird situativ angestachelt; Gefühle einer aus-
geprägten Anspruchsberechtigung sind oft ihr Hintergrund (ebd., S. 167).

4.2.2 Situative Triggerfaktoren

Die Wahrscheinlichkeit von KK wächst mit der Zahl der Anlässe, was naheliegt,
und mit sicherer Anonymität (Schitter et al. 2019). Die Situation im Geschäft
wirkt über die Art der Produkte und Leistungen, der physischen Umgebung

(Größe, Displays, Licht, Farben, Duft, Geräusche), dem Verhalten des Personals, den Sicherheitsmaßnahmen, dem Image u. a. m. (Fullerton und Punj 1993, S. 573). Unzufriedenheit mit diesen Merkmalen kann dysfunktionales Kundenverhalten auslösen (Daunt und Harris 2012). Entscheidend für eine verhaltensrelevante ‚Stimmung' ist nach Bude (2016, S. 45) „die Betroffenheit durch die sozialräumlich, zeithistorisch und lebensgeschichtlich definierte Situation, die mich auffordert, mich einzubringen und meine Rolle zu spielen". Dies könnte eine Beschreibung der Lage sein, in der sich ein Konsument sieht, wenn die Gelegenheit, die Diebe macht, günstig scheint. Als provokative Umstände werden Wartezeiten, Hitze, Gedränge und Lärm genannt, die Fehlverhalten auslösen können (Fullerton und Punj 2004, S. 1245). Negative Einstellungen gegenüber Unternehmen, beispielsweise aufgrund moralischen Fehlverhaltens, können zu ‚Verbraucherzynismus' führen, einer feindseligen Einstellung, die rebellisches und manipulatives Verhalten wie Lügen fördert (Helm et al. 2015, S. 516): KK erscheint dann legitimiert. Auch gesundheitsschädliche Produkte können Verbraucher dazu bringen, zu lügen, zu stehlen, zu betrügen, um so die Marke zu bestrafen (Rotman et al. 2017). Kollaboratives Fehlverhalten wird möglich, wenn bei einem Paar das jeweilige Bedürfnis nach Verbundenheit und Zusammengehörigkeit intensiv ist, wobei das gemeinsame Fehlverhalten weiter zusammenschweißt. Dann verhält sich die Dyade als ‚partner in crime' unethischer als vergleichbare Individuen (Nikolova et al. 2018).

4.2.3 Kalkulative Triggerfaktoren

Bei ‚kalkuliertem Opportunismus' handelt es sich um selbstsüchtige, aber rationale Überlegungen. Dass Betrug leichter fällt, wenn das Risiko der Entdeckung und eines Reputationsverlustes gering ist, konnte am Beispiel der Steuermoral nachgewiesen werden (Grundmann und Lambsdorff 2017). Eine Entscheidung zum Lügen folgt einem Abwägen von potenziellem Vorteil und den intrinsischen Kosten des Lügens. Der Kosten-/Nutzenvergleich entscheidet dann über Wahrheit oder Lüge (Kajackaite und Gneezy 2017). Je höher Wahrscheinlichkeit und Ausmaß der Nachteile sind, desto weniger wird gelogen (Thielmann und Hilbig 2018); je höher der erwartete Vorteil ist, desto mehr wird gelogen (Brocas und Carillo 2019). Auch eine Maximierungshaltung (‚maximizing mindset') im Sinne von ‚immer nur das Beste!' kann unmoralisches Verhalten fördern (Goldsmith et al. 2017).

Opferverdünnung erleichtert Rationalisierungen. Die Annahme beispielsweise, dass der ausgelöste Schaden beim Opfer gering ist, erleichtert ‚denial of injury' und ‚denial of victim', also die Leugnung eines Fehlverhaltens (Dootson et al. 2014). Differenzielle Assoziation bedeutet, dass die Mitglieder einer Gruppe, deren Werte von denen der Mehrheitsgesellschaft abweichen, Legitimation ihres Fehlverhaltens von der Gruppe erhalten (Fullerton und Punj 2004, S. 1245). Einen moralischen Freibrief stellen sich Personen selbst aus, wenn sie ohne Schuldgefühl handeln, weil sie in der Vergangenheit Gutes getan haben. Auch der Eindruck, Unrecht erlitten zu haben, könnte eine Art Rachegefühl bewirken und die Überzeugung stärken, sich jetzt gleichsam durch KK entschädigen zu dürfen.

4.2.4 Externe Faktoren

Hinter internalisierten Einstellungen und Werten sind Einflussfaktoren auf Meso- und Makroebene anzunehmen, die kurzfristig oder über Sozialisationsprozesse mittelbar wirken. Die Forschungslage hierzu ist, so weit zu übersehen, extrem schmal, sodass nur einige, durchaus spekulierende Stichworte am Platze sind. Die Bedeutung des Vertrauens in öffentliche Institutionen für unethisches Verhalten wird am Beispiel Indiens gezeigt, was Parallelen zu westlichen Ländern anbietet (Agnihotri und Bhattacharya 2019). Einflüsse des Marketings, die tendenziell eine Konsumideologie verstärken, können nach Fullerton und Punj (2004) auch unabsichtlich die Ursache sein für negatives Verbraucherverhalten. Falk und Szech (2013) zeigten in einem Experiment, wie Marktinteraktion moralische Werte erodieren kann. Die Kombination von Marktaustausch und spezifischer Kultur kann auch nach Irlenbusch und Villeval (2015, S. 89) zu einer Verdrängung moralischer Werte und zu Delikten führen, wenn der Grenznutzen einer Aktion höher erscheint als deren Grenzkosten, besonders bei materialistischer Orientierung und verwässertem Verantwortungsbewusstsein. Die Entwicklung der Konsumgesellschaft nimmt nach Schmidbauer (2017, S. 70 ff.) eine negative Richtung: abnehmende Frustrationstoleranz, Anspruch auf schnelle Befriedigung, Renaissance der Rache, was narzisstische Störungen mit sich bringt und sicher auch Neigungen zu KK befördern dürfte. Auch die problematischen Wirkungen sozialer Netzwerke für Wertebildung, Identitätsideale und Affirmation in den virtuellen Blasen mit ihren exkludierenden Konsonanzangeboten könnten hier genannt werden. Damit sollte eine Debatte über Wertewandel im Kontext extremistischer kultureller und politischer Lagerbildungen verbunden werden, die durch zunehmendes Schwarz-Weiß-Denken und die Lust an Feindbildern charakterisiert sind. Damit hat sicher auch der beklagte Schwund des sozialen Zusammenhalts zu tun – alles Faktoren, die Fehlverhalten offensichtlich erleichtern, legitimieren, verstärken. Warum nicht auch im Konsum?

Die Variablen der vier Kategorien können eine Neigung zu KK verstärken. Bei entgegengesetzten Ausprägungen können sie durchaus hemmende, ‚gute‘ Wirkungen zugunsten der Verbraucherrolle entfalten. Kann man nach allem zustimmen, wenn zunehmend über ‚Wohlstandsverwahrlosung', nicht nur bei Kindern, geklagt wird? Darüber wäre sinnvoll mit eindeutigen Begriffen zu streiten. KK taugt als Beleg für die Behauptung nur begrenzt, weil die Spurensuche seines Auftretens bislang überwiegend auf der Mikroebene erfolgt. Das notorische Fehlverhalten in vielen Verhaltensbereichen, die Verrohung der Zivilgesellschaft – verdient sie noch ihren Namen? – sind soziale, kulturelle Phänomene, deren personale Aspekte nur einen Ausschnitt der Interdependenzen darstellen. Setzt sich so das „Zeitalter der Extreme" fort, wie Eric Hobsbawn (1995, S. 428) das 20. Jahrhundert bezeichnete? „Das eigentliche Drama vollzog sich vielmehr in der Auflösung der alten Wertesysteme, Regeln und Konventionen, die einst das menschliche Verhalten geordnet hatten." (ebd.)

5   Was könnte getan werden?

KK liegen Ursachen zugrunde, die sich teilweise überschneiden, verstärken, bereichsspezifisch variieren. Versicherungsbetrug erfolgt mit anderen Motiven und unter anderen Bedingungen, als im Supermarkt etwas mitgehen zu lassen. Opferverdünnung, mangelndes Unrechtsbewusstsein sind verbreitet, das Hinnehmen mancher KK-Praktiken scheint an Popularität zu gewinnen. Ein Königsweg zur Einhegung marktfeindlicher und asozialer Übergriffigkeiten in Konsumprozessen ist daher bei keiner der folgenden Akteursgruppen zu erwarten.

5.1   Unternehmen und Verbände

Unternehmen und Wirtschaftsverbände halten sich mit Stellungnahmen zum KK auffallend zurück. Man will anscheinend Kunden, ob treue oder potenzielle, nicht unnötig auf die Füße treten. ‚Das Imperium schlägt zurück' ist keine Drohung, nur der Titel eines Films. Der Präsident des Deutschen Bundestages Wolfgang Schäuble kritisierte die anbietende Wirtschaft, als er ihr im Zusammenhang mit der Globalisierung selbstgefällige Genügsamkeit vorwarf: „Es braucht das Bewusstsein, dass das Verhalten wirtschaftlicher Akteure nicht frei von moralischen Selbstverpflichtungen sein kann […] Kurz: Es braucht wieder mehr Anstand" (ohne Autor 2019). Das sollte ebenso im Zusammenhang mit ihren Kunden gelten, denen die Akteure der Wirtschaft entgegenzutreten haben, selbstbewusst und mit Augenmaß. „Für Akte der Wirtschaftskriminalität ist es häufig das Ausbleiben von Reaktionen, das Nicht-Eingreifen der Instanzen […], welches die Akteure zur

Wiederholung oder gar Steigerung ihrer Aktivitäten ermutigt." (Wiswede 1979, S. 47) Denkbare Maßnahmen hängen entscheidend von Branchen, Unternehmenstypen und Formen des KK ab. Eine je spezifische Übersicht ist an dieser Stelle nicht möglich. Differenzierte Darstellungen von Maßnahmen zur Prävention und Sanktion finden sich bei Bussmann (2016, S. 44 ff.), beispielsweise für Ladendiebstahl, Geldkredit- und Warenkreditbetrug, kriminelle Nutzung neuer Zahlungssysteme, Versicherungen, Verletzung geistigen Eigentums.

5.2   Verbraucherpolitik

„In der Verbraucherpolitik geht es darum, wie Konsumenten aufgeklärt, gebildet, informiert, unterstützt und geschützt werden können" (Reisch und Micklitz 2019, S. 94). Es geht nicht darum, geplantem KK vorzubeugen. Die Instrumente der Verbraucherpolitik sind kaum geeignet, KK zu adressieren. Allenfalls ist vorstellbar, dass die dunklen Seiten des Konsums zu Lasten Dritter in die den Instrumenten unterliegenden Menschenbilder einbezogen und beispielsweise in einer Beratung mitbedacht werden. So könnte man auf das Unbotmäßige falscher Reklamationen aufmerksam machen oder vor strafrechtlichen Risiken warnen. Gegenüber Unternehmen und der Schufa beispielsweise könnte man Verständnis für Scoring-Maßnahmen zeigen und an deren Gestaltung mitwirken. In der Politikberatung wären womöglich Initiativen zu ergreifen, die auf betrügerisches Kundenverhalten im Versicherungswesen zielen. Alles wenig überzeugend, letztlich bleibt KK für die Verbraucherpolitik ein Nullthema.

5.3   Politik und Staat

Politik und Staat sollten auf ihre Pflicht zur Durchsetzung von Recht und Ordnung verwiesen werden. Denn Verbraucherschutzgesetze sind das notwendig eine, Sanktionen von KK das ergänzend andere. Gegen Ladendiebstahl beispielsweise würden erleichterte Videoüberwachung und gesteigertes Interesse von Polizei und Justiz helfen, die beide es an einer konsequenten Rechtsdurchsetzung offensichtlich fehlen lassen (HDE 2019, S. 3). Der wehrhaft sich wähnende liberale Staat tut sich schwer, Kante zu zeigen: bei Missbrauch der Sozialsysteme oder des Asylrechts, bei Antisemitismus, kriminellen Parallelgesellschaften, digitalen Hassexzessen. Und bei ‚Kavaliersdelikten' wie Ladendiebstahl oder Schwarzfahren dürfte der Tatendrang gegenüber den auch wählenden Konsumenten noch geringer sein. Was zur politischen Radikalisierung bemerkt wurde, sollte auch gegenüber Konsumentartungen gelten:

„Man begegnet hier dem, was sich in Politik wie Gesellschaft seit jeher beobachten lässt: Ressentiment und Neid, Hass und Verachtung, Wut und Aggressivität, und man wird daran erinnert, dass die staatliche Ordnung mit dem bei ihr konzentrierten Gewaltmonopol dazu errichtet wurde, diese Dispositionen und Verhaltensweisen zu kontrollieren und ihr Ausleben zu verhindern – was unter dem Eindruck einer selbstverständlich gewordenen gesellschaftlichen Liberalität häufig in Vergessenheit geraten ist." (Münkler und Münkler 2019, S. 59)

So ist folglich

„regelkonformes Verhalten zu fordern und die Autorität der staatlichen Vollzugs- und Rechtsorgane zu stärken. Wer das als ‚Law and Order'-Kurs ablehnt, weil er dahinter die Gefahr eines illiberalen, autoritären Staates wittert, hat die Bedeutung des Rechtsstaates für die gesellschaftliche Stabilität nicht begriffen." (Steinbrück 2018, S. 137)

So weit, so zutreffend. Nur: Zerbrochene Fenster können nicht mehr geputzt werden.

5.4   Bildung und Erziehung

Die Debatten über das Bildungssystem „überziehen die Schulen mit Dutzenden von Sollenserwartungen, hinter denen sie nur zurückbleiben können, was die Debatte mit Daueralarm versorgt" (Kaube 2019, S. 23). Schulen sind überfordert und klagen über zu wenig und ungenügend ausgebildetes Personal, die Räumlichkeiten seien oft verschlissen, Mobbing und Disziplinlosigkeiten nähmen überhand, pädagogische Ansätze seien ideologisch und praxisfern verzerrt (Winterhoff 2019). In einer derartigen Situation setzen übervolles Curriculum, knappes Zeitreservoir und beschädigte Motivation des Lehrpersonals Grenzen für weitere Forderungen.

Unklar bleibt weiterhin, was Schule beim Thema KK überhaupt vermöchte. Sie ist ja kaum in der Lage, die Nachwuchskonsumenten auf ihre Verbraucherrolle vorzubereiten. In einem Fach wie ‚Ökonomische Bildung' wären eine Förderung der Verbraucherkompetenz (Bala und Schuldzinski 2019a, S. 149) sowie ein Training zum vertragstreuen und fairen Verbraucher denkbar. Das im Fach Verbraucherbildung der Schulen Schleswig-Holsteins verankerte Verbraucherinteresse böte die Chance, als didaktische Orientierungsmarke auch Fehlverhalten zu thematisieren. Dies hängt aber auch von den individuellen Neigungen der Lehrer und Lehrerinnen ab. So kommt man zu dem Fazit:

„Wer an der Wirklichkeit außerhalb der Schule etwas ändern will, muss sich an die Erwachsenen halten. Denn sie schaffen die Umstände der Sozialisation wie der Erziehung, und wenn sie sich daraus zu Teilen zurückziehen, erschwert das die Arbeit der Schule." (Kaube 2019, S. 266)

Die Möglichkeiten von Eltern, die verhaltensleitenden Normen ihrer Kinder zu beeinflussen, sind erheblich; Jugendliche nehmen genau wahr, wie sich Menschen in ihrer engeren Umgebung verhalten (Collado et al. 2019, S. 288). Was Eltern über korrektes Konsumverhalten, über Vertragstreue oder zivilen Umgang mit Verkäufern nahelegen, dürfte eingebettet sein in ihrem eigenen Verhalten. Persönliche Werthaltungen und Normen schmiegen sich – im Lerntypus des „do-feel-learn" (Moser 1997, S. 273) – vorangegangenen Verhaltensweisen an, derart, dass sie mit diesen konform werden und kognitive Dissonanzen verhindern (Rosenberger 2005, S. 44). So sind Erziehungsimpulse zu fairem Konsumverhalten eigentlich nur innerhalb des einschlägigen ethischen Korridors der älteren Generation denkbar. Der mag nicht immer breit genug sein. Die Unterschiede bei Konsum- und Verhaltensnormen zwischen den Generationen dürften daher weniger signifikant sein als in anderen Lebensbereichen. Wenn Jung und Alt materialistischen Konsumverlockungen gleichermaßen ausgesetzt sind, so ließe sich folgern, unterscheidet sich individuelle Resilienz auch gegenüber Verlockungen, bei Gelegenheit zu tricksen und zu täuschen, vermutlich zwischen verschiedenen Familien (Haushalten, Partnerschaften etc.) stärker als innerhalb einer Familie. Hinzu kommt, dass Eltern mit der Überzeugung, dass externe Umstände stärker das Ergebnis eines Geschehnisses kontrollieren als man selber es vermöge (bei externalem ‚locus of control' (LoC), beispielsweise beim Problem Kinderwerbung im Internet, eine staatliche Regulierung präferieren und eine geringere Verantwortlichkeit haben als Eltern mit internalem LoC. Personen mit internalem LoC sehen sich als ‚change agents', nehmen ihre Umwelt bewusster wahr und trachten, diese auch zu verändern (Vijayalakshmi et al. 2018). Bei ihnen wäre die Aufgabe, zu fairem Konsumhandeln zu erziehen, gut aufgehoben.

5.5   Medien

Relativierten Optimismus kann man empfinden beim Blick auf die Wirkungsmöglichkeiten von Funk, Fernsehen und Zeitschriften als traditionellen Leitmedien. Ihre sozialisierenden und orientierenden Wirkungen schrumpfen aber gegenüber digitalen Netzen, Influencern und virtuellen Welten. Ratgeber- oder Informationsformate böten durchaus die Chance für spannende und informative

Beiträge über Absonderlichkeiten von KK: Ladendiebstahl, Reklamationsschwindel, Vandalismus, Betrug beim Versandhandel, Übergriffe gegen Service- oder Sicherheitspersonal. Auf solche Themen zu drängen, wäre eine Aufgabe auch für Verbrauchervertreter in den Gremien. Tricksen und Täuschen zugunsten eines unverdienten Vorteils ohne nennenswerte Sanktionsdrohung – dieses Thema scheint allerdings in den Redaktionen unbeliebt. Medienverantwortliche wollen ihren Rezipienten, für die alle ja ein Anfangsverdacht des KK besteht, nicht unnötig zu nahe treten. Eine Publikumsbeschimpfung findet nicht statt, der Bildungsauftrag bleibt unverbindlich.

5.6 Verbraucherwissenschaften

Ein wesentlicher Teil der Verbraucherforschung versteht sich als „verbraucherpolitisch relevante Forschung" (Ölander 2005, S. 23), orientiert an den Interessen der Verbraucher. Sozialschädliche Interessen sind damit nicht gemeint. Als Übeltäter wird der Verbraucher zum Gegenstand nur, wenn er Umwelt oder Klima schädigt. „Ansonsten widmen sich viele Arbeiten dem, was im öffentlichen Diskurs als ethischer, moralischer, nachhaltiger oder politischer Konsum gelabelt inzwischen große Aufmerksamkeit erfährt." (Hellmann 2019b, S. 441) Das ist sinnvoll, aber zu wenig. Ein dezidiert realistisches Konsumentenbild ist damit noch nicht gewonnen.

Künftige Forschung sollte die im Rahmenkonzept für KK genannten Faktoren überprüfen, ihre direkten und indirekten, KK-fördernden und KK-hemmenden Effekte untersuchen. Forschungsmittel könnten bei von KK betroffenen Unternehmen beziehungsweise Verbänden erhofft werden. Bei gegenüber Nachhaltigkeitsthemen wohlwollend gestimmten Finanzierungsquellen wären zunächst Darstellungen der dunklen Seiten des Konsums angebracht, um auch dafür ein Problembewusstsein zu wecken.

Das Netzwerk Verbraucherforschung des Bundesministeriums der Justiz und für Verbraucherschutz wählte 2019 die ‚Dunklen Seiten des Konsums – alte Probleme, neue Herausforderungen' als Thema seiner Jahreskonferenz. Lange hat sich die Verbraucherforschung mit den hellen Seiten beschäftigt: vom mündigen Verbraucher über den ‚information seeker' hin zum vertrauenden, schutzwürdigen, partizipativen, kooperativen, ethischen, Sharing treibenden Konsumenten. Das mag daran liegen, dass ein Konsumentenbild, das unethisches oder kriminelles Handeln zeichnet, nicht zu einem freundlichen Menschenbild passt. ‚Consumer misbehavior' „is an unpleasant aspect of a culture which does not like unpleasantness" (Fullerton und Punj 1997, S. 337). Auf der Tagungsagenda standen Themen wie Suchtgefahren bei Glücksspiel und Medien, neue Sehnsuchtswelten in Massenkunst und Selbstoptimierung, Verbraucher/innen zwischen alten und neuen Egoismen (unmoralisches Verhalten und der ‚hypokritische Konsument'). Als Fazit wurde festgehalten, dass man sich vor Über- und Untermoralisierung hüten sollte, um zu einer differenzierten Betrachtung des Konsumenten zu gelangen; dieser sei weder nur gut noch nur böse. Diese anschwellende Rede von dunklen Seiten des Konsums hat aber noch nicht die Markenpersönlichkeit eines echten Narrativs erlangt, wobei es möglicherweise auch bleibt. Nichtsdestoweniger bedarf jede Erzählung einer Einleitung.

5.7   Zivilgesellschaft

Die Konsumbürger könnten auch außerhalb ihrer Verbraucherrolle zugunsten ethischer Konsumpraktiken aktiv werden. Mit den Schattenseiten von KK vertraut, ist ihnen eine Mitverantwortung und Mitwirkung abzuverlangen. Erforderlich wäre eine entschiedene ‚Haltung' gegenüber KK, eine einsichtige und konfliktbereite Gegnerschaft. Dies müsste sich freilich auf eine sozial verbindliche Norm für individuelles (und institutionelles) Verhalten stützen können, von der noch wenig zu erkennen ist. Erforderlich ist eine Bewusstseinserweiterung, dass KK a-sozial und anti-ökonomisch ist. Davon sind die Konsumbürger weit entfernt, auch wegen ihrer Meinungsführer und Medien. Dem Problembewusstsein hätte eine soziale Ächtung von KK-Praktiken zu folgen. Diese umfasste auch ein Verständnis für Sanktionen. Ächtung hieße: dem sich mit Versicherungsbetrug brüstenden Freund klar zu machen, dass er asozial handelt; die Kollegin zu erinnern, dass Ladendiebstahl Videokontrolle bedingt und Misstrauen schürt; dem Sohn auszureden, Schwarzfahren wäre cool, etc. Es ginge dabei nicht um paternalistische Besserwisserei oder Denunziation, sondern um die Chance, einen glaubwürdigen Impuls für Einstellungsänderungen zu setzen. Im günstigsten Fall als Orientierungshilfe für Modelllernen und Identifikation. Dies alles ist freilich noch Desiderat in einer Conveniencekultur, denn die Reden von der Wohlstandsverwahrlosung weisen in andere Richtungen.

6   Konsumentenbilder reloaded

Tricksen und Täuschen im Konsum, sofern es über Banales hinausgeht, zeugen von einem ramponierten Verantwortungsgefühl. Im Zusammenhang mit der Globalisierung erkennt der Historiker Ian Kershaw (2019, S. 764 f.) eine Stärkung des Individualismus Die individuelle Auswahlmöglichkeit von Konsumgütern und Lebensstilen hätte sich unermesslich verbreitet

„Aber im Zuge dieser Entwicklung ist das Verantwortungsgefühl für eine über das Individuelle hinausgehende Gemeinschaft geschwächt worden, und nichts spricht dafür, dass dieser Trend sich umkehren wird." (ebd.)

Man muss wohl einsehen „that consumer misbehavior is an ineradicable component of consumption culture itself" (Fullerton und Punj 2004, S. 1245). Konsum und Kulur ist keine Mesalliance.

Ist solche Rede pessimistisch? Bildung und Intelligenz beispielsweise schließen Fehlverhalten nicht aus. Gedankenkraft und Fachkunde, Problembewusstsein und Insiderwissen, Erfahrung und Einfühlung, Kompetenzen für dies und das – alles ist zunächst ambivalent und äquidistant zu Normenbeachtung und Regelbruch. Jegliches Humankapital kann auch im Konsum für oder gegen Verhaltenserwartungen, für oder gegen Recht und Gesetz instrumentalisiert werden. Historische Beispiele, Kino-Western oder Fernsehkrimis führen uns zwiespältige Charaktere vor. Mancher Held oder manche Heldin sind häufig Diebe/Gauner/Gangster/Betrüger/ Killer – aber sie sind zugleich sympathisch, intelligent, selbstbewusst und pfiffig und sehen oft noch blendend aus. Zu einer anderen respekterheischenden Figur, der des Intellektuellen, formuliert der Liedermacher und Lyriker Wolf Biermann respektlos:

„Meine Grossmutter sagte immer: ,Durch Klugheit wird man dumm.' Das war ein sehr weiser Satz. Es bedeutet nämlich, dass die Leute, die ein wenig cleverer im Kopf sind, sehr gefährdet sind, weil sie sich selber schneller und besser belügen können. Das können die einfachen Leute nicht so gut. […] Sie können sich alles zurechtbiegen, wie es ihnen passt. Das ist der Fluch der Intellektuellen. Es ist eine Berufskrankheit der Bildungsnahen. Sie können sich elegant und wirkungsvoll selbst betrügen." (Biermann und Szpilman 2014)

Unsere Konsumentenbilder sollten auch Derartiges und die Möglichkeit von KK einbeziehen.

Ist eine solche Forschung eine misanthropische Wissenschaft? Dass negative Menschenbilder in den Wirtschaftswissenschaften eine Tradition haben, zeigt ein ideengeschichtlicher Rundblick von Thieme (2013). Er sieht misanthropische Grundmuster im negativen Menschenbild ökonomischer Ansätze, in deren Distanz zur Lebenswirklichkeit sowie im Konzept von Wettbewerb/ Markt (ebd., S. 56 f.). Die Rede vom KK bleibt davon unberührt: Unbefangen sollten Verbraucherwissenschaften das personale und kulturelle Spektrum der real existierenden Konsumwelt untersuchen, die hellen *und* die dunklen Seiten des Konsums. Es entscheidet eine verhaltensrelevante Kombination aus menschlichem Potenzial, Sozialisation und Gelegenheit darüber, wie stabil oder labil die gefährdete Balance zwischen Bewältigung der Verbraucher-rolle und deren Verletzung ist. Ob das Bemühen um ‚Consumer Social Responsibility' oder um ‚Achtsamkeit' hier wesentlich hilft, bleibt offen. Dies ist keine misanthropische Feststellung, sondern eine plausible Vermutung über Verhaltenskontingenzen des Menschen als Mängelwesen. Auch durch kriminellen Konsum versucht er, manche Bedürfnisversagung kompensierend zu bewältigen. Tricksen und Täuschen ist ubiquitär, folglich auch im Konsum. Die Arbeit am Mythos des ‚ethischen Konsumenten' ist noch nicht beendet.

Literatur

Agnihotri, Arpita, und Saurabh Bhattacharya. 2019. Unethical consumer behavior: The role of institutional and socio-cultural factors. *Journal of Consumer Marketing* 36:124–135.

Ashelm, Michael. 2019. Betrugsmasche mit verspäteten Zügen. *Frankfurter Allgemeine Zeitung* 44:22.

Bachner, Frank, Sylvia Vogt, und Susanne Vieth-Entus. 2018. Schüler und Eltern im Kampfmodus. *Der Tagesspiegel* 23462:7.

Bahnblogstelle. 2019. Aktualisiert November/Dezember 2019. https://bahnblogstelle.net/2019/10/29/stark-alkoholisierte-frau-randaliert-im-ice

Bai, Yin, Wu Wie-Ping, und Millissa F.Y. Cheung. 2019. How personality traits, employee incompetence and consumer similarity influence shoplifting behavior. *Journal of Consumer Marketing* 36:379–392.

Bala, Christian, und Klaus Müller, Hrsg. 2015. *Abschied vom Otto Normalverbraucher. Moderne Verbraucherforschung: Leitbilder, Information, Demokratie.* Essen: Klartext.

Bala, Christian, und Wolfgang Schuldzinski, Hrsg. 2019a. *Der vertrauende Verbraucher. Zwischen Regulation und Information. Reihe Beiträge zur Verbraucherforschung*, Bd. 9. Düsseldorf: Verbraucherzentrale NRW.

Bala, Christian und Wolfgang Schuldzinski. 2019b. Einleitung: Der ‚vertrauende Verbraucher'. In *Der vertrauende Verbraucher. Zwischen Regulation und Information.* Reihe Beiträge zur Verbraucherforschung, Bd. 9. Hrsg. C. Bala und W. Schuldzinski, 7–15. Düsseldorf: Verbraucherzentrale NRW.

Bergner, Thomas. 2016. *Die gierige Gesellschaft. Aufforderung zum Umdenken.* Stuttgart: Schattauer.

Biermann, Wolf und Daniel W. Szpilman. 2014. Jeder Massenmörder ist menschlich. *Basler Zeitung*, 6. November.

Blättel-Mink, Birgit, und Kai-Uwe Hellmann, Hrsg. 2010. *Prosumer Revisited. Zur Aktualität einer Debatte. Buchreihe Konsumsoziologie und Massenkultur.* Wiesbaden: VS Verlag.

Brocas, Isabelle, und Juan D. Carillo. 2019. A neuroeconomic theory of (dis) honesty. *Journal of Economic Psychology* 71:4–12.

Brunell, Amy B., Sara Staats, Jamie Barden, und Julie M. Hupp. 2011. Narcissm and academic dishonesty: The exhibitionism dimension and the lack of guilt. *Personality and Individual Differences* 50:323–328.

Bude, Heinz. 2016. *Das Gefühl der Welt. Über die Macht von Stimmungen.* München: Carl Hanser.

Bussmann, Kai-D. 2016. *Wirtschaftskriminologie I Grundlagen – Markt- und Alltagskriminalität.* München: Vahlen.

Cappelen, Alexander W., Erik Ø. Sørensen, und Bertil Tungodden. 2013. When do we lie? *Journal of Economic Behavior & Organization* 93:258–265.

Carrigan, Marylyn. 2017. Why are we still no ethical shoppers? Revisiting ‚The myth of the ethical consumer' – do ethics matter in purchase behavior? *Journal of Consumer Ethics* 1:11–21.

Collado, Silvius, Henk Staats, und Patricia Sancho. 2019. Normative influences on adolescents' self-reported pro-environmental behaviors: The role of parents and friends. *Environment and Behavior* 51:288–314.

Cowley, Elizabeth, und Christina I. Anthony. 2019. Deception memory: When will consumers remember their lies? *Journal of Consumer Research* 46:180–199.

Daunt, Kate L., und Lloyd C. Harris. 2011. Customers acting badly. Evidence from the hospitality industry. *Journal of Business Research* 64:1034–1042.

Daunt, Kate L., und Lloyd C. Harris. 2012. Exploring the forms of dysfunctional customer behavior: A study of differencies in servicescape and customer disaffection with service. *Journal of Marketing Management* 28:129–153.

Devinney, Timothy M. 2011. The myth of the ethical consumer. *The conversation.* https://theconversation.com/the-myth-of-the-ethical-consumer-204

Devinney, Timothy M., Pat Auger, Gianna M. Eckhardt und Thomas Birtchnell. 2006. The other CSR: Consumer social responsibility. *Stanford Social Innovation Review*, Leeds University Business School Working Paper, Nr. 15–04, 1–14.

Devinney, Timothy M., Pat Auger, und Gianna M. Eckhardt. 2010. *The myth of the ethical consumer.* Cambridge: Cambridge University Press.

Djawadi, Behnud Mir, und René Fahr. 2015a. ‚… and they are really lying': Clean evidence on the pervasiveness of cheating in professional contexts from a field experiment. *Journal of Economic Psychology* 48:48–59.

Dobelli, Rolf. 2014. *Die Kunst des klaren Denkens: 52 Denkfehler, die Sie besser anderen überlassen.* München: dtv.

Dohmen, Caspar. 2014. *Otto Normalverbraucher. Vom Sinn und Unsinn engagierten Konsumierens.* Zürich: Orell Füssli.

Dootson, Paula, Larry Neale, und Sam Fullerton. 2014. When size matters. Exploring perceptions and justifications of deviant consumer behavior. *Advances in Consumer Research* 42:298–301.

Edelbacher, Max, Valentina Bruns, und Elmar Weixlbaumer. 2015. *Die neue Gier. Warum wir immer maßloser werden.* Berlin: Goldegg.

Engels, Jens Ivo, Andreas Fahrmeit, Frédéric Monier, und Olivier Dard. 2015. *Krumme Touren in der Wirtschaft. Zur Geschichte ethischen Fehlverhaltens und seiner Bekämpfung.* Köln: Böhlau.

Erlinger, Rainer. 2016. *Höflichkeit. Vom Wert einer wertlosen Tugend.* Frankfurt a. M.: Fischer.

Evans, Martin, Ahmad Jamal, und Gordon Foxall. 2013. *Consumer Behaviour.* 2. Aufl. Chichester, West Sussex: Wiley.

Falk, Armin, und Nora Szech. 2013. Morals and markets. *Science* 340:707–711.

faz.net. 2018. Aktualisiert am 19.03.2018. https://www.faz.net/aktuell/gesellschaft/kriminalitaet/deutsche-bahn-mehr-angriffe-auf-mitarbeiter-15501913.html
Fetchenhauer, Detlef, Anne-Sophie Lang, und Dominik H. Enste. 2019. Otto Normalbetrüger: Psychologie eines alltäglichen Delikts. In *Betrug in der digitalisierten Welt. Erkennen. Vorbeugen. Schützen*, Hrsg. M. Freytag, 100–113. Frankfurt a. M.: FAZIT Communication GmbH.
Fisk, Ray, Stephen Grove, Loyld C. Harris, Dominique A. Keeffe, Kate L. Daunt, Rebekah Russell-Bennett, und Jürgen Wirtz. 2010. Customers behaving badly: A state of the art review, research agenda and implications for practitioners. *Journal of Services Marketing* 24:417–429.
Fuentes, Christian, und Niklas Sörum. 2019. Agencing ethical consumers: Smartphone apps and the socio-material reconfiguration of everyday life. *Consumption Markets & Culture* 22:131–156.
Fullerton, Ronald A. 2007. Psychoanalyzing kleptomania. *Marketing Theory* 7:335–352.
Fullerton, Ronald A., und Girish Punj. 1993. Choosing to misbehave: A structural model of aberrant consumer behavior. *Advances in Consumer Research* 20:570–574.
Fullerton, Ronald A., und Girish Punj. 1997. What Is Consumer Misbehavior? *Advances in Consumer Research* 24:336–339.
Fullerton, Ronald A., und Girish Punj. 2004. Repercussions of promoting an ideology of consumption: Consumer misbehavior. *Journal of Business Research* 57:1239–1249.
Gärtner, Stefan, und Jürgen Roth. 2014. *Benehmt Euch! Ein Pamphlet*. Köln: Dumont.
Gawn, Glynis, und Robert Innes. 2018. Language and lies. *Journal of Behavioral and Experimental Economics* 74:167–176.
Garrelts, Nantke. 2017. Schluss mit der Klaukultur! *Der Tagesspiegel*. https://www.tagesspiegel.de/berlin/alltaegliche-kriminalitaet-in-berlin-schluss-mit-der-klau-kultur/20660462.html.
Garrett, Neil, Stephanie C. Lazzaro, Dan Ariely, und Tali Sharot. 2016. The brain adapts to dishonesty. *Nature Neuroscience* 19:1727–1732.
Goldsmith, Kelly, Caroline Roux, und Jingjing Ma. 2017. When seeking the best brings out the worst in consumers: Understanding the relationship between a maximizing mindset and immoral behavior. *Journal of Consumer Psychology* 28:293–309.
Grundmann, Susanna, und Johann Graf Lambsdorff. 2017. How income and tax rates provoke cheating – An experimental investigation of tax morale. *Journal of Economic Psychology* 63:27–43.
Hacke, Axel. 2018. *Über den Anstand in schwierigen Zeiten und die Frage, wie wir miteinander umgehen*. München: Goldmann.
Hailat, Khaled Qassem. 2016. *The influence of consumer misbehaviour on the perceived brand image of Jordanian higher education institutions*. PhD.Thesis, College of Business and Law University of Salford
Harris, Lloyd C., und Kate L. Reynolds. 2004. Jaycustomer behavior: An exploration into the types and motives in the hospitality industry. *Journal of Services Marketing* 18:339–357.
Hatebook. Die Pöbel-Demokratie. 2017. *Cicero Magazin für politische Kultur*, Nr. 3.
HDE Handelsverband Deutschland. 2019. *Forderungspapier. Forderungen zur Bekämpfung des Ladendiebstahls*. Berlin: BDI. https://einzelhandel.de/index.php?option=com_attachments&task=download&id=10309
Hellmann, Kai-Uwe. 2017. Die akademische Konsumforschung aus soziologischer Sicht. In *Verbraucherwissenschaften. Rahmenbedingungen, Forschungsfelder und*

Institutionen, Hrsg. P. Kenning, A. Oehler, L.A. Reisch, und C. Gugel, 141–164. Wiesbaden: Springer Gabler.

Hellmann, Kai-Uwe. 2019a. *Der Konsum der Gesellschaft. Studien zur Soziologie des Konsums.* 2, erweiterte Aufl. Wiesbaden: Springer VS.

Hellmann, Kai-Uwe. 2019b. Akademische Konsumforschung im Aufwind: multidisziplinär, kritisch, politisch. *Soziologische Review* 42:440–453.

Helm, Amanda E., Julie Guidry Moulard, und Marsha Richins. 2015. Consumer cynicism: developing a scale to measure underlying attitudes influencing marketplace shaping and withdrawal. *International Journal of Consumer Studies* 39:515–524.

Herbold, Astrid. 2019. Ein Knigge für heute. *Der Tagesspiegel* 23853:16.

Hobsbawn, Eric. 1995. *Das Zeitalter der Extreme Weltgeschichte des 20. Jahrhunderts.* München: Hanser.

Hock, Andreas. 2016. *Ich verbitte mir diesen Ton, Sie Arschloch! Über den Niedergang der Umgangsformen.* München: Riva.

Institut für Demoskopie Allensbach. 2019. *Generation Mitte 2019.* https://www.gdv.de/resource/blob/51046/99f507fd8da99911222384e62482c8fe/generation-mitte-2019—factsheet-data.pdf. Zugegriffen: 27. Sept. 2019

Irlenbusch, Bernd, und Marie Claire Villeval. 2015. Behavioral ethics: How psychology influenced economics and how economics might inform psychology? *Current Opinion in Psychology* 6:87–92.

Jackel, Katalin und Zoltan Veres. 2010. *Exploring Frontline Conflicts at Higher Education Institutions. A Complex Methodological Approach.* Apas Papers 166, Academic Public Administration Studies Archive – APAS.

Jonason, Peter K., und P. Middleton. 2015. Dark triad: The ‚Dark Side' of human personality. In international encyclopedia of the social & behavioral sciencies. *2. Aufl.* 5:671–675.

Jürgs, Michael. 2010. *Seichtgebiete. Warum wir hemmungslos verblöden.* München: Bertelsmann.

Kajackaite, Agne, und Uri Gneezy. 2017. Incentives and cheating. *Games and Economic Behavior* 102:433–444.

Kaube, Jürgen. 2007. *Otto Normalabweichler. Der Aufstieg der Minderheiten.* Springer: Klampen.

Kaube, Jürgen. 2019. *Ist die Schule zu blöd für unsere Kinder?* 2. Aufl. Berlin: Rowohlt.

Kershaw, Ian. 2019. *Achterbahn. Europa 1950 bis heute,* 2. Aufl. München: DVA.

Kirchhof, Paul. 2019. Von Freiheit geprägt Das Grundgesetz enthält keine besondere Wirtschaftsverfassung, aber einen klaren Leitgedanken. *Frankfurter Allgemeine Zeitung* 188:6.

Kleinrichert, Denise. 2012. Review: The myth of the ethical consumer. *Contemporary Sociology* 41:191–193.

Köneke, Vanessa, Horst Müller-Peters, und Detlef Fetchenhauer. 2015. *Versicherungsbetrug verstehen und verhindern.* Wiesbaden: Springer Gabler.

Kopetzky, Markus. 2015. *Einfluss von Preispsychologie auf Kundenbetrug Theoretische Fundierung und empirische Analyse.* Wiesbaden: Springer Gabler.

Lamnek, Siegfried. 2018. *Theorien abweichenden Verhaltens I: Klassische Ansätze'. Eine Einführung für Soziologen, Pädagogen, Juristen und Sozialarbeiter,* 10. durchges Aufl. Paderborn: Fink.

Lamnek, Siegfried, und Susanne Vogl. 2017. *Theorien abweichenden Verhaltens II: Moderne Ansätze'. Eine Einführung für Soziologen, Psychologen, Juristen und Sozialarbeiter,* 4. überarb. u. akt. Aufl. Paderborn: Fink.

Lee, Michael S.W., und Christie Seo Youn Ahn. 2016. Anti-consumption, materialism, and consumer well-being. *The Journal of Consumer Affairs* 50:18–47.

Lehmann, Armin. 2016. Was Schule macht. *Der Tagesspiegel* 22967:3.

Lovelock, Christopher H. 2001. *Services marketing: People, technology, strategy*. Upper Saddle River: Prentice-Hall.

markengold PR; Shoop. 2017. *Kleine Lügen in der Not – 65 Prozent der Deutschen lügen jeden Tag. Geschrieben von markengold PR. Veröffentlicht in Internetportale, Pressetexte*, Shoop. Berlin. https://www.markengold.de/kleine-schwindelleien-erleichtern-das-leben-mit-diesen-tricks-verschaffen-sich-die-deutschen-vorteile/

Mießgang, Thomas. 2013. *Scheiss drauf. Die Kultur der Unhöflichkeit*. Berlin: Rogner & Bernhard.

Mohr, Reinhard. 2010. *Meide deinen Nächsten Beobachtungen eines Stadtneurotikers*. Berlin: wjs Verlag.

Monath, Hans. 2019. Ein heimatloser Antikapitalismus stiftet irre Allianzen. *Der Tagesspiegel* 23987: 3. https://www.tagesspiegel.de/politik/thueringen-wahl-2019-ein-heimatloser-antikapitalismus-stiftet-irre-allianzen/25159004.html

Moser, K. 1997. Modelle der Werbewirkung. *Jahrbuch der Absatz- und Verbrauchsforschung* 43:270–283.

Müller, Robert Caspar. 2019. *Konsumentenbilder als produktive Fiktionen. Eine theoretische und ethnographische Untersuchung*. Wiesbaden: Springer Gabler.

Münkler, Herfried, und Marina Münkler. 2019. *Abschied vom Abstieg. Eine Agenda für Deutschland*. Berlin: Rowohlt.

Nessel, Sebastian. 2017. Was macht Menschen zu Konsumenten? Dimensionen und Voraussetzungen der Konsumentenrolle in Geschichte und Gegenwart. In *Verbraucher in Geschichte und Gegenwart. Wandel und Konfliktfelder in der Verbraucherpolitik*. Hrsg. C. Bala, C. Kleinschmidt, K. Rick und W. Schuldzinski, 35–54. Beiträge zur Verbraucherforschung, Bd. 7. Düsseldorf: Verbraucherzentrale NRW.

Nietsch-Hach, Cornelia. 2016. *Ethisches Verhalten in der modernen Wirtschaftswelt*, 2. Aufl. Konstanz und München: UVK Verlagsgesellschaft.

Nikolova, Hristina, Cait Lamberton, und Nicole Verrochi Coleman. 2018. Stranger danger: When and why consumer Dyads behave less ethically than individuals. *Journal of Consumer Research* 45:90–108.

Ölander, Folke. 2005. Die verbraucherpolitisch orientierte Forschung – allerorts ein Stiefkind. In *Verbraucherforschung in Deutschland*. Schriftenreihe des Verbraucherzentrale Bundesverbandes zur Verbraucherpolitik, Bd. 1. Hrsg. Verbraucherzentrale Bundesverband e. V., 21–29. Berlin: VZBV.

ohne Autor. 2019. Schäuble liest der Wirtschaft die Leviten. *Frankfurter Allgemeine Zeitung* 224:17.

Plein, Katrin. 2016. *Dysfunktionales Beschwerdeverhalten. Ausprägungen, Entstehung, Auswirkungen und Managementimplikationen*. Wiesbaden: Springer Gabler.

Precht, Richard David. 2012. *Die Kunst, kein Egoist zu sein Warum wir gerne gut sein wollen und was uns davon abhält*. München: Goldmann.

Razen, Michael, und Matthias Stefan. 2019. Greed: Taking a deadly sin to the lab. *Journal of Behavioral and Experimental Economics* 81:164–171.

Reisch, Lucia A., und Hans-W Micklitz. 2019. Vertrauen ist insbesondere für digitale Märkte wichtig. In *Betrug in der digitalisierten Welt. Erkennen. Vorbeugen. Schützen*, Hrsg. M. Freytag, 94–99. Frankfurt a. M.: FAZIT Communication GmbH.

Reynolds, Kate L., und Lloyd C. Harris. 2009. Dysfunctional customer behavior severity: An empirical examination. *Journal of Retailing* 85:321–335.

Richins, Marsha L. 2017. Material pathways: The process that create and perpetuate materialism. *Journal of Economic Psychology* 27: 480–499.

Rosenberger, Günther. 2005. *Risiken für Konsumkompetenz und Persönlichkeitsentwicklung in der Wohlstandsgesellschaft.* Frankfurt/M.: Peter.

Rost, Dietmar. 2014. *Wandel (ver)kennen. Shifting Baselines und die Wahrnehmung umweltrelevanter Veränderungen aus wissenssoziologischer Sicht.* Wiesbaden: Springer VS.

Rotman, Jeff D., Mansu Khamitov, und Scott Connors. 2017. Lie, cheat, and steal: How harmful brands motivate consumers to act unethically. *Journal of Consumer Psychology* 28:353–361.

Schindler, Jörg. 2012. *Die Rüpel-Republik. Warum sind wir so unsozial?* Frankfurt a. M.: Fischer.

Schitter, Christian, Jürgen Fleiß, und Stefan Palan. 2019. To claim or not to claim: Anonymity, symmetric externalities and honesty. *Journal of Economic Psychology* 71:13–36.

Schmidbauer, Wolfgang. 2017. *Jetzt haben, später zahlen. Die seelischen Folgen der Konsumgesellschaft.* Reinbek bei Hamburg: Rowohlt.

Schulze, Gerhard. 2005. *Die Erlebnisgesellschaft. Kultursoziologie der Gegenwart.* Frankfurt: Campus.

Schurz, Robert. 2008. Psychische Verelendung. *Deutschlandfunk.* https://www.deutschlandfunk.de/psychische-verelendung.1184.de.html?dram:article_id=185246. Zugegriffen: 12. Febr. 2019

Sofsky, Wolfgang. 2016. Unauffällige Gewalttäter. Posted in Kommentare, Moralia, am 25.7.2016. https://holbachinstitut.wordpress.com/2016/07/25/unauffaellige-gewalttaeter/

Solomon, Michael R. 2016. *Konsumentenverhalten*, 11., akt. Aufl. Hallbergmoos: Pearson Deutschland.

Spiegel ONLINE. 2019. Diebstahl im Einzelhandel. https://www.spiegel.de/wirtschaft/unternehmen/einzelhandel-mehr-schaden-durch-ladendiebstaehle-a-1274159.html

Stangneth, Bettina. 2016. *Böses Denken*, 1. Aufl. Reinbek bei Hamburg: Rowohlt.

Steinbrück, Peer. 2018. *Das Elend der Sozialdemokratie. Anmerkungen eines Genossen.* München: Beck.

Thaler, Richard.H. 2015. *Misbehaving. The making of behavioral economics.* New York: W.W. Norton.

Thaler, Richard H. 2016. *Summary of Misbehaving.* Instaread, Inc.

Thielmann, Isabel, und Benjamin E. Hilbig. 2018. Daring dishonesty: On the role of sanctions for (un)ethical behavior. *Journal of Experimental Social Psychology* 79:71–77.

Thieme, Sebastian. 2013. *Der Ökonom als Menschenfeind? Über die misanthropischen Grundmuster der Ökonomik.* Leverkusen-Opladen: Barbara.

Turner, George. 2019. Hochschulen sollten auch Benimmregeln lehren. *Der Tagesspiegel.* https://www.tagesspiegel.de/wissen/turners-thesen-hochschulen-sollten-auch-benimmregeln-lehren/24484696.html.

Ullrich, Wolfgang. 2013. *Alles nur Konsum. Kritik der warenästhetischen Erziehung.* Berlin: Klaus Wagenbach.

Vargha, Zsuzsanna. 2011. Review: The myth of the ethical consumer. *Journal of Consumer Culture* 11:392–394.

Vijayalakshmi, Akshaya, Meng-Hsien (Jenny) Lin., und Russell N. Laczniak. 2018. Managing children´s internet advertising experiences: Parental preferencies for regulation. *The Journal of Consumer Affairs* 52:595–622.

Volkmann, Uwe. 2019. Meinungsfreiheit für alles? Warum der großzügige verfassungsrechtliche Schutz der freien Rede neu justiert werden muss. *Frankfurter Allgemeine Zeitung* 62:7.

Weber, Ma Gyan Sevanti. 2014. *Umgangsformen für das 21. Jahrhundert. Warum wir keine Manieren mehr haben – wie wir einander neu respektieren lernen.* Norderstedt: Books on Demand.

Wertenbroch, Klaus. 2016. *Consumer (Mis)behavior and policy intervention.* Working Paper Series. 2017/14/MKT. Insead The Business School for the World. http://ssrn.com/abstract=2916152

Winterhoff, Michael. 2019. *Deutschland verdummt. Wie das Bildungssystem die Zukunft unsrer Kinder verbaut,* 7. Aufl. Gütersloh: Gütersloher Verlagshaus.

Wiswede, Günter. 1979. *Soziologie abweichenden Verhaltens.* 2.völlig neu bearb. Aufl. Stuttgart, Berlin, Köln, Mainz: Kohlhammer.

Wiswede, Günter. 2000. Konsumsoziologie – Eine vergessene Disziplin. In *Konsum: soziologische, ökonomische und psychologische Perspektiven,* Hrsg. D. Rosenkranz und N.F. Schneider, 23–72. Opladen: Leske + Budrich.

Yaniv, Gideon, und E. Siniver. 2016. The (honest) truth about rational dishonesty. *Journal of Economic Psychology* 53:131–140.

Günther Rosenberger, Dr., ist seit 2008 freiberuflicher Markt- und Konsumforscher in Berlin mit Interesse an Konsumkompetenz, Verbraucherpolitik, Konsumsozialisation, kompensatorischem und abweichendem Verbraucherverhalten, Lebensstilen, Konsumkultur, freier Mitarbeiter am Institut für Verbraucherjournalismus (ifv) an der OTH Amberg-Weiden und Autor des inzwischen vom imug Institut, Hannover, herausgegebenen Newsletters ‚Verbraucherforschung aktuell'.

Akteure, Aktivisten, Initiativen, Organisationen, Verbände

Die verbraucherpolitische Landschaft in Österreich – mit besonderem Blick auf Graswurzelbewegungen

Nina Tröger

Zusammenfassung

Dieser Artikel bietet erstens einen Überblick über die österreichische konsumentenpolitische Landschaft, wobei die wichtigsten AkteurInnen kurz vorgestellt werden. Zweitens wird auf gesellschaftliche Partizipationsprozesse fokussiert, wobei zivilgesellschaftliche Konsum-Initiativen in Österreich vorgestellt und deren Gemeinsamkeiten wie Unterschiede herausgearbeitet werden. Abschließend wird der Frage nachgegangen, welches Potenzial solche Graswurzelbewegungen für gesellschaftspolitische Strategien und Prozesse haben können.

Schlüsselwörter

Graswurzelbewegung · Konsumentenmacht · Konsumentenpolitik · Partizipation · Selbstversorgung

Ich danke Sebastian Nessel. Gabriele Zgubic und Helga Birkner für die wertvollen Hinweise zu diesem Artikel.

N. Tröger (✉)
Abteilung Konsumentenpolitik, Arbeiterkammer Wien, Wien, Österreich
E-Mail: nina.troeger@akwien.at

1   Einleitung

Konsumentenschutzorganisationen beraten in Problemfällen, untersuchen Märkte und setzen sich für die Interessen der KonsumentInnen ein. Damit stellen sie Transparenz her und haben Einfluss auf die Politik, aber auch auf Märkte (Nessel 2016). Dies gilt insbesondere für die ‚großen' Organisationen. In Österreich sind dies die Arbeiterkammer, die auch rechtlich legitimiert ist, zu Gesetzesbeschlüssen Stellung zu nehmen, oder der Verein für Konsumenteninformation, der im Auftrag des Staates Musterprozesse und Verbandsklagen durchführt. Aber auch kleine zivilgesellschaftliche Initiativen bzw. Graswurzelbewegungen, die aufgrund verschiedener Faktoren wie Finanzierung, Organisationsstruktur etc. am anderen Ende der Skala einzuordnen sind, haben als Nischenakteure ein gewisses Potenzial politischer Gestaltungsmöglichkeiten, gerade im Hinblick auf sozialökologische Transformationsprozesse (Seyfang und Smith 2007). Diese Initiativen umfassen dabei Formen des politischen Konsums, die jedoch über politisch orientiertes Einkaufen im Sinne eines „individualisierten kollektiven Handelns" hinaus gehen und eher spezifische Formen politischer Partizipation im Sinne eines „kollektivistischem kollektiven Handeln" darstellen (Lamla 2013, S. 45).[1]

In diesem Artikel wird der Frage nachgegangen, welche Einflussmöglichkeiten Graswurzelbewegungen auf die Politik in Österreich haben (können). Dazu bedarf es einer überblicksmäßigen Darstellung vorhandener Initiativen und der Herausarbeitung ihrer Gemeinsamkeiten und Unterschiede. Da es kaum aktuelle strukturierte Skizzierungen der österreichischen konsumentenpolitischen AkteurInnen gibt[2] oder diese aufgrund sehr enger Definitionen lediglich eine Auswahl konsumentenpolitischen Organisationen umfasst,[3] folgt zuerst eine Darstellung der Landschaft. Die Einteilung erfolgt anhand der institutionellen Struktur der Organisationen (Fremd- und Selbstorganisation) nach Kuhlmann (1990) und anhand der von der Institution bearbeiteten Politikfelder (mono- und polythematisch) nach Klug (2017). Als Grundlage dienten die Internetauftritte der jeweiligen Organisationen (‚wir über uns') sowie Jahres- bzw. Tätigkeitsberichte. Da der Artikel einen Fokus auf die ‚Verbraucherpolitik von unten' legt, kann es sich nur um eine verkürzte Darstellung der Institutionen handeln, weswegen bspw.

---

[1]Wobei die Grenzen hier fließend sein können, wie anhand des Beispiels Sharing noch näher ausgeführt wird.

[2]Vgl. ältere Versionen wie Kollmann (1986) oder L & R Sozialforschung (2005).

[3]Auf der Seite der Europäischen Kommission, https://ec.europa.eu/info/files/national-consumer-bodies-austria_en Zugriff 28.01.2020.

auf die verfolgten Strategien und Ziele der einzelnen Organisationen nicht eingegangen wird. Auch die Skizzierung staatlicher Konsumentenschutzeinrichtungen in Österreich kann nur grafisch erfolgen und nicht im Detail ausgeführt werden.[4]

2 AkteurInnen der Verbraucherpolitik in Österreich

Um eine Strukturierung der verschiedenen österreichischen Konsumentenorganisationen und -initiativen vornehmen zu können, eignet sich die idealtypische Struktur von Verbraucherorganisationen nach Kuhlmann (1990), der Verbraucherfremd- von Verbraucherselbstorganisationen unterscheidet. Verbraucherfremdorganisationen (VFO) werden meist von Institutionen und nicht von Einzelpersonen gegründet und finanziert, und es gibt keine Einzelmitgliedschaften, sondern nur Verbände sind in der Regel Mitglieder (Klug 2017, S. 46 f.). Die Aufgaben der VFO schließen dabei die Verbraucherinformation, -beratung, -aufklärung und -erziehung sowie umfassenden Verbraucherschutz (als Rechts-, Informations-, Gesundheits- und Vermögensschutz) und die Vertretung der KonsumentInneninteressen gegenüber der Legislative, der Exekutive, Unternehmen sowie der Öffentlichkeit ein (Kuhlmann 1990, S. 418 f.). Ein weiteres Merkmal von Verbraucherfremdorganisationen besteht darin, dass sie in mehreren Politikfeldern agieren und damit polyvalente Verbraucherorganisationen sind (Klug 2017, S. 48).[5]

Von Fremdorganisationen unterscheidet Kuhlmann (1990, S. 416 f.) die Verbraucherselbstorganisationen (VSO). Hier schließen sich KonsumentInnen aus eigenem Antrieb zusammen, handeln ihre Interessen gemeinsam aus und repräsentieren sich selbst oder werden durch direkt Beauftragte vertreten; die Finanzierung erfolgt vorwiegend durch Mitgliedsbeiträge. Selbstorganisationen zeichnen sich meist durch eine kleine Mitgliederanzahl aus, Eintritts- und Austrittskosten zu einer solchen Initiative sind meist gering (Kuhlmann 1990, S. 416 f.). Unterteilt werden Selbstorganisationen des Weiteren in repräsentative und kooperative Formen (siehe Abb. 1).

Bei repräsentativen Formen können KonsumentInnen zwar Mitglieder sein, haben aber abseits der üblichen jährlichen Mitgliederversammlungen kein Mitspracherecht. Die Organisationen werden vorwiegend von hauptamtlichen MitarbeiterInnen betrieben; mitunter gibt es auch noch ehrenamtliche

---

[4]Für eine ausführlichere Darstellung der staatlichen Einrichtungen, siehe https://ec.europa.eu/info/files/national-consumer-bodies-austria_en Zugriff am 31.01.2020.
[5]Klug (Klug 2017) spricht nur von polyvalenten VFO, die Analyse für Österreich zeigt jedoch, dass es sehr wohl auch monovalente VFO gibt, siehe Abschn. 2.2.

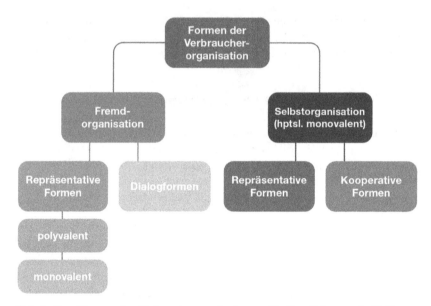

Abb. 1 Grundformen der Verbraucherorganisationen. (Quelle: Skizze nach Kuhlmann 1990, S. 420; Klug 2017)

UnterstützerInnen. Dieser Definition nach können darunter Initiativen wie Automobilclubs, aber auch Umwelt-NGOs zugeordnet werden.[6] Bei kooperativen Formen hingegen können sich Mitglieder aktiv einbringen und auf die Ziele und Aufgaben der Initiative einwirken und diese mitgestalten. Kooperative VSO drücken sich auch durch „kollektivistisches kollektives Handeln" (Lamla 2013, S. 45) aus; diese ‚Verbraucherpolitik von unten' wird in Kap. 3 näher ausgeführt.

Die Struktur von Kuhlmann[7] mit Adaptionen nach Klug (2017)[8] eignet sich gut, um die österreichische Landschaft der Konsumentenschutzorganisationen

---

[6]Umwelt-NGOs sind Klug (Klug 2017) zufolge jedoch keine direkten Verbraucherorganisationen, sondern „sekundäre Interessensverbände", da dieser Konsum nicht als primäres Ziel fokussieren.

[7]Bei der von Kuhlmann angeführten Subkategorie der Dialogformen handelt es sich um ein Angebot von privaten wie öffentlichen Unternehmen, ein bestimmtes Mitspracherecht auszuüben, wie bspw. sogenannte Verbraucherabteilungen, an die sich KonsumentInnen wenden können. Diese Kategorie ist für diesen Artikel jedoch nicht relevant und wird in weiterer Folge nicht ausgeführt und spezifiziert.

[8]Erweitert wird diese Struktur durch die bei Klug (2017) vorgenommene Differenzierung in poly- und monovalente Formen. Daraus ergibt sich folgende Strukturierung:

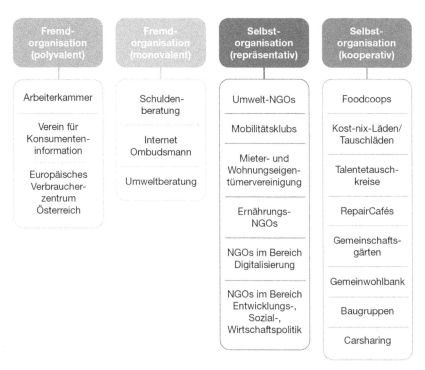

Abb. 2 Nicht-staatliche Konsumentenschutzorganisationen und –initiativen in Österreich (Überblick ohne Anspruch auf Vollständigkeit). (Quelle: eigene Darstellung)

und -initiativen überblicksmäßig zu skizzieren. Es ist allerdings zu berücksichtigen, dass es sich hier um Idealtypen handelt, die in der Realität nicht unbedingt so vorzufinden sind. Außerdem gibt es hinsichtlich repräsentativer und kooperativer Selbstorganisationen eher ein Kontinuum als eine trennscharfe Linie.

Im folgenden Kapitel werden nun einzelne Organisationen und Initiativen des Konsumentenschutzes in Österreich (aus Abb. 2) näher vorgestellt. Da der Fokus dieses Artikels auf der ‚Verbraucherpolitik von unten' liegt, kann dies nur eine sehr reduzierte Darstellung beinhalten. Dabei kann auf die staatlichen Institutionen, in

---

Fremdorganisationen, die polyvalent aufgestellt sind und Fremdorganisationen, die auf ein Politikfeld fokussieren. Davon unterscheiden sich (vorwiegend monovalente) Selbstorganisationen, die sich in repräsentative und kooperative Formen unterteilen.

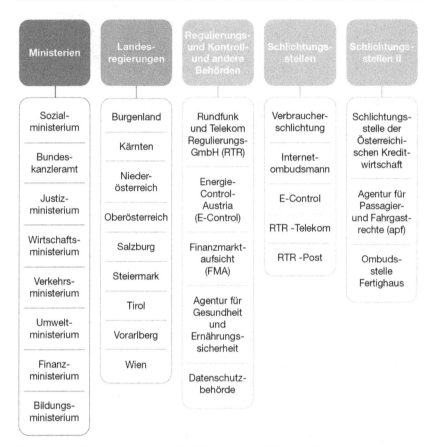

Abb. 3 Staatliche Institutionen in der Konsumentenpolitik. (Quelle: eigene Darstellung [skizziert nach European Commission (Vgl. https://ec.europa.eu/info/files/national-consumer-bodies-austria_en, Zugriff am 30.01.2020) mit eigenen Ergänzungen])

denen Konsumentenpolitik gestaltet und ausgeführt wird, wie bspw. Ministerien, Schlichtungs- und Regulierungsstellen sowie Schlichtungsstellen, aufgrund des Umfangs nicht näher eingegangen werden, sondern diese können nur grafisch skizziert werden (siehe Abb. 3).

2.1 Polyvalente Fremdorganisationen

In Österreich gibt es zwei große Verbraucherschutzorganisationen: die Arbeiterkammer (AK) und der Verein für Konsumenteninformation (VKI), die den polyvalenten Fremdorganisationen zuzuordnen sind.

2.1.1 Die Arbeiterkammer (AK)[9]

Die Arbeiterkammer (AK) vertritt die Interessen aller unselbstständig Beschäftigten sowie freier DienstnehmerInnen und arbeitsloser Personen[10] auf Basis der gesetzlichen Pflichtmitgliedschaft in Österreich.[11] 2018 vertrat die Arbeiterkammer damit ca. 3,8 Mio. ArbeitnehmerInnen in Österreich (Bundeskammer für Arbeiter und Angestellte 2019). Die AK finanziert sich vorwiegend über Mitgliedsbeiträge.

Legitimiert ist sie durch das in der Verfassung verankerte Arbeiterkammergesetz; sie hat den gesetzlichen Auftrag, „die sozialen, wirtschaftlichen, beruflichen und kulturellen Interessen der Arbeitnehmer und Arbeitnehmerinnen zu vertreten und zu fördern" (Arbeiterkammergesetz 1992). Daraus ergibt sich, dass sie nicht nur arbeitsrechtliche Interessensvertretung betreibt, sondern auch in anderen Feldern wie der Sozial-, der Bildungs-, der Umwelt-, der Wirtschafts- und insbesondere der Konsumentenpolitik aktiv ist.[12] Die Arbeiterkammer wurde 1920 als Gegengewicht und gleichwertiger Partner zu den schon bestehenden Handelskammern errichtet, womit schon der Grundstein für die 1946 gegründete Sozialpartnerschaft[13] gelegt wurde.[14]

---

[9]Nach der idealtypischen Aufstellung von Kuhlmann (1990) handelt es sich bei der AK eher um eine Mischform zwischen VFO und repräsentativer VSO, da sie sich über Mitgliedbeiträge finanziert und nur ihren Mitgliedern verpflichtet ist. Sie wird aufgrund ihrer umfassenden Aufgaben und ihrer gesetzlichen Legitimation (Verankerung im Verfassungsgesetz) jedoch hier den Verbraucherfremdorganisationen zugeordnet.

[10]Ausgenommen sind: ArbeitnehmerInnen in der Hoheitsverwaltung, ArbeitnehmerInnen in der Land- und Forstwirtschaft (außer Wien & Burgenland), Arbeitslose ohne Leistung aus der Arbeitslosenversicherung, Leitende Angestellte.

[11]Vgl. https://arbeiterkammer.at, Zugriff am 30.01.2020.

[12]Für einen Gesamtüberblick über die verschiedenen Abteilungen siehe https://wien.arbeiterkammer.at/ueberuns/transparenz/Organigramm.html, Zugriff am 15.01.2020.

[13]Die österreichische Sozialpartnerschaft ist die Zusammenarbeit zwischen vier großen Interessensverbänden (Arbeiterkammer, Gewerkschaft, Wirtschaftskammer und Landwirtschaftskammer). Wichtige politische Entwicklungen insbesondere im Bereich der Wirtschafts- und Sozialpolitik werden im Dialog untereinander ausverhandelt und koordiniert. Ziel ist die Vermeidung von Konflikten und partnerschaftliche Politikgestaltung, die Sozialpartnerschaft gilt als Garant des sozialen Ausgleichs. Eine der wichtigsten politischen Aufgaben der Sozialpartnerschaft ist die jährliche Ausverhandlung der Kollektivverträge, https://www.sozialpartner.at, Zugriff am 24.01.2020.

[14]Vgl. https://arbeiterkammer.at/ueberuns/akundoegbgeschichte/index.html, Zugriff am 19.12.2019.

Die Arbeiterkammer ist ein selbstverwaltendes Organ und damit nur ihren Mitgliedern verpflichtet. Die Vollversammlung (das sogenannte ‚ArbeitnehmerInnen-Parlament') wird alle fünf Jahre von ihren Mitgliedern gewählt. In der Vollversammlung werden die politischen Ziele und Inhalte beschlossen, für die sich die Arbeiterkammer einsetzen soll (ebd., S. 62).

Die Aufgaben der AK umfassen die Interessensvertretung gegenüber staatlichen Institutionen, z. B. in Form von Gesetzesbegutachtungen und Stellungnahmen oder die Vertretung in Gremien und Beiräten. Es gibt ein breites Serviceangebot für Mitglieder, insbesondere Beratung und Rechtsschutz im arbeitsrechtlichen Bereich. Ein weiteres wichtiges Aufgabengebiet ist die wissenschaftliche Aufbereitung relevanter Themen (z. B. Bildung-, Konsum-, Sozialpolitik), die als Grundlagen für interessensgeleitete Expertise intern sowie auch extern dient, z. B. als Evidenzbasierung für Gewerkschaften.

Im Bereich des Konsumentenschutzes werden in der Arbeiterkammer folgende Tätigkeiten durchgeführt: Beratung und Service im Falle von Problemen im allgemeinen Konsumbereich (z. B. Probleme im Gewährleistungsfall, Vertragskündigungsprobleme bei Fitnessstudios), im Finanzbereich (z. B. Kreditbewilligung, Kontokündigung), im Bereich Telekommunikation und Datenschutz (z. B. In-App-Käufe, Telefonrechnungen), im Bereich Reise (z. B. Probleme mit Unterkunft, Flugverspätungen). Preisvergleiche und Lebensmitteluntersuchungen dienen der Information der KonsumentInnen sowie der Markttransparenz und fungieren als Marktüberwachungsinstrument. Im Bereich Datenschutz werden die Schattenseiten der Digitalisierung aufgezeigt und bekämpft. Im Rechtsschutz werden Verbands- und Sammelklagen sowie Musterprozesse durchgeführt. Wissenschaftliche Aufbereitung von Studien zu gesellschaftlichen Entwicklungen im Bereich Konsum dienen als Grundlage für interessenspolitische Tätigkeit. Interessenspolitische Arbeit erfolgt in den Bereichen allgemeines Konsumentenrecht, Ernährung, Digitalisierung und Telekommunikation, nachhaltiger Konsum, Finanzdienstleistung, Wohnen, Umwelt, Verkehr und Energie.

2.1.2 Verein für Konsumenteninformation (VKI)

Neben der Arbeiterkammer ist der Verein für Konsumenteninformation (VKI) die zweite große Konsumentenschutzorganisation.[15] 1961 wurde der Verein von den vier österreichischen Sozialpartnern Arbeiterkammer, Gewerkschaft, Wirtschaftskammer und Landwirtschaftskammer gegründet, die auch ordentliche Mitglieder

---

[15]Vgl. https://vki.at, Zugriff 30.01.2020.

waren. 1973 trat die Republik Österreich als außerordentliches, förderndes Mitglied bei. Die Gewerkschaft, Wirtschaftskammer und Landwirtschaftskammer sind vor mehreren Jahren aus dem Verein ausgetreten. Träger des VKI ist damit die Bundesarbeitskammer sowie die Republik Österreich, vertreten durch das Bundesministerium für Soziales, Gesundheit, Pflege und Konsumentenschutz.[16] Dieses ist weiterhin außerordentliches Mitglied.[17]

Der Verein finanziert sich zu 75 % aus Erlösen aus Publikationen (Zeitschrift KONSUMENT, Buchverkauf), Projekten, Beratungsleistungen und Organisationskostenbeiträgen. 25 % werden durch Mitgliedsbeiträge und Subventionen abgedeckt (Verein für Konsumenteninformation 2019, S. 36).

Die Tätigkeitsfelder sind in den Vereinsstatuten festgelegt und umfassen Verbraucherinformation (z. B. über Webseite oder Zeitschrift), insbesondere die Untersuchung von Konsumgütern in Form von Produkt- und Dienstleistungstests oder Marktbeobachtung, deren Ergebnisse im monatlichen Testmagazin KONSUMENT erscheinen. Zusätzlich bietet der VKI Rechtsberatung, Intervention und Schlichtung an. Im Auftrag des Bundesministeriums für Soziales, Gesundheit, Pflege und Konsumentenschutz führt der Verein auch Sammel- und Verbandsklagen sowie Musterprozesse durch. Die Bildung von Einkaufsgemeinschaften, insbesondere im Energiebereich, ist eine weitere Aufgabe, die sehr erfolgreich verläuft. Die VKI-Akademie bietet spezielle Fachseminare sowie einen Lehrgang für Verbraucherrecht an. Bei grenzüberschreitenden Problemen können sich KonsumentInnen an das Europäische Verbraucherzentrum (EVZ) wenden, das seit 1999 ebenfalls beim VKI angesiedelt.

2.2 Monovalente Fremdorganisationen

In Österreich gibt es mehrere Organisationen, die nur in einem Politikfeld agieren, aufgrund ihrer Struktur und Funktionen aber eher den Fremd- als den Selbstorganisationen[18] zuzurechnen sind. Diese Organisationen werden

---

[16]Seit Jänner 2020, davor Bundesministerium für Arbeit, Soziales, Gesundheit und Konsumentenschutz.

[17]Vgl. https://vki.at/wer-sind-wir, Zugriff am 30.01.2020.

[18]Klug (2017, S. 47) definiert Verbraucherfremdorganisationen ausschließlich als polyvalent und bezeichnet monovalente VFO als „sekundäre Interessensverbände", die erst in zweiter Linie verbraucherpolitisch agieren, wie z. B. Umweltverbände. Aus Sicht der Autorin ist jedoch die Zuordnung zu VFO aus oben genannten Gründen sinnvoller.

zum Großteil aus öffentlichen Mitteln finanziert und sind in der Regel für alle BürgerInnen (mit österreichischem Wohnsitz) gleichermaßen zugänglich.[19]

2.2.1 Schuldenberatung (Finanzen)

Die 28 in Österreich vertretenen Schuldenberatungen (zehn staatlich anerkannte mit 18 dazugehörigen Regionalstellen) sind gerade im Bereich Finanzen wichtige Akteure in der konsumpolitischen Landschaft. Sie bieten Privatpersonen Information und Beratung bei Zahlungsproblemen an, erarbeiten mit den Betroffenen Lösungsmöglichkeiten und unterstützen sie bei, vor und während eines Privatkonkursprozesses. Die Schuldenberatungen sind überwiegend als gemeinnützige Vereine organisiert und werden von der öffentlichen Hand finanziert (Land, Städte, AMS, sonstige Einrichtungen). Die Beratung ist kostenlos, für jeden zugänglich (zuständig ist das jeweilige Bundesland) und in erster Linie als Hilfe zur Selbsthilfe gedacht. Die Interessen der Schuldenberatungen werden durch den Dachverband ASB vertreten.[20]

2.2.2 Internet Ombudsmann (Internet und Digitalisierung)

Der Internet Ombudsmann ist eine unabhängige Streitschlichtungs- und Beratungsstelle und wird vom Bundesministeriums für Soziales, Gesundheit, Pflege und Konsumentenschutz und der Bundesarbeitskammer finanziert. KonsumentInnen mit Wohnsitz in Österreich werden zu den Themen Online-Shopping, Datenschutz, Persönlichkeitsrechte und Urheberrecht beraten.[21]

2.2.3 Umweltberatung (Umwelt)

Seit 1988 können sich Privathaushalte wie Betriebe rund um ökologische Themen und Konsumthemen wie Kleidung, Kosmetik, Reparieren, Ernährung, Energie, Wohnen, Klimaschutz etc. bei der Umweltberatung informieren. Diverse Bildungsangebote wie eine Ausbildung zum Ernährungsvorsorge-Coach oder EnergieberaterIn können in Anspruch genommen bzw. bezogen werden. Die Umweltberatung ist eine Einrichtung der Wiener Volkshochschulen und wird vom Magistrat Wien finanziell unterstützt.[22]

---

[19]Die Umweltberatung wird vom Magistrat Wien finanziert, der Fokus der Tätigkeit liegt damit vermutlich auf der Region Wien, dies wird aber von der Organisation selbst nicht näher beschrieben oder eingeschränkt.

[20]Vgl. https://www.schuldenberatung.at/fachpublikum/organisation.php, Zugriff am 21.01.2020.

[21]Vgl. https://www.ombudsmann.at/schlichtung.php/cat/7/aid/20/title/UEber_uns, Zugriff am 21.01.2020.

[22]Vgl. https://www.umweltberatung.at/ueber-uns, Zugriff am 23.01.2020.

2.3 Repräsentative Selbstorganisationen

In repräsentativen Selbstorganisationen sind zwar KonsumentInnen Mitglieder der Organisation, die Aktivitäten und Aufgaben werden jedoch von hauptamtlichen MitarbeiterInnen durchgeführt. Mitglieder profitieren von Informationen und der Interessensvertretung, aber auch in Form von speziellen Mitgliederangeboten und Vergünstigungen. Mitglieder können in manchen Organisationen auch ehrenamtlich aktiv werden (Kuhlmann 1990). In Österreich können in den Feldern Umwelt, Mobilität, Wohnen, Ernährung, Digitalisierung repräsentative Verbraucherselbstorganisationen ausgemacht werden.

2.3.1 Umwelt

In Österreich widmen sich insbesondere die beiden Umweltschutzorganisationen Greenpeace und GLOBAL2000 dem Thema Konsum aus Umweltperspektive. Greenpeace finanziert sich ausschließlich durch private Spenden oder Stiftungen und ist für sein Engagement im Bereich des klassischen Umweltschutzes (Schutz der Meere, Wälder, Landschaft, Klima) bekannt. Im Bereich Konsum ist Greenpeace vor allem in punkto Nachhaltigkeit aktiv und führt Kampagnen (z. B. für die Reduktion von Plastik), Studien (z. B. über Konsumgewohnheiten bei Kleidung), Informationsangeboten (z. B. Ratgeber zu Gütesiegeln) oder auch Markt-Checks (Tests zu verschiedenen Themen in Supermärkten) durch.[23]

GLOBAL2000 wurde 1982 von sechs österreichischen AktivistInnen gegründet, die das Ziel hatten, die österreichische Umweltpolitik aktiv mitzugestalten. Diese NGO ist neben Greenpeace und dem WWF eine der wichtigsten Umweltschutzorganisationen in Österreich. Auch bei dieser NGO spielt Konsum insbesondere aus ökologischer Perspektive – Müll, Plastik, Ressourcenverbrauch, Ernährung und Landwirtschaft – eine Rolle.[24]

2.3.2 Mobilität

Im Bereich Mobilität gibt es unterschiedliche Player. Der Verkehrsclub Österreich (VCÖ) ist eine Non-Profit-Organisation und setzt sich für eine ‚klimafreundliche, erdölunabhängige und gesunde Mobilität ein'. Finanziert wird der VCÖ über

---

[23]Vgl. https://news.greenpeace.at, Zugriff am 24.01.2020.
[24]Vgl. https://www.global2000.at/ueber-global-2000, Zugriff am 17.01.2020.

Spenden von Privatpersonen, der öffentlichen Hand und über Inserate von Unternehmen. Mittels verschiedener Publikationen werden sowohl ExpertInnen als auch die Öffentlichkeit informiert.[25]

ÖAMTC[26] und ARBÖ[27] sind österreichweite Auto- und Motorradvereine, die ihren Mitgliedern Serviceleistungen in Problemfällen anbieten und für die Interessen der AutofahrerInnen eintreten. Die äquivalente Einrichtung für das Fahrrad heißt Radlobby,[28] und für FußgängerInnen ist es Walk-Space,[29] der österreichische Verein für FußgängerInnen.

2.3.3 Wohnen

Die Mietervereinigung Österreich[30] ist ein gemeinnütziger Verein, der BürgerInnen bei Wohnproblemen berät und diese auch bei mietrechtlichen Problemen vor Gericht vertritt. Des Weiteren betreibt er im Bereich Wohnen Interessenspolitik. Beratung und Service erhalten alle Mitglieder, die den Verein auch finanzieren. Es gibt in allen neun Bundesländern Regionalstellen.

2.3.4 Ernährung

Im Bereich Ernährung ist insbesondere der Verband ‚die Tafeln‘[31] zu nennen. Die Wiener Tafel[32] wurde vor 20 Jahren von vier Studierenden als erste österreichische Initiative zur Lebensmittelrettung und -verteilung gegründet und orientierte sich an der Hamburger Tafel. In Österreich gibt es derzeit neun lokale Organisationen, die regional Lebensmittel sammeln und verteilen.

2.3.5 Digitalisierung

Der Verein NYOB (‚None of your business‘) wurde von Daten- und KonsumentenschützerInnen gegründet und setzt sich für die Einhaltung des Datenschutzes sowie der Ausweitung der digitalen persönlichen Rechte und Freiheiten ein. Er finanziert sich durch Spenden und Mitgliedschaften.[33]

---

[25]Vgl. https://www.vcoe.at/ueber-vcoe/ueber-vcoe, Zugriff am 21.01.2020.

[26]Vgl. https://www.oeamtc.at, Zugriff am 21.01.2020.

[27]Vgl. https://www.arboe.at, Zugriff am 21.01.2020.

[28]Vgl. https://www.radlobby.at, Zugriff am 20.01.2020.

[29]Vgl. https://www.walk-space.at, Zugriff am 20.01.2020.

[30]Vgl. https://mietervereinigung.at, Zugriff am 18.12.2019.

[31]Vgl. https://dietafeln.at, Zugriff am 13.12.2019.

[32]Vgl. https://www.wienertafel.at, Zugriff am 17.02.2020.

[33]Vgl. https://noyb.eu/konzept, Zugriff am 30.01.2020.

2.3.6 Wirtschaft und Soziales

Südwind[34] ist eine 1979 in Österreich gegründete NGO, deren Hauptanliegen die Entwicklungspolitik ist und die sich für mehr globale Gerechtigkeit einsetzt. Die NGO engagiert sich insbesondere für faire Arbeitsbedingungen im globalen Süden, d. h. für Arbeitsplätze, die vor allem die Konsumgüterproduktion für den europäischen Markt betreffen, wie Textilien, Elektronik, Spielwaren o. ä. Damit ist Konsumentenpolitik implizit ein Thema dieser Organisation.

Weitere NGOs, die im Bereich der Wirtschafts- oder Sozialpolitik tätig sind, sind z. B. Attac[35] oder die Armutskonferenz.[36] Zwar ist bei diesen NGOs Konsum implizit ein relevantes Thema. Dennoch ist deren Aktivität im Bereich der Konsumpolitik zumeist sehr gering, weswegen auf diese NGOs nicht näher eingegangen wird.

3 ‚Verbraucherpolitik von unten': Kooperative Selbstorganisationen

‚Verbraucherpolitik von unten' kann als Gegenmodell zu einem staatlich gesteuerten makropolitisch verordneten Ansatz gesehen werden. Der Aktivismus kommt dabei aus der Mitte der Zivilgesellschaft. Es sind ergo soziale Bewegungen, auch als Graswurzelbewegungen bezeichnet, die hier als kooperative Verbraucher-selbstorganisationen strukturiert sind. Diese zeichnen sich im Gegensatz zu der repräsentativen Form (siehe Abschn. 2.3) dadurch aus, dass die Personen nicht nur formal Mitglieder sind, sondern sich aktiv in die Definition, Organisation und Umsetzung der Ziele und Aufgaben der Initiative einbringen können.

3.1 Überblick über österreichische Initiativen[37]

Wenn man die österreichische Landschaft betrachtet, handelt es sich vorwiegend um Initiativen, die alternative Konsummodelle erproben und im Bereich der Nach-haltigkeit angesiedelt sind. Viele der folgenden Initiativen gibt es in ähnlicher

---

[34]Vgl. https://www.suedwind.at, Zugriff am 14.01.2020.

[35]Vgl. https://www.attac.at, Zugriff am 30.01.2020.

[36]Vgl. http://www.armutskonferenz.at, Zugriff am 30.01.2020.

[37]Es werden im Folgenden auch verschiedene Initiativen vorgestellt, die im Allgemeinen unter ‚Sharing' subsumiert werden wie im Bereich Wohnungstausch, Kleidertausch etc. Eine genaue Zuordnung, inwieweit es sich hier um Initiativen im Sinne von Verbraucherselbstorganisationen handelt oder nur eine Form von individualisierten ‚Prosum' darstellt, ist mitunter schwierig.

Form auch in anderen Ländern. Die methodische Vorgehensweise erfolgte durch Internetrecherche in den verschiedenen Konsumbereichen. Da es auch sehr viele lokal agierende Bewegungen ohne Internetauftritt gibt, besteht bei der folgenden Darstellung kein Anspruch auf Vollständigkeit. Ziel ist es, anhand exemplarisch vorgestellter Initiativen einen Überblick über das Involvement der Zivilgesellschaft zu geben und diese in der verbraucherpolitischen Landschaft zu verorten. Im Anschluss wird versucht, die Gemeinsamkeiten der Initiativen zu analysieren und die sich daraus ergebenden Potenziale für die Konsumentenpolitik darzulegen.

3.1.1 Konsumgüter

In Österreich gibt es – vorwiegend in größeren Städten – diverse Umsonst- und Tauschläden, aber auch Leihläden. In Umsonst- und Tauschläden können nicht mehr gebrauchte Gegenstände abgegeben und andere Dinge mitgenommen werden; im Umsonstladen auch ohne Tauschprinzip. In Leihläden werden hingegen, wie der Name schon sagt, Gebrauchsgegenstände wie z. B. Bohrer oder Zelte für einen bestimmten Zeitraum verliehen. Primär steht dabei der Aspekt der Ressourcenschonung im Vordergrund, indem gebrauchte Gegenstände einer weiteren Nutzung zugeführt werden.[38] Manche Läden vertreten aber auch weitergehende gesellschaftspolitische Ziele wie die Förderung gemeinschaftlicher Nutzungsweisen und sozialer Gerechtigkeit[39] oder sind als Ausdruck antikapitalistischen Handelns und als Förderung der Solidarität zu sehen.[40] Es handelt sich dabei um zivilgesellschaftlich

---

Zumeist sind auch noch digitale (Vermittlungs-) plattformen involviert, die eine idealtypische Trennung noch erschweren. Hier muss wiederum unterschieden werden, ob man die Plattform selbst oder die innerhalb der Plattform handelnden Individuen als AkteurInnen betrachtet. Fokussiert man auf ersteres, ist bspw. Fragnebenan.at eine lokale Initiative, die die Möglichkeit bietet, individuelle Angebote wie bspw. Unterstützung bei der Montage einer Lampe o. ä. nachzufragen. Auf der anderen Seite sind Plattformen wie die Fahrgemeinschaftsplattform Blablacar gewinnorientierte Unternehmen, die durch die Vermittlungsgebühr Einnahmen erzielen. Die TeilnehmerInnen sind jedoch AkteurInnen, die alternative Konsumformen anbieten oder nutzen; zwar üben sie dies individuell aus, ihre Interessen werden aber durch die Plattform kollektiviert und erzeugen unter Umständen einen identitätsstiftenden Gemeinsinn. Im Sinne von ‚Politik mit dem Einkaufswagen' sind daher Sharing Initiativen, auch im Sinne einer Verbraucherpolitik von unten zu verstehen, weswegen ich mich dazu entschieden habe, diese Formen in diesem Artikel aufzunehmen.

[38] Vgl. https://www.leila.wien, Zugriff am 18.12.2019.

[39] Vgl. http://www.transition-tirol.net/gruppen-initiativen/leihladen-innsbruck, Zugriff am 19.11.2019.

[40] Vgl. https://www.kostnixladen.at, Zugriff am 19.11.2019.

organisierte Initiativen, die oftmals neben von Kommunen oder karitativen Organisationen geführten Second-Hand Läden bestehen.

Offene Bücherschränke stehen zumeist im öffentlichen Raum; hier können nicht mehr benötigte Bücher anderen Menschen zur Weiternutzung angeboten werden. Die Wikipedia-Seite ‚Liste öffentlicher Bücherschränke‘[41] weist (ohne Anspruch auf Vollständigkeit) über 100 solcher Schränke in ganz Österreich auf (Stand Jänner 2020). Diese Schränke sind meist adaptierte, nicht mehr benötigte öffentliche Telefonzellen und werden einerseits von kommunaler Seite, andererseits von Privatpersonen organisiert und betrieben.

Kleidertauschpartys werden von einzelnen Personen oder kleinen Gruppen, aber auch karitativen Organisationen initiiert und durchgeführt. Es gibt den Recherchen zufolge keine private Initiative, die dies regelmäßig betreibt. Meist handelt es sich um einmalige Veranstaltungen verschiedener einzelner InitiatorInnen. Betrieben werden diese Partys aus ökologischen Aspekten, um Kleidung einer Nachnutzung zuzuführen, aber auch wegen des Spaßfaktors und zur eigenen Versorgung. In der Regel wird ein geringer Unkostenbeitrag gezahlt. JedeR TeilnehmerIn bringt eigene Alt-Kleidung zum Tausch mit. Aus dem vorhandenen Pool darf man sich so viele Kleidungsstücke wieder mitnehmen, wie selbst abgegeben wurden.

3.1.2 Dienstleistungen

Neben Waren werden auch Dienstleistungen in sogenannten Talentetauschkreisen getauscht. Konkret handelt es sich meist um Tätigkeiten, die im Rahmen der Nachbarschaftshilfe üblich sind, wie die Unterstützung beim Einkaufen oder Babysitten. Ziel ist eine erweiterte Nachbarschaftshilfe in der Region. Verrechnet wird dabei oft in Zeit- und nicht in Geldeinheiten. Dahinter steckt der gesellschaftspolitische Anspruch, Zeit als für alle Menschen gleich verfügbar und gleichwertig zu betrachten, womit die marktüblichen Preisunterschiede zwischen Kopf- und Handarbeit sowie Frauen- und Männerarbeit ausgeglichen werden und Arbeit sozial gerechter bewertet werden soll.[42]

‚Fragnebenan‘ist eine Plattform, deren Ziel die digital organisierte Nachbarschaftshilfe ist.[43] Da in größeren Städten sich direkte NachbarInnen oft nicht wirklich kennen, soll die Plattform dabei helfen, Personen zu vernetzen, die

---

[41]Vgl.   https://de.wikipedia.org/wiki/Liste_öffentlicher_Bücherschränke_in_Österreich, Zugriff am 19.11.2019.

[42]Vgl. https://www.tauschkreis-kaernten.at, Zugriff am 22.11.2019.

[43]Vgl. https://fragnebenan.com, Zugriff am 22.11.2019.

Unterstützung brauchen oder anbieten können. Die Initiative wurde von Privat-personen gegründet und beschränkte sich vorerst auf den Raum Wien. Mittler-weile wurde die Organisation in eine GmbH umgewandelt und hat das Ziel, auch in andere deutschsprachige Städte zu expandieren.

Auch in Österreich haben sich in den letzten Jahren verstärkt Repair-Cafés gebildet, eine Idee aus den Niederlanden. Unter Anleitung ehrenamtlicher ReparaturexpertInnen können KonsumentInnen ihre kaputten Haushaltsgeräte mitbringen und reparieren (lassen). In den meisten Bundesländern gibt es etliche Repair-Cafés, die mehr oder weniger regelmäßig angeboten werden.[44] Eine Vernetzung dieser Reparaturinitiativen findet seit 2017 mit Unterstützung von RepaNet statt.[45] Ähnlich funktionieren Näh-Cafés; hier wird alte Kleidung geflickt oder dem Upcycling unterzogen oder auch neue Kleidung genäht. Neben der Reparatur oder der Herstellung eines Produktes spiele auch soziale Aspekte wie Kommunikation und die gegenseitige Unterstützung eine wichtige Rolle.

3.1.3 Ernährung

Gemeinschaftsgärten sind eine Form des ‚Urban Gardenings‘, bei denen neben der Selbstversorgung mit Obst, Gemüse, Kräutern etc. auch die soziale Komponente wichtig ist. Manche Initiativen adressieren spezielle Zielgruppen wie Kinder, ältere Menschen oder MigrantInnen, um die soziale Integration zu fördern. Gemeinschaftsgärten sind mitunter auch politische, soziale, pädagogische wie ökologische Handlungsräume. In Österreich gibt es mehr als 200 solcher Gärten.[46] Gegründet und betreut werden Gemeinschaftsgärten von engagierten BürgerInnen, aber auch von Kommunen oder Vereinen.

‚Foodcoops‘ sind selbstverwaltete Kooperativen zur Selbstversorgung von Lebensmitteln. Die Mitglieder treffen die Auswahl der ProduzentInnen nach bestimmten, gemeinschaftlich festgelegten Kriterien und organisieren den Einkauf der Lebensmittel und Verkauf an die eigenen Mitglieder. Durch den Kontakt zu den ProduzentInnen kann damit größere Transparenz über die Arbeits- und Produktionsbedingungen geschaffen werden als im Lebensmittel-einzelhandel. Das gesellschaftspolitisches Ziel ist eine ‚Alternative zum aktuell

---

[44]Ein nicht vollständiger Überblick findet sich hier https://www.repanet.at/projekte-2/reparaturcafes_initiativen/, Zugriff am 22.11.2019.

[45]Repanet ist eine freiwillige Interessenvertretung der sozialwirtschaftlich ausgerichteten Re-Use-Betriebe sowie der Reparaturnetzwerke und Reparaturinitiativen, https://www.repanet.at, Zugriff am 21.1.2020.

[46]Auskunft des Vereins Gartenpolylog, per Email vom 21.01.2020.

vorherrschenden Lebensmittelsystem' zu schaffen und Ernährungssouveränität zu erlangen. Derzeit gibt es ca. 100 Lebensmittelkooperativen in Österreich.[47]

Bei ‚Foodsharing'handelt sich um eine Initiative, die sich gegen die Lebensmittelverschwendung einsetzt.[48] Sie entstand 2012 in Deutschland und hat sich in den letzten Jahren auf Österreich, Schweiz und andere europäische Länder ausgeweitet. Ehrenamtliche MitarbeiterInnen, sogenannte ‚Foodsaver', retten Lebensmittel, indem sie zumeist von kooperierenden Betrieben nicht mehr benötigte, aber noch genießbare Lebensmittel abholen und diese dann zur Eigenversorgung verwenden oder an andere Menschen verteilen. Die Foodsharing-Initiative sieht sich als Ergänzung zu den Tafeln. Im Gegensatz zu diesen wird beim Foodsharing jedoch die Bedürftigkeit nicht erhoben; jede Person kann sich Essen abholen. Laut eigener Statistik werden täglich ca. 2600 ‚Rettungseinsätze' absolviert, 65.000 Lebensmittelretter engagieren sich ehrenamtlich und 6000 Betriebe kooperieren regelmäßig mit der Initiative.[49] Die Organisation und Koordination verläuft über die Plattform foodsharing.network. Von österreichischer Seite wird die Initiative vom Bundesministerium für Nachhaltigkeit und Tourismus sowie den Wiener Tafeln gesponsert.

Neben diesen Initiativen, die vordergründig der eigenen Versorgung dienen, gibt es auch Gruppen, bei denen die politischen Ziele im Vordergrund stehen. Ernährungsräte sind Anfang der 1980er in den USA entstanden und erleben seit einigen Jahren im deutschsprachigen Raum einen Boom. In Österreich gibt es bislang zwei Ernährungsräte, und zwar in Wien[50] und Innsbruck,[51] und in Oberösterreich wird vom Agrarlandesrat zu einer Gründung aufgerufen.[52] Die Ernährungsräte haben das Ziel, „zu einem ökologisch zukunftsfähigen und sozial gerechten Ernährungssystem" beizutragen (FIAN Österreich 2019, S. 7). Es geht darum, die verschiedenen AkteurInnen im Ernährungsbereich, die oft isoliert voneinander agieren, zusammenzubringen, die Lebensmittelproduktion wieder zu relokalisieren sowie auf die Bedürfnisse der Zivilgesellschaft aufmerksam zu machen. In Wien und Innsbruck sind die Initiativen zivilgesellschaftlich

---

[47]Vgl. https://foodcoops.at, Zugriff am 23.01.2020.

[48]Vgl. https://foodsharing.at, Zugriff am 29.01.2020.

[49]Die Daten beziehen sich auf alle teilnehmenden Länder, vgl. https://foodsharing.at/karte, Zugriff am 22.11.2019.

[50]Vgl. https://ernaehrungsrat-wien.at, Zugriff am 23.01.2020.

[51]Vgl. http://ernaehrungsrat-innsbruck.at, Zugriff am 23.01.2020.

[52]Vgl. https://www.max-hiegelsberger.at/oberoesterreich-ernaehrungsraete, Zugriff am 23.01.2020.

organisiert und bestehen aus engagierten Personen aus Forschung, Lebensmittelwirtschaft, Gastronomie, NGOs und Privatpersonen. Auf einer globalen Ebene
setzt sich die Initiative Nyéléni für die Demokratisierung des Agrar- und Lebens-
mittelsystems ein.[53]

3.1.4 Finanzen

Als Konsequenz aus der Finanzkrise gründeten im Jahr 2014 engagierte
Privatpersonen eine Genossenschaft mit der Idee, eine ‚Gemeinwohlbank'[54]
als Bank des Vertrauens zu errichten, die als Gegenmodell zu den ‚Bad Banks'
dienen sollte. Ursprüngliches Bestreben war es, eine Vollbank zu gründen,
die alle Dienstleistungen einer Universalbank wie Geldleihe, Einlagen-
geschäfte, Dienstleistungen und Investments anbieten kann. Mit dem Geld
sollte jedoch nicht spekuliert, sondern in die gemeinwohlorientierte Realwirt-
schaft investiert werden. Die österreichische Finanzmarktaufsicht lehnte den
Antrag zur Vollbank-Lizenz jedoch ab. Seit Mitte 2019 gibt es für Genossen-
schaftsmitglieder zumindest ein Gemeinwohlkonto, das durch Kooperation
mit einer regionalen Bank ermöglicht wird. Das Gemeinwohlkonto ist mit
einer sogenannten Umweltgarantie verknüpft, die sicherstellt, dass die Bank
mit den angelegten Geldern ausschließlich in ökologische und soziale Projekte
investiert.[55]

3.1.5 Energie

Im Bereich Energie steht prinzipiell die Eigenversorgung abseits von
kommerziellen Marktangeboten im Vordergrund. Es handelt sich vorwiegend um Vereine oder Genossenschaften auf lokaler Ebene, welche sich
zur gemeinschaftlichen Energieerzeugung und -nutzung zusammenschließen.
Es gibt es keinen strukturierten Überblick, wie viele solcher Initiativen es
in Österreich gibt. Auftrieb könnte die gemeinschaftliche Energieerzeugung
durch das ‚Clean Energy Package' der Europäischen Union bekommen,
wodurch Bürgerenergiegemeinschaften künftig verstärkt forciert und
gefördert werden sollen.

---

[53]Vgl. http://www.ernährungssouveränität.at, Zugriff am 23.01.2020.

[54]Vgl. https://www.gemeinwohl.coop, Zugriff am 23.01.2020.

[55]Vgl. https://www.gemeinwohlkonto.at, Zugriff am 23.01.2020.

3.1.6 Mobilität

Im Bereich der Mobilität gibt es privat bzw. kommunal organisierte Carsharing-Initiativen[56] als Alternative zu kommerziellen Anbietern, aber auch Plattformen für privates Carsharing. Plattformen können wiederum private Initiativen,[57] aber auch kommerzielle Anbieter sein.[58] Sie bieten neben der Vermittlung auch die logistische Abwicklung an (wie z. B. Versicherung). Die AutoanbieterInnen und -benützerInnen müssen sich nur um den Verleih kümmern, womit die Eigenarbeit der TeilnehmerInnen reduziert wird. Die KonsumentInnen bieten hier ihre Privatwagen zum Verleih an. Über Kommunen oder von BürgerInnen gegründete Vereine wird auch nicht-kommerzielles Carsharing angeboten. Hier werden jedoch seltener die Privat-PKWs der Mitglieder verliehen, sondern es gibt zumeist eine eigene Flotte, die dafür zur Verfügung steht.[59] Gerade Kommunen in ländlichen Gebieten fördern alternative Mobilitätsangebote als Ergänzung zum öffentlichen Verkehr.

Fahrgemeinschaften werden zumeist über (kommerzialisierte) Plattformen angeboten.[60] Die Gewerkschaft hat für das Bundesland Steiermark eine alternative Mitfahrbörse gegründet.[61]

Privates Fahrrad-Sharing ist in Österreich nicht verbreitet. In Wien bietet eine private Initiative Lastenräder zum Ausleihen an.[62] In den größeren Landeshauptstädten sowie im Bundesland Niederösterreich und in einigen kleineren Städten gibt es Fahrrad-Leihsysteme; diese werden jedoch von öffentlicher Hand (Land oder Kommune) initiiert und gefördert.

Die Initiative ‚Geht-doch‘[63] setzt sich für die Bedürfnisse der FußgängerInnen in Wien und für konsumfreie Plätze im öffentlichen Raum ein.

---

[56]Einen Überblick gibt es hier https://www.umweltberatung.at/carsharing-mitfahrboersen, Zugriff am 22.01.2020.

[57]Zum Beispiel in Form einer Genossenschaft wie eine Carsharing Plattform für Vorarlberg: https://www.carusocarsharing.com, Zugriff am 22.01.2020.

[58]Vgl. https://at.getaround.com, Zugriff am 22.01.2020.

[59]Vgl. https://www.mobilesmarchtrenk.at, http://www.carsharing-seekirchen.com, Zugriff am 22.01.2020.

[60]Wie bspw. https://greendrive.at oder https://www.blablacar.de, Zugriff am 22.01.2020.

[61]Vgl. https://www.mitfahrboerse.st, Zugriff am 22.01.2020.

[62]Vgl. https://www.lastenradkollektiv.at, Zugriff am 22.01.2020.

[63]Vgl. https://geht-doch.wien, Zugriff am 22.01.2020.

3.1.7 Wohnen

In den letzten Jahren haben gemeinschaftliche Wohnformen an Bedeutung gewonnen. Baugruppen sind Initiativen, bei denen interessierte Personen gemeinsam Wohnraum errichten, zumeist in Form von mehrgeschossigen Wohnhäusern. Ziel ist es, sich an der Planung und Umsetzung der persönlichen Wünsche zur Gestaltung des Lebensraumes intensiv beteiligen zu können.[64] Nicht nur das individuelle Wohnen, sondern auch das Zusammenleben der Hausgemeinschaft spielen eine zentrale Rolle, weshalb auf die Errichtung von Gemeinschaftsräumen wie z. B. Küchen, Werkstätten, Sauna usw. Wert gelegt wird. In vielen Baugruppen geht es auch um gesellschaftspolitische Aspekte wie die Schaffung von leistbarem Wohnraum und um alternative Angebote zu gewerblichen Immobilienträgern. Als ‚Österreichs größtes selbstverwaltetes Wohn- und Kulturprojekt' gilt die ‚Sargfabrik' in Wien.[65] 1996 wurde das Wohnhaus nach mehr als zehnjähriger Planung von einer Gruppe engagierter Familien gebaut. Ein Verein ist Grundeigentümer, Bauherr, Betreiber der Wohnanlage und Vermieter für die 112 Wohneinheiten. Engagement der Personen, die in diesem Projekt wohnen, ist Voraussetzung, z. B. bei der Betreuung der Gartenanlage oder Bibliothek. Es gibt ein Badehaus und regelmäßig kulturelle Veranstaltungen, die öffentlich zugänglich sind.

Im Wohnbereich wird unter Sharing einerseits das unentgeltliche Bereitstellen eines Schlafplatzes,[66] andererseits das entgeltliche Kurzzeitvermieten verstanden.[67] In beiden Fällen sind (kommerzialisierte) Plattformen Vermittler zwischen KonsumentInnen, die eine Übernachtungsmöglichkeit zur Verfügung stellen, und jenen, die eine suchen. In ihrer anfänglichen Phase standen vor allem noch der Aspekt des Sozialen und das Kennenlernen anderer Kulturen im Vordergrund. Die Kurzzeitvermietung ist jedoch auch zu einem lukrativen Nebeneinkommen für AnbieterInnen geworden, weshalb der finanzielle Anreiz hier nicht außer Acht gelassen werden darf.

3.1.8 Umwelt und sozial-ökologische Transformation

Die Initiative ‚System change, not climate change'[68] arbeitet auf politischer Ebene. Ihr Ziel ist es, eine sozial-ökologische Transformation einzuleiten und

---

[64]Dies ist gerade bei mehrgeschossigen Wohnbauten kaum möglich.

[65]Laut Eigendarstellung vgl. https://www.sargfabrik.at, Zugriff am 16.01.2020.

[66]Vgl. https://www.couchsurfing.com, Zugriff am 16.01.2020.

[67]Vgl. https://www.airbnb.at, Zugriff am 16.01.2020.

[68]Vgl. https://systemchange-not-climatechange.at, Zugriff am 23.01.2020.

damit andere Formen des Wirtschaftens und Zusammenlebens zu forcieren, um den Klimawandel zu bekämpfen. Im Zentrum steht die Bekämpfung politischer Vorhaben, die fatale ökologische Auswirkungen hätten, wie z. B. der geplante Bau der dritten Piste am österreichischen Flughafen Wien-Schwechat.

Auch die globale Bewegung ,Fridays for future' hat eine Community in Österreich.[69] Anfang 2020 gab es 29 lokale Gruppen, die sich für eine zukunftsfähige Lebenswelt einsetzen und für eine radikale Umweltpolitik auf Basis des 1,5 °C-Ziels für mehr Klimagerechtigkeit kämpfen.

3.2   Gemeinsamkeiten, Herausforderungen und Potenziale

Im Folgenden wird versucht, die Gemeinsamkeiten und Unterschiede der vorgestellten Initiativen auszuarbeiten. Kuhlmann (1990) stellt drei Faktoren fest, die als Motivation dienen, um sich an kooperativen Verbraucherselbstorganisationen zu beteiligen: erstens materielle Vorteile, zweitens soziale Integration in die Gruppe und drittens gesellschaftlicher Nutzen. Diese Faktoren finden sich in den vorgestellten Graswurzelbewegungen wieder und werden im nächsten Kapitel zusammenfassend beschrieben. Des Weiteren wird herausgearbeitet, mit welchen strukturellen Herausforderungen die Initiativen konfrontiert sind, aber auch welche Potenziale sie für die Konsumentenpolitik bieten.

3.2.1 Gemeinsamkeiten und Unterschiede

Nachhaltige Konsumformen und Lebensweisen sind als gemeinsamer Nenner bei fast allen Initiativen erkennbar und spiegeln einen gesellschaftlichen Trend wider. Dabei kann es sich um komplementäre Angebote zu kommunalen oder karitativen Einrichtungen handeln, z. B. im Bereich der Second-Hand und Tauschläden oder um Alternativen zu gewinnorientierten Unternehmen wie Carsharing. Initiativen decken aber auch marktwirtschaftliche Versorgungslücken ab und ergänzen diese, z. B. Baugruppen. Bei manchen Initiativen steht die Eigenversorgung abseits von marktwirtschaftlichen Angeboten im Vordergrund, die oftmals finanzielle Vorteile bietet, z. B. im Bereich Mobilität und Energie. Dabei spielen auch Wünsche nach stärkerer Transparenz hinsichtlich der Produktionsbedingungen in ökologischer sowie sozialer Hinsicht eine große Rolle. Die Bewegungen drücken damit ihre Unzufriedenheit mit marktwirtschaftlichen Angeboten aus und zeigen gleichzeitig

---

[69]Vgl. https://fridaysforfuture.at, Zugriff am 29.01.2020.

Alternativen auf. Ökologische und/oder soziale Nachhaltigkeit sind zum Teil erwünschte Nebeneffekte. Ideologische Gründe oder soziale wie ökologische Bedarfe können aber durchaus auch Hauptmotivation zur Gründung solcher Initiativen sein (Seyfang und Smith 2007, S. 591).

Die ‚European Environmental Agency' attestiert Graswurzelbewegungen ein hohes Potenzial, um sozial-ökologische Transformation zu forcieren, da sie gesellschaftliche Vorreiterrollen einnehmen, womit sie Auslöser für gesellschaftspolitische Reformen sein können (European Environmental Agency 2019, S. 52). Im Konkreten werden die ‚Transition Towns'-Bewegungen, gemeinschaftliche Zusammenschlüsse zur Energieproduktion (‚Community Energy') sowie ‚Urban Farming'- sowie Bio- und ‚Less-Meat'-Initiativen erwähnt. Private Fahrgemeinschaften, Car- und Bike-Sharing Initiativen spielen im Mobilitätsbereich eine wichtige Rolle (ebd.).

Der regionale Aktionsradius zivilgesellschaftlicher Gruppierungen ist unterschiedlich. Manche Gruppen agieren sehr lokal, da sich die beteiligten Personen vor Ort koordinieren, organisieren und versorgen müssen. Dies schließt jedoch nicht aus, dass sie sich (digital) mit anderen lokalen Gruppen vernetzen und somit eine größere regionale Reichweite haben können (im Falle von ‚Fridays for Future' sogar global). Die Digitalisierung hilft hier, Ideen zu verbreiten und auch gemeinsame Koordinationsformen und politische Positionen zu finden.

Viele der vorgestellten Initiativen haben (lokal) eine relativ kleine Anzahl an Mitgliedern. Dadurch sind sie einerseits sehr flexibel, andererseits ist die Beständigkeit der Initiative oft prekär. In den Vereinigungen steht Freiwilligkeit an oberster Stellen, weswegen der Zugang insgesamt niederschwellig ist; aber auch ein Austritt kann wiederum schnell erfolgen (Kuhlmann 1990). Die Gefahr bei hoher Fluktuation besteht darin, dass die Graswurzelbewegung bei Wegfall eines sehr engagierten Mitglieds insgesamt leidet oder ganz verschwindet (Seyfang und Smith 2007). Die Bewegungen sind zumeist in Vereinen oder Genossenschaften organisiert, können aber auch als lose Gruppierung fungieren. Abseits inhaltlicher Themenschwerpunkte ist ein nicht zu unterschätzender logistischer und organisatorischer Aufwand zu bewältigen, der koordiniert werden muss. Dabei stellen sich mehrere Fragen, etwa danach, in welcher Form die Initiative organisiert wird, z. B. ob ein Verein/Genossenschaft gegründet werden soll; welche Infrastruktur benötigt wird, z. B. ein (Geschäfts-)Lokal o. ä.; wie die Bewegung finanziert wird; welche Voraussetzungen eine Mitgliedschaft beinhaltet; wie die Initiative nach außen sichtbar wird u. v. m. Hierbei bedarf es von den einzelnen Beteiligten viel Eigeninitiative und zeitliche Ressourcen. In den meisten Fällen geschieht dies auf ehrenamtlicher Basis. Mitunter sind Mitglieder einer Initiative beruflich in einem ähnlichen Feld tätig, wie z. B. beim Ernährungsrat oder bei der Bank für Gemeinwohl, die ihre Expertise privat einbringen.

Generell ist die Finanzierung natürlich ein Thema, von dem auch ein gewisser Erfolg (vor allem in Form von Beständigkeit) der Initiativen abhängt. Insbesondere für die Infrastruktur wie Räumlichkeiten, Kommunikation u. a. wird ein bestimmtes Grundkapital benötigt, das bspw. durch Mitgliedsbeiträge abgedeckt wird. Eine finanzielle Grundsicherung hilft, den Basisbetrieb aufrechtzuerhalten. Die benötigten Summen sind bei den vorgestellten Initiativen recht unterschiedlich. Benötigt ein Leihladen nur einen Raum, so sind bei der Gemeinwohlbank oder auch beim Carsharing mit eigener Flotte höhere Beträge zur Umsetzung nötig. Lukriert werden diese Beträge aus Mitgliedsbeiträgen oder Spenden der Bevölkerung sowie durch Unterstützung der öffentlichen Hand, in vielen Fällen auf kommunaler Ebene.

Kommunen sind in vielen Fällen wichtige Player, die auf lokaler Ebene zivilgesellschaftliches Engagement unterstützen. Viele Initiativen arbeiten jedoch auch ohne Unterstützung und finanzieren sich selbst. Dies ist nicht an bestimmten Kriterien festzumachen und kann von Fall zu Fall recht unterschiedlich sein. So kann bspw. ein Repair Café in einem Ort ganz auf Eigeninitiative aufgebaut sein, in einem anderen Ort wiederum von der Gemeinde organisiert, finanziert und durchgeführt werden. Eigen- oder Fremdfinanzierung durch Kommunen haben beiderlei Risiken. Initiativen, die sich durch Mitgliedschaftsbeiträge oder Spenden selbst finanzieren, sind politisch unabhängiger und nur sich selbst verantwortlich und können ihre Ziele und ihre Tätigkeiten freier gestalten. Durch diese Unabhängigkeit ist es auch möglich, ein Experimentierfeld für alternative und neue Konsum- und Lebensformen zu sein; wobei sie die Freiheit haben, auch sehr radikale Positionen einnehmen zu können, die politisch (noch) nicht umsetzbar erscheinen. Sie sind aber wiederum von der Mitgliederanzahl sowie der Zahlungsbereitschaft und -moral abhängig. Bei Fremdfinanzierung bestehen Abhängigkeiten hinsichtlich möglicher Gegenforderungen, Gefälligkeiten und allgemein des (politischen) Wohlwollens.

Gemeinschaftliche, non-profit orientierte Ideen werden kommerzialisiert und damit kommodifiziert. Gerade mit dem Aufschwung der ‚Sharing Economy' hat dieser Trend in den letzten Jahren deutlich zugenommen. Die soziale Praktik des gemeinschaftlichen Nutzens bzw. Verleihens, aber auch der Weitergabe von Gütern wie bei Autos oder Werkzeugen gibt es im privaten Bereich schon lange, fand jedoch vorwiegend zwischen einander bekannten Personen statt (Behrendt et al. 2018, S. 5 ff.). Mit der Digitalisierung wurde das Teilen auch unter fremden Personen einfacher. Zugleich hat mit der zunehmenden Anonymisierung auch der finanzielle Aspekt beim Sharing an Bedeutung gewonnen. Vor allem in Großstädten hat die Sharing Economy negative Effekte auf den Wohnungsmarkt. 2017 gab es in Wien ca. 8600 Airbnb-Angebote. 40 % der Anbieter haben mehr als eine Wohnung im Angebot, insgesamt bieten 70 % der Anbieter eine ganze Wohneinheit und nicht nur einen Schlafplatz oder ein Zimmer an, weswegen Seidl et al. (2017) davon ausgehen, dass hinter der Mehrheit der Angebote ein gewerbliches Kalkül steckt. Die Kurzzeit vermietenden Wohnungen werden damit dem Wohnungsmarkt entzogen, wodurch die ohnehin schon hohen Wohnpreise in den Ballungsräumen noch weiter steigen. Auch die Ideen des gemeinschaftlichen Teilens und des kulturellen Austausches spielen damit kaum mehr eine Rolle. Eine Gefahr ist insgesamt darin zu sehen, dass der ursprüngliche solidarische Gedanke des Teilens durch die Vereinnahmung kommerzieller Anbieter und durch vermehrte Profitmöglichkeiten in den Hintergrund gedrängt wird. In Bezug auf Sharing ist zu hinterfragen, ob es sich hier um gesellschaftliche Bewegungen, die Transformationsprozesse umsetzen möchten, oder nicht vielmehr um andere Formen des individuellen Prosums (Blättel-Mink und Hellmann 2010) oder/und um Formen politischen Konsums im Sinne eines „individualisierten kollektiven Handelns" handelt (Lamla 2013, S. 45).

Die zunehmende Digitalisierung durch das Web 2.0 bietet aber auch Chancen. Sie ermöglicht die Vernetzung im größeren Radius und fördert damit konsumpolitisches Engagement. Der Kommunikationsaustausch wird erleichtert; ein größerer Interessentenkreis kann adressiert werden; Eintrittshürden für neue Mitglieder werden reduziert und öffentliche Aufmerksamkeit ist mitunter einfacher erreichbar. Plattformbasierte Angebote ermöglichen ein besseres Matching durch die Erreichung eines größeren Interessentenkreises (z. B. beim Verleih oder der Weitergabe von Waren). Weitere digitale Entwicklungen erleichtern bestimmte Prozesse; z. B. erfordern digitale Schlösser bei Carsharing keine persönliche Präsenz bei der Fahrzeugübergabe. Aus konsumentenpolitischer Sicht werden durch die Digitalisierung Trends leichter erkennbar, wodurch politische Maßnahmen (weiter-)entwickelt werden können.

Andererseits müssen auch mögliche Reboundeffekte berücksichtigt werden. Carsharing kann negative ökologische Effekte haben, wenn bspw. statt öffentlicher Verkehrsmittel vermehrt Carsharing benutzt wird. Auch die anfänglichen Erwartungen, dass eine Vielzahl an Menschen keinen Privat-PKW mehr besitzt, haben sich nicht erfüllt; so ist die Zahl der Neuzulassungen in Berlin und Hamburg gleich geblieben (AT Kearney 2019, S. 6). Auch in anderen Bereichen können mitunter ökologisch negative Effekte entstehen; durch die Praktik des Sharings können KonsumentInnen Geld einsparen. Dies kann im negativen Fall lediglich zu Konsumverschiebungen oder auch Mehrkonsum führen (Behrendt et al. 2018, S. 71 ff.).

Digitalisierung erleichtert politischen Konsum, der jedoch oft als ‚Scheck-buch-Mitgliedschaft' oder ‚Klick-Aktivismus' kritisiert wird, da es sich um sehr unverbindliche Formen politischer Partizipation handelt (Baringhorst et al. 2007). Unter politischen Konsum werden auch Boy- und Buykott-Aufrufe sub-sumiert, die jedoch eine sehr individualisierte Form umfassen. Davon abzu-grenzen sind Initiativen, die auf Netzwerken aufbauen und damit soziale Funktionen wie Inklusion oder Wissensvermittlung erfüllen und aus politischer Perspektive ein Verbindungsglied zwischen BürgerInnen und Staat herstellen (Stolle et al. 2004, S. 159). Auch wenn Initiativen integrativen Charakter haben, besteht auf der anderen Seite die Gefahr der sozialen Exklusion. Es kann davon ausgegangen werden, dass die Bevölkerung nicht repräsentativ abgebildet ist. So merken Seyfang und Smith (2007, S. 599) an: „Grassroots initiatives exhibit their own micro-politics and can be exclusive to some and inclusive to others." Da sich die erwähnten Initiativen auf den Bereich des nachhaltigen Konsums konzentrieren, ist anzunehmen, dass eher Personen aus dem ‚postmateriellen Milieu' angesprochen werden. In dieser Gruppe bewegen sich vor allem Personen mit einem höheren Bildungsgrad, mittleren Alters und einem tendenziell höheren Einkommen (Brunner 2014, S. 6 f.). Welche sozialen Gruppen sich tatsächlich an Initiativen beteiligen, bedarf noch näherer empirischer Untersuchung.[70]

Im Hinblick auf die großen, in naher Zukunft liegenden Herausforderungen der klimatischen Veränderungen sind große Transformationsprozesse in unseren westlichen Konsum- und Lebensweisen erforderlich. Ausgehend von den beschriebenen Punkten stellt sich daher aus gesellschaftspolitischer Perspektive die Frage nach den Wirkungs- und Lenkungseffekten für die gesamte Gesell-schaft. Die Politik kann aus den Graswurzelbewegungen Inspirationen für andere Konsum- und Lebensformen erhalten und Maßnahmen dazu entwickeln. Wenn davon ausgegangen werden kann, dass es sich hierbei um Bewegungen handelt, die einen sehr kleinen Teil der Gesellschaft ansprechen und vermutlich noch weit entfernt von einer gesellschaftlichen Breitenwirksamkeit sind, ist eine weitere große Herausforderung, wie das Potenzial dieses zivilgesellschaftlichen Engagements politisch genutzt und mehrheitsfähig gemacht werden kann.

---

[70]Interessant wäre in diesem Zusammenhang auch ein historischer Vergleich. Die Anfänge der konsumeristischen Bewegungen kamen eher aus der Gewerkschaftsbewegung (Lamla 2013). Auch in Österreich gab es ab Mitte des 19. Jahrhundert Konsumgenossen-schaften, die aus der Arbeiterbewegung heraus entstanden sind und in den 1970er Jahren zur Gründung der Einzelhandelskette ‚Konsum' führten, Mitte der 1990er Jahre jedoch Konkurs anmelden musste, vgl. Höfferer et al. (2016).

Methodische Unterstützung und wissenschaftliche Begleitung können sogenannte ‚Reallabore' bzw. ‚Living Labs' bieten, auch wenn deren tatsächlichen Effekte bislang noch nicht evaluiert wurden (Wagner und Grunwald 2019). In ‚Reallaboren' werden gesellschaftliche wie ökologische Probleme thematisiert, Lösungsansätze dazu entwickelt und ausprobiert. Es wird dabei die Einbeziehung gesellschaftlicher AkteurInnen wie einzelner BürgerInnen oder zivilgesellschaftlichen Initiativen angestrebt (Schäpke et al. 2018). ‚Reallabore' sind mehr als Bürgerbeteiligungsprozesse; ein wesentliches Element ist die wissenschaftliche Begleitung der Experimentierfelder, um hier Erkenntnisse in Hinblick auf die Potenziale für sozial-ökologische Transformation zu gewinnen (Wagner und Grunwald 2019). Dies kann wiederum für die Konsumforschung bereichernde Erkenntnisse bringen (Tröger 2017). In Deutschland finden ‚Reallabore' in den letzten Jahren immer mehr Verbreitung und werden oftmals von der öffentlichen Hand oder der Forschung initiiert und finanziert.[71] Das Netzwerk ‚Reallabore der Nachhaltigkeit' listet mehr als 40 Projekte innerhalb Deutschlands auf ihrer Webseite auf; die Themenbereiche umfassen u. a. Mobilität, Energie, Klimaschutz, Wohnen.[72] Vorreiter ist Baden-Württemberg.[73] Vom Wissenschaftsministerium wurden seit 2015 insgesamt 14 Projekte mit 18 Mio. EUR gefördert. In Österreich gibt es fünf ‚Mobilitätslabore', finanziert vom österreichischen Bundesministerium für Verkehr, Innovation und Technologie (BMVIT), die in vier Städten regionale Herausforderungen analysieren und zur Transformation des Mobilitätssystems beitragen sollen.[74] Im Vergleich zu Deutschland ist die Entwicklung der ‚Reallabore' in Österreich noch sehr bescheiden und ausbaufähig; sie bedarf natürlich auch öffentlicher Mittel, um entsprechende Projekte zu unterstützen.

3.3   Weiterentwicklung, Professionalisierung

Beständigkeit ist, wie schon in Abschn. 3.2.1 angeführt, mit Sicherheit eine große Herausforderung für Initiativen. Dafür ist eine kritische Masse an Personen notwendig,

---

[71]Wagner und Grunwald (2019) konstatieren jedoch eine gewisse Beliebigkeit in der Begriffsverwendung und fordern eine klarere Abgrenzung.

[72]Vgl. https://www.reallabor-netzwerk.de, Zugriff am 16.01.2020.

[73]Vgl. https://www.baden-wuerttemberg.de/de/service/presse/pressemitteilung/pid/forschung-fuer-nachhaltigkeit-erfolgsmodell-reallabor-made-in-bw-1, Zugriff am 16.01.2020.

[74]Vgl. https://mobilitaetderzukunft.at/de/artikel/mobilitaetslabore, Zugriff am 16.01.2020.

damit beim Austreten bestimmter Personen die Initiative weiter bestehen bleibt. Ebenso sind infrastrukturelle Ausstattung und ein finanzieller Grundstock für den weiteren Erfolg einer Initiative wichtig.

Welchen Wirkungsgrad Initiativen erreichen möchten, ist ganz von ihren Zielen und der Ausrichtung abhängig. Für viele sind eine lokale Reichweite und die Eigenversorgung erstrebenswerte Ziele. Mit Blick auf repräsentative Verbraucherselbst- und -fremdorganisationen (siehe Kap. 2) zeigt die Geschichte, dass viele dieser in der konsumentenpolitischen Landschaft heute wichtigen AkteurInnen aus kleinen Initiativen heraus entstanden sind, wie bspw. GLOBAL2000; auch die Arbeiterkammer hat sich aus der Arbeiterbewegung heraus entwickelt.

Verstetigungsprozesse führen wahrscheinlich zum Einsatz von hauptamtlichen MitarbeiterInnen, die für ihre Tätigkeiten entlohnt werden. Ein gewisses Potenzial an ehrenamtlichen MitarbeiterInnen kann/muss mitunter bestehen bleiben. Im Falle vieler kleinerer lokaler Vereine, die ähnliche Ideale und Zielsetzungen haben, kann sich ein Dachverband o. ä. entwickeln, der die gemeinsamen Interessen der einzelnen Gruppen vertritt. Durch erhöhte Sichtbarkeit ist es auch einfacher, an finanzielle UnterstützerInnen oder mehr Mitgliedern zu gelangen, um so die Initiative aufrecht zu erhalten. Diese Entwicklungsschritte erfordern in der Regel eine gewisse Professionalisierung des öffentlichen Auftretens und der Kommunikationsarbeit. Die österreichweit lokal agierenden ,Foodcoops' haben bspw. eine Interessensgemeinschaft gegründet, mithilfe derer sie sich untereinander vernetzen, gemeinsame Positionen entwickeln und ,Foodcoops' in ihrer Gründungsphase und im laufenden Betrieb unterstützen. Durch eine gewisse Größe und Sichtbarkeit können Initiativen durchaus breitere gesellschaftspolitische Wirkungen erzielen. Mit diesen Schritten wäre der Schritt von kooperativen zu repräsentativen Selbstorganisationen vollzogen (siehe Abschn. 2.3). Mit diesen Professionalisierungsschritten verändern sich die Strukturen; bestimmte Vorteile kooperativer Selbstorganisationen gehen damit aber auch verloren. In welche Richtung sich Initiativen entwickeln und welche Ziele sie verfolgen, liegt ein Stück weit im eigenen Ermessensspielraum, ist aber natürlich auch abhängig von politischen wie gesellschaftlichen Rahmenbedingungen.

4   Fazit

Ein Ziel dieses Artikels war die Verortung von Graswurzelbewegungen in die österreichische konsumpolitische Landschaft, weswegen zu Beginn ein grober Aufriss über die wesentlichen AkteurInnen in Österreich gegeben wurde, abseits staatlicher AkteurInnen wie Ministerien oder Schlichtungsstellen. Die Arbeiterkammer (AK) sowie der Verein für Konsumenteninformation (VKI) sind die wesentlichen polyvalenten Verbraucherfremdorganisationen (VFO), die BürgerInnen Service in Form von Beratungen und Informationen bieten, Verbands-, Muster- und Sammelklagen durchführen und sich für eine verbesserte rechtliche Situation der KonsumentInnen einsetzen. Monothematisch fokussierte fremdorganisierte Konsumentenschutzorganisationen sind in Österreich vorwiegend in den Bereichen Finanzen, Internet, Umwelt und Energie vorhanden, fungieren als Beratungsstelle und werden von öffentlicher Hand finanziert. Daneben gibt es noch repräsentative Verbraucherselbstorganisationen (VSO), die sich überwiegend durch Mitgliedsbeiträge finanzieren, diese sind vor allem in den Feldern Umwelt, Mobilität, Wohnen, Ernährung und Wirtschaft aktiv.

Ein spezieller Fokus dieses Artikels umfasste jedoch die ‚Verbraucherpolitik von unten', weswegen zuerst zivilgesellschaftliche Konsuminitiativen in Österreich vorgestellt wurden, anhand derer sich idealtypische Gemeinsamkeiten und Unterschiede der Graswurzelbewegungen ableiten lassen. Anschließend wurden gesellschaftspolitische Herausforderungen und Potenziale herausgearbeitet. Österreichweit gibt es zivilgesellschaftliche Initiativen bzw. kooperative Verbraucherselbstorganisationen in den verschiedensten Konsumfeldern, so in den Bereichen Ernährung, Finanzen, Energie, Mobilität, Wohnen und Konsumgüter sowie Dienstleistungen, die Ergänzungen, aber auch Alternativen zum bestehenden marktwirtschaftlichen Angebot offerieren. Bei der Mehrheit der vorgestellten Graswurzelbewegungen steht die Eigenversorgung im Vordergrund. Dabei ist in vielen Fällen die ökologische sowie soziale Nachhaltigkeit ein wesentliches Element ihres Selbstbildes. Kleine Initiativen haben im Vergleich zu großen Organisationen verschiedene Vorteile wie etwa Selbstbestimmung und Flexibilität im Handeln sowie Möglichkeiten zum Experimentieren durch politische Unabhängigkeit, aber auch Nachteile wie mangelnde Finanzierung sowie hohe Fluktuation, die mitunter das Weiterbestehen der Initiative gefährden können. Die Digitalisierung ermöglicht und vereinfacht die Koordination der AkteurInnen untereinander, erhöht den Bekanntheitsgrad und hilft dabei, neue Mitglieder zu gewinnen.

Insbesondere Verbraucherfremdorganisationen fokussieren in ihren Unterstützungsleistungen vorwiegend auf Konsumprobleme am Markt und versuchen, das Ungleichgewicht zwischen Unternehmen und KonsumentInnen durch Information und Interessenspolitik auszutarieren (Nessel 2016). Personen, die Alternativen zur Marktwirtschaft suchen, müssen selbst aktiv zu werden.

Anhand einer nicht unerheblichen Anzahl verschiedenster Initiativen kann davon ausgegangen werden, dass eine allgemeine Unzufriedenheit mit dem marktwirtschaftlichen Konsumangebot und mit dem Wunsch nach sozial gerechteren sowie ökologisch vertretbareren Versorgungssystemen gibt. In verschiedenen Bereichen wie Ernährung, Wohnen, Energie und Mobilität wird versucht, abseits von marktwirtschaftlichen Unternehmen wie Lebensmittelhändler, Bauträgern, Energieanbietern oder kommerziellen Sharingplattformen, diese Aufgabe der Zwischenhändler zu übernehmen, um somit wiederum mehr Kontrolle und Transparenz über das Angebot zu erhalten.

Graswurzelbewegungen – hier gleichgesetzt mit ‚Verbraucherpolitik von unten' – sind wichtige Akteure in der konsumentenpolitischen Landschaft, durch die alternative Konsumformen aufgezeigt und gesellschaftliche Transformationsprozesse angeregt werden können, die heute notwendiger und aktueller denn je sind. Dies ist jedoch mit viel Eigenarbeit verbunden und benötigt hohes gesellschaftliches Engagement einzelner. Es darf dabei nicht vergessen werden, dass es sich mehrheitlich um Nischenphänomene handelt; diese Initiativen sind oft weit vom Konsumalltag der Bevölkerungsmehrheit entfernt und können auch exkludierend wirken. Die Digitalisierung bietet hingegen eine Chance, damit sich interessante Ansätze rasch verbreiten, wodurch sie eine gesellschaftliche Präsenz erhalten und Konsumentenpolitik beeinflussen können.

Es ist Aufgabe der Politik, hier geeignete Rahmenbedingungen zu setzen, um Maßnahmen breitenwirksam zu ermöglichen. Aktuell sind es vorwiegend die Kommunen, die Initiativen fördern; für eine gesamtgesellschaftliche Wirksamkeit wären jedoch weitergehende Maßnahmen erforderlich. Es bedarf daher noch weiterer empirischer Forschung hinsichtlich sozialer In- und Exklusionsprozesse und der tatsächlichen Umweltwirksamkeit. Für eine Evaluierung und Analyse, in welcher Form dies umgesetzt werden könnte, bieten sich bspw. ‚Reallabore' an.

Literatur

Arbeiterkammergesetz 1992. https://www.ris.bka.gv.at/GeltendeFassung.wxe?Abfrage=Bu ndesnormen&Gesetzesnummer=10008787. Zugegriffen: 30. Jan. 2020.

AT Kearney. 2019. *The demystification of car sharing: An in-depth analysis of customer perspective, underlying economics, and secondary effects.* https://www.de.kearney.com/automotive/article?/a/the-demystification-of-car-sharing.

Baringhorst, Sigrid, Veronika Kneip, Annegret März, und Johanna Niesyto, Hrsg. 2007. *Politik mit dem Einkaufswagen. Unternehmen und Konsumenten als Bürger in der globalen Mediengesellschaft. Medienumbrüche.* Bielefeld: transcript.

Behrendt, Siegfried, Christine Henseling, und Gerd Scholl, Hrsg. 2018. *Digitale Kultur des Teilens: Mit Sharing nachhaltiger Wirtschaften.* Wiesbaden: Gabler.

Blättel-Mink, Birgit, und Kai-Uwe Hellmann. Hrsg. 2010. *Prosumer revisited. Zur Aktualität einer Debatte.* Konsumsoziologie und Massenkultur Wiesbaden: VS Verlag.

Brunner, Karl-Michael. 2014. *Nachhaltiger Konsum und soziale Ungleichheit. Working papers Verbraucherpolitik, Verbraucherforschung.* Wien: AK Wien. http://resolver.obvsg.at/urn:nbn:at:at-akw:g-593244. Zugegriffen: 30. Jan. 2020.

Bundeskammer für Arbeiter und Angestellte. 2019. *Tätigkeitsbericht Bundesarbeitskammer 2018.* https://www.arbeiterkammer.at/taetigkeitsbericht. Zugegriffen: 31. Okt. 2019.

European Environmental Agency. 2019. *Sustainability transitions: Policy and practice. EEA Report 9.* https://www.eea.europa.eu/publications/sustainability-transitions-policy-and-practice. Zugegriffen: 7. Nov. 2019.

FIAN Österreich. 2019. *Ernährungsräte. Auf dem Weg zu einer demokratischen Lebensmittelpolitik.* Wien: Ernährungsrat Wien.

Höfferer, Peter, Florian Jagschitz, und Siegfried Rom. 2016. *160 Jahre Konsumgenossenschaften in Österreich.* Wien: Konsumverband.

Klug, Martin. 2017. *Die Repräsentation von Verbraucherinteressen. Organisation, Aggregation, Legitimation.* Policy-Analyse 12. Baden-Baden: Nomos.

Kollmann, Karl. 1986. *Konsumentenschutzpolitik in Österreich. Theorie und Praxis der Gewerkschaften,* Bd. 19. Wien: Verlag des Österreichischen Gewerkschaftsbundes.

Kuhlmann, Eberhard. 1990. *Verbraucherpolitik. Grundzüge ihrer Theorie und Praxis. Vahlens Handbücher der Wirtschafts- und Sozialwissenschaften.* München: Vahlen.

L&R Sozialforschung. 2005. *Grundsätzliche Organisationsform des Konsumentenschutzes in Österreich: mit dem Ziel der bestmöglichen operative Aufgabenverteilung unter Einbeziehung aller gesellschaftlich relevanten Gruppen. Studie im Auftrag des Bundesministeriums für soziale Sicherheit, Generationen und Konsumentenschutz.* Wien.

Lamla, Jörn. 2013. *Verbraucherdemokratie: Politische Soziologie der Konsumgesellschaft.* Berlin: Suhrkamp.

Nessel, Sebastian. 2016. *Verbraucherorganisationen und Märkte: Eine wirtschaftssoziologische Untersuchung.* Wiesbaden: Springer VS.

Schäpke, Niko, Franziska Stelzer, Guido Caniglia, Matthias Bergmann, Matthias Wanner, Mandy Singer-Brodowski, Derk Loorbach, Per Olsson, Carolin Baedeker und Daniel J. Lang. 2018. Jointly Experimenting for Transformation? Shaping Real-World Laboratories by Comparing Them. *GAIA – Ecological Perspectives for Science and Society* 27:85–96. https://doi.org/10.14512/gaia.27.s1.16.

Seidl, Roman J., Leonhard Plank, Justin Kadi, Roman Seidl, und Leonhard Plan. 2017. *Airbnb Wien: Eine Analyse – Interaktiver Forschungsbericht.* https://wherebnb.in/wien/. Zugegriffen: 17. Juli 2019.

Seyfang, Gill, und Adrian Smith. 2007. Grassroots innovations for sustainable development: Towards a new research and policy agenda. *Environmental Politics* 16:584–603. https://doi.org/10.1080/09644010701491121.

Stolle, Dietlind, Marc Hooghe, und Michele Micheletti. 2004. Zwischen Markt und Zivilgesellschaft: Politischer Konsum als bürgerliches Engagement. In *Zivilgesellschaft – National und transnational,* Hrsg. D. Rucht, W. van den Daele, und J. Kocka, 151–172. WZB-Jahrbuch Berlin: Edition Sigma.

Tröger, Nina. 2017. Welche Potenziale bietet Transdisziplinarität für die Verbraucher-forschung und die Verbraucherpolitik? In *Abschied vom eindimensionalen Verbraucher*, Hrsg. C. Fridrich, R. Hübner, K. Kollmann, M.-B. Piorkowsky, und N. Tröger, 47–74. Kritische Verbraucherforschung Wiesbaden: Springer VS.

Verein für Konsumenteninformation. 2019. *Tätigkeitsbericht 2018*. https://vki.at/sites/vki.at/files/attachments/vki-tatigkeitsbericht_2018.pdf. Zugegriffen: 31. Okt. 2019.

Wagner, Felix, und Armin Grunwald. 2019. Reallabore zwischen Beliebtheit und Beliebig-keit: Eine Bestandsaufnahme des transformativen Formats. *GAIA – Ecological Perspectives for Science and Society* 28:260–264. https://doi.org/10.14512/gaia.28.3.5.

Nina Tröger, Soziologin und Referentin in der Arbeiterkammer Wien, Abteilung für Konsumentenpolitik. Forschungsschwerpunkte: Soziale Ungleichheit, Nachhaltigkeit und gesellschaftliche Entwicklungsprozesse. Mitinitiatorin des Netzwerks „Konsum neu denken" (www.konsumforschung.at).

Selbstorganisation der Verbraucher als konsumsoziologische Utopie

Heiko Steffens

Zusammenfassung

Eine Selbstorganisation der Verbraucherinteressen „von unten", das heißt durch partizipatorisches Engagement von Konsumbürgern, würde demokratische Standards wie Legitimation und Eigenfinanzierung durch Mitgliedsbeiträge am ehesten erfüllen. Dieser Beitrag geht der Frage nach realen und utopischen Dimensionen dieser idealtypischen Partizipationsform nach. Ein historisches Beispiel ist die Gründung der Arbeitsgemeinschaft der Verbraucherverbände AgV im Jahr 1953, bei der auch Chancen und Risiken einer Vertretung ihrer Interessen durch die Marktmacht der Verbraucher oder durch große Verbände wie Gewerkschaften, Hausfrauenverbände oder durch einen eigenen Zweckverband als Alternativen diskutiert wurden. Die Abhängigkeit subventionierter Verbraucherorganisation von der Regierung wird im Kontext der AgV Strukturreform von 1995–2001 illustriert und spitzt sich auf die Frage zu, ob gemeinwohlorientierte Politik als selbstlose Verbündete organisierter Verbraucherinteressen fungieren kann.

Schlüsselwörter

Arbeitsgemeinschaft der Verbraucherverbände AgV · Fremdorganisation · Haushaltsrecht · Selbstorganisation · Verbraucherpolitik · Verbrauchervereine

H. Steffens (✉)
ALOENK, Berlin, Deutschland
E-Mail: steffens.heiko@tu-berlin.de

© Springer Fachmedien Wiesbaden GmbH, ein Teil von Springer Nature 2020
K.-U. Hellmann et al. (Hrsg.), *Verbraucherpolitik von unten*, Konsumsoziologie
und Massenkultur, https://doi.org/10.1007/978-3-658-29754-1_12

1   Einführung

Wäre die Gründung von Verbraucherorganisationen ‚von unten', also durch die persönliche Initiative aktiver Verbraucher*innen, ein Allheilmittel für alle legitimatorischen, politischen, organisatorischen und finanziellen Probleme, die den Vorgang der Institutionalisierung auch im Sinne der Geschäfts- und Arbeitsfähigkeit begleiten? In der Tat gehört diese Frage zum zivilgesellschaftlichen Status der Vertreter von Verbraucherinteressen zu den ältesten, komplexesten und folgenschwersten Themen der Verbraucherpolitik. Auch ohne theoretische Höhenflüge und ideologische Purzelbäume gilt gleichsam a priori, dass eine Verbraucherorganisation mit ein paar Millionen natürlicher Personen als eingetragene Mitglieder über eine gesicherte Basislegitimation für ihre verbraucherpolitischen Aktionen und Forderungen verfügen würde. Sie könnte außerdem die benötigten Finanzmittel durch die Mitgliedsbeiträge ihrer Einzelmitglieder erwirtschaften. Gesetzt den Fall, bei einer Meinungsumfrage würde die Frage gestellt, wer die Verbraucherorganisationen denn eigentlich finanzieren sollte a) die Verbraucher selbst, weil ihre Vorteile groß, die Kosten klein wären; b) der Staat, weil er seinen Einfluss auf die Verbraucher nicht aufs Spiel setzen will; oder c) die Wirtschaft, weil sie geschäftsschädigenden Verbraucherschutz verhindern könnte, würde wahrscheinlich eine Mehrheit der Befragten eine Eigenfinanzierung der Verbraucher befürworten. Die Kontrollfrage, ob sie selbst Mitglied der Verbraucherzentrale in ihrem Bundesland sind, würden sie ebenso wahrscheinlich verneinen und vielleicht auch kontrafaktisch behaupten, dass es bei Verbraucherorganisationen keine Einzelmitglieder gibt. Befragte, denen der Widerspruch zwischen den beiden Antworten auffällt, würden sich korrigieren und die Finanzierung der Verbraucherorganisationen in die öffentliche Hand legen, die sich aus den Töpfen von Mehrwert- und Verbrauchssteuern dazu die Mittel verschafft. Dieses Befragungsszenario ist durchaus nicht trivial. Zur Erklärung der skizzierten Wankelmütigkeit der Verbraucher stellt die verhaltenswissenschaftliche Konsumforschung einen Zusammenhang zwischen den interessenkonformen Leistungen der Verbraucherorganisationen und der Theorie öffentlicher Güter her. Von der Nutznießung öffentlicher Güter kann niemand ausgeschlossen werden, und auch ein Beitragszahler erwirbt keine exklusiven Eigentumsrechte am Kollektivgut. Wenn man aber die Vorteile eines öffentlichen Gutes genießen kann, beispielsweise vorsorgenden Verbraucherschutz, aufklärende Verbraucherinformation, Kennzeichnungsvorschriften und sonstige Leistungen der organisierten Interessenvertretung der Verbraucher, ohne sich an den Kosten ihrer Erstellung beteiligen zu müssen, dann ergibt sich für das individuelle Kosten-Nutzen-Kalkül ein systematischer Anreiz zum

Trittbrettfahren, also zur kostenlosen Nutzung der auch geldwerten Vorteile, die durch Organisationen erkämpft wurden (Hansen und Schrader 1997, S. 450).

Nach diesem einleitenden Résumé von Ansätzen der Konsumforschung schweift der Blick zurück in die 1950er Gründerzeitjahre der Verbraucherorganisationen.

2   Selbsthilfe als historische Wurzel der Verbrauchervertretung

Die Gründungsgeschichte der Arbeitsgemeinschaft der Verbraucherverbände AGV (später AgV) erschließt sich am prägnantesten aus dem originalen Wortlaut ihrer Jubiläumsschrift zum 40jährigen Bestehen 1993:

> „Nach der Währungsreform begannen in der Bundesrepublik Deutschland erstmals Überlegungen, wie die bis dahin weitgehend isoliert voneinander arbeitenden Verbraucherorganisationen – also insbesondere die traditionellen Zusammenschlüsse der Konsumgenossenschaften und die Hausfrauenverbände – zu einer schlagkräftigen Verbrauchervertretung zusammenzufassen wären. Es ist vor allem das Verdienst des Sozialwissenschaftlers Professor Gerhard Weisser, die Notwendigkeit der Selbsthilfe der Verbraucher in das Bewusstsein von Politik und Öffentlichkeit gerückt zu haben. Gemeinsam [mit anderen – H.St.] gründete Professor Weisser – damals Staatssekretär in Nordrhein-Westfalen – 1949 den ‚Ständigen Ausschuss für Selbsthilfe‘ in Köln. Dieser Ausschuss, dem Vertreter gemeinnütziger Institute, Verbände und Organisationen angehörten, setzte sich von Anfang an das Ziel, den ‚solidarischen Selbsthilfewillen der tendenziell schwachen Wirtschaftsbürger‘ zu stärken. Zu diesen Bevölkerungsgruppen gehörten beispielsweise Vertriebene, Flüchtlinge oder Arbeitslose. Einem ‚Unterausschuss Konsumentenberatung‘ wurde die Aufgabe übertragen, nach Möglichkeiten für eine wirksame Verbrauchervertretung zu suchen" (AgV 1993, S. 8).

In den Mitteilungen des Ständigen Ausschusses für Selbsthilfe forderte Weisser mit argumentativer Weitsicht die Schaffung.

> „einer organisierten Vertretung der Konsumenten, die dort eingreifen müsse, wo der einzelne Konsument durch seine Nachfrage das Verbraucherinteresse nicht ausreichend geltend machen kann. Zwar würden große Organisationen wie die Gewerkschaften, Konsum- und Wohnungsgenossenschaften oder die Frauenverbände immer wieder durch das Leben dazu gedrängt, sich mit Verbraucherproblemen zu befassen. Es sei aber nicht von der Hand zu weisen, dass es hier nicht bei einer unsystematischen, bald hier, bald dort ansetzenden Betätigung bleiben darf. Schließlich handle es sich um Aufgaben, die in einer geordneten Weise gelöst werden müssen. Drei solche Aufgaben benannte Weiser explizit:

1. Vertretung der Verbraucher gegenüber Regierung und Staat.
2. Vertretung der Verbraucher gegenüber den anderen Wirtschaftspartnern.
3. Unterrichtung der Öffentlichkeit über die Bedeutung des Verbrauchers in Wirtschaft und Gesellschaft sowie das zweckmäßige Verhalten auf dem Markt" (Weisser, zit. nach Rick 2018, S. 192, Fußnote 613).

Auf der Grundlage dieser konzeptionellen Leitlinien wurde im Jahr 1953 in Köln die Arbeitsgemeinschaft der Verbraucherverbände (AGV) gegründet, der die Mehrheit der im Unterausschuss Konsumentenberatung vertretenen Verbände als Mitgliedsverbände angehörte. Erst mit der im Zeitraum von 1957 bis 1962 erfolgten und in vielen Fällen auf hauswirtschaftliche Beratungsstellen zurückgehenden Gründung von Verbraucherzentralen auf Länderebene und durch Beitritte großer Verbände wie zum Beispiel des Deutschen Mieterbundes erreichte die Mitgliederbasis Anfang der 1970er Jahre eine politisch relevante Stärke. In der Jubiläumsschrift zum 30jährigen Bestehen der AgV wird die politische Bedeutung der ‚indirekten Mitgliedschaft' hervorgehoben. Denn durch die der AgV als Dachverband angehörigen Verbände wie der Deutsche Hausfrauen-Bund oder der Deutsche Mieterbund sind „mehr als acht Millionen Verbraucher mit der AgV verbunden" (AgV 1983, S. 28).

Als sich die AgV als Verband von Verbänden (juristische Personen) gründete, war diese Verbandslösung im Prinzip ein Verzicht auf eine Organisation mit Massenmitgliedschaft einzelner Verbraucher*innen.

Die Gründerväter und Gründungsmütter haben offenbar die Erwägungsgründe und Folgenabschätzungen ihrer Entscheidung gründlich diskutiert. Nach Darstellungen der AgV setzte sich in dieser Grundfrage letztlich die Argumentation ihres Präsidenten O. Blume durch, der die Organisationsfähigkeit im Bereich der Einkommenserzielung von der Organisationsfähigkeit im Bereich der Einkommensverwendung unterschied:

„Während im Bereich der Einkommenserzielung das Interesse von selbstständig und abhängig arbeitenden Produzenten hinreichend ausgeprägt war, um auf der Basis der Einzelmitgliedschaft erfolgreich arbeiten zu können [z. B. bei den Gewerkschaften – H.St.], war dies hinsichtlich der Einkommensverwendung nicht der Fall. Hier reichte die Motivation der Verbraucher nicht aus, um eine schlagkräftige Organisation zu bilden, die als Gegengewicht zu den zahlreichen Wirtschaftsverbänden erfolgreich hätte arbeiten können" (Blume, zit. nach Steffens 2015, S. 491).

Aus Sicht der Regierung war die AGV Gründung nach diesem Modell trotz aller Bedenken in dieser oder jener Richtung ein Glücksfall. Denn es fehlten a) eine mobilisierungsfähige und schlagkräftige Mitgliederbasis; b) eine finanzielle und damit auch politische Unabhängigkeit; c) die institutionellen Voraussetzungen für Konfliktstrategien und Verhandlungsmacht gegenüber den Wirtschaftsverbänden und der Politik (Martiny und Klein 1977, S. 160; Scharpf 2002, S. 8).

Trotz dieses genetischen Defekts blieb das mögliche Entstehen von Bürgerinitiativen in der Form von Verbrauchervereinen ein Dauerbrenner politischer Besorgnisse. So wurde beispielsweise in einer vom Bundesministerium für Wirtschaft in Auftrag gegebenen ‚Metaenquête über die Entwicklung der den Verbraucher dienenden Institutionen' bereits 1975 ein ‚Trend zu Mitgliedervereinen' prognostiziert, und weiter:

> „Kommt es zu zahlreichen Mitgliedervereinen, so wird von ihnen ein Zwang zur Straffung der Verbraucherinstitutionen ausgehen; die AGV wird es übernehmen, auch für die Vereine das Dienstleistungszentrum auf Bundesebene zu sein. Die Einflussmöglichkeiten von Bund und Ländern werden nicht zuletzt wegen der zu erwartenden Eigenfinanzierung der Vereine zurückgehen; dennoch muss bereits jetzt damit begonnen werden, Mitgliedervereine mit staatlicher Hilfe zu gründen und über die ersten Jahre zu fördern, damit es nicht zu einer losgelösten und damit unbeeinflussbaren privaten Verbraucherbewegung kommt" (Metaplan 1975, S. 6).

Dieses Statement wirft ein bezeichnendes Licht auf die Besorgnis von Bund und Ländern, beim Entstehen zahlreicher eigenfinanzierter Mitgliedsvereine und der Wahrnehmung ihrer Interessen in der AgV als Dachverband könnten die Einflussmöglichkeiten von Bund und Ländern schwinden. Was sich angesichts des Dogmas der Selbstorganisation der Verbraucher als Widerspruch darstellt, nämlich die Gründung von Mitgliedervereinen mit staatlicher Hilfe, sprich mit finanziellen Zuwendungen als Anreiz, entpuppt sich bei näherer Betrachtung als Mittel zur Sicherung des staatlichen Einflusses. Die Schlussfolgerung aus dieser Analyse wäre, dass der Staat die Entstehung eigenfinanzierter Verbraucherorganisationen mit Massenmitgliedschaft dadurch verhindern will, dass er die Entstehung von Verbraucherorganisationen durch staatliche Finanzhilfen fördert.

3   Aktive Verbraucher in Verbraucherzentralen und Verbrauchervereinen

In der Geschichte der AgV steht das Jahr 1971 für eine weitreichende organisationale Expansion und eine wohlgemeinte, aber am Ende irreführende Namensgebung. Um ‚ein konzentriertes Vorgehen aller Verbraucherorganisationen in der Öffentlichkeit' zu bewerkstelligen, schlossen sich die Arbeitsgemeinschaft der Verbraucherverbände (AGV), die Verbraucherzentralen der Länder,

die Arbeitsgemeinschaft Hauswirtschaft und der Bundesausschuss für volkswirt-
schaftliche Aufklärung (BAVA) im Oktober 1971 zusammen. Der neue Name
ähnelte dem alten außer in einem wichtigen Punkt. Der neue Bundesverband
nannte sich „Arbeitsgemeinschaft der Verbraucher (AGV)" (Bundesregierung
1972, S. 35), obwohl er in seiner Struktur das blieb, was er war, ein Verband
von Verbänden oder, salopp ausgedrückt: Die AGV war nicht das, als was sie
sich namentlich ausgab. Weder im ersten Bericht der Bundesregierung zur Verbraucherpolitik vom November 1971 noch im Zwischenbericht von 1972 finden
sich Begründungen für den neuen Namen. Erst drei Jahre später in der vom Inter-
ministeriellen Ausschuss für Verbraucherfragen vorgelegten „Konzeption für die
Verbraucherinformation und -beratung" (BMWI 1975, S. 59) wird das Paradigma
des ‚aktiven Verbrauchers' nicht auf der Hochebene eines Verbands von Verbänden thematisiert, sondern unten, d. h. auf der Ebene der „Gründung von Verbrauchervereinen auf der Basis der Einzelmitgliedschaft" (ebd., S. 59).

> „Die Bildung solcher Verbrauchervereine entspräche dem Konzept eines aktiven
> Verbrauchers, der es selbst in die Hand nimmt, seine Interessen und Rechte am
> Markt durchzusetzen. Die Bundesregierung werde ein stärkeres Engagement der
> Verbraucher auch in diesem Sinne begrüßen" (ebd., S. 60).

Ohne Zweifel ist dieses basisdemokratische Organisations- und Politikmodell
aller Ehren wert und wäre darüber hinaus eine klassische Legitimationsbasis.
Gelingt es aber nicht, aus welchen Gründen auch immer, den Namensteil ‚der
Verbraucher' mit Leben zu erfüllen und durch die Öffnung „nach unten" zahl-
reiche Einzelverbraucher für eine Mitgliedschaft zu gewinnen, dann wird aus
dem Gütesiegel ein falsches Etikett. Und so geschah es dann auch bald. In seinem
Buch ‚Verbraucherinteresse und Verbraucherpolitik' aus dem Jahr 1975 knüpft
Gerhard Scherhorn (damals Mitglied des Verbraucherbeirats) am Konzept der
Selbsthilfe von G. Weisser an und prägt das Begriffspaar Selbstorganisation und
Fremdorganisation als Unterscheidungsnorm. Definiert wurden diese Begriffe
wie folgt: 1) Selbstorganisation als ‚Organisation von Verbrauchern in Ver-
bänden mit Einzelmitgliedschaft' und 2) Fremdorganisation als Organisations-
form, in der nicht die Verbraucher selbst als natürliche Personen, sondern nur
Verbände als juristische Personen als Mitglieder zugelassen seien (Scherhorn
1975, S. 136). Eine Arbeitsgemeinschaft der Verbraucher hingegen täusche die
Basislegitimation einer von zahlreichen Verbrauchern als Mitgliedern gestützten
Interessenvertretung nur vor und entspräche im Sprachgebrauch von Scherhorn
dem Prototyp einer Fremdorganisation. Es ist nicht auszuschließen, dass die
gesellschaftspolitischen Implikationen der beiden Begriffe ‚Selbstorganisation'

und ‚Fremdorganisation' von dem Wertesystem der Begriffe ‚Selbstbestimmung',
‚Fremdbestimmung' und ‚Mitbestimmung' inspiriert wurden, die zeitgleich
mit Scherhorns Klassifizierung im Zuge der politischen und wissenschaftlichen Diskussionen über die Chancen und Risiken von Selbstbestimmung,
Fremdbestimmung und Mitbestimmung im Kontext der Gesetzgebung über die
Mitbestimmung der Arbeitnehmer von 1976 zur Argumentationsbasis der gewerk-
schaftlichen Gegenmachtpolitik gehörten.

Auch nach der Re-Konvertierung der Bezeichnung ‚Arbeitsgemeinschaft der
Verbraucher' in ‚Arbeitsgemeinschaft der Verbraucherverbände' im Jahr 1986
wurde die Charakterisierung der AgV als Fremdorganisation nicht korrigiert
und wird auch von der jüngeren zeitgeschichtlichen Forschung als schwerer
genetischer Defekt diagnostiziert. Sehr deutlich wird diese unkritische Begriffsverwendung bei Kevin Rick, der beklagt, dass die

> „Anlage der AgV als sogenannte Fremdorganisation von Verbraucherinteressen,
> d. h. als Organisation, die keine Einzelverbraucher als Mitglieder aufnahm, sondern
> nur verbraucherorientierte Verbände bislang nicht reflektiert bzw. systematisch (von
> der Forschung) in die Analyse ihrer Geschichte einbezogen wurde – trotz der weit-
> reichenden Konsequenzen dieser Organisationsform für die politische Legitimation
> und praktische Arbeit" (Rick 2018, S. 30, 31, 238, 406 ff.).

Wenn aber die Gründung der AgV im Jahr 1953 durch Konsumgenossenschaften,
Frauenverbände u. a. Mitgliedsverbände die Gründung eines Bundesverbandes
war, dann stellt sich die Frage nach der Qualität des nicht wertneutralen Begriffs
‚Fremdorganisation' neu. Ist ein Bundesverband, der ausschließlich juristische
Personen, aber keine natürlichen Personen als Einzelmitglieder registriert, deshalb automatisch eine Fremdorganisation? Dann wäre zum Beispiel der Deutsche
Gewerkschaftsbund DGB, der nur Einzelgewerkschaften zu seinen Mitgliedern
zählt, eine Fremdorganisation, die ihre Legitimation aus einer indirekten Mitgliedschaft von Arbeitnehmer*innen in den Einzelgewerkschaften ableitet. Nach
dieser Lesart wäre der DGB keine Selbstorganisation der Arbeitnehmer*innen.

Im Übrigen ließen die seit der Reorganisation der AgV im Jahr 1971 als Mitgliedsverbände aufgenommenen elf Verbraucherzentralen (VZ) der Länder eine
Einzelmitgliedschaft von natürlichen Personen zu und hatten diesen Passus
ebenso wie die Mitgliedschaft von Verbänden in ihren Satzungen verankert. Aus
eigenem Antrieb unternahmen sie es in Feldversuchen auch immer wieder, Verbraucher*innen zur Mitgliedschaft in der VZ zu gewinnen. Der Erfolg solcher
Kampagnen war gering. In der Folge setzten die wissenschaftlichen Verfechter
der Selbstorganisation ihre ganze Hoffnung auf selbstgegründete und lokale Verbrauchervereine, bei deren Gründung sie sich auch persönlich beteiligten.

Beispielsweise führte einer der Vordenker der kritischen Theorie der Verbraucherpolitik, Bernd Biervert, mit Kollegen 1979 eine vom Wirtschaftsministerium in Nordrhein-Westfalen beauftragte empirische Untersuchung über ‚Verbrauchervereine als Form der Selbstorganisation von Verbrauchern' durch (Biervert et al. 1979). Trotz der Passion der Autoren für selbstorganisierte Verbrauchervereine und ihr Axiom, dass

> „gegenwärtig ein erhebliches Potential zur Selbstorganisation von Verbrauchern vorzufinden ist [...] konnte im Rahmen dieser Untersuchung nicht hinreichend geklärt werden, welche Erfolge im Hinblick auf den Stand der Selbstorganisation der Verbraucher [...] erzielt werden können" (ebd., S. 240 ff.).

Im Klartext werden damit zumindest auch bei Verbrauchervereinen große Schwierigkeiten bei der Selbstorganisation eingeräumt, die von den Autoren auch ohne Umschweife konkret benannt werden.

> „Zwischen der Bereitschaft zur Selbstorganisation im Sinne der aktiven Mitarbeit in selbstorganisierten Verbrauchervereinen und den dort anzutreffenden Möglichkeiten der Realisierung der Organisationsbereitschaft (besteht) eine erhebliche Lücke. Der Grund hierfür kann in [...] teilweise restriktiven formalen und inhaltlichen organisationalen Bedingungen in den bestehenden selbstorganisierten Verbrauchervereinen gesehen werden" (ebd., S. 240).

Der Erfolg blieb denn auch bei den Verbrauchervereinen weit hinter den Erwartungen zurück. Als Gegenbeispiel, das Kritiker der These vom fehlenden Willen der Verbraucher*innen zur Selbstorganisation immer wieder herausstellen, gilt die Gründung und die Erfolgsgeschichte der Verbraucherinitiative 1985. Bei einer Anhörung im Bundestag im Jahr 1998 nahm der damalige Vorsitzende der Verbraucherinitiative dazu pointiert Stellung:

> „Die Mitgliedschaft der Verbraucherinitiative e. V. setzt sich nämlich aus überwiegend ökologisch motivierten Personen zusammen, die ihren Mitgliedsbeitrag als politischen Solidarbeitrag ansehen. Unsere Versuche, neue Mitglieder mit klassischen Verbraucherthemen zu werben, sind ergebnislos geblieben" (Verbraucherinitiative 1998, S. 187).

Über die Frage, ob die aus Forschungsprojekten, Anhörungen oder sonstigen Quellen zitierten Befunde zufällig oder allgemeingültig, Ladenhüter der Vergangenheit oder Hypotheken für die Zukunft sein werden, lässt sich trefflich streiten. Bisher schaffen derartige Erkenntnisse der empirischen Forschung eine vergleichsweise hohe Evidenz für Erkenntnisse der Institutionenökonomie. Dazu ein treffendes Beispiel: In ‚Aufstieg und Niedergang von Nationen' erklärte Mancur Olson (1991, S. 44):

> „In keinem größeren Land sind große Gruppen, die keinen Zugang zu selektiven Anreizen haben, allgemein organisiert – die Massen von Konsumenten sind nicht in Konsumentenorganisationen, die Millionen von Steuerzahlern sind nicht in Steuerzahlerorganisationen, die beträchtliche Zahl von Personen mit relativ niedrigem Einkommen sind nicht in Organisationen für die Armen [...]. Diese Gruppen sind so verstreut, dass es für irgendeine nicht staatliche Organisation nicht möglich ist, sie zu zwingen [...]. Auch scheint es keine Quelle für positive selektive Anreize zu geben, die den Individuen in diesen Kategorien einen Anreiz geben könnte, mit den vielen anderen zu kooperieren, mit denen sie gemeinsame Interessen teilen".

Daraus kann man den Schluss ziehen, dass beim derzeitigen Erkenntnisstand weder empirische noch theoretische Wissenschaften einer Selbstorganisation der Verbraucher große Chancen bei ihrer Verwirklichung einräumen. Das bedeutet aber nicht, dass das normative Faszinosum der Selbstorganisation aus dem praktisch-politischen Kontext ins Jenseits der praxisfernen Utopie vertrieben wird. Ganz im Gegenteil. Im praktisch-politischen Kontext entsteht vielmehr eine paradoxe Win-Win-Situation.

4   Gemeinwohlorientierte Politik als selbstlose Verbündete der Verbraucherpolitik?

Die ‚gemeinwohlorientierte Politik' (Scharpf) bzw. der Staat selbst subventionieren bzw. finanzieren die ‚fremdorganisierten' Verbraucherorganisationen durch institutionelle und/oder projektgebundene Förderung und gleichen damit die durch die mangelhafte Organisierbarkeit der Verbraucher entstehende prekäre Lage der Verbraucherorganisationen aus. Infolgedessen unterliegen die Existenz, Arbeitsfähigkeit und Verhandlungsmacht der auf relativ solidem Niveau gesicherten Verbraucherorganisationen dem öffentlichen Haushaltsrecht und können mit dessen Mitteln zu regelkonformem und politisch korrektem Verhalten angeleitet werden. Ein prinzipieller Widerstand dagegen wäre zwecklos, weil der Subventionsgeber dann wieder die prinzipiell überlegene Selbstorganisation mit Eigenfinanzierung als Alternative ins Spiel bringen würde. Bei einer solchen Gemengelage mündet Verhandlungsdemokratie letztendlich in einen Teufelskreis, der die basisdemokratische Norm der Selbstorganisation zum Herrschaftsinstrument gemeinwohlorientierter Politik werden lässt. Umgekehrt sind die Verbraucherorganisationen auf gemeinwohlorientierte Politik angewiesen, um ihre Ohnmacht bei der Selbstorganisation und Eigenfinanzierung ausgleichen zu können.

Am Beispiel der Strukturreform der AgV und ihr Aufgehen im Verbraucherzentrale Bundesverband vzbv (1996–2001) lässt sich dokumentieren, dass diese Erwägungen nicht einfach logische Gedankenspiele sind. Am 19. Februar 1997 legte das Bundesministerium für Wirtschaft das sogenannte ‚ifo-Gutachten' vor, das eine stärkere Eigenfinanzierung der Verbraucherorganisationen ausloten sollte und „das Fehlen einer größeren Mitgliederorganisation" (ifo 1996, S. 252) als Haupthindernis auf diesem Wege identifizierte. Anfang 2001 erfolgte als Resultat der Strukturreform zwar die Fusion von bis dahin rechtlich und wirtschaftlich eigenständigen Institutionen (AgV, Stiftung Verbraucherinstitut und Verbraucherschutzverein), aber das Hauptziel der Verbesserung der Rahmenbedingungen für eine erhebliche Eigenfinanzierung konnte nicht erreicht werden (Steffens 2018, S. 14). Damit blieb es aber auch bei der hohen Abhängigkeit von öffentlichen Subventionen, der engen Bindung an das öffentliche Haushaltsrecht und der damit verbundenen Gängelung.

Trotz ihres utopischen Status bleibt aber die Selbstorganisation der Verbraucher aus guten Gründen ein normatives Grundprinzip, das nicht aus dem zivilgesellschaftlichen und politischen Forderungskatalog einer demokratischen Verbraucherpolitik verschwinden wird.

Literatur

Arbeitsgemeinschaft der Verbraucher. 1983. *30 Jahre AgV*. Bonn: AgV.
Arbeitsgemeinschaft der Verbraucherverbände. 1993. *40 Jahre AgV*. Bonn: AgV.
Biervert, Bernd, et al. 1979. *Verbrauchervereine als Form der Selbstorganisation von Verbrauchern in der Bundesrepublik Deutschland*. Hrsg. NRW Ministerium für Wirtschaft. Düsseldorf: NRW Ministerium für Wirtschaft.
Bundesregierung. 1972. *Bericht der Bundesregierung: Es geht um den Verbraucher*. Bonn: Bundesregierung.
Bundesministerium für Wirtschaft. 1975. *2. Bericht der Bundesregierung zur Verbraucherpolitik + Konzeption für die Verbraucherinformation und -beratung*. Bonn: BMW.
Hansen, Ursula, und Ulf Schrader. 1997. A modern model of consumption for a sustainable society. *Journal of Consumer Policy* 20:443–468.
Ifo Institut für Wirtschaftsforschung. 1996. *Finanzierung der Verbraucherorganisationen in der Bundesrepublik Deutschland*. München: Ifo.
Martiny, Anke, und Otfried Klein. 1977. *Marktmacht und Manipulation*. Frankfurt a. M.: Europäische Verlagsanstalt.
Metaplan. 1975. *Metaenquête über die Entwicklung der den Verbrauchern dienenden Institutionen*. Quickborn: Metaplan.

Olson, Mancur. 1991. *Aufstieg und Niedergang von Nationen*. Mohr (Siebeck): Tübingen.

Rick, Kevin. 2018. *Verbraucherpolitik in der Bundesrepublik Deutschland (1945–1975)*. Baden-Baden: Nomos.

Scharpf, Fritz. 2002. Lobbyismus für Verbraucherinteressen in der Verhandlungsdemokratie. In *Verbraucherschutz im globalen Markt*. Hrsg. Vzbv. Berlin: vzbv.

Scherhorn, Gerhard. 1975. *Verbraucherinteresse und Verbraucherpolitik*. Göttingen: Schwartz.

Steffens, Heiko. 2015. Verbraucherpolitik als Stärkung der Selbsthilfe. In *Lebenslagen. Beiträge zur Gesellschaftspolitik*, Hrsg. H. Romahn und D. Rehfeld, 489–507. Marburg: Metropolis.

Steffens, Heiko. 2018. *Von der AgV zum vzbv. Strukturreform*. Unveröffentlichtes Manuskript, Berlin. https://www.aloenk.tu-berlin.de/fileadmin/fg165/Publikationen/Strukturreform-Ziele-des-ifo-Gutachtens-13-03-18-fin_Korr_vP-Imprimatur-1.pdf

Verbraucherinitiative. 1998. *Stellungnahme bei einer Anhörung des Wirtschaftsausschusses des Deutschen Bundestages am 9.02.1998*. Protokolle des Wirtschaftsausschusses, Bonn: Deutscher Bundestag.

Heiko Steffens, TU-Professor von 1981–2003, Fachgebiet Wirtschaft/Arbeitslehre, Einzelmitglied der Verbraucherzentrale Berlin seit 1976, Präsident der Arbeitsgemeinschaft der Verbraucherverbände AgV von 1995–2001, Mitglied des Wirtschafts- und Sozialausschusses der EU von 2002–2006, Stifter des TOWER PERSON AWARD FOR CONSUMER EDUCATORS 2000–2018, Ehrendoktor der Wirtschaftsuniversität Bratislava 2006. Zahlreiche Veröffentlichungen.

Der kritische und mündige Verbraucher

Georg Abel

Zusammenfassung

Konsumenten haben Macht, sie entscheiden über Produkte, Unternehmen, Einkaufswege und ihren persönlichen Lebensstil. Die individuelle Einkaufsentscheidung für oder gegen ein Produkt ist eine direkte Einflussmöglichkeit. Verbraucher sagen in Umfragen, was ihre Erwartungen an Hersteller und Handel sind. Doch sie sind nicht selber Hersteller oder haben die fachliche Expertise zu den vielfältigen Lieferketten. Diese Aufgaben delegieren sie an die „Profis" der Unternehmen. Allerdings wollen sie wissen, wer was wann mit welchem Erfolg getan hat. Und erst dann berücksichtigen sie (eventuell) diese Produkte bei ihrem persönlichen Einkauf. Sie nehmen also auf diesem Weg – quasi als „Auftraggeber" indirekt Einfluss. Mehr Einfluss von Konsumenten wird auch durch Nichtregierungsorganisationen durch mediale Kritik oder durch vielfältige Kooperationen mit Unternehmen ausgeübt. Relativ neu ist der Prosumer-Ansatz einer Gestaltung von Produkten.

Schlüsselwörter

Informationsflut Label · Prosumer · Nichtregierungsorganisationen · Unternehmenskooperationen · VERBRAUCHER INITIATIVE · Verbrauchermacht · Verbraucherwerte

G. Abel (✉)
VERBRAUCHER INITIATIVE e. V., Berlin, Deutschland
E-Mail: georg.abel@verbraucher.org

© Springer Fachmedien Wiesbaden GmbH, ein Teil von Springer Nature 2020   275
K.-U. Hellmann et al. (Hrsg.), *Verbraucherpolitik von unten,* Konsumsoziologie und Massenkultur, https://doi.org/10.1007/978-3-658-29754-1_13

Ohne Gentechnik, ohne Kinderarbeit und ohne Tierleid – die in repräsentativen Umfragen formulierten Ansprüche der Konsumenten sind eindeutig. Die reale Differenz zwischen den Forderungen der Verbraucher und ihrem tatsächlichen (Nachfrage-)Verhalten ist eine Herausforderung. Für Politik, Unternehmen und Zivilgesellschaft.

Verbraucher haben Macht. Angesichts stagnierender und gar rückläufiger Märkte – Stichwort demografischer Wandel – wird diese Macht eher wachsen. Einkaufserfahrene Konsumenten entscheiden, welche Produkte angesagt sind oder nicht. Verbraucher entscheiden mit, welche Unternehmen erfolgreich sind oder nicht. Kunden wählen ihren individuellen Lebensstil und natürlich auch den für sie passenden Einkaufsweg: Stationärer Handel oder Internet ist dabei nur eine Frage. Der Online-Einkauf, also bequem von zuhause aus in einem unbegrenzten Warenangebot rund um die Uhr shoppen, wird in den nächsten Jahren weiter wachsen. Shopping-Events wie ‚Black Friday' oder ‚Cyber Monday' laden verstärkt zur Schnäppchenhatz, 3,1 Mrd. € wurden geschätzt deutschlandweit alleine beim ‚Black Friday' umgesetzt. Ältere Verbraucher, veränderte Haushaltsgrößen und geänderte Essgewohnheiten – die Außer-Haus-Nachfrage steigt – sind weitere Trends. Skandalisierende Medienberichte, die Möglichkeit zum direkten Austausch in den sozialen Netzwerken und ein allgemeiner Vertrauensverlust sind weitere Herausforderungen. Der multioptionale, vagabundierende und preisfixierte Verbraucher ist Realität – wenn man sich die Gesamtheit der Verbraucher anschaut. Einzelne Gruppen jedoch legen ein anderes, sehr bewusstes Nachfrageverhalten an den Tag. Sie setzen kurzfristig starke Trends und beeinflussen so das Sortiment, die Handelslandschaft und die Erwartungen der breiten Masse von Morgen.

1   Anbieten was der Kunde will

Auch der Lebensmittelhandel, der als eine der wenigen Branchen noch nicht vom Online-Boom erfasst wird, steht vor erheblichen Veränderungen: Der Konzentrationsprozess in der Branche geht weiter; zunehmend mehr Lebensmittelumsätze werden derzeit über Drogeriemärkte erzielt. Neue Vertriebsschienen wie Direktvermarktung, Bio-Supermärkte und vegane Märkte sind entstanden. Der Handel ist dabei Mittler zwischen Herstellern und Kunden – bei Qualität und Preis.

Die klassischen Vollsortimenter haben allerdings mit ihrem bei Qualität und Preisen ausdifferenzierten Warenangebot und ihren Bedienangeboten erheblich Boden gegenüber den jahrelang wachsenden, scheinbar unschlagbaren Discountern gut gemacht. Supermärkte wie der REWE-Markt Richrath in der Kölner Innenstadt zeigen, wo die Reise hingeht: Beispielsweise mit Produkten aus der Region, deren Lieferanten mit Namen und Ort vorgestellt werden. Eine große Weinabteilung mit regelmäßigen Weinproben, eine breite Palette unterschiedlicher Speisenangebote von italienisch bis asiatisch und eine stimmige Warenpräsentation auf zwei Ebenen machen den Einkauf dort und in vielen Vorbild-Märkten anderer Anbieter zum Erlebnis und sind eine Alternative zum Internetkauf.

Die Discounter werden nachziehen müssen. Ein eng begrenztes, flaches Sortiment mit Schnelldrehern garniert mit Non-Food-Aktionsware war gestern. Ein minimalistischer Aufwand für Warenpräsentation und Ladeneinrichtung ist längst nicht mehr zeitgemäß. Entsprechend wird sich dieses Marktsegment weiter verändern: Größere Flächen mit mehr Produkten unter Berücksichtigung der Ernährungstrends, die Einlistung von Markenprodukten, aufwendigere Präsentation sind die schon heute sichtbaren Vorboten großer Veränderungen. Ob diese Qualitätsstrategie von ALDI und Co. allerdings aufgehen wird, bleibt abzuwarten; preissensible Kunden könnten nämlich auf andere Anbieter ausweichen.

Der Lebensmitteleinzelhandel reagiert mit diesen Weiterentwicklungen auf ein verändertes Qualitätsbewusstsein. Denn seit einigen Jahren sind Verbraucher bereit, für Lebensmittel (etwas) mehr Geld auszugeben. Dafür erwarten sie jedoch mehr als eine ansprechende Präsentation.

War über viele Jahren der Slogan ‚Geiz ist geil‘ in aller Munde, sind heute andere Dinge wichtiger. Dies belegt u. a. die aktuelle Nestlé-Ernährungsstudie ‚So is(s)t Deutschland 2019‘: Gutes Essen und Trinken sind danach Ausdruck der eigenen Lebensqualität, Ernährung ist zum persönlichen Statement geworden. Die Qualität von Lebensmitteln löst den Preis als wichtigstes Kriterium ab. Höhere Ausgaben für bio, fair und regional sind reale Marktveränderungen. Sie belegen die Veränderungen im persönlichen Wertigkeitsranking und damit im individuellen Ausgabenmanagement von Verbrauchern. Doch wer mehr Geld vom Kunden haben will, muss glaubhaft nachvollziehbar vermitteln können, worin der entsprechende Mehrwert besteht.

Befragungen weisen darauf hin, dass Verbraucher in einer oft beliebigen Gesellschaft vermehrt auf Werte setzen. Trends wie ‚regional‘, ‚ohne Kinderarbeit‘ und ‚Tierwohl‘ sind Beispiele für diese starken Werte. ‚Nachhaltigkeit‘ ist die mögliche inhaltliche Klammer dafür!

2   Verbraucher im Wandel

Trotz aller repräsentativen Umfragen bilden sich viele der Trends nicht im tatsächlichen Nachfrageverhalten ab oder fristen trotz hoher prozentualer Steigerungsraten letztendlich ein Nischendasein.

Verbraucher bleiben auch zukünftig in ihrem Verhalten widersprüchlich und damit schwer einschätzbar. Einige Beispiele: Wissend um die Feinstaubproblematik wird für 133 Mio. EUR kurzzeitig Feuerwerk in die Luft entsorgt, was über 15 % der Feinstaubemissionen des Straßenverkehrs eines Jahres entspricht. Wissend um die Klimaproblematik erfreuen sich Zweit- und Dritturlaub großer Beliebtheit. Wissend um illegale Kinderarbeit werden billige Klamotten tütenweise nach Hause geschleppt.

Allerdings sind auch Veränderungen feststellbar: Städte sperren Flächen für die archaische Schwarzpulver-Böllerei, Händler listen entsprechende Produkte aus. Massive Investitionen in umweltfreundlichere Verkehrsmittel, in ein engeres Schienennetz bei der Bahn (‚Deutschlandtakt‘), neue Mobilitätsangebote wie der Berliner Ride-Sharing-Dienst Berlkönig oder unterschiedliche (Car-) Sharing-Angebote auch in Vororten oder in ländlichen Regionen sind hier neben der Verbotslyrik mancher Politiker Stichworte. Textilhändler engagieren sich für verbesserte Arbeitsbedingungen und beteiligen sich am Textilbündnis oder nutzen freiwillig den ‚Grünen Knopf‘, das staatliche Siegel für nachhaltige Textilien.

Doch letztendlich kommt es auf den Konsumenten an. Er muss diese Angebote von Unternehmen zumindest nachfragen oder zukünftig stärker als bisher zum Akteur werden. Dabei ist die erste dieser herausfordernden Optionen die leichtere, nämlich durch Kommunikation und Motivation lösbar.

3   Informationsflut

Verbraucher sind in ihrem Verhalten individuell, multioptional und widersprüchlich. Wer beim Konsumenten punkten will, muss vielfältige Informationen beispielsweise zum Unternehmen, dem Geschäftsgebaren in der Lieferkette und zu den Produkten liefern. Angesichts knapper Zeitbudgets und in einer reizüberfluteten Mediengesellschaft gibt es allerdings wenig Zeit für umfassende Informationsprozesse. Hier haben Verbraucher die Wahl zwischen unterschiedlichen Informationsangeboten: Testberichte von Institutionen wie der Stiftung Warentest oder Öko-Test gehören zu dieser Gattung ebenso wie eine Vielzahl unterschiedlicher Autozeitschriften. Monatliche Magazine wie Finanztest mit rund 200.000 verkauften Exemplaren oder der wöchentliche kostenlose Newsletter von finanztip.de, nach eigenen Angaben mit mehr als 600.000 Abonnenten Deutschlands größter gemeinnütziger Ratgeber, bieten Ratschläge rund ums Geld.

Tageszeitungen geben auf oft wöchentlichen Verbraucherseiten ebenso wie Verbrauchermagazine in Radio und Fernsehen entsprechende Hinweise und berücksichtigen dort neben Testergebnissen auch Tipps von Nichtregierungsorganisationen oder staatlichen Einrichtungen. Staatliche Webportale wie das Verbraucherinformationssystem/VIS, ein Angebot der bayerischen Staatsregierung unter Beteiligung mehrerer Ressorts, informiert zu Themen wie Ernährung, Lebensmittel, Verbraucherrecht, Finanzen sowie Datenschutz. Eine Vielzahl oft gemeinnütziger Organisationen wie Verbraucher-, Umwelt-, Senioren- oder Tierschutzorganisationen bieten ebenfalls Verbraucherinformationen an. Webportale wie utopia.de, karmakonsum.de, smarticular.net oder globalmagazin.com bereiten Themen für eine nachhaltigkeitsaffine Klientel auf und nutzen dafür die unterschiedlichen Social-Media-Kanäle.

Eine weitere Informationsquelle über die Produktqualität sind Labels. Ohne sie geht in unserer Warenwelt nichts mehr. Weit mehr als 1000 unterschiedliche Zeichen kleben auf Produkten, zeichnen Dienstleistungen oder Internetangebote aus. Ursprünglich als schneller Rat bei Kaufentscheidungen gedacht, haben Labels diese Funktion allein durch ihre Vielzahl für viele Verbraucher eher verloren.

4 Labels – der schnelle (gefühlte) Rat

Bio, regional, fair, vegan – die Interessen der Konsumenten werden immer vielseitiger. Gefragt ist deshalb der ‚schnelle' Rat von glaubwürdigen Absendern. Ein zunehmendes Informationsangebot sind Labels. Als Ratgeber für Käufer, Leitsystem im Handel, Zusatznutzen bei Produkten oder Orientierungssystem für die Beschaffung erfüllen sie unterschiedliche Funktionen. Die Vielzahl von Zeichen und das mangelnde Wissen der Verbraucher über die Hintergründe der einzelnen Labels sind allerdings zwei der Hemmschwellen, die ihre Wirkung einschränken. Hohe, zumindest gefühlte Bekanntheit haben Dank langanhaltender, intensiver Kommunikationsarbeit das Bio-Siegel, das Fairtrade-Logo oder der Blaue Engel. Allerdings bedeutet auch bei diesen Zeichen eine Bekanntheit nicht automatisch, dass sich diese im tatsächlichen Kaufverhalten abbildet.

Für mehr Transparenz bei Labels sorgt in Deutschland seit dem Jahr 2000 das Informationsangebot label-online.de. Das Portal ist mittlerweile das umfangreichste Angebot rund um Gütezeichen in Europa. Darin bewertet die

VERBRAUCHER INITIATIVE über 800 Zeichen in 16 verschiedenen Kategorien nach einer branchenübergreifenden Matrix. Eine kostenlose App ermöglicht einen Label-Check auch unterwegs. Mit begleitender Kommunikation (Label-Themenhefte, Materndiensten, sendefertigen Radiobeiträgen, Video usw.) wird das Thema Labels zielgruppenspezifisch in den unterschiedlichen Medien platziert.

Eine repräsentative Verbraucherstudie von Kantar EMNID im Auftrag des gemeinnützigen Bundesverbandes beschäftigte sich 2017 u. a. mit dem Umgang der Verbraucher mit Labels, den Erwartungen und Anforderungen an Produktsiegel sowie den entsprechenden Informationsquellen. Beim Thema Labels sind sich Verbraucher uneins. Werden Bildzeichen auf Produkten in Bezug auf zusätzliche Information und ihre Funktion als Orientierungshilfe zwar grundsätzlich positiv gesehen, sorgt doch ihre unüberschaubare Zahl für Verwirrung. So ist es nicht verwunderlich, dass nur 16 % der Befragten ihren Kenntnisstand bezüglich der Bedeutung von Labels als ‚sehr gut oder eher gut' einschätzen. Demgegenüber steht die Aussage von 44 % der Interviewten, dass es ihnen ‚sehr wichtig oder wichtig' ist, zu wissen, was das jeweilige Produktsiegel bedeutet.

Die meisten Verbraucher sehen in Labels nützliche Zusatzinformationen zu bestimmten Eigenschaften oder der Qualität von Produkten: 69 % der Befragten äußern sich dementsprechend, 62 % sehen sie generell als hilfreich bei einer Kaufentscheidung an. Verbraucher haben klare Erwartungen an Produktlabel: Glaubwürdigkeit, Verständlichkeit und unabhängige Prüfung und Vergabe stehen auf den vorderen Plätzen. Konsumenten berücksichtigen jedoch Labels branchenspezifisch unterschiedlich. Besonders große Bedeutung haben Produktlabel bei Elektro- und Haushaltsgeräten sowie im Lebensmittelbereich.

Abhängig von der Produktgruppe werden – von den zumindest stark auf Produktsiegel Achtenden – auch die Qualitätskriterien formuliert: Im Unterschied zu anderen Produktgruppen spielen bei Lebensmitteln – ähnlich wie bei Kosmetik- und Drogerieartikeln – vor allem die Gesundheitsverträglichkeit eine Rolle. Sie liegt deutlich vor der umwelt- und sozialverträglichen Herstellung sowie der Sicherheit (s. Abb. 1 und 2).

Verbraucher fragen Informationen zu Labels nach. Die wichtigsten Informationswege sind das Internet und die Verpackung. Auch die Glaubwürdigkeit der Informationsquellen wird unterschiedlich bewertet. Auf besonders hohe Akzeptanz stoßen die Informationsangebote zu Produktsiegeln von Umwelt- und Verbraucherorganisationen und staatlichen Stellen. Skepsis wird dagegen den Herstellern von Produkten entgegengebracht.

Die Vielzahl ähnlicher Zeichen ist aus Verbrauchersicht nicht hilfreich und trägt eher zur Verwirrung der Konsumenten bei. So ist die Diskussion über die

Relevanz von Siegeln: Produktgruppen
Die größte Bedeutung haben Produkt-Labels beim Kauf von
Elektro- & Haushaltsgeräten und Lebensmitteln

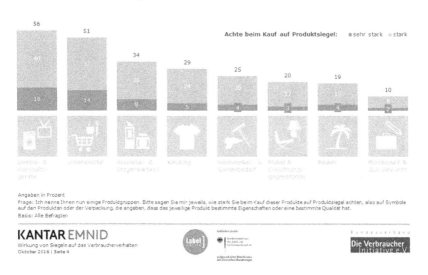

Abb. 1 Relevanz von Siegeln: Produktgruppen. (Quelle: "DIE VERBRAUCHER INITIATIVE e. V.)

verschiedenen Ansätze beim Thema Tierwohl eher kontraproduktiv. Hier wurde auf einen in Umfragen artikulierten Wunsch der Verbraucher mit einer Vielfalt von Ansätzen reagiert, von Branchenansätzen (Initiative Tierwohl) über Label (Neuland, Tierschutzbund, Vier Pfoten usw.) bis zur immer wieder platzierten Idee eines staatlichen Zeichens. Für die Zielgruppe sind allerdings die Feinheiten der einzelnen Ansätze schwierig zu erkennen, wie ein Standardvergleich der VERBRAUCHER INITIATIVE im Jahr 2018 aufzeigte. Aus Sicht einer Verbraucherorganisation wäre dagegen mehr Kooperation sinnvoll. Die einheitliche vierstufige Haltungsform-Kennzeichnung der Initiative Tierwohl (haltungsform. de) ist ein für Verbraucher hilfreicher Ansatz zum Erkennen von mehr Tierwohl.

Die grundsätzliche Berücksichtigung von Labels – sei es durch das Listen entsprechender Produkte, das Aufwerten von Eigenmarken durch Co-Labelling oder durch die Entwicklung entsprechender Orientierungssysteme am Point of Sale – sind ein hilfreiches Instrument in der Kundenkommunikation. Sinnvoll ist dabei die stärkere Berücksichtigung vorhandener Zeichen, um so deren Bekanntheit zu

Gewünschte Qualitätskriterien bei Produktsiegeln
Verbraucher sehen bei jeder Produktgruppe ganz eigene
Anforderungen

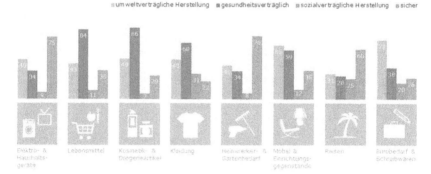

KANTAR EMNID
Wirkung von Siegeln auf das Verbraucherverhalten
Oktober 2016 | Seite 10

Abb. 2 Gewünschte Qualitätskriterien bei Produktsiegeln. (Quelle: "DIE VERBRAUCHER INITIATIVE e. V.)

nutzen und damit auch die Wirkung dieser Label beim Verbraucher zu erhöhen. Bei der Qualität der Zeichen darf es übrigens keinen Stillstand geben: Sie müssen sich kontinuierlich inhaltlich weiterentwickeln, auch eine intensivere Zusammenarbeit einzelner Labelsysteme oder gar ein Zusammenschluss, wie unlängst bei UTZ und Rainforest Alliance, ist aus Sicht von Konsumenten sinnvoll.

Auf Label-online werden Labels nach einer einheitlichen Matrix bewertet. Untersucht wird beispielsweise, welchen Anspruch Label formulieren, wie unabhängig ihre Vergabe ist, welche Kontrollen vorgesehen sind und wie transparent dieser Prozess für Verbraucher ist. Die Matrix wurde auf Grundlage eines umfangreichen Stakeholderprozesses, an dem Vertreter von Unternehmen, Verbänden, Wissenschaft und verschiedenen Bundesministerien beteiligt waren, entwickelt. Ein Beirat begleitete zeitweise die Entwicklung der Webseite sowie die Auswahl und die Bewertung der Label,: diese Bewertungsmatrix wird u. a. auch in Österreich angewandt.

Jedes Einzelkriterium wird in der Matrix mit 1 oder 0 Punkten bewertet. Die Abschlussbewertung reicht von ‚nicht empfehlenswert' (unter 5 Punkten) bis ‚besonders empfehlenswert' (12 Punkte). Labels, die dem Thema Nachhaltigkeit verpflichtet sind sowie ökologische und soziale Aspekte in ihren Zertifizierungs- prozess mit einbeziehen, sind mit einem ⊕ gekennzeichnet. Dies ist eine zusätz- liche Information, die nicht in die Bewertung der Labels einfließt.

5   NGOs als Vertreter der Zivilgesellschaft

Neben dem Verbraucher als nachfragender Akteur treffen Unternehmen selbst Entscheidungen über Weiter- bzw. Neuentwicklung von Produkten. Durch das verstärkte Angebot von Eigenmarken besonders im Bereich Lebensmittel und Drogerieartikel werden Händler zu Herstellern und entscheiden über die Produkt- qualität dieser Angebote. Der Handel verfügt damit über zwei Stellschrauben: Einerseits kann er über die Einlistung von Markenprodukten entscheiden, andererseits kreiert er seine Eigenmarken.

Sowohl Hersteller wie Handelsunternehmen nutzen für die Produktent- wicklung nicht nur die Daten aus der Marktforschung. Zunehmend berück- sichtigen sie unterschiedliche Dialogformate, um andere Akteure einzubeziehen. So tauscht sich Nestlé bereits seit einigen Jahren mit einem ehrenamtlich tätigen, 18-köpfigen ‚Verbraucherbeirat' aus. Das Gremium versteht sich als Rat- und Impulsgeber Nestlé selbst betont, dass dieser ‚kritische Dialog' dem Unter- nehmen wertvolle Rückmeldungen zu Qualität und Nachhaltigkeit der Produkte gibt.

Zunehmend wichtiger für Unternehmen ist in den letzten Jahren der Austausch mit den unterschiedlichen Akteursgruppen beispielsweise auf (jährlichen) Stake- holderforen geworden. So hat die REWE Group im Jahr 2009 mit dem ‚Dialog- forum' ein Austauschformat für mehr Nachhaltigkeit in Handel und Gesellschaft geschaffen. Das Ziel war es, einen ‚offenen, konstruktiv-kritischen Dialog' mit Akteuren aus Politik, Handel, Wirtschaft, Wissenschaft und Gesellschaft zu ermöglichen.

Gesprächsbereite Nichtregierungsorganisationen sind Teil dieses Austausch- prozesses. Dies gilt in der Breite für dieses Stakeholderformat. Im Einzelfall geht die Kooperation zwischen NGOs und Unternehmen aber darüber hinaus. So besteht seit dem Jahr 2009 eine ‚Partnerschaft' zwischen EDEKA und dem World Wide Fund For Nature (WWF), u. a. mit dem Ziel den ökologischen Fußabdruck des Unternehmens zu reduzieren. Verbraucher profitieren von dieser Kooperation;

rund 400 nachhaltigere Eigenmarkenprodukte sind mit dem WWF-Panda gekennzeichnet.

Mit der Weiterentwicklung der Eigenmarken beschäftigt sich auch die
REWE Group. In einer ‚strategischen Partnerschaft' mit dem Naturschutz-
bund (NABU) sollen diese nachhaltiger weiterentwickelt werden. Neben dieser
bilateralen Kooperation bietet das Unternehmen seit dem Jahr 2009 mit dem PRO
PLANET-Label Kunden ein ‚Navigationssystem für nachhaltigere Produkte' an.
In den Vergabeprozess ist ein unabhängiger, fünfköpfiger ‚Nachhaltigkeitsbeirat'
aktiv einbezogen. Dem Gremium gehören u. a. PROVIEH, SÜDWIND und die
VERBRAUCHER INITIATIVE an.

Auch andere Unternehmen setzen auf den Austausch mit Nichtregierungsorganisationen. So unterstützt seit mehreren Jahren ein dreiköpfiger Beirat, dem
u. a. der Global Nature Fund (GNF) und die VERBRAUCHER INITIATIVE
angehören, REAL bei der Verbreitung von Permakultur-Produkten und unterstützt
bei entsprechendem Sortimentsausbau.

Neben Nichtregierungsorganisationen, die Kooperationen zumindest nicht
ausschließen, verfolgen Organisationen wie Foodwatch ein anderes ‚Geschäftsmodell'. Der Verband, finanziert aus Fördermitgliedschaften und Spenden,
beschäftigt sich mit ‚verbraucherfeindlichen Praktiken der Lebensmittelwirtschaft
und den Schwachstellen in der Gesetzgebung' und will Politik und Unternehmen
in Zugzwang bringen.

6   Andere Kooperationsansätze

Nicht nur im Bereich der Landwirtschaft und Ernährung sind in den letzten Jahrzehnten neue Initiativen entstanden, die Verbraucher und Produzenten enger ver-
zahnt haben. Dazu zählen lokale FOOD-Coop-Initiativen, in deren Mittelpunkt
der gemeinsame direkte Einkauf steht. Die Verzahnung von Erzeugern und Verbrauchern ist dabei generell wichtig. So ermöglicht beispielsweise die regionale
Initiative ‚som/skat' die Entscheidung zu ausgewählten Textilprodukten; in Workshops wird hier entschieden, ob ein Design produziert und die entsprechende
Nachfrage besteht. Die bundesweite Teekampagne bietet seit dem Jahr 1985
den direkten Handel ausgewählter Teesorten in vorteilhaften Großverpackungen
an. Ein weiteres Beispiel ist die 1988 gegründete EVG LANDWEGE in der
Region Lübeck. In der Erzeuger-Verbraucher-Gemeinschaft entscheiden einzelne
Akteursgruppen aus Verbrauchern, Landwirten und Mitarbeitern gemeinsam. Bei
der Idee der ‚Solidarischen Landwirtschaft/SOLAWI' steht die Kooperation von
Bauern mit ihren Käufern im Mittelpunkt.

Einen Weg für Verbraucher zu mehr Einfluss bei der Ernährung verfolgt ‚Die Verbrauchergemeinschaft e. V.' mit ihrer Initiative ‚Du bist hier der Chef!'. Ziel des gemeinnützigen Vereins ist die transparente Mitgestaltung von nachhaltigen Produkten durch Verbraucher und die faire und gerechte Vergütung von landwirtschaftlichen Erzeugern. Erstes Produkt soll im Frühjahr 2020 eine Milch sein, die unter der Verbrauchermarke ‚Du bist hier der Chef!' eingeführt werden soll. Mit einem acht Fragen umfassenden Produkt-Fragebogen, der seit Dezember 2019 auf der Webseite abrufbar ist, können Verbraucher selbst entscheiden, welche Produktmerkmale ihnen bei der Milch wichtig sind, wie diese produziert werden soll und zu welchem Preis sie bereit wären, sie zu kaufen. Ziel ist die Gestaltung eines wertvollen, fairen und nachhaltigen Produkts, das als Frisch- und H-Milch in den Varianten vollfett und fettarm angeboten wird.

„Die Milch bietet die Möglichkeit, viele der wichtigen Themen unserer Initiative wie Umweltschutz und Biodiversität, Tierwohl, Vergütung für die Landwirte gemeinsam anzugehen", erklärt Nicolas Barthelmé, Gründer der Initiative. Der aktuelle Milchpreis erlaube es vielen Milchbauern in Deutschland nicht, kostendeckend zu produzieren. Ein Bündnis zwischen Verbrauchern und Landwirten solle dies verändern. Die Fragen des ersten Produkt-Fragebogen wurden von Verbrauchern, Landwirten und einer Molkerei zusammen entwickelt: Dürfen die Kühe auf die Weide? Was wird den Tieren verfüttert und woher kommen die Futtermittel? Wie fair sollen Landwirte entlohnt werden? Welche Qualität soll die Milch haben: konventionell oder biologisch? Wie nachhaltig soll die Verpackung sein? Welche Zukunftsmaßnahmen – Umstellung auf Weidehaltung, auf ökologische Landwirtschaft oder auf muttergebundene Kälber-Aufzucht – sollen prioritär mitfinanziert werden?

Auf der Internetseite www.dubisthierderchef.de kann jeder Verbraucher kostenlos über die relevanten Produktmerkmale mitentscheiden und gleichzeitig sehen, wie sich der Preis der Milch entsprechend verändert. „Wenn wir etwa 5000 ausgefüllte Fragebögen erreicht haben, fassen wir die Ergebnisse in einem Pflichtenheft zusammen", erklärt Nicolas Barthelmé. Damit die ‚Verbrauchermilch' auch den Weg in die Supermarktregale findet, werden Landwirte, Molkereien und Händler als Partner gewonnen. Vorbild für ‚Du bist hier der Chef!' ist übrigens die französische Initiative ‚C'est qui le patron?!', die im Jahr 2016 ebenfalls mit der Milch startete und inzwischen jährlich über 50 Mio. Liter absetzt. Das kommt 330 französischen Milchbauern zu Gute, die mittlerweile exklusiv für die Initiative produzieren und dafür eine faire und gerechte Vergütung zwischen 0,39 € und 0,41 € pro Liter erhalten. Dabei wird der 1980 entstandene Begriff des ‚Prosumer' heutzutage breiter verwandt und umfasst auch die (Um-)Verteilung und Reparatur von Produkten.

7   Ansätze der VERBRAUCHER INITIATIVE

Der Bundesverband kritischer Verbraucher setzt schon länger auf einen Mix unterschiedlicher strategischer Ansätze, um seine verbraucherpolitischen Ziele umzusetzen. Der im Juni 1985 in einem Bonner Wohnzimmer gegründete gemeinnützige Verband entstand aus der Umweltbewegung. Laut der Einladung zur damaligen Gründungsversammlung ging es darum, ‚eine unabhängige bundesweite Verbraucherinitiative zu gründen, die sich bemüht, die vielen Einzelaktivitäten zu koordinieren und die Interessen kritischer Verbraucher wahrzunehmen‘. Kampagnen zu Dosen und Einwegflaschen (‚Einweg ist kein Weg‘) oder Unterschriftaktionen zu einem EG-weiten Verbot radioaktiver Bestrahlung von Lebensmitteln prägten die ersten Jahre des durch Mitgliedsbeiträge und Spenden finanzierten Verbandes.

Im Oktober 1991 erschien ein 16-seitiges ‚Manifest‘ des Verbandes mit dem Titel ‚Die Verantwortung der Verbraucherinnen und Verbraucher‘. Darin sieht sich der Verband als Teil einer ‚öko-sozialen‘ Verbraucherbewegung. Gefordert wurde u. a. ‚ein grundlegendes Umdenken der Konsum- und Kaufgewohnheiten‘, eine ökologische Verbraucher- und Wirtschaftspolitik, eine Förderung des Fairen Handels sowie von frauen- und familienfreundlichen Unternehmen. ‚Die VERBRAUCHER INITIATIVE will mit ihrer Arbeit dazu beitragen, dass Menschen ihre Verantwortung in ihrem Alltag wahrnehmen‘, heißt es zu den zukünftigen Aufgaben des Verbandes.

Der Bundesverband beschränkte sich deshalb auf wenige Themenfelder wie Umwelt, Ernährung und Gesundheit und setzte zunächst auf den Faktor Kommunikation durch Themenkampagnen. In den folgenden Jahren wurden ergänzend die damals printbasierten Eigenmedien ausgebaut und vereinzelt Bücher veröffentlicht. Schon früh wurde erkannt, dass man in Themenkooperationen agieren muss. Dementsprechend gehörte der Verband im Jahr 1988 zusammen mit dem Deutschen Tierschutzbund und dem BUND zu den Mitbegründern für das Neuland Markenfleischprogramm oder im Jahr 1992 zu den Gründungsmitgliedern von Transfair.

Im Laufe der Jahrzehnte hat sich allerdings das strategische Vorgehen geändert: Eine zielgruppenspezifische Ansprache zu einzelnen verbraucherpolitischen Themen war früher nicht möglich. Das von dem Bundesverband im Jahr 2009 entwickelte Konzept regionaler Verbraucherveranstaltungen für ältere Konsumenten ermöglicht seitdem in mehreren Bundesländern die direkte Ansprache dieser wachsenden Zielgruppe. Durchschnittlich 70 Teilnehmende wurden auf den rund 150 halbtägigen Regionalveranstaltungen zu den Themen

Internet, Gesundheit, Abzocke und Energie unmittelbar erreicht. Tausende weitere Konsumenten wurden mit den entsprechenden Themenbroschüren angesprochen, die in Rathäusern, Volkshochschulen etc. auslagen. Mehrere Millionen Verbraucher wurden über die begleitende Medienarbeit zu diesen Themen erreicht. Neben dem inhaltlichen Themensetting ist die Stärkung der ehrenamtlichen Arbeit vor Ort ein vom Verband verfolgter Ansatz.

Auch Studien und Marktforschung zu Themen wie Tierwohl, Corporate Social Responsibility (CSR), Nachhaltigkeit, Fairem Handel oder Labels waren in früheren Jahren nicht vorstell- und finanzierbar. Die Kommunikation im digitalen Zeitalter hat sich geändert. Der kleine Bundesverband verfügt heute über verschiedene Webseiten, ein quartalsweise erscheinendes, breit gestreutes Verbrauchermagazin sowie eine monatliche, derzeit 150 Einzelthemen umfassende Broschürenreihe. Zielgruppenspezifische bundesweite Informationskampagnen, das regelmäßige Angebot sendefertiger Radiobeiträge und das Platzieren von Artikeln in Wochenzeitungen waren früher mangels finanzieller Ressourcen nicht umsetzbar.

Auch heute agiert die VERBRAUCHER INITIATIVE in Allianzen und ist Mitträger u. a. beim Grüner Strom Label, gehört Vorständen wie z. B. der Plattform Ernährung und Bewegung/peb an, unterstützt neue Bewegungen wie ,Du bist hier der Chef‘, beteiligt sich an Unterschriftenaktionen auf change. org zum Thema Merinowolle und nutzt die Mitgliedschaft in Gremien wie dem Kuratorium von QS Qualität und Sicherheit GmbH zum politischen Austausch und zur Einflussnahme.

Die Mitwirkung der VERBRAUCHER INITIATIVE in den Beiräten verschiedener Unternehmen ist eine strategische Herausforderung. Der Bundesverband hat dafür intern verschiedene Mindestkriterien formuliert. Notwendig ist u. a. eine klare Ziel- und Aufgabendefinition, die längerfristige und breite Verankerung dieses Ansatzes im Unternehmen selbst sowie ein unabhängiger, von Akteuren mit verschiedenen inhaltlichen Ansätzen getragenes Gremium. Der Bundesverband gehört seit der Gründung 2009 dem Nachhaltigkeitsbeirat (früher PRO PLANET-Beirat) der REWE-Group (REWE, Penny, toom) an und leitet die mehrköpfigen Beiräte zum Thema Permakultur bei REAL sowie den multithematischen Nestlé-Beirat.

Die vielschichtige Arbeit einer gemeinnützigen Nichtregierungsorganisation ist allerdings besonders abhängig von den zur Verfügung stehenden Ressourcen. Der ursprüngliche Ansatz einer vollständigen Finanzierung durch Mitgliedsbeiträge und Spenden einzelner Verbraucher hat sich nicht bewährt. Heute setzt die VERBRACHER INITIATIVE deshalb auf einen Einnahmemix aus traditionellen

Einnahmen, Verkaufserlösen der Broschürenreihe, von Projektmitteln und den als Eigeneinnahmen verbuchten Überschüssen der vereinseigenen GmbH, die u. a. Aufträge für Landesministerien erledigt.

8   Beispiel Tierwohl

Ein weiterer Baustein der verbraucherpolitischen Arbeit der VERBRAUCHER INITIATIVE ist der Austausch mit unterschiedlichen Stakeholdern aus Zivilgesellschaft, Politik und Wirtschaft. So wurde im Jahr 2018 ein umfassender Standardvergleich wichtiger Tierwohlansätze sowie eine umfassende Befragung von verschiedenen Einrichtungen in zehn Akteursgruppen von Handel über Bauern bis zum Tierschutz durchgeführt. Die entsprechende Studie wurde in einem Stakeholderworkshop mit ausgewählten Akteuren diskutiert und direkt bundesweit wichtigen Akteuren wie den Landestierschutzbeauftragten oder Parlamentariern vorgestellt.

Verbraucher wollen beispielsweise, dass es den Tieren gut geht. Etwa 26 % von ihnen kaufen laut der Studie ‚Bewusster Genuss – nachhaltige Gewinne' aus dem Jahr 2013 bewusst nachhaltig, sozial und ökologisch. In dieser Gruppe sind Genuss und soziale Verantwortung bereits dicht zusammengerückt. Diese Gruppe ist informiert, achtet z. B. auf Labels, kauft bewusst ein, setzt Trends, bestimmt die öffentliche Diskussion und stößt Veränderungen an. Verbrauchern dieser Gruppe kann und muss man zusätzliches Engagement auf vielfältige Weise vermitteln.

Verbraucher wünschen – so geben sie zumindest an – dass es den Nutztieren im Leben, beim Aufwachsen und im Sterben gut geht. Sie sollen beispielsweise gesund sein, sich artgemäß entwickeln können und gesundes und artgemäßes Futter erhalten. Diese ‚gefühlten Erwartungen' können Verbraucher allerdings nicht selbst überprüfen. Denn nicht sie halten die Tiere, nicht sie sammeln die Eier, nicht sie schneiden das Filet aus dem Schwein. Diese Schritte delegieren sie an die Profis: Landwirte, Schlacht- und Zerlegebetriebe, Verarbeiter und nicht zuletzt den Handel. Verbraucher erwarten, dass sie die bestehenden Probleme lösen und dies nachvollziehbar vermitteln. Sie selbst können lediglich entscheiden, was sie davon kaufen. Dafür erwarten sie Informationen: Sie wollen die Leistungen der Profis erkennen und glauben können. Sie wollen wissen, ob, was und wie mit welchem Erfolg unternommen wurde. Dass die Antworten mitunter nicht zu den idealisierten Vorstellungen von Laien passen, ist die besondere Herausforderung (auch für die Kommunikation).

Dabei ist die Orientierung am ‚Tierwohl' auch für die Branchenprofis nicht so einfach. Denn konsequenterweise steht dabei das Tier im Mittelpunkt. Das ist neu, bisher stand hier immer der Mensch mit Bedürfnissen wie Sicherheit, ausreichender Menge oder günstiger Preise. Die Kunst wird sein, messbare und umsetzbare Kriterien für ‚Tierwohl' zu entwickeln und eine Brücke zwischen der trügerischen Idylle des ‚gefühlten Tierwohls' und der landwirtschaftlichen und wissenschaftlichen Realität zu schlagen.

Nutztiere artgerecht, gesund, nachhaltig und in Würde zu halten, gebietet schon das Pflichtgefühl verantwortungsvoller Tierhalter. Damit diese Selbstverständlichkeit endlich Standard wird, müssen Branche und Handel umdenken und nicht länger dem Verbraucher die Verantwortung für Produktqualität und Preise geben. Weder bestimmt er, wie produziert wird, noch macht er die Preise. Er wählt lediglich aus dem Angebot, das Hersteller und Handel ihm machen. Damit die Nutztierhaltung tatsächlich tiergerecht wird, kommt es also wesentlich auf den Handel an. Denn die Bemühungen um mehr Tierwohl dürfen nicht bei den bewussten, aufgeklärten, engagierten Kunden stehen bleiben. Das Ziel muss sein, den Massenmarkt zu erreichen. Als Mittler zwischen der Produktionsseite und seinen Kunden, ist der Handel der wichtigste Botschafter für Standards, Konzepte und Qualitäten. Während es die Aufgabe der Fleischwirtschaft ist, einen tierwohlgerechten Mindeststandard zu erarbeiten und verlässlich umzusetzen, muss der Handel zu einer ehrlichen, tierwohlgerechten Preisgestaltung finden. Wer sich ernsthaft zum Tierwohl bekennt, wird zudem Fleisch und Wurst nicht länger als Lockvogelangebot einsetzen. Das Verramschen widerspricht der Idee vom Tierwohl und zerstört das Preisgefühl und das Vertrauen der Verbraucher in die Qualität der Waren. Konsequenterweise listet der Handel künftig nur solche Fleischprodukte, die verlässlich mindestens die Grundanforderungen an tiergerechte Produkte erfüllen. Nur so kann sichergestellt werden, dass ‚günstig' nicht auf Kosten der Tiere geht.

Verbraucher wollen eine artgerechte Nutztierhaltung. Das ist ein Auftrag an Landwirtschaft, Fleischwirtschaft, Handel und Politik. Landwirtschaft und Handel sind bereits in Bewegung. Sie zeigen mit verschiedenen Tierwohl-Programmen, Labeln und der Haltungskennzeichnung, dass sie die Signale verstanden haben und Veränderungen möglich sind. Konsequent und engagiert wäre es, wenn die Bundesregierung diese Ansätze aufgriffe und in die Breite aller Ställe ausrollen würde. Doch das geschieht nicht.

Die Politik der Bundeslandwirtschaftsministerin in Sachen Tierschutz/Tierwohl in der Nutztierhaltung wird seit Jahren weder dem Tierschutz noch den engagierten Landwirten noch den Forderungen der Verbraucherinnen und

Verbraucher gerecht. Verbraucherinnen und Verbraucher warten nicht auf das x-te freiwillige Zeichen, sondern auf weitsichtige Weichenstellungen für eine artgerechte und wirtschaftlich tragfähige Nutztierhaltung. Dafür fordert die VERBRAUCHER INITIATIVE:

- *Gesetze umsetzen:* Verstöße gegen die bestehenden Gesetze zum Tierschutz müssen konsequent und in allen Ställen erfasst und abgestellt werden.
- *Tiergesundheit im Blick behalten:* Ein bundesweit verpflichtendes ,System zur Erfassung tierbezogener Merkmale' am lebenden und am toten Tier erlaubt es, Missstände zu erkennen. Die Ergebnisse müssen an die Landwirte zurückgehen und ggf. mit der Pflicht zu Verbesserungen verbunden werden.
- *Faire Finanzierung:* Eine artgerechtere Nutztierhaltung muss bezahlt werden. Die Bundesministerin muss ein tragfähiges Finanzierungssystem für eine artgerechte Nutztierhaltung erarbeiten, das nicht allein von den individuellen Entscheidungen der Laien am Ende der Wertschöpfungskette abhängt, sondern auch Großverbraucher, Verarbeiter und Gastronomie einbezieht.
- *Von Vorreitern lernen:* Landwirtschaft und Handel bewegen sich. Das ist begrüßenswert. Die Bundesministerin muss die bestehenden Erfahrungen, Anforderungen und Kontrollsysteme nutzen, um mehr Tierwohl in die Masse der Ställe zu bringen.
- *Engagement unterstützen:* Die Bundesregierung muss Investitionen der Landwirte fördern, die auf das Tierwohl einzahlen. Dazu gehören neben baulichen Änderungen auch Maßnahmen, die der Tiergesundheit (inkl. arteigenem Verhalten) oder dem Herdenmanagement dienen.
- *Vorbild sein und Nachfragemacht nutzen:* In den gastronomischen Einrichtungen des Bundes sollten tierische Produkte ausschließlich aus verlässlich artgerechter Haltung angeboten werden. Die Bundesregierung kann hier mit gutem Beispiel vorangehen.

9   Ausblick

In ihrer Arbeit verfolgt die VERBRAUCHER INITIATIVE als kritische Verbraucherorganisation das Leitbild des mündigen, verantwortlichen und informierten Verbrauchers. Es ist nicht einfach, als engagierter Verbraucher im Dschungel der Produkte und Dienstleistungen den Überblick zu behalten und sich verantwortlich zu verhalten. Gefragt ist der gute, möglichst individuelle Rat, was in einer reizüberfluteten Mediengesellschaft nicht wirklich einfach ist. Nicht erst im Zeitalter von Fake News fragen sich Verbraucher allerdings zu Recht, wem und was man glauben kann, welche Interessen hinter einer Information stehen oder wie aktuell eine solche ist. Hier setzt die anbieterunabhängige Arbeit der VERBRAUCHER INITIATIVE an: Mit glaubwürdigen Informationen und dem Aufzeigen machbarer Handlungsmöglichkeiten.

Die VERBRAUCHER INITIATIVE versteht sich deshalb als politischer Bundesverband und verfolgt das Leitbild einer lebenswerten und nachhaltige(re)n Gesellschaft. Die Förderung einer nachhaltigeren Lebensweise ist allerdings eine sektorenübergreifende Aufgabe und nicht von einzelnen Akteuren alleine leistbar.

Der Bundesverband setzt deshalb nicht nur beim Thema Tierwohl auf strategische, thematische und akteursübergreifende Allianzen. Um Themen inhaltlich voranzubringen und diese in einer medialen Gesellschaft breit zu streuen, ist dieser Ansatz alternativlos. Dabei ist eine Fixierung auf den Konsumenten zu kurz gedacht, andere Stakeholder sind ebenfalls gefragt. Notwendig ist ein Mix aus staatlichen und freiwilligen Maßnahmen.

Nachhaltig(er)er Konsum reicht als alleinige Perspektive nicht aus. Wir brauchen perspektivisch den Ausstieg aus der ‚Wachstumsfixiertheit‘. Die Vision ‚Wie können wir zukünftig leben‘ muss breit gesellschaftlich diskutiert und vereinbart werden. Gefragt sind dafür logischerweise alle Stakeholder, nicht nur die Konsumenten. Diese Vision fehlt.

In dieser Debatte geht es um ‚weniger‘ und nicht nur um nachhaltig(er)en Konsum. Das Wachstum von Bio, regional & fair ist Nische und nicht Massenmarkt. Ansätze wie Erzeugergenossenschaften, FOOD Coops, Urban Gardening und Solidarische Landwirtschaft sind ebenfalls wichtige Ansätze. Sie ersetzen allerdings nur den Konsum durch einen anderen Konsum.

Gewohnheiten, Rituale, Zeitknappheit, Einrichten in Social-Media-Gruppen, Reizüberflutung: Wir brauchen eine andere ‚Diskussions- und Debattenkultur‘ und nicht reflexartige Reaktionen etc. Gefragt ist hier ein breites gesellschaftliches Bündnis als Basis. Da alle Bürger Verbraucher sind, haben Konsumthemen eine hohe Bedeutung für diese Debatte. Die Art der Debatte, die Ergebnisse und deren Erleben im eigenen Umfeld haben zivilgesellschaftlich/politisch erhebliche Sprengkraft. ‚Verzicht‘ muss verkauft werden, d. h. anders aufgeladen werden. Für diesen gesamtgesellschaftlichen ‚Weiterentwicklungsprozess‘ braucht es:

- inhaltliche Themenallianzen
- Zeit, die wir eigentlich nicht haben
- anderes Denken und Handeln (nicht nur in Wahlperioden oder in 140 Zeichen bei Twitter etc.)
- Ehrlichkeit (es wird auch wehtun!)
- alle Akteure

- Bündel von Maßnahmen (politische Leitplanken, individuelles Handeln von Unternehmen/Konsumenten)
- weltweiten Blick/Ansatz.

Tierwohl, Plastiktüte und Nachhaltigkeit sind nur drei Beispiele für die veränderten Qualitätsansprüche der Verbraucher. Wie in Sachen CSR bewegen sich Hersteller und Handel auch in diesen Feldern schrittweise voran. Die Ziele sind groß und noch lange nicht erreicht, die Kommunikation vielfach schwierig. Hinzukommt, dass Verbraucher weder die Zeit, die Aufmerksamkeit noch den Willen aufbringen, um auf jede Brancheninitiative sofort positiv mit dem Einkaufskorb zu reagieren und ihre langjährigen Gewohnheiten ändern. Für echte Veränderungen braucht es also einen langen Atem. Es wird helfen, auf diesem Weg die drei Wünsche zu erfüllen, die Verbraucher unabhängig von ihrem persönlichen Einkaufsverhalten, ihren Qualitätsansprüchen und ihrem individuellen Wertekanon eint:

1. Verantwortung übernehmen. Produzenten, Hersteller und Handel bestimmen, unter welchen Bedingungen und wie Produkte hergestellt werden. Sie müssen die Probleme lösen.
2. Handlungsmöglichkeiten liefern. Verbraucher wollen nicht suchen, möglichst ihre gewohnten Einkaufsstätten nicht verlassen und nicht zum Spezialisten werden. Produkte mit besonderer, nachhaltiger Qualität müssen daher überall angeboten, klar erkennbar und verständlich gekennzeichnet sein. Ihre Gebrauchsqualitäten (Geschmack, Haltbarkeit, usw.) müssen ebenso überzeugen wie der Preis.
3. Überzeugend kommunizieren. Nicht jeder braucht alle Informationen. Doch Labels müssen eindeutig, die Botschaften aus der Branche konsistent sein. Transparenz in der Lieferkette wird zwar nicht von jedem genutzt – aber erwartet. Diese Art der unternehmerischen Offenheit richtet sich eher an die kleine Gruppe besonders interessierter Konsumenten, an Nichtregierungsorganisationen und die Politik.

Georg Abel arbeitet seit 1994 als Bundesgeschäftsführer der VERBRAUCHER INITIATIVE e. V. und beschäftigt sich schwerpunktmäßig mit den Themen Verbraucherkommunikation und Nachhaltigkeit.

Engagement des BUND Berlin e. V. zur Stärkung der Initiativszene

Daniel Affelt

Zusammenfassung

Der BUND Berlin e. V. unterstützt auf vielfältige Weise bürgerschaftliches Engagement und Initiativen in der Stadt. Konkrete Beispiele dieser Aktivitäten wie Nähcafés, Repair Cafés und Kleidertauschpartys werden im Text vorgestellt. Daneben qualifiziert der BUND Berlin e. V. Ehrenamtliche und Interessierte durch Workshops zu Energiespar- und Abfallberater*innen. Im Rahmen des Projekts ‚Berlins Weg zu Zero Waste' bietet er Möglichkeiten zur Vernetzung der Berliner Initiativszene Als Verbundpartner aus der Praxis nahm der BUND teil am transdisziplinären Citizen-Science-Forschungsprojekt REPARA/KUL/TUR, das sich mit Fragen der Aneignung und Verbreitung von Praktiken des Reparierens uns Selbermachens beschäftigte.

Keywords

Berliner Initiativszene · Ehrenamtliche · Repair Café · Ressourcenschutz · Vernetzung

Verbraucherpolitik zielt klassischerweise auf die Beziehung zwischen Konsumenten und Produzenten bzw. Anbietern. Der Trend der letzten Jahre bei vielen Verbraucher*innen geht dahin, sich stärker von Anbietern und der Konsumgesellschaft zu lösen und unabhängig zu machen. Die Gründe dafür sind vielfältig und

D. Affelt (✉)
BUND Berlin e. V., Berlin, Deutschland
E-Mail: affelt@bund-berlin.de

im ökonomischen, sozialen und ökologischen Bereich zu suchen. Von der Bürger-
gesellschaft werden im Kleinen dezentral Projekte und Strukturen aufgebaut, die
eine stärkere Unabhängigkeit der Verbraucher*innen von der Konsum- und Ver-
brauchsgesellschaft zum Ziel haben. Dies geschieht durch Initiative von unten,
durch soziales Engagement und gegenseitige ehrenamtliche Unterstützung der
Verbraucher*innen ohne oder mit geringem institutionellen Rahmen. Der BUND
Berlin e. V. unterstützt auf vielfältige Weise solch bürgerschaftliches Engagement
in der Stadt. Einige Beispiele sollen hier, v. a. im Hinblick auf die veränderte
Rolle der ‚Verbraucher*innen‘, kurz vorgestellt werden.

1 Reparieren, Leihen, Tauschen

Im Bereich Reparatur, Leihen und Tauschen beispielsweise hat sich in den letzten
Jahren eine vielfältige Initiativszene entwickelt, die häufig von großem ehrenamtlichen Engagement aufgebaut und getragen wird. Ziel all dieser Initiativen ist es,
Alternativen zu etablierten Konsumgewohnheiten zu schaffen, die partizipativ
gestaltet sind und dabei weniger Umweltbelastungen und auch weniger Kosten
für Nutzer*innen verursachen. Verbraucher*innen schaffen sich bewusst an
ihren Konsum- oder eben Nichtkonsumbedürfnissen orientierte Räume, die im
Rahmen kommerzieller und profitorientierter Strukturen nicht denkbar wären.
Viele Initiativen und Strukturen sind dabei wenig vernetzt und werden von einer
kleinen Zahl sehr aktiver Ehrenamtlicher koordiniert. Dies birgt immer auch die
Gefahr, dass Engagierte persönlich überfordert sind oder die Initiative durch
das Ausscheiden entscheidender Personen bedroht ist. Auch fehlt es einzelnen
Gruppen oft an Kenntnissen und Organisationsgrad, um bestimmte Fördermittel
für Projekte zu beantragen oder solche Möglichkeiten überhaupt erst in Erwägung
zu ziehen. Zudem sind Förderinstrumente meist nicht nachhaltig konstruiert,
sodass auch für sehr erfolgreiche Projekte häufig keine Weiterförderung im Sinne
einer Verstetigung ermöglicht wird. Ein weiterer Nachteil ist, dass jede Gruppe
für sich ähnliche Strukturen von neuem aufbaut, ohne oftmals vom ‚Know-How‘
und ‚Lessons Learned‘ anderer Initiativen zu profitieren.

Der BUND Berlin hat es sich zur Aufgabe gemacht, die Berliner Initiativszene durch Vernetzung zu stärken. Im Rahmen des von der Stiftung Natur-
schutz geförderten Projekts ‚Berlins Weg zu Zero Waste‘ werden beispielsweise
regelmäßig Vernetzungstreffen für Initiativen aus den Bereichen Reparatur,
‚Upcycling‘, Textil und Lebensmittel angeboten. Der BUND fungiert dabei
auch als Mittler, in dem er die spezifischen Bedürfnisse der Akteure aufnimmt
und an Politik und Verwaltung heranträgt. Die langfristige Zielrichtung ist dabei,

Bedingungen und Förderinstrumente zu schaffen, die zu einer Sicherung, Verstetigung und besseren Vernetzung der vielfältigen Initiativszene beitragen und so von unten eine Änderung des Verbrauchsverhaltens hin zu weniger Müllproduktion und Schonung von Ressourcen herbeiführen Dabei geht es nicht darum, die Initiativen zu homogenisieren oder Ziele und Strukturen vorzugeben, sondern um die Unterstützung der vielfältigen und kreativen Initiativen und der Engagierten, die sie aufgebaut haben und tragen.

Verbraucherpolitik von unten kann auch bedeuten, ein Stück Unabhängigkeit von Produzenten zu erlangen, indem man, wenn etwas nicht mehr funktioniert, nicht gleich zu neuen Produkten greift, sondern versucht, das bestehende, aber nicht mehr (voll) funktionsfähige Produkt zu reparieren. Durch den Preisverfall von Konsumgütern zusammen mit hohen Personalkosten und dem Design vieler Produkte, die bewusst nicht so konstruiert sind, um eine leichte Reparatur zu ermöglichen, ist das gängige Vorgehen z. B. bei einem kaputten Drucker oder Fön, diese zu entsorgen und sich ein neues Produkt zu besorgen. Repair Cafés möchten hier eine Alternative aufzeigen. Seit 2015 betreibt der BUND Berlin e. V. ein Repair Café im Berliner Stadtteil Schöneberg. Dort engagieren sich mittlerweile mehr als 20 Ehrenamtliche in den Bereichen Reparatur, Gästebetreuung und Buffet. Die Repair Cafés sind bewusst so konzipiert, dass der soziale Aspekt und der gegenseitige Austausch wichtige Bestandteile sind. Zumal es bei der Reparatur zu Wartezeiten kommen kann, die man dann bei einem Stück Kuchen und dem Austausch mit anderen Besucher*innen überbrücken kann. In diesen beim BUND monatlich stattfindenden Veranstaltungen werden durchschnittlich 30 Reparaturen in Angriff genommen. Dabei werden die Verbraucher*innen im Sinne der Hilfe zur Selbsthilfe stets mit einbezogen und auch ein Stück weit qualifiziert und ermächtigt, um sich eventuell zuzutrauen, beim nächsten Problemfall zu Hause selbst einen ersten prüfenden Blick ins Gehäuseinnere zu werfen. Des Öfteren konnten auch aus dem Kreise der Nutzer*innen der Repair Cafés neue Engagierte und Aktive gewonnen werden. Für die weitere Vertiefung und zur Qualifizierung für Reparaturen, bei denen gelötet werden muss, werden auch regelmäßig Lötkurse für Anfänger*innen angeboten. Durch die Repair Café Aktivitäten des BUND konnte schon viel Abfall, v. a. Elektroschrott, vermieden und den Verbraucher*innen eine Alternative zum Neukauf aufgezeigt und ermöglicht werden.

Die Bandbreite der Ehrenamtlichen reicht dabei vom 14-jährigen Schüler, der von seinem Vater ans Reparieren herangeführt wurde, bis zum Physiker im Ruhestand, der sich mit seinen Kenntnissen im Repair Café geschätzt fühlt. Auch Technikerinnen und Ingenieurinnen sind in den BUND Repair Cafés aktiv. Allerdings sind männliche Reparateure hier wie auch in den meisten Berliner

Repair Cafés noch deutlich in der Überzahl. Um gezielt weibliche und diverse Ehrenamtliche für ein Engagement in Repair Cafés zu begeistert, hat der BUND das Frauenzentrum Schokofabrik im Berliner Bezirk Kreuzberg bei der Gründung eines Repair Cafés von Frauen* für Frauen* beraten und unterstützt. Der geschützte Rahmen soll dabei den Einstieg erleichtern und letztendlich helfen, die Ehrenamtsstrukturen in anderen Repair Cafés diverser zu gestalten.

Die Beweggründe der Besucher*innen des Repair Cafes sind unterschiedlich. Oftmals ist es auch eine bewusste Entscheidung, eben kein neues Produkt zu kaufen, sondern, wenn irgend möglich, das Alte zu bewahren. Da kommerzielle Reparaturanbieter oder der Fachhandel Reparaturen von älteren oder günstigen Geräten häufig als unwirtschaftlich betrachten und Kund*innen eher zum Neukauf raten, sehen sich Repair Cafés nicht als Konkurrenz, sondern als gesellschaftlich nachgefragte Ergänzung. Repair Cafés haben die Stärkung des Reparaturgedankens in der Gesellschaft zum Ziel, wovon auch kommerzielle Reparaturanbieter und Ersatzteilhändler profitieren. Je nach Know How der Aktiven und auch der räumlichen Möglichkeiten gibt es Grenzen, was im Repair Café bearbeitet werden kann. Haushaltsgroßgeräte und komplizierte Fahrrad-reparaturen können in den BUND Repair Cafés nicht durchgeführt werden.

2 Repair Café, Nähcafé, Workshops und Kleidertauschpartys

Mit einem umfassenden Klima- und Ressourcenschutzprojekt mit Repair Café, Nähcafé, Workshops und Kleidertauschpartys ist der BUND im Berliner Stadt-viertel Steglitz vor Ort aktiv und bietet vielen Ehrenamtlichen einen verlässlichen Rahmen für ihr Engagement. Bei den Nähcafés werden zum einen Kleidungs-stücke ausgebessert und repariert, zum anderen Anleitung und Hilfestellung gegeben, um ausgediente Kleidung umzufunktionieren und aus dieser etwas Neues zu machen. Nutzer*innen kommen ins Nähcafé, um sich bei Projekten fachliche Unterstützung zu holen, weil sie keine eigene Nähmaschine zu Hause haben oder einfach um ihr Wissen an andere weiterzugeben.

Kleidertauschpartys und Nähcafés sind Teil einer Gegenbewegung zu großen Kleidungsketten, bei denen man zu sehr günstigen Preisen Kleidung kaufen kann, die dann nur wenige Male getragen und dann entsorgt wird. Durch Kleidertauschpartys wird bei Verbraucher*innen das Bewusstsein gestärkt, dass es neben dem Kauf von Waren auch die über längere Zeit fast in Vergessenheit geratene Option des Tauschgeschäftes gibt. Verbraucher*innen entscheiden sich hier wieder aktiv, statt als reine Verbraucher zu agieren, ihre Möglichkeiten der

Konsumverweigerung zu nutzen und ihre Bedürfnisse auf anderen Wegen zu befriedigen.

Neben ökonomischen Aspekten sind ein wichtiger Motivator für die Teilnahme an Kleidertauschpartys ökologische Faktoren. Durch verstärkte Berichterstattung auch zum Verbrauch von Rohstoffen in der Kleidungsindustrie stellen sich viele Konsument*innen die Frage, ob es nicht andere Optionen gibt, als immer nur fabrikneue Kleider zu kaufen, und kommen so zu den Kleidertauschpartys. Für die Verbraucher*innen ist es überdies eine positive Erfahrung, wenn sie sehen, dass ihre ausgediente Kleidung neue Nutzer*innen gefunden hat.

3   BUND Projekt Berliner Energie- und Abfallcheck

Im BUND Projekt Berliner Energie- und Abfallcheck werden Ehrenamtliche zu Energiespar- und Abfallberater*innen ausgebildet, die dann ihr Wissen an Infoständen und in der Haushaltsberatung an Interessierte weitergeben können. Ziel ist hier, dass die Verbraucher*innen besser informiert sind, wie sie Abfall einsparen bzw., wenn er bereits angefallen ist, wie er möglichst ressourcenschonend dem Verwertungskreislauf zugeführt werden kann. Durch die bessere Kenntnis von Energiesparoptionen werden Verbraucher*innen in die Lage versetzt, beim nächsten Kauf von Konsumgütern deren Energieverbrauch besser bewerten zu können und in ihre Entscheidung mit einfließen zu lassen. Das kostenfreie Beratungsangebot auf Augenhöhe von Verbraucher*innen für Verbraucher*innen, ermöglicht Haushalten aus unterschiedlichsten Milieus einen niedrigschwelligen Zugang.

Um Verbraucher*innen mit lokalen Initiativen aus den Bereichen Reparatur, Tauschen und Teilen, Schenken, Spenden und Gebraucht-erwerben zusammenzubringen, wurde im Rahmen des Beratungsprojektes Berliner Energie- und Abfallcheck die ReMap Berlin (www.remap-berlin.de) entwickelt. Über eine Suchfunktion können Nutzer*innen einfach und schnell passende Angebote finden. Der Schritt zum umweltfreundlichen Handeln und Selbst-aktiv-werden ist so häufig nur wenige Gehminuten entfernt.

4   Forschungsprojekt REPARA/KUL/TUR

Um die Motivation und persönlichen Hintergründe von Aktiven im Bereich Reparatur und Selbermachen zu beleuchten, beteiligte sich der BUND gemeinsam mit der TU Berlin, dem Verbund Offener Werkstätten und dem

Institut Isinova am bürgerwissenschaftlichen Forschungsprojekt REPARA/ KUL/TUR. Es waren u. a. Aktive aus Repair Cafés und Offenen Werkstätten aus Berlin, Hamburg und München am Forschungsprozess beteiligt. Dabei wurde die Methode ‚Cultural Probes', die ursprünglich aus der Designforschung stammt, für die sozialwissenschaftliche Anwendung erprobt und angepasst.

Neben der Erforschung der Kultur des Reparierens und Selbermachens und ihrer Gestalter*innen hat das Projekt auch die Zielsetzung, Orte des Reparierens und Selbermachens zu fördern. In mehreren Workshops wurden konkrete Herausforderungen und Fragestellungen von Initiativen in den jeweiligen Einrichtungen in Greifswald, Berlin und Dresden bearbeitet und eine Zukunftsvision erstellt. Aus den Ergebnissen des Forschungsprojektes ist eine aktivierende interaktive Wanderausstellung entstanden, die Besucher*innen auch zum Selbst-aktiv-werden motivieren soll. Hierbei nahm der BUND Berlin als Praxispartner eine wichtige Rolle als Mittler zwischen mitforschenden Verbraucher*innen und den beteiligten Wissenschaftler*innen ein.

Daniel Affelt ist seit 2013 Mitglied im Arbeitskreis Abfall- und Ressourcenpolitik beim BUND Berlin e. V. und dort seit 2015 auch hauptamtlich tätig als Projektkoordinator für lokale Klima- und Ressourcenschutzprojekte. Seine Arbeitsschwerpunkte sind Repair Cafés und Reparaturinitiativen, Abfallvermeidung und Mehrweg, Umweltbildung, Ehrenamtskoordination.

Engagement für nachhaltigen Konsum verstehen. Erkenntnisse aus der Arbeit der Verbraucherzentrale NRW mit lokalen Initiativen

Jonas Grauel

Zusammenfassung

In den letzten Jahren sind viele Gruppen entstanden, die sich gemeinschaftlich für die Wertschätzung von Lebensmitteln und begrenzten Ressourcen einsetzen, wie z. B. RepairCafés oder Foodsharing-Gruppen. Der Beitrag stellt Erkenntnisse aus der Arbeit der Verbraucherzentrale NRW mit lokalen Initiativen dar. Zunächst werden die typischen Formen des Engagements sowie erwartbare Beiträge zu einer nachhaltigen Entwicklung reflektiert. Danach geht der Beitrag auf Unterstützungsbedarfe der Gruppen ein und stellt bisher erprobte Angebote für diese Zielgruppe dar. Im Fazit wird gezeigt: Potenziale bestehen u. a. darin, das bereits vorhandene Engagement einer breiteren Öffentlichkeit bekannt zu machen und ein professionelleres Mitgliedermanagement zu etablieren. Um die Praktiken der Initiativen einem noch breiteren Publikum zugänglich zu machen erscheinen Weiterentwicklungen und neue Geschäftsmodelle nötig.

Schlüsselwörter

Engagement · Initiativen · Nachhaltiger Konsum · Ressourcenschonung · Soziale Innovation

J. Grauel (✉)
Ernährung und Umwelt, Verbraucherzentrale NRW, Düsseldorf, Deutschland
E-Mail: jonas.grauel@verbraucherzentrale.nrw

1   Einleitung

In den letzten Jahren ist in Deutschland wie auch in vielen anderen Ländern eine Vielzahl von Gruppen entstanden, die gemeinschaftlich klimafreundliche und nachhaltige Konsumformen organisieren oder praktizieren und sich für die Wertschätzung von Lebensmitteln und begrenzten Ressourcen einsetzen. Beispiele sind Gemeinschaftsgärten, offene Reparaturwerkstätten, freie Lastenradverleihe, Solidarische Landwirtschaften, Foodsharing-Gruppen, Schenk-Initiativen wie Umsonstläden und Giveboxen, Tauschringe sowie Zero-Waste-Initiativen.[1] Das Engagement in diesen Gruppen ist in den letzten Jahren verstärkt auch in den Fokus von Politik und gesellschaftlichen Institutionen gerückt, die daran arbeiten, den Konsum in Deutschland nachhaltig zu gestalten (Rückert-John et al. 2015). Eine vielversprechende Strategie wird darin gesehen, die Pioniere nachhaltigen Konsums und deren Experimente zu beobachten, um von ihnen zu lernen und diese weiter zu fördern (Umweltbundesamt 2014, S. 6).

Im Leitbild der Verbraucherzentrale NRW ist Nachhaltigkeit als einer von vier Grundwerten benannt und das Ziel formuliert, Verbraucher bei der Umsetzung von zukunftsfähigen und verantwortungsvollen Lebensstilen zu unterstützen und zu motivieren. Seit 2016 führt die Verbraucherzentrale NRW Maßnahmen zur Unterstützung und Vernetzung des Engagements in Initiativen durch, zunächst im Rahmen des seitens der EU und des Landes NRW geförderten Projekts MehrWert NRW, ab Oktober 2018 im Rahmen des von denselben Mittelgebern geförderten Projekts MehrWertKonsum. Verschiedene Angebote für engagierte Gruppen wurden erprobt und weiterentwickelt. Zudem wurde die ‚Initiativenberatung' aus dem Projekt MehrWert NRW umfänglich evaluiert (CO Concept & USV Agrar 2018). Dieser Beitrag verknüpft Erkenntnisse aus der praktischen Arbeit mit den Initiativen mit der fachlichen Debatte und gibt Antworten zu den folgenden Fragestellungen: Wie sieht die Arbeit der Initiativen aus? Welche Beiträge leisten die in den Initiativen Engagierten für die Stärkung eines nachhaltigen Konsums? Mit welchen Herausforderungen sind die Initiativen konfrontiert? Wie kann das Engagement für Nachhaltigkeit sinnvoll unterstützt und gefördert werden?

---

[1]Der Einfachheit halber werden diese unterschiedlichen Gruppen im Rest dieses Beitrags zusammenfassend als *Initiativen* oder *engagierte Gruppen* benannt – der Zusatz *für einen nachhaltigen Konsum* ist dabei jeweils mitgedacht.

Der Rest des Beitrags ist wie folgt strukturiert: In Kap. 2 werden zunächst die Initiativen für nachhaltigen Konsum vor dem Hintergrund der Verbraucherforschung eingeordnet und vorgestellt. Zudem werden die spezifischen Eigenschaften des Engagements in den Initiativen herausgearbeitet und die Beiträge der Initiativen für nachhaltigeren Konsum dargestellt. Kap. 3 stellt die Erkenntnisse der Verbraucherzentrale NRW zu den Herausforderungen und Unterstützungsbedarfen der Initiativen dar. Daran anschließend beschäftigt sich Kap. 4 mit den bisher erprobten Ansätzen und Instrumenten der Verbraucherarbeit rund um das Engagement für nachhaltigen Konsum. In Kap. 5 wird schließlich ein Fazit gezogen.

2 Foodsharing, RepairCafé & Co.: Initiativen für einen nachhaltigen Konsum

Zunächst stellt sich die Frage, wie die oben genannten Initiativen soziologisch und vor dem Hintergrund der Verbraucherarbeit einzuordnen sind: Welche Art von Gruppe mit welchen Organisationsformen können wir hier beobachten? Handelt es sich um eine neue Form von Verbraucherorganisationen?

Historisch tritt die Rolle des Verbrauchers erst mit dem Entstehen eines reichhaltigen Warensortiments und den mit diesen Gütermärkten verbundenen Anbieter-Nachfrager-Dualismus in Erscheinung (Brewer 1997, S. 52; Klug 2017, S. 14). Der klassische Verbraucherschutz fußt auf diesem Dualismus, indem er das Ziel eines Machtausgleichs anstrebt und strukturell bedingte Ungleichgewichte zwischen Anbietern und den „nichtgewerblichen Letztverbrauchern" abbauen möchte (Klug und Gartner 2017, S. 267), die als Privatpersonen verstanden werden. In dieses Bild des Verbrauchers als Privatperson passt auch das Verständnis der neoklassischen ökonomischen Theorie mit ihrem Leitbild des ‚Homo oeconomicus'. In diesem werden Verbraucher als atomistisch agierende Individuen oder als Haushalte gedacht, die am Markt als Nachfrager auftreten und dabei ihren Nutzen bezüglich einer gegebenen Präferenzordnung maximieren möchten (Hedtke 2001, S. 19).

Die Konsumforschung der letzten beiden Jahrzehnte hat sich jedoch mit den vielfältigen ‚Entgrenzungen des Konsums' (Lamla und Kenning 2017) beschäftigt und herausgestellt, dass die Beschaffung von Produkten und Dienstleistungen nicht nur über den Kauf am Markt erfolgen kann, dass Verbraucher nicht lediglich als Individuen, sondern auch in Gemeinschaft handeln können und dass die Verbraucherrolle zudem nicht vollkommen von der ganzen Person mit ihren anderen Rollen zu trennen ist: In der Debatte um ‚Prosuming' wird auf verschiedene Mischformen zwischen Produktion und Konsumtion verwiesen, darunter auch das ‚Commoning' als eine gemeinschaftliche und nicht-marktförmige Form der Beschaffung, Herstellung und Nutzung von Ressourcen (Blättel-Mink 2017, S. 26). Kollaborative Konsumformen schließen z. B. das Tauschen, Leihen oder Schenken ein (Klug und Gartner 2017). Zwar sind gemeinschaftliche Konsumformen historisch nichts wirklich Neues. Sie wurden allerdings im Zuge der Herausbildung der modernen Konsumgesellschaft und starker Individualisierungstendenzen zunehmend zurückgedrängt (Loske 2016, S. 44). Vor dem Hintergrund der letzten Jahrzehnte erscheinen gemeinschaftsbasierte Konsumformen nun als ‚Soziale Innovationen für nachhaltigen Konsum' (Jaeger-Erben et al. 2017).

Hilfreich zur Einordnung ist weiterhin der Begriff des ‚consumer citizen', mit dem Lamla (2013, S. 182 ff.) auf die Verschränkung der Rollen des Verbrauchers und des politischen Bürgers hingewiesen hat. Globale Umweltprobleme, Klimaerwärmung und die Ausbeutung natürlicher Ressourcen sind wichtige Anlässe sowohl für politisch motivierten Konsum als auch für die Politisierung des Konsums (ebd., S. 13). Zwar liegt die Kerntätigkeit der Initiativen nicht in der Organisation politischen Protests oder der Artikulation expliziter politischer Forderungen (Grauel et al. 2018, S. 83), sondern eher in dem Versuch, „den als negativ erlebten Konsequenzen gesellschaftlicher Modernisierung durch Eigeninitiative im Kleinen und vor Ort eine andere Praxis entgegenzusetzen" (ebd., S. 85). Jedoch sind die Tätigkeiten der Initiativen durchaus auch (gesellschafts-) politisch motiviert (Boddenberg et al. 2017, S. 135; Urban Gardening Manifest 2014). Daher liegt es nahe, die Initiativen als pragmatisch-handlungsorientierten Arm der Umweltbewegung zu verstehen (Grauel et al. 2018, S. 84).

Vor diesem Hintergrund können nun die Initiativen für einen nachhaltigen Konsum näher beschrieben werden: Es handelt sich um ursprünglich eigeninitiativ gegründete und selbstorganisierte Gruppen von Personen, die sich mittels Freiwilligenarbeit für einen nachhaltigen Konsum einsetzen.[2] Die genaue Ausrichtung des Engagements kann dabei verschiedene Formen annehmen: Einige der Gruppen haben die Form von Selbsthilfegruppen, die sich gemeinschaftlichen Konsumformen widmen (z. B. Erzeugung für den

---

[2]Aufgrund ihrer Anbieterunabhängigkeit unterstützt die Verbraucherzentrale NRW keine Gruppen, die kommerzielle Zwecke verfolgen wie z. B. Unverpacktläden.

Eigenbedarf in Gemeinschaftsgärten und Solidarischen Landwirtschaften oder Tausch von Produkten und Dienstleistungen in Tauschringen). Einige Gruppen organisieren Plattformen, die Dritten kollaborativen Konsum ermöglichen (z. B. Lastenrad-Verleihe, Give-Boxen oder Umsonstläden). Bei anderen Gruppen liegt der Fokus stärker im Bereich der Verbraucherbildung und im politischen Einsatz für einen nachhaltigen Konsum (z. B. Slow Food Youth, Zero Waste-Initiativen). Schließlich kann sich das Engagement auch darauf richten, negative Folgen der Konsumgesellschaft zu beseitigen – wie etwa die Müllsammelaktionen der Clean-Up-Gruppen.

Tab. 1 gibt eine Übersicht über die verschiedenen von der Verbraucherzentrale NRW unterstützten Initiativentypen, ihren Verbraucherbezug und ihre Bezüge zu Klimaschutz und Ressourcenschonung sowie die Anzahl der vor Ort engagierten Gruppen in NRW (Stand: September 2019).

2.1 Welchen Charakter hat das Engagement in den Initiativen?

Häufig werden vielfältige Engagementformen fälschlicherweise als ehrenamtlich zusammengefasst. Der Begriff des Ehrenamts wird jedoch dem informellen, niedrigschwelligen und auf Individualität und Freiwilligkeit basierenden Charakter des Engagements in den Initiativen nicht gerecht. Diese Eigenschaften sollen im Folgenden vor dem Hintergrund des Wandels der Engagementformen herausgearbeitet werden. Ganz allgemein kann Engagement dabei verstanden werden als „Dachbegriff für ein Tätigwerden von Menschen für eigene und/oder fremde Belange" (Evers et al. 2015, S. 3).

Das klassische Ehrenamt hat seine Wurzeln im 19. Jahrhundert, als kommunale Selbstverwaltung und Wohltätigkeitsorganisationen entstanden und Vereine aufblühten (Roß 2017, S. 1). Das Ehrenamt zeichnet sich durch Staatsnähe und einen hohen Verpflichtungscharakter aus, ist mit gesellschaftlichem Ansehen verbunden, in klare Hierarchien eingebettet und wird oft über lange Zeiträume hinweg von der gleichen Person ausgeübt (Evers et al. 2015, S. 3). Ehrenämter sind oft eingebunden in bereits bestehende, hierarchisch organisierte und zivilgesellschaftlich einflussreiche Vereine und Verbände – und in der Regel ist klar definiert, welche Aufgaben im Rahmen eines Ehrenamts zu erledigen sind. Die Einbindung des klassischen Ehrenamts in etablierte Organisationen bringt zudem auch eine Reihe von Vorteilen für Engagierte mit sich: So genießen ehrenamtliche Mitarbeitende in Vereinen und Verbänden in aller Regel einen Versicherungsschutz und bekommen Fahrt- und Materialkosten erstattet. Oft gibt es

Tab. 1 Übersicht über die von der Verbraucherzentrale NRW unterstützten Initiativen. (Quelle: eigene Darstellung)

Initiativentyp	Verbraucherbezug	Bezug zu Klimaschutz und Ressourcenschonung
Verleih freier Lastenräder	Ermöglichung der gemeinschaftlichen Nutzung von Lastenrädern	Einsparung von PKW-km bei kleineren Transporten
Gemeinschaftsgärten	Gemeinschaftlicher Anbau von Obst, Gemüse und Kräutern zum eigenen Verzehr (in kleinen Mengen); oft auch Aktivitäten zur Verbraucherbildung	Bedarfsgerechter und pestizidfreier Anbau und Konsum von saisonalen und regionalen (Bio-)Lebensmitteln, kurze Transportwege. Verbesserung der Luftqualität und Raum für Artenvielfalt in der Stadt
Solidarische Landwirtschaft	Gemeinschaftlicher Anbau von Obst, Gemüse und Kräutern zum eigenen Verzehr (in bedarfsdeckenden Mengen)	Bedarfsgerechter und pestizidfreier Anbau und Konsum von saisonalen und regionalen (Bio-)Lebensmitteln, kurze Transportwege
Foodsharing	Gemeinschaftliche Beschaffung und Verteilung geretteter Lebensmittel	Reduzierung von Lebensmittelabfällen, Einsatz für die Wertschätzung von Lebensmitteln
Slow Food Youth	Gemeinschaftliche Aktionen, politischer Einsatz für eine ökologisch und sozial nachhaltige Lebensmittelwirtschaft	Reduzierung von Lebensmittelabfällen, Einsatz für die Wertschätzung von Lebensmitteln
Einkaufs-Kooperativen	Gemeinsamer Bezug von Lebensmitteln direkt beim Bauern bzw. Erzeuger zu günstigeren Konditionen.	CO_2-Einsparung durch verkürzte Lieferketten
Repair Cafés	Reparatur defekter Gegenstände unter Anleitung erfahrener Reparateure, kostenfrei oder gegen eine geringe Spende	Ressourceneinsparung durch längere und intensivere Nutzung von Produkten, ggf. Vermeidung von Neukäufen
Tauschringe	Unentgeltlicher Tausch von Produkten und Dienstleistungen	Ressourceneinsparung durch längere und intensivere Nutzung von Produkten, ggf. Vermeidung von Neukäufen

(Fortsetzung)

Tab. 1 (Fortsetzung)

Initiativentyp	Verbraucherbezug	Bezug zu Klimaschutz und Ressourcenschonung
Leihläden	(Ver-)Leihen von Produkten gegen eine kleine Spende	Ressourceneinsparung durch längere und intensivere Nutzung von Produkten, ggf. Vermeidung von Neukäufen
Umsonstläden	Ermöglichen den kostenfreien Bezug gebrauchter Gegenstände	Ressourceneinsparung durch längere und intensivere Nutzung von Produkten, ggf. Vermeidung von Neukäufen
GiveBoxen/ Bücherregale	Kostenfreier Bezug bzw. Weitergabe gebrauchter Gegenstände und Bücher.	Ressourceneinsparung durch längere und intensivere Nutzung von Produkten, ggf. Vermeidung von Neukäufen
Zero Waste	Aktionen, Bildungsarbeit und politischer Einsatz zur Vermeidung von (Plastik-) Abfällen	Bewusstseinsbildung zur Vermeidung von (Plastik-)Abfällen
Clean-Up	Müllsammel-Aktionen	Vermeidung von Umweltfolgen durch Verunreinigungen durch Mikroplastik in Gewässern und Böden
Refill	Ermöglichung des kostenfreien Bezugs von Leitungswasser an Refill-Stationen	Vermeidung von Plastikmüll, der durch den Kauf von z. B. PET-Flaschen ggf. entstanden wäre

zudem eine professionelle Begleitung durch hauptamtliche Ansprechpartner und in bestimmten Arbeitsfeldern auch Supervisionen.

Mit der Selbsthilfebewegung der 1970er Jahre kamen neue Engagementformen auf, die stärker mit Eigeninitiative, Freiwilligkeit und Selbstbestimmung verbunden sind und hier als Graswurzel-Engagement bezeichnet werden sollen (Roß 2017, S. 1). Typischerweise finden sich diese Engagementformen in neu entstehenden oder noch jungen Organisationen, die sich durch flache Hierarchien und ein hohes Maß an partizipatorischer Entscheidungsfindung auszeichnen (Grabs et al. 2016, S. 100). Das Engagement in den Initiativen für nachhaltigen Konsum steht von seinem Charakter eher dem Graswurzel-Engagement nahe als dem klassischen Ehrenamt. Zwar gibt es in den Initiativen durchaus auch ehrenamtliche Posten wie z. B. Vorstand oder Schatzmeister einem Verein.

Das deutsche Vereinsrecht wird in den Initiativen jedoch durchaus ambivalent gesehen: Auf der einen Seite bietet es Chancen wie z. B. die Möglichkeit, als gemeinnütziger Verein Spenden sammeln zu können, auf der anderen Seite stellt sich die Frage, ob die zum Teil als rigide wahrgenommenen Vereinsstrukturen noch zeitgemäß sind. Daher unternehmen manche Initiativen bewusste Bemühungen, ihre Strukturen zu ,enthierarchisieren' und diese stattdessen so demokratisch wie möglich auszugestalten (CO Concept & USV Agrar 2018, S. 15). Auch sind beim Graswurzel-Engagement die Rollen und Verantwortlichkeiten in der Regel weniger klar definiert: Jedes Mitglied soll sich mit seinen individuellen Fähigkeiten auf die selbst gewünschte Weise einbringen können.

Verändert ist auch der Zugang zum Engagement: Wie der Begriff schon andeutet, ist die Ausübung des Ehrenamts eine besondere Ehre, die per se nicht jedem zuteilwerden kann und die bestimmte Qualifikationen erfordert und mit Verpflichtungen einhergeht. Im Gegensatz dazu sind Gemeinschaftsgärten und Reparaturwerkstätten häufig mit dem Zusatz ,offen' versehen: Jeder Interessierte kann spontan vorbeikommen und mitmachen. In Solidarischen Landwirtschaften besteht zwar eine gewisse Schwelle, durch die Zahlung eines Mitgliedsbeitrags und die Verpflichtung einen Ernteanteil i. d. R. für ein Jahr zu beziehen. Jedoch setzen einige SoLawis eigens Mechanismen ein, um den Zugang z. B. auch Personen mit geringem Einkommen zu ermöglichen. Jedes Mitglied entscheidet dabei über die Höhe des Mitgliedsbeitrags, eine solidarische Mehrzahlung durch Personen mit höherem Einkommen soll Personen mit niedrigerem Einkommen die Teilhabe ermöglichen. Eine Ausnahme unter den Initiativen für nachhaltigen Konsum stellt Foodsharing dar. Zwar ist auch hier jeder Engagierte willkommen. Allerdings weist Foodsharing eine klassisch hierarchische Organisation mit einem Bundesvorstand an der Spitze und Rollen mit definierten Pflichten und Befugnissen auf (,Foodsharer', ,Foodsaver', ,Botschafter'), die eher an eine klassische Ehrenamtsstruktur erinnert.

Zwei weitere Aspekte des freiwilligen Engagements sind abschließend hervorzuheben: Zum einen ist mit dem niedrigschwelligen Zugang auch der Gedanke der Inklusivität aller Menschen gleich welchen Geschlechts, Alters, Bildungsgrad und Herkunft verbunden (Urban Gardening Manifest 2014). Zum anderen begünstigt der niedrigschwellige Zugang und der hohe Grad an Freiwilligkeit den Trend zu „zeitlich begrenzten, projekthaften […] Engagementformen" bis hin zum „Kurzfrist-Engagement" (Roß 2017, S. 2 f.), der nicht nur im Bereich der hier besprochenen Initiativen für einen nachhaltigen Konsum zu beobachten ist. Graswurzel-Engagement bietet somit hohe Freiheitsgrade für die Engagierten. Ein Nachteil aus Sicht der Engagierten ist jedoch, dass begleitende Leistungen wie Fahrtkostenerstattung oder professionelle Begleitung – die im klassischen

Ehrenamt oft geboten werden – hier nicht existieren. Für die Initiativen ergibt sich aus dem geringen Verpflichtungsgrad zudem die jederzeitige Möglichkeit eines Austritts und damit eine oft hohe Fluktuation der Mitglieder. Eine Herausforderung für die Initiativen ist daher ein kontinuierliches Mitgliedermanagement (siehe Abschn. 3.1). Hintergrund für diese Entwicklung sind gesellschaftliche Prozesse der Individualisierung der Lebensläufe und -formen sowie steigende Anforderungen an Flexibilität im Beruf und im privaten Alltag. Diese Entwicklungen haben dazu geführt, dass viele Menschen sich einen höheren Grad an Flexibilität und Selbstbestimmung auch im Rahmen ihres Engagements wünschen (Roß 2017).

2.2   Beiträge der Initiativen zu einer nachhaltigen und klimafreundlichen Gesellschaft

Nachdem die Nachhaltigkeitsbezüge der Initiativen bereits herausgestellt wurden (siehe Tab. 1), sollen in diesem Abschnitt die bereits realisierten und die potenziell realisierbaren Beiträge der Initiativen für eine ‚Große Transformation' zu einer nachhaltigen und klimafreundlichen Gesellschaft reflektiert werden (WBGU 2011). Um die Beiträge der Initiativen einzuordnen, soll im Folgenden auf Theorien sozialer Innovation zurückgegriffen werden, da sich mit ihnen beschreiben lässt, wie sich neue gesellschaftliche Praktiken entwickeln, verbreiten und schließlich zu einer breit akzeptierten Selbstverständlichkeit werden (Gillwald 2000; Howaldt und Schwarz 2010).

Als gesichert gelten kann zunächst, dass Initiativen Räume schaffen, in denen nachhaltige Konsumpraktiken ermöglicht werden. So kommt z. B. eine Studie zu den Potenzialen von RepairCafés zu dem Schluss: „Es werden [...] Räume geschaffen, in denen nachhaltigere Alternativen zum nicht-nachhaltigen ‚Mainstream' (d. h. kaputte Geräte aussortieren bzw. entsorgen) prinzipiell möglich sind." (Jaeger-Erben et al. 2019, S. 59) Für soziale Innovationen erfüllen geschützte Räume eine wichtige Funktion: Neue Praktiken können in Nischen zunächst weiterentwickelt und so lange optimiert werden, bis sie überzeugend genug funktionieren, um sie einem weiteren Publikum zugänglich zu machen. Die Tätigkeiten der Initiativen basieren typischerweise auf einer solchen innovativen Neukonfiguration sozialer Praktiken.

Jenseits des Schaffens von geschützten Räumen besteht der nächste Schritt in der Verbreitung der entwickelten Praktiken. Engagierte können potenziell die Rolle von Pionieren einnehmen, die anderen Verbrauchern Wege aufzeigen, wie nachhaltige Konsumstile praktisch gelebt werden können. Peuker und

Rückert-John (2017) gehen auf Basis von Ergebnissen aus einer bevölkerungs-repräsentativen Umfrage von einem hohen Potenzial gemeinschaftsbasierter Konsumformen aus. So geben z. B. 56 % der Befragten an, dass sie sich vorstellen können, gemeinsam mit anderen in einer offenen Werkstatt Dinge zu reparieren – drei Prozent geben an, dies bereits zu tun. Gemeinsam mit anderen einen Garten zu bewirtschaften können sich 50 % vorstellen, neun Prozent tun dies bereits (ebd., S. 13). Typische Wege der Diffusion neuer Praktiken sind dabei erstens die Ver-vielfältigung von Projekten innerhalb der Nische, zweitens das Größenwachstum vorhandener Projekte und drittens die Übersetzung von Nischenideen in den Kontext des Mainstreams (Seyfang und Haxeltine 2012, S. 384). Auf Basis eigener Beobachtungen erscheint plausibel, dass bei den Initiativen der erste Ver-breitungsweg – die Neugründung weiterer lokaler Projekte – vorherrscht. Hier ist eine merkliche Dynamik festzustellen: So hat sich etwa die Zahl der der Ver-braucherzentrale bekannten Reparatur-Initiativen in NRW von rund 110 im Jahr 2016 auf rund 230 im Jahr 2019 mehr als verdoppelt; die Zahl der Gemeinschafts-gärten ist im gleichen Zeitraum von rund 100 auf rund 170 angestiegen.[3] Der zweite genannte Verbreitungsweg über das starke Wachstum einzelner Projekte – wie er im Bereich sozialer Medien z. B. von Facebook bekannt ist – ist bei den Initiativen nicht zu beobachten, da die einzelnen Gruppen eher eine ‚right size‘ statt kontinuierlichem Wachstum anstreben (siehe Abschn. 3.1). Interessant für die weitere Etablierung der neuartigen Praktiken ist daher vor allem, ob eine Über-setzung von Nischenideen in den Mainstream gelingen kann. Die Notwendig-keit einer solchen Übersetzung ist plausibel, da stark auf Gemeinschaftlichkeit und Eigeninitiative beruhende Konsumformen deutlich höhere Transformations-anforderungen an Verbraucher stellen als individuelle Konsumformen, bei denen auf vorhandene Marktangebote zurückgegriffen werden kann (Rückert-John et al. 2015, S. 85). Ein größerer Sprung in der Adaption und Akzeptanz der neuen Praktiken ist daher am ehesten dann zu erwarten, wenn neue Varianten entwickelt werden, die die Nischenideen auf die Bedürfnisse einer breiteren Masse an Ver-brauchern zuschneiden und für diese leichter zugänglich machen. Im Zuge solcher Anpassungsprozesse und Änderungen – die für soziale Innovationen typisch

---

[3]Einschränkend ist hinzuzufügen, dass die Änderung der genannten Zahlen zwischen 2016 und 2019 nicht allein auf faktische Neugründungen zurückzuführen ist, sondern ggf. auch auf eine veränderte Suchmethodik bei der Online-Recherche. Dennoch bleibt die Annahme plausibel, dass hier tatsächlich eine merkliche Gründungsdynamik vorliegt. Weitere Forschung wäre sinnvoll, um diese Dynamik qualitativ und quantitativ zu beschreiben und ihre Ursachen zu untersuchen.

sind (Gillwald 2000, S. 33) – können Teile des ursprünglichen Charakters der Praktiken, wie z. B. die Gemeinschaftlichkeit, allerdings auch verloren gehen. Hier stellt sich die Frage, ob die Initiativen an einer solchen Diffusion in den Mainstream überhaupt interessiert sind, ob dies im Rahmen ihrer Formate geleistet werden kann oder ob dies nicht in anderer Form und gegebenenfalls durch andere Akteure vorangetrieben werden muss. So ist davon auszugehen, dass z. B. das Prinzip des Reparierens umso schneller in den Mainstream diffundieren wird, je mehr auch andere (Geschäfts-)Modelle für Reparaturen jenseits von RepairCafés etabliert werden. Möglicherweise können aber aus den Initiativennetzwerken hierfür Anstöße gegeben werden: So hat sich bspw. das Netzwerk Reparatur-Initiativen gemeinsam mit anderen Verbänden und Unternehmen zusammengeschlossen, um sich für eine Stärkung des Reparaturgedankens und lokale Wirtschaftsförderung einzusetzen.[4] Der entscheidende Durchbruch für soziale Innovationen wird gerade darin gesehen, dass neue Praktiken zur sozial breit akzeptierten Routine bzw. zu einer Selbstverständlichkeit werden (Howaldt und Schwarz 2010, S. 90). Dieser Schritt steht für Praktiken wie etwa das ‚Lebensmittel retten‘ oder das ‚Gemeinsam gärtnern‘ noch aus, eine weitere Verbreitung lokaler Gruppen ist jedoch wahrscheinlich.

Ungeachtet ihrer Verbreitung sind den Aktivitäten der Initiativen selbst positive Beiträge zum Klima-und Ressourcenschutz zuzuschreiben. Landholm et al. (2019) haben Treibhausgaseinsparungen für 38 Gemeinschaftsinitiativen in den Bereichen Lebensmittel & Ernährung, Energie, Transport und Abfallvermeidung aus sechs europäischen Ländern quantifiziert. Dafür wurden die Aktivitäten der Initiativen (z. B. Anbau von regionalem Bio-Gemüse in einer Solidarischen Landwirtschaft) mit einem Baseline-Szenario verglichen (z. B. Einkauf der gleichen Menge Gemüse in Läden oder Supermärkten unter Annahme des landestypischen Marktanteils von Bio-Qualität). Aus dem Unterschied zwischen de-facto-Aktivitäten und Baseline-Szenario ergibt sich die Treibhausgaseinsparung. Weiterhin wurde berechnet, wie viele Personen ihren Gesamtbedarf (z. B. an Energie oder Lebensmitteln) aus den Aktivitäten der Initiative decken können und wie viele Prozent des persönlichen CO_2-Fußabdrucks dadurch gemindert würden. Im Ergebnis zeigt sich, dass die

---

[4]Es erscheint zunächst merkwürdig, Reparatur als ‚soziale Innovation‘ zu bezeichnen, da Reparaturtechniken über Tausenden von Jahren hinweg selbstverständlich angewandt wurden und erst in den letzten Jahrzehnten zunehmend durch eine Wegwerfkultur verdrängt wurden. Innovationen können jedoch auch darin bestehen, alte Lösungen wieder aufzugreifen – gesprochen wird dann von ‚Re-Novation‘.

Initiativen im Energiebereich sowohl bei der absoluten Einsparmenge als auch bei der Minderung des persönlichen CO_2-Fußabdrucks am besten abschneiden. So konnten z. B. sechs Strom produzierende Initiativen rund 454 t CO_2 pro Jahr einsparen. Von dem Strom profitierten 210 Personen, was einer Reduktion des durchschnittlichen persönlichen Fußabdrucks um 24 % entspricht (Landholm et al. 2019, S. 933). Vier Initiativen, die Lebensmittel retten, erreichten ebenfalls eine hohe Gesamteinsparung von 145 t CO_2 pro Jahr. Da sich diese Einsparungen auf über 2000 Personen verteilten, lag die Verringerung des persönlichen CO_2-Fußabdrucks pro beteiligter Person jedoch bei unter 2 % (ebd.). Im Rahmen des Projekts MehrWert NRW wurde zudem ein Workshop durchgeführt, in dem gemeinsam mit Experten des Öko-Instituts und des ifeu die Treibhausgaseinsparungen für acht Initiativen berechnet wurden. Auch hier wies eine Foodsharing-Initiative das größte Potenzial auf.

So hat z. B. Foodsharing Düsseldorf unseren Berechnungen zufolge im Jahr 2017 ca. 160.000 kg Lebensmittel gerettet und damit 93,8 t CO_2 vermieden (Öko-Institut und ifeu 2018). Die CO_2-Einsparung durch den Anbau regionalen Gemüses in Solidarischen Landwirtschaften ist stark davon abhängig, wie viele Autokilometer für den Transport zum Endverbraucher benötigt werden. Eine beteiligte Initiative erreichte hier eine Einsparung von 3,9 t CO_2 in einem Jahr. Jedoch können ineffizient organisierte oder zu weite Transportwege mögliche Einsparungen in Solidarischen Landwirtschaften auch komplett zunichtemachen. So ergab sich bei einer weiteren Initiative eine nur knapp positive CO_2-Bilanz. Auch für Lastenräder, Gemeinschaftsgärten und Reparatur-Initiativen können Einsparungen beziffert werden, die jedoch gering sind und pro Initiative und Jahr bei unter einer Tonne liegen.

Insgesamt können den Aktivitäten von Foodsharing-Initiativen mäßige Treibhausgasvermeidungspotenziale zugeschrieben werden. Bei allen anderen Initiativentypen aus Tab. 1 sind die Potenziale als gering einzustufen. Hierzu ist jedoch anzumerken, dass indirekte Emissionsminderungen, die z. B. durch den Vorbildcharakter der Engagierten oder durch Bildungsaktivitäten angestoßen werden, nicht quantifiziert werden können. Zudem sind CO_2-Einsparungen nur einer von vielen Indikatoren, um den gesellschaftlichen und ökologischen Nutzen der Initiativen zu bemessen. So haben Gemeinschaftsgärten vielfältige positive Effekte: Sie verbessern die Luftqualität in der Stadt, dienen als Bienenweiden, stärken Gemeinschaften im Quartier und bieten Stadtbewohnern Möglichkeiten zur Entspannung. Daher sollten die Beiträge der Initiativen eher breit betrachtet werden, z. B. im Sinne der globalen Nachhaltigkeitsziele (United Nations 2015), und nicht einseitig an der Höhe der CO_2-Einsparungen.

3   Herausforderungen und Unterstützungsbedarfe in den lokal engagierten Gruppen

Nachdem im vorigen Kapitel die Beiträge der Initiativen für den Wandel zu einer nachhaltigen Gesellschaft und damit auch ihre Unterstützungswürdigkeit dargestellt wurden, soll nun der Blick auf die Herausforderungen der Gruppen gerichtet werden. Sowohl die Befragung Engagierter im Rahmen der Evaluation als auch die direkten Erfahrungen in der Arbeit mit den Engagierten haben wiederholt gezeigt, dass in den Initiativen ein relativ hohes Niveau an Problemlösungs- und Selbsthilfekompetenzen vorhanden ist. Eine wichtige Basis dafür ist sicherlich, dass ein großer Teil der Engagierten in den Initiativen über höhere Bildungsabschlüsse verfügt (Sekulova et al. 2016, S. 32 f.; Müller et al. 2015, S. 40). So kommt etwa eine Befragung von Engagierten in offenen Werkstätten zu dem Ergebnis, dass drei Viertel einen akademischen Abschluss haben (Lange et al. 2016, S. 28). Eigeninitiative und Motivation sind zumindest beim Kern der besonders engagierten Mitglieder in der Regel hoch. Spezielle Fachkompetenzen im Gebiet der jeweiligen Tätigkeiten der Initiativen (z. B. Holzbau, Gemüseanbau, Reparieren, IT-Kompetenzen usw.) sind meist zumindest bei einem Teil der Mitglieder vorhanden, die wiederum unerfahrenere Mitglieder anleiten können. Einige Initiativen wie die Solidarischen Landwirtschaften schaffen selbst bezahlte Stellen für Fachkräfte. Insgesamt ist somit eine ausgeprägte ,do it yourself/do it together'-Kultur zu beobachten. Sowohl stetige Aufgaben als auch kurzfristig anfallende Herausforderungen „versuchen die befragten Initiativen zunächst eigenständig […] zu bewältigen" (CO Concept & USV Agrar 2018, S. 38). Zudem greifen die Initiativen auf Selbsthilfe-Netzwerke wie z. B. das ,Netzwerk Reparatur-Initiativen', das ,Netzwerk Solidarische Landwirtschaften', ,Urbane Oasen' oder die ,Transition Initiativen' zurück. Der Verein Foodsharing weist eine stärker formalisierte Struktur mit einem bundesweiten Dachverband auf. Die Netzwerke und Dachverbände bereiten Fachwissen und Kommunikationsmaterialien auf und bieten bundesweit Treffen für Austausch und Vernetzung an. Das Netzwerk Solidarische Landwirtschaft berät darüber hinaus auch einzelne lokale Gruppen. Daneben ist es üblich, dass neu gegründete Gruppen den Kontakt zu bereits länger bestehenden Gruppen in ihrer Nähe suchen, um sich mit diesen auszutauschen und von deren Erfahrungen zu profitieren.

   Gleichwohl gibt es durchaus Bedarf an weiterer Unterstützung durch verschiedene Institutionen und Organisationen. Grenzen der Selbsthilfe-Kapazitäten bestehen zum einen darin, dass die Netzwerke und Verbände lokale Gruppen in der Regel nicht finanziell unterstützen können. Zum anderen sind die Kapazitäten der Netzwerke für ‚Hilfe zur Selbsthilfe' auch durch ihre personellen Möglich-keiten begrenzt. Somit bestehen weitere Bedarfe für Vernetzung und Unter-stützung auf lokaler und regionaler Ebene.

Eigene Erhebungen zu den Herausforderungen und der dazugehörigen Unter-stützungsbedarfe der Initiativen erfolgten auf verschiedenen Wegen. Im Herbst 2016 wurde zunächst eine Online-Umfrage bei 358 Initiativen durchgeführt. 69 Initiativen antworteten, die Rücklaufquote lag damit bei ca. 20 %. Da zu diesem Zeitpunkt die verschiedenen Bedarfe noch nicht systematisch bekannt waren, wurden offene Fragen gestellt und die Antworten danach kodiert und kate-gorisiert. Im Rahmen der projektbegleitenden Evaluation wurden Interviews mit 12 Initiativenvertreter geführt (CO Concept & USV Agrar 2018, S. 30 f.). Und im Herbst 2018 wurde zum Abschluss des ersten Projekts ein Resumée-Workshop mit neun teilnehmenden Initiativen durchgeführt, bei dem die Bedarfsfelder aus-führlich diskutiert wurden.

Darüber hinaus wurden auf verschiedenen Veranstaltungen kontinuier-lich Gespräche mit Vertretern der Initiativen geführt, bei denen es auch immer wieder um Bedarfe ging. Aufgrund der vielfältigen Kanäle und unterschiedlichen Methoden der Bedarfserhebung ist eine Quantifizierung nicht möglich. Allerdings können die qualitativen Erkenntnisse als gut gesättigt gelten, da über die ver-schiedenen Erhebungswege hinweg immer wieder ähnliche Antworten auftauchten. Auf Basis des gesammelten Wissens lassen sich insgesamt sechs zentrale Felder beschreiben, in denen wesentliche Herausforderungen für die Initiativen liegen und bei denen „Hilfe zur Selbsthilfe" oder direkte Unterstützung erwünscht ist:

1. Mitglieder gewinnen und motivieren
2. Geld- und Sachmittel akquirieren
3. Öffentliche Bekanntheit steigern
4. Vernetzung mit anderen Initiativen und mit möglichen Unterstützern
5. Rechtliche Rahmenbedingungen absichern
6. Interne Kommunikation und Organisation verbessern

Diese Herausforderungen sollen im Folgenden noch einmal genauer betrachtet werden.

3.1 Mitglieder gewinnen und motivieren

In den meisten Initiativen finden sich eine Kerngruppe hoch engagierter Mit-glieder, welche die Entwicklung von Vorhaben wesentlich vorantreiben, und ein weiterer Kreis von Mitgliedern, die eher unregelmäßig oder mit geringem Zeitumfang an Aktivitäten teilnehmen (CO Concept & USV Agrar 2018, S. 14 f.). Die zum Teil kleine Kerngruppe wünscht sich oft Entlastung und mehr Mitglieder, die Verantwortung für Aufgaben übernehmen und sich zuverlässig engagieren. In einer 2016 durchgeführten Online-Befragung nannten 38 von 69 befragten Initiativen, dass sie sich ‚mehr Mitglieder im Kernteam' wünschen – angesichts der offen gestellten Frage ist dies eine bemerkenswert hohe Zahl. Ebenfalls häufig genannt wurden eine ‚faire Aufgabenteilung' als eine wichtige Herausforderung, sowie die Klage über das ‚fehlende Engagement mancher Mitglieder'. Auch im Rahmen der Evaluation des Projekts MehrWert NRW nannten acht von zwölf befragten Initiativenvertreter das ‚Finden von verantwortungstragenden Mitwirkenden' als zentrale Herausforderung (CO Concept & USV Agrar 2018, S. 24). Ein zuverlässiges, stetiges Engagement in der Kerngruppe ist dabei für die Initiativen oft wichtiger als ein Wachstum des weiteren Kreises, da viele Mitglieder im weiteren Kreis mitunter zusätzlichen Koordinationsaufwand für die Kerngruppe bedeuten können. Daher geht es für die Initiativen nicht nur darum, neue Mitglieder zu gewinnen, sondern auch vorhandene Mitglieder aus dem weiteren Kreis für eine intensivere Mitarbeit zu gewinnen. Viele Initiativen streben nicht Wachstum durch immer mehr Mitglieder an, sondern die ‚right size', die eine Partizipation aller Mitglieder erlaubt (Kropp 2016, S. 3).

Eine mögliche Erklärung für die Schwierigkeit, genügend Mitglieder für verantwortungsvolle Aufgaben zu finden, ist das Verständnis in den Initiativen, dass sich alle Engagierten freiwillig und je nach ihren Fähigkeiten einbringen sollen. Interessierten wird ein niedrigschwelliger Zugang eröffnet, allerdings besteht auch keine starke Bindungskraft. Dieses Verständnis steht im Kontrast zum Engagement im Ehrenamt, in dem ein hoher Verpflichtungsgrad mit einer hohen gesellschaftlichen Anerkennung entlohnt wird (siehe Abschn. 2.2). Interessierte können daher zwar sehr leicht in eine Initiative ein-, aber ebenso leicht auch wieder aussteigen (Grauel et al. 2018, S. 85 ff.). Aus diesem Grund ist es für die Initiativen über das Gewinnen neuer Interessierter hinaus wichtig, Mitglieder zu motivieren und gegebenenfalls neue Lösungen für das Mitgliedermanagement zu entwickeln.

3.2　Geld- und Sachmittel akquirieren

Je nach Initiativtyp werden unterschiedliche Möglichkeiten genutzt, um an relevante Ressourcen zu gelangen. Die ‚bottom-up'-Struktur der Gruppen zeigt sich bei der Akquise darin, dass gerne möglichst niedrigschwellige und unbürokratische Wege genutzt werden, wie z. B. Herumfragen im Bekanntenkreis oder Spendenaufrufe im Unterstützernetzwerk über die sozialen Medien. Je nach Initiativentyp gibt es bei der Akquise von Ressourcen jedoch unterschiedliche Schwerpunkte.

Eine kritische Ressource für Gemeinschaftsgärten ist die Möglichkeit, eine oft innerstädtisch gelegene (Brach-)Fläche kostenfrei nutzen zu können. Von hoher Bedeutung ist hier die Unterstützung der Kommune, die entsprechende Flächen zuweisen kann und oft auch für andere wichtige Belange wie z. B. Wasseranschlüsse oder Sanitäranlagen zuständig ist. Darüber hinaus benötigte Materialien wie Holz, Erde oder Gartengeräte werden oft durch Sachspenden in Unterstützernetzwerken akquiriert. Eine weitere wichtige Finanzierungsquelle für Gemeinschaftsgärten sind niedrigschwellige kommunale Fördertöpfe, bei denen geringe Mittel ohne aufwändige Antragsverfahren zur Verfügung gestellt werden. So vergibt die Stadt Düsseldorf bis zu 250 € im Rahmen der Umweltprojektförderung.

Im Kontrast zu den Gärten stehen bei der Ressourcen-Akquise die Lastenrad-Verleihe. Aufgrund der hohen Anschaffungskosten für die Lastenräder sowie laufender Kosten wie Versicherung, Instandhaltung und Pflege sind die Lastenrad-Initiativen auf eine Akquise von Fördermitteln angewiesen und scheuen auch aufwändigere Antragsverfahren nicht. Wichtig sind für sie geeignete Förderprogramme, mit denen Lastenräder zum Großteil oder vollständig finanziert werden können wie z. B. das Programm ‚Kurze Wege für den Klimaschutz', welches im Rahmen der Nationalen Klimaschutz-Initiative vom Bundesumweltministerium aufgelegt wurde. Oft müssen jedoch auch Eigenmittel eingebracht werden, hierfür sammeln die Initiativen Spenden.

RepairCafés wiederum finanzieren sich u. a. durch Spenden der Personen, die Geräte zur Reparatur mitbringen. Bei Solidarischen Landwirtschaften machen monatliche Mitgliedsbeiträge für Ernteanteile in der Regel den größten Posten bei der Finanzierung aus. Foodsharing-Gruppen benötigen oft nur geringe finanzielle Mittel. Abholungen von Lebensmitteln bei Supermärkten oder Bäckern sind meist mit den privaten Fahrrädern der Mitglieder möglich, die Online-Plattform wird durch den Dachverband gestellt. Preis- und Fördergelder werden jedoch gern genutzt, z. B. um Kühlschränke für Verteilerstationen oder Lastenräder für den Transport von Lebensmitteln anzuschaffen.

3.3   Öffentliche Bekanntheit steigern

Öffentliche Bekanntheit ist für viele Initiativen ein wichtiger Erfolgsfaktor. Denn die Bekanntheit ist Voraussetzung dafür, dass ihre Angebote wie z. B.

Reparaturen oder Lastenrad-Ausleihen genutzt und gewürdigt werden sowie um neue Mitglieder zu rekrutieren. Zudem sind Resonanzerfahrungen wichtig für die Aufrechterhaltung der Motivation der Engagierten. Andere Gruppen wie z. B. Solidarische Landwirtschaften arbeiten zwar während eines Erntejahres eher als geschlossene Gruppe. Doch spätestens wenn es um die Planung des Folgejahres geht, sind sie darauf angewiesen, dass sich genügend Interessierte finden, die einen Ernteanteil zeichnen wollen. Jenseits von potenziellen Nutzer wollen die meisten Initiativen zudem „von einer möglichst breiten und großen Öffentlichkeit wahrgenommen werden. Als konkrete Akteure werden genannt: Bürgerinnen und Bürger, Politik, Verwaltung, Medien, andere Initiativen, Firmen, Studierende, Kinder oder Stadtteilbewohner" (CO Concept & USV-Agrar 2018, S. 27). Durch die Aufmerksamkeit von Verwaltung, Politik oder Unternehmen erhoffen sich die Initiativen Unterstützung, Trägerschaft oder Sponsoren.

Für ihre Öffentlichkeitsarbeit nutzen Initiativen ihre eigene Homepage, soziale Medien, aber auch Infostände oder Presse-Interviews. Die Befragung von zwölf Initiativen im Rahmen der Evaluation des Projekts MehrWert NRW kommt zum Ergebnis, dass die Initiativen zwar intensiv Öffentlichkeitsarbeit betreiben, ihre Wahrnehmbarkeit in der Öffentlichkeit jedoch als eher gering einschätzen (CO Concept & USV-Agrar 2018, S. 28). Das Projekt TESS (‚Towards European Social Sustainability') hat 63 Initiativen in sechs europäischen Ländern umfänglich untersucht und kommt zu dem Ergebnis, dass die Initiativen berichten, dass durchschnittlich 91 % ihrer Nutzer in der unmittelbaren Nachbarschaft wohnen (Sekulova et al. 2016, S. 32). Auch wenn hier nicht direkt die Bekanntheit abgefragt wurde, kann das Ergebnis zumindest als Hinweis darauf gelesen werden, dass die Initiativen in erster Linie in ihrem näheren Umfeld bekannt sind. Insgesamt deuten diese Ergebnisse darauf hin, dass die öffentliche Bekanntheit der Initiativen durchaus noch ausbaufähig ist und sich oft auf das nähere Umfeld und möglicherweise auch auf bestimmte Milieus beschränkt.

3.4 Vernetzung mit anderen Initiativen und mit möglichen Unterstützern

Die Vernetzung mit ähnlichen Initiativen und Gleichgesinnten wird von den Engagierten als äußerst wichtig empfunden. Eine Studie aus dem Projekt TESS hat die Netzwerk-Kontakte von 63 Initiativen in sechs europäischen Ländern im Detail untersucht. Sie kommt zu dem Ergebnis, dass 85 % der untersuchten Initiativen externe Netzwerke mit ähnlichen Initiativen als ‚sehr wichtig' oder sogar als ‚extrem wichtig' für die eigene Arbeit einschätzen (Celata et al. 2016,

S. 150 f.). Der größte Anteil der Netzwerk-Kontakte entfällt mit 35 % auf andere Initiativen. Ebenfalls wichtige Netzwerkpartner mit vielen Kontakten sind intermediäre Netzwerkorganisationen wie die Initiativen-Netzwerke (14 % der Kontakte) sowie kommunale Verwaltungen mit 10 % der Kontakte (ebd., S. 166 f.). Auf weitere Akteursgruppen wie z. B. Nichtregierungsorganisationen, Bildungszentren, Behörden und Verwaltungen auf regionaler und nationaler Ebene und soziale Bewegungen entfallen jeweils ca. 5–7 % der gezählten Kontakte (ebd.). Etwa die Hälfte aller Kontakte entfällt damit auf die Szene der Initiativen und ihre Netzwerke, was noch einmal die bereits oben angesprochene ,do-it-yourself/do-it-together'-Mentalität unterstreicht. Die Interviews im Rahmen der Evaluation aus dem Projekt MehrWert NRW zeigen hierzu, dass ein Austausch mit Initiativen aus anderen Städten auf Veranstaltungen als gewinnbringend erfahren wird, ein stetiger Austausch im Alltag jedoch vor allem mit Initiativen im näheren räumlichen Umfeld bzw. in der gleichen Stadt gesucht wird (CO Concept & USV Agrar 2018, S. 58), da sich hier gezielte Anknüpfungspunkte ergeben, um z. B. gemeinsame Aktionen oder Auftritte zu planen, Räume gemeinsam zu nutzen.

Andererseits zeigen die Ergebnisse der TESS-Studie auch, dass sich die Initiativen über Gleichgesinnte hinaus mit einer großen Vielfalt von Akteuren vernetzen. Denn kommunale Verwaltungen, Stiftungen, Vereine, Verbände und andere Organisationen fungieren oft als Unterstützer, die Informationen, Wissen, rechtliche Beratung oder finanzielle Mittel bereitstellen können. Wie in Abschn. 3.2 bereits erwähnt, können je nach Initiativentyp verschiedene Förderer relevant sein.[5] Besonders soll an dieser Stelle noch einmal auf die kommunalen Verwaltungen als zentrale Akteure vor Ort eingegangen werden. Im Rahmen der Online-Befragung 2016 gaben sieben Initiativen an, dass sie sich eine Kooperation mit der Kommune wünschen, acht weitere beklagten fehlende Unterstützung seitens der Kommune. Da die Initiativen in der Regel lokal verankert sind, sind die Kommunen für sie wichtige Ansprechpartner, wobei sich je nach Initiativentyp verschiedene Anliegen an die Kommune bzw. Schnittstellen zur Kommune zeigen. Stark angewiesen auf die Kooperation mit den Kommunalverwaltungen sind insbesondere Foodsharing-Gruppen und Gemeinschaftsgärten: Für Foodsharing-Gruppen sind gute Kontakte zu den Gesundheitsämtern und Lebensmittelbehörden wichtig, um Risiken einschätzen zu

---

[5]Eine Übersicht über verschiedene Organisationen, die Initiativen unterstützen, findet sich unter www.mehrwert.nrw/werkzeuge/links (Zugriff am 10.09.2019).

können, Vorsorgemaßnahmen im Bereich der Lebensmittelhygiene zu treffen und die Legalität der sogenannten ,Fairteiler' frühzeitig abzuklären (CSCP 2019, S. 13 f.). Für Gemeinschaftsgärten sind Bewilligungen der (Zwischen-)Nutzung von ungenutzten Flächen sowie von Infrastruktur wie z. B. Wasseranschlüsse ein zentrales Anliegen an Kommunen (siehe auch Abschn. 3.2). Ähnliche Fragen können auch bei Solidarischen Landwirtschaften auftreten. Hier werden Acker-flächen allerdings zum Teil auch von beteiligten Landwirtinnen und Landwirten eingebracht und es gibt im Vergleich zu urbanen Gärten mehr Möglichkeiten, Flächen von Privatleuten zu pachten. Weniger stark auf kommunale Unter-stützung sind Reparatur-Initiativen oder Lastenrad-Verleihe angewiesen. Für diese Initiativen sind geeignete Räume wichtig, die in kommunalen Ein-richtungen wie Bürgerzentren oder Gemeinderäumen zur Verfügung gestellt werden können, für die es jedoch auch private Alternativen gibt.

3.5   Rechtliche Rahmenbedingungen absichern

Ein weiteres wichtiges Bedarfsfeld der Initiativen ist Unterstützung in recht-lichen Belangen. Grundlegend für freiwillig Arbeitende ist zunächst die Auf-klärung über die Wahl der geeigneten Rechtsform der Gruppe, mit der immer zugleich Haftungs- und Versicherungsfragen verbunden sind. So werden Gruppen, die keine Rechtsform für sich explizit festlegen, in Deutschland als Gesellschaft bürgerlichen Rechts (GbR) behandelt und jedes Mitglied haftet mit dem Privatvermögen. Grundlegende Informationen rund um Haftungs- und Versicherungsfragen im Ehrenamt wurden bereits von verschiedenen Organisationen aufbereitet und sind online leicht zu finden. Darüber hinaus ist in den Gesprächen mit Initiativen wiederholt der Bedarf nach einer tief-ergehenden Beratung zu speziellen Rechtsfragen benannt worden. So stellte sich z. B. die Frage, wie Anteile einer Solidarischen Landwirtschaft steuerrechtlich zu bewerten sind. Eine andere Gruppe plante die Gründung eines wirtschaft-lichen Vereins und wünschte sich hierfür eine individuelle Beratung. Zwar gibt es Anwälte, die z. B. Vereinsberatungen anbieten. Diese Angebote sind jedoch in der Regel nicht kostenfrei und für die meisten Initiativen nur schwer zu finanzieren. Für die Zukunft könnten hier sinnvoll niedrigschwellige Förderan-gebote aufgesetzt werden.

Schließlich sind die Initiativen zum Teil von bestehenden Rechtsunsicher-heiten betroffen, die über die Situation einzelner Gruppen hinausgehen und nur auf kollektiver Ebene gelöst werden können. Betroffen sind z. B. Foodsharing-Gruppen, denn sie.

„erfüllen die Voraussetzungen für ein ‚Lebensmittelunternehmen' und unterliegen damit auch den im Hygienerecht verankerten Pflichten. Kommen sie dem nicht nach, ist mit allen Formen juristischer Folgeanlastung zu rechnen; von der Untersagung des Betriebs bis hin zu Bußgeldern und Strafen" (CSCP 2019, S. 13).

Zwar können Foodsharer durch Risikoanalysen und gute Absprachen mit dem örtlichen Gesundheitsamt solchen Folgen vorbeugen, doch wünschenswert wäre hier eine grundsätzliche Herstellung von Rechtssicherheit. Als Vorbild gelten kann hier das italienische ‚Gute Samariter Gesetz' (Wissenschaftliche Dienste Deutscher Bundestag 2019, S. 12 ff.). Auch RepairCafés sind von Rechtsunsicherheiten in Haftungsfragen betroffen. Die Gruppen lassen sich in der Regel einen allgemeinen Haftungsausschluss von den Nutzern unterschreiben. Dieser lässt allerdings Lücken und ist gegebenenfalls juristisch angreifbar (Werkstadt Stuttgart e. V., S. 2). Initiativen zur Herstellung von Rechtssicherheit müssten über Lobbying-Gruppen in den Gesetzgebungsprozess eingebracht werden. Im Bereich Reparatur könnte dies z. B. durch den ‚Runden Tisch Reparatur' erfolgen, in dessen Rahmen sich Verbände, Unternehmen und auch das Netzwerk Reparatur-Initiativen gemeinsam für bessere Rahmenbedingungen des Reparierens einsetzen.

3.6 Interne Kommunikation und Organisation verbessern

Zu guter Letzt ist die interne Kommunikation und Organisation eine Herausforderung für die Initiativen. Im Rahmen der Online-Befragung 2016 nannten 14 von 69 Initiativen in einer offenen Frage die Verbesserung der internen Kommunikation als wichtigen Punkt. Auch bei den Interviews im Rahmen der Projektevaluation wurden entsprechende Anliegen genannt, z. B. die ‚Ermöglichung von Eigenreflexion für die Initiative' sowie ‚Hilfe bei organisatorischen Fragen (z. B. Workshops für Gruppenbildungs-Prozesse)'.

4 Ansätze der Verbraucherarbeit zum Engagement für nachhaltigen Konsum

Auf Basis der oben dargestellten Bedarfsanalyse wurde durch die Verbraucherzentrale NRW eine Reihe von Formaten erprobt, um das Engagement für nachhaltigen Konsum zu stärken und zu unterstützen. Einige Angebote wurden aufgrund der Nachfrage, guten Feedbacks durch die Zielgruppe und/oder der guten Passung zu Strategie und organisationaler Entwicklung der Verbraucherzentrale NRW weiterentwickelt und bis heute durchgeführt. Andere Angebote wurden nach Erprobung durch Kooperationspartner verstetigt, einzelne Angebote wurden aufgrund mangelnder Nachfrage oder zu hohen Kosten im Verhältnis zum Nutzen eingestellt. Erprobt wurden so insgesamt eine Reihe von Formaten, die auf Vernetzung (siehe Abschn. 4.1), Kompetenzaufbau (4.2) und öffentliche Bekanntmachung (4.3) der Initiativen setzen, Abschn. 4.4 stellt zudem weitere Ansätze vor.

4.1 Ansätze zur Vernetzung von Initiativen

Regionale MitWirkstätten Die ganztägigen Veranstaltungen bieten Engagierten aus verschiedenen Initiativen und Städten Raum für Vernetzung, Austausch und Kreativarbeit. Die MitWirkstätten wurden in verschiedenen Varianten erprobt und kontinuierlich weiterentwickelt. Im Jahr 2017 wurde ein Schwerpunkt beim Thema ‚Mitglieder gewinnen‘ gesetzt. Im Rahmen der Veranstaltungen entwickelten die teilnehmenden Initiativen mithilfe einer Kreativmethode eine für ihre Situation passende Maßnahme. Im Rahmen einer Nachbefragung zeigte sich, dass acht von 21 befragten Initiativen die entwickelte Maßnahme tatsächlich umgesetzt haben, fünf davon gaben an, erfolgreich neue Mitglieder gewonnen zu haben. Ein Vorteil dieses Formats war die klare Wirkungsorientierung; ein Nachteil war die thematische Einschränkung auf lediglich ein Bedarfsfeld, was zu geringeren Teilnehmerzahlen führte. Aus diesem Grund wurde 2019 ein offenes Barcamp-Format erprobt, bei dem die Engagierten eigene Themen einbringen können. Die offene Kreativarbeit wurde ergänzt durch jeweils einen fachlichen Experten-Input in den wichtigen Bedarfsfeldern. So trug z. B. eine Referentin der Stiftung Umwelt & Entwicklung NRW zu Finanzierungsmöglichkeiten vor oder ein Experte der Verbraucherzentrale NRW beantwortete Fragen zur Versicherung im Ehrenamt. Dieses Format wurde gut nachgefragt und die Kombination aus der Möglichkeit zur Behandlung eigener Themen mit einem fachlichen Input wurde durch die Zielgruppe gut angenommen.

Nachhaltigkeitsstammtisch Von 2016 bis 2018 wurden in Düsseldorf und Dortmund Nachhaltigkeitsstammtische zur lokalen Vernetzung erprobt. In einem ein- bzw. zweimonatigen Rhythmus trafen an verschiedenen ‚Orten der Nachhaltigkeit‘ Engagierte aus Initiativen mit zusätzlichen Gäste wie z. B. Kommunalvertreter zusammen. Die Stammtische wurden an Kooperationspartner vor Ort abgegeben und durch diese verstetigt.

Vernetzungstreffen vor Ort Im Rahmen der Aktion ‚GlücksTaten' (siehe Abschn. 4.3) wurden Vernetzungstreffen in verschiedenen Städten in NRW organisiert, bei denen sowohl Vertreter der Initiativen als auch potenzielle Unterstützer aus der Stadt wie z. B. aus der Kommunalverwaltung eingeladen wurden.

4.2 Ansätze zum Kompetenzaufbau

Workshops Um zum Kompetenzaufbau in den Initiativen beizutragen wurden ein- bis zweistündige Workshops entwickelt, in denen ein kurzer fachlicher Input zu einem ausgewählten Bedarfsfeld wie z. B. ‚Mitglieder gewinnen und motivieren', ‚Finanzierung' sowie ‚Öffentlichkeitsarbeit' gegeben wird. Anschließend erarbeitet die Gruppe mithilfe von Kreativmethoden eigene Handlungsansätze.

Online-Werkzeugkasten Der ‚Werkzeugkasten' ist über die Website www.mehrwert.nrw/werkzeuge zugänglich und dient dem Kompetenzaufbau der Initiativen in verschiedenen Bedarfsfeldern (siehe Kap. „Mündige Verbraucher – eine praxistheoretische Revision"). Relevantes Handlungswissen wird aufbereitet in den drei Kategorien ‚Loslegen' (Leitfäden zur Gründung einer Initiative), ‚Alltagshilfen' (Hinweise zu Finanzierung, Mitgliedergewinnung, Öffentlichkeitsarbeit) sowie ‚Rechtliches' (Hinweise zu Haftung, Versicherung und Rechtsform). Darüber hinaus wird eine Sammlung mit nützlichen Links zu anderen unterstützenden Akteuren geliefert.

4.3 Ansätze zur öffentlichen Bekanntmachung von Initiativen

Landesweite Aktionen Die Verbraucherzentrale NRW verfügt über 61 Verbraucherberatungsstellen in ganz NRW, 19 davon mit einer speziellen Umweltberatung. Die Beratungsstellen können dazu beitragen, die Initiativen vor Ort sichtbar zu machen. 2017 wurde im Rahmen der Aktion ‚NRW repariert' erstmals eine Kooperation mit RepairCafés erprobt: Hierbei führten zehn Beratungsstellen der Verbraucherzentrale NRW Reparatur-Workshops gemeinsam mit RepairCafés durch. Zudem nutzten 16 RepairCafés das Angebot, im Aktionszeitraum einen Termin anzubieten, der unter dem Aktionsdach ‚NRW repariert' beworben wurde. Das Ziel, Initiativen bekannt zu machen, wurde 2019 unter dem Aktionstitel ‚GlücksTaten' weiter verfolgt. Der Name ‚GlücksTaten' bezeichnet dabei kleine Taten für mehr Nachhaltigkeit und Klimaschutz, wie z. B. das Reparieren von Gegenständen oder das Kochen mit Resten, um Abfälle zu vermeiden. Es soll verdeutlicht werden, dass diese Taten Freude und Spaß machen können, besonders wenn sie gemeinsam mit anderen getan werden.[6] Die Beratungsstellen informieren im Aktionszeitraum zum Thema und führen Aktionen im öffentlichen Raum durch. Der Ansatz ist dabei, mit den Menschen zunächst darüber zu sprechen, was sie bereits für die Wertschätzung von Lebensmitteln bzw. begrenzten Ressourcen tun, um ihnen anschließend Möglichkeiten weiterer Schritte aufzuzeigen, auch gemeinsam mit anderen – z. B. in der Familie, mit Nachbarn, im Verein, aber auch in den Initiativen aktiv zu werden. Nach Möglichkeit werden örtliche Initiativen wie z. B. Foodsharing-Gruppen oder Solidarische Landwirtschaften in die Aktionen eingebunden, um direkt vor Ort zu zeigen, wie ‚GlücksTaten' aussehen können.

Online-Angebote für Engagierte Mit www.mehrwert.nrw wurde eine Plattform rund um das Engagement für nachhaltigen Konsum geschaffen, das sowohl bereits Engagierte als auch interessierte Verbraucher adressiert. Drei Kernangebote auf der Website sind die ‚MitMachKarte', die ‚Termintipps' sowie der ‚Engagement-Werkzeugkasten'. Die ‚MitMachKarte' bildet über 600 Initiativen in NRW und ihre Orte ab (z. B. Foodsharing-Fairteiler, Lastenrad-Standorte). Die Termintipps informieren über Veranstaltungen der Initiativen und zu Themen rund ums nachhaltige Engagement. Der Werkzeugkasten bietet konkrete Antworten zu allen wichtigen Handlungsfeldern der Initiativen (siehe 4.2). Engagierte und Interessierte erhalten somit gebündelt Informationen, wo, wann und wie sie mitmachen bzw. sich einbringen können. Flankiert werden diese drei Angebote durch Porträts ausgewählter Initiativen und Informationen zu Möglichkeiten, wie sich einzelne Verbraucher persönlich für einen klimafreundlichen Konsum einsetzen können. Bekannt gemacht werden die Angebote über Social Media-Kanäle auf Facebook, Instagram und Twitter sowie an Infoständen auf verschiedenen öffentlichkeitswirksamen Veranstaltungen.

---

[6]Eine fachliche Fundierung bietet Kate Sopers Konzept des ‚Alternativen Hedonismus': Soper (2007) geht davon aus, dass der materialistische Konsum-Hedonismus durch Wissen und Erfahrbarkeit der negativen Konsequenzen zunehmend entzaubert wird. Alternativer Hedonismus entwirft dagegen eine andere Konzeption des *schönen, erlebnisreichen Lebens,* indem der Lustgewinn und die oft sehr einfachen sinnlichen Freuden betont werden, die mit nachhaltigen Lebensstilen zusammenhängen.

StarterWorkshops Um interessierte Verbraucher an die Engagement-Möglichkeiten heranzuführen, wurde ein eigenes Format entwickelt, welches auf Veranstaltungen Dritter (z. B. Nachhaltigkeitsmessen, Stadtfeste) durchgeführt wird und Verbraucher ermuntert, im eigenen Alltag oder in Gemeinschaft mit anderen aktiv zu werden.

4.4   Weitere Ansätze

Sprechstunde für Initiativen In Münster wurde 2017 das Format einer wöchentlichen Sprechstunde in der örtlichen Beratungsstelle erprobt. Münster ist eine Stadt mit einer lebhaften Initiativenszene. Gleichwohl erwies sich die Nachfrage als zu gering, um das Format dauerhaft zu etablieren.

Quartiersprojekte Von 2017 bis 2018 wurden in Bonn, Köln, Bochum und Herne konkrete Projekte vor Ort begleitet, um Erkenntnisse über die Neugründung von Initiativen in Quartieren zu sammeln und deren Übertragbarkeit auf andere Kontexte zu prüfen. Dazu wurden Kooperationen mit dem Quartiersmanagement und verschiedenen Organisationen vor Ort initiiert und Anstöße für neue Initiativen gegeben: In Bonn-Tannenbusch wurde ein RepairCafé neugegründet; in Köln-Chorweiler wurde ein Lastenrad-Verleih ins Leben gerufen; in Herne-Wanne entstand ein Tauschschrank; in Bochum-Hamme wurden Bürger über die Möglichkeiten für selbst-initiierte und organisierte lokale Lebensmittelversorgung informiert. Die Projekte vor Ort waren erfolgreich und wurden in die Hände der Kooperationspartner übergeben; in Köln, Bonn und Herne konnten die Projekte dauerhaft verstetigt werden. Allerdings erwies sich die Begleitung lokaler Projekte von außen als relativ aufwändig. Die Koordination und Begleitung derartiger Projekte sollte idealerweise im Quartier selbst angesiedelt sein.

5   Fazit

Ziel dieses Beitrags war es, das Engagement in Initiativen für einen nachhaltigen Konsum besser zu verstehen und Erkenntnisse zu gewinnen, wie dieses Engagement weiter sinnvoll unterstützt und gestärkt werden kann. Dazu wurden Erkenntnisse der Verbraucherzentrale NRW aus drei Jahren Arbeit mit RepairCafés, Gemeinschaftsgärten, Foodsharing-Gruppen und anderen Initiativen mit der Fachdebatte verknüpft.

Erstens wurde gezeigt, dass das Engagement in den Initiativen niedrigschwellig angelegt und durch ein hohes Maß an Freiwilligkeit und Selbstbestimmung gekennzeichnet ist. Das Graswurzel-Engagement in den Initiativen unterscheidet sich in vielen Punkten vom ehrenamtlichen Engagement in etablierten Vereinen und Verbänden. Einerseits ist dabei die Offenheit und Flexibilität eine Stärke der Initiativen, da die Vielfalt von verschiedenen Personen mit ihren individuellen Kompetenzen genutzt wird. Andererseits fehlen beim Graswurzel-Engagement die günstigen Rahmenbedingungen des klassischen Ehrenamts wie z. B. hauptamtliche Begleitung. Daher erscheint es aussichtsreich zu prüfen, inwiefern Elemente der in Vereinen und Verbänden etablierten Ehrenamtsbegleitung auf die spezifischen Bedingungen von Graswurzel-Initiativen übertragen werden können.

Zweitens wurde mit Verweis auf die Debatte um soziale Innovationen die Verbreitungsdynamik der Initiativen beschrieben: In den letzten Jahren wurden immer mehr Gruppen gegründet, eine Übersetzung in den gesellschaftlichen Mainstream ist jedoch nicht abzusehen und sicherlich zum Teil auch nicht das Ziel der Initiativen. Für die weitere Verbreitung neuer Gruppen und die Übernahme innovativer Praktiken durch breitere Kreise der Bevölkerung erscheint zum einen wichtig, dass die Initiativen und ihre Praktiken bekannter werden. Zum anderen ist unter Rückgriff auf die Theorien sozialer Innovation plausibel, dass ein Vorstoß nachhaltiger Praktiken in den Mainstream eher denkbar erscheint, je weniger sie auf Eigeninitiative und Koordination mit anderen in einer Gruppe setzen.

Drittens wurden sechs Felder identifiziert, in denen sich die Initiativen Herausforderungen gegenüber sehen und sinnvoll durch Dritte unterstützt werden können. In Anknüpfung an die beiden oben dargestellten Erkenntnisse sollen hier zwei Punkte noch einmal hervorgehoben werden.

Zum einen erscheint angesichts der dauerhaften Suche nach verantwortungstragenden Personen eine Unterstützung der Initiativen im Bereich des Mitgliedermanagements sinnvoll. Die Verbraucherzentrale NRW hat bislang Wissen zur Gewinnung von Mitgliedern aufbereitet und dazu Kreativworkshops durchgeführt. Darüber hinaus könnten Wissen und Maßnahmen zur Gestaltung eines ganzheitlichen Mitgliedermanagements entwickelt bzw. bereits vorhandene Ansätze aus dem Ehrenamtsmanagement für den spezifischen Graswurzel-Kontext der Initiativen aufbereitet werden.

Zum anderen ist zu überlegen, wie die neuartigen – im Sinne des nachhaltigen Konsums sehr zu begrüßenden – Praktiken der Initiativen weiter verbreitet werden können. Der erste Schritt hierfür besteht sicherlich darin, mehr

Öffentlichkeit für die Initiativen und ihr Tun zu schaffen, um neue Verbraucher-gruppen für die niedrigschwelligen Angebote der Initiativen aufzuschließen und neues Engagement zu mobilisieren. Weiterhin wäre zu überlegen, wie nachhaltige Konsumpraktiken wie z. B. das Reparieren jenseits der RepairCafés wieder stärker in die Mainstream-Ökonomie integriert werden können. Hierbei wären gegebenenfalls auch andere Rahmenbedingungen und neue Geschäftsmodelle zu fördern, mit denen Verbraucher an Praktiken wie Reparieren, Lebensmittel retten usw. herangeführt werden können.

Abschließend stellt sich die Frage, ob und inwiefern die Arbeit mit den Initiativen möglicherweise neue Anstöße für die Verbraucherarbeit liefern wird, in der auch Debatten um die Organisation von Verbraucherinteressen und die Unterstützung von Verbraucherorganisationen geführt werden. Zu diskutieren wäre je nach Standpunkt, ob die hier untersuchten und unterstützten Initiativen für einen nachhaltigen Konsum als Verbrauchergruppen oder -organisationen beschrieben werden können. Fest steht, dass die Aktivitäten dieser Gruppen eine komplexe Mischung von Prosumption, Selbsthilfe, (politischem) Engagement und Freizeitgestaltung umfassen. Diese Tätigkeiten gehen über das klassische Verbraucherhandeln auf Anbietermärkten im engeren Sinn hinaus, betreffen in einem weiteren Sinn aber auf vielfältige Weise verbraucherbezogene Aspekte der Beschaffung, Nutzung und Entsorgung von Gütern. Die Ver-braucherarbeit ist damit vor die Frage gestellt, wie sie mit Konsumformen umgeht, die erstens nicht-marktlich organisiert sind und damit abseits des Anbieter-Nachfrager-Dualismus stattfinden und in denen zweitens die Ver-braucherrolle mit der Bürgerrolle verschmilzt.

Literatur

Blättel-Mink, Birgit. 2017. Varieties of Prosuming – konzeptionelle Überlegungen und empirische Befunde zur veränderten Rolle von Konsument_innen. In *Entgrenzungen des Konsums. Dokumentation der Jahreskonferenz des Netzwerks Verbraucher-forschung*, Hrsg. J. Lamla und P. Kenning, 17–31. Wiesbaden: Springer Gabler.

Boddenberg, Moritz, Max Heinrich Frauenlob, Lenard Gunkel, Sarah Schmitz, Franziska Vassen, und Birgit Blättel-Mink. 2017. Solidarische Landwirtschaft als innovative Praxis – Potenziale für einen sozial-ökologischen Wandel. In *Soziale Innovationen für nachhaltigen Konsum. Wissenschaftliche Perspektiven, Strategien der Förderung und gelebte Praxis*, Hrsg. M. Jaeger-Erben, J. Rückert-John, und M. Schäfer, 125–148. Wiesbaden: Springer VS.

Brewer, John. 1997. Was können wir aus der Geschichte der frühen Neuzeit für die moderne Konsumgeschichte lernen? In *Europäische Konsumgeschichte Zur*

Gesellschafts- und Kulturgeschichte des Konsums (18. bis 20. Jahrhundert), Hrsg. H. Siegrist, H. Kaelble, und J. Kocka, 51–75. Frankfurt a. M.: Campus-Verlag.

CO Concept & USV-Agrar. 2018. *Qualitative Studie zur Evaluation der Initiativenberatung im Projekt MehrWert NRW auf Basis von Befragungen von Engagierten in lokalen Verbraucherinitiativen. Projektendbericht.* Unveröffentlichtes Manuskript im Auftrag der Verbraucherzentrale NRW. Das Manuskript kann angefordert werden unter mehrwert@verbraucherzentrale.nrw.

Collaborating Centre on Sustainable Consumption and Production (CSCP), Hrsg. (2019). *ProMoNa – Prosumptionsmodelle und ihre Nachhaltigkeitspotentiale am Beispiel von Ernährung und Bekleidung. Handlungsempfehlungen für die Verbraucherpolitik zur Förderung eines nachhaltigen Prosumierens.* https://www.scp-centre.org/wp-content/uploads/2019/03/ProMoNa_report_Handlungsempfehlungen.pdf. Zugegriffen: 10. Sept. 2019.

Evers, Aadalbert, Thomas Klie, und Paul-Stefan Roß. 2015. Die Vielfalt des Engagements Eine Herausforderung an Gesellschaft und Politik. *Aus Politik und Zeitgeschichte* 65 (14–15): 3–9.

Gillwald, Katrin. 2000. *Konzepte sozialer Innovation.* Wissenschaftszentrum Berlin für Sozialforschung (WZB), Discussion Paper S. 00–519. http://hdl.handle.net/10419/50299. Zugegriffen: 29. Aug. 2019.

Grabs, Janina, Nina Langen, Gesa Maschkowski und Niko Schäpke. 2016. Understanding role models for change: a multilevel analysis of success factors of grassroots initiatives for sustainable consumption. *Journal of Cleaner Production* 134, Special Volume: Transitions to Sustainable Consumption and Production in Cities, 98–111.

Grauel, Jonas, Johannes Gorges, Myriam Stenger und Arno Becker. 2018. Lokale Verbraucherinitiativen für einen nachhaltigeren Konsum als ‚soziale Innovation‘ – Reflexionen aus soziologischer und evaluatorischer Perspektive. In *Soziale Innovationen lokal gestalten.* Band 1 der Reihe Sozialwissenschaften und Berufspraxis. Hrsg. BDS, H.-W. Franz und C. Kaletka, 81–99. Wiesbaden: Springer VS.

Hedtke, Reinhold. 2001. *Konsum und Ökonomik. Grundlagen, Kritik und Perspektiven.* Konstanz: UVK-Verlagsgesellschaft.

Howaldt, Jürgen, und Michael Schwarz. 2010. Soziale Innovation – Konzepte, Forschungsfelder und -perspektiven. In *Soziale Innovation. Auf dem Weg zu einem postindustriellen Innovationsparadigma*, Hrsg. J. Howaldt und H. Jacobsen, 87–109. Wiesbaden: VS Verlag.

Jaeger-Erben, Melanie, Jana Rückert-John, und Martina Schäfer. 2017. *Soziale Innovationen für nachhaltigen Konsum. Wissenschaftliche Perspektiven, Strategien der Förderung und gelebte Praxis.* Wiesbaden: Springer VS.

Jaeger-Erben, Melanie, Magdalena Meissner, Sabine Hielscher, und Marco Vonnahme. 2019. Herausforderung soziale Teilhabe: Repair-Cafés als Orte inklusiver nachhaltiger Entwicklung? *Soziologie und Nachhaltigkeit* 5:44–65.

Klug, Martin. 2017. *Die Repräsentation von Verbraucherinteressen. Organisation, Aggregation, Legitimation.* Baden-Baden: Nomos.

Klug, Martin, und Sarah Gartner. 2017. Soziale Innovationen als Herausforderung für die Verbraucherarbeit. In *Soziale Innovationen für nachhaltigen Konsum. Wissenschaftliche Perspektiven, Strategien der Förderung und gelebte Praxis*, Hrsg. M. Jaeger-Erben, J. Rückert-John, und M. Schäfer, 263–285. Wiesbaden: Springer VS.

Kropp, Jürgen. 2016. *TESS research for low-carbon initiatives policy brief: Success factors of community-based sustainability initiatives*. http://www.bcnuej.org/wp-content/uploads/2016/11/Tess_Policy-Brief_Success.pdf. Zugegriffen: 9. Sept. 2019.

Lamla, Jörn. 2013. *Verbraucherdemokratie. Politische Soziologie der Konsumgesellschaft.* Berlin: Suhrkamp.

Lamla, Jörn, und Peter Kenning. 2017. *Entgrenzungen des Konsums. Dokumentation der Jahreskonferenz des Netzwerks Verbraucherforschung.* Wiesbaden: Springer Gabler.

Landholm, David M., Anne Holsten, Federico Martellozzo, Dominik E. Reusser, und Jürgen P. Kropp. 2019. Climate change mitigation potential of community-based initiatives in Europa. *Regional Environmental Change* 19:927–938.

Lange, Bastian, Valentin Domann, und Valerie Häfele. 2016. *Wertschöpfung in offenen Werkstätten. Eine empirische Erhebung kollaborativer Praktiken in Deutschland.* Berlin: Schriftenreihe des IÖW 213/16. https://www.ioew.de/fileadmin/user_upload/BILDER_und_Downloaddateien/Publikationen/Schriftenreihen/IOEW_SR-213_Wertschoepfung_in_offenen_Werkstaetten.pdf. Zugegriffen: 18. Sept. 2019.

Loske, Reinhard. 2016. Neue Formen kooperativen Wirtschaftens als Beitrag zur nachhaltigen Entwicklung. Überlegungen zur Wiedereinbettung der Ökonomie in Gesellschaft und Natur. In *Prosuming und Sharing – Neuer sozialer Konsum. Aspekte kollaborativer Formen von Konsumtion und Produktion*, Hrsg. C. Bala und W. Schuldzinski, 31–63. Düsseldorf: Verbraucherzentrale NRW.

Müller, Christa, und Karin Werner. 2015. Neuer Urbanismus. Die New School grüner politischer Utopie. *INDES. Zeitschrift für Politik und Gesellschaft* 4:31–43.

Öko-Institut & ifeu. (2018). *Kurzbericht. Evaluation des Projekts MehrWert NRW mit Fokus auf der Darstellung mittelbarer Beiträge zu THG-Minderungen.* Unveröffentlichtes Manuskript im Auftrag der Verbraucherzentrale NRW. Das Manuskript kann angefordert werden unter mehrwert@verbraucherzentrale.nrw.

Peuker, Birgit und Jana Rückert-John. 2017. Potenziale und Herausforderungen von Gemeinschaftlichkeit und Gemeinwohl für den sozial-ökologischen Wandel. Ergebnisse einer repräsentativen Bevölkerungsumfrage. *ISInova Beiträge zur Sozialinnovation* Nr. 19. https://www.isinova.org/images/BzS19.pdf. Zugegriffen: 16. Sept. 2019.

Roß, Paul-Stefan. 2017. *Alles im Wandel – Beim Engagement alles beim alten?!* https://www.ehrenamt-verbindet.de/wpD4/wp-content/uploads/2017/04/Engagment-4-0_KISS.pdf.

Rückert-John, Jana, René John, und Melanie Jaeger-Erben. 2015. Neue Formen des Konsums aus Sicht der Politik. *Forschungsjournal Soziale Bewegungen* 28:77–89.

Sekulova, Filka. 2016. WP 3: *Analysis of success factors*. D 3.3: Report on qualitative success factors. TESS Project (Grant Agreement n° 603705). http://www.tess-transition.eu/wp-content/uploads/2016/05/04.29.2016-Deliverable3.3_Final-rectified.pdf. Zugegriffen: 28. Juli 2017.

Seyfang, Gill, und Alex Haxeltine. 2012. Growing grassroots innovations: Exploring the role of community-based initiatives in governing sustainable energy transitions. *Environment Planning C: Government and Policy* 30:381–400.

Soper, Kate. 2007. Re-thinking the ‚Good Life': The citizenship dimension of consumer disaffection with consumerism. *Journal of Consumer Culture* 7:205–229.

Umweltbundesamt. 2014. *Soziale Innovationen im Aufwind. Ein Leitfaden zur Förderung sozialer Innovationen für nachhaltigen Konsum.* https://www.umweltbundesamt.de/

sites/default/files/medien/376/publikationen/soziale_innovationen_im_aufwind_bf_1. pdf. Zugegriffen: 3. Sept. 2019.

United Nations. 2015. *Transforming our world. The 2030 agenda for sustainable development.* https://sustainabledevelopment.un.org/content/documents/21252030%20Agenda%20 for%20Sustainable%20Development%20web.pdf. Zugegriffen: 11. Okt. 2019.

Urban Gardening Manifest. 2014. http://urbangardeningmanifest.de/. Zugegriffen: 1. Aug. 2017.

Werkstadt Stuttgart e. V. (o. J.). *Elektroreparaturen in ehrenamtlich betriebenen ReparaturCafés.* https://www.reparatur-initiativen.de/files/kcfinder/pages/13483/files/Interview%20150706_ensmann_elektroreparaturen%20final.pdf. Zugegriffen: 11. Sept. 2019.

Wissenschaftlicher Beirat der Bundesregierung Globale Umweltveränderungen (WBGU). 2011. *Welt im Wandel.* Berlin: Gesellschaftsvertrag für eine Große Transformation.

Wissenschaftliche Dienste Deutscher Bundestag. 2019. *Regelungen gegen Lebensmittelverschwendung in ausgewählten Ländern.* https://www.bundestag.de/resource/blob/64893 2/7c64ad8483b3e289ce6896fc36198be0/WD-5-046-19-pdf-data.pdf. Zugegriffen: 11. Sept. 2019.

Jonas Grauel, Dr. phil. (Soziologe), promovierte 2012 zum Thema Lebensmittelkonsum und Alltagsmoral an der Universität Siegen. Anschließend forschte er zum Thema Klimawandel und Transformation zu einer nachhaltigeren Wirtschaftsweise an der Universität Hamburg. Seit 2016 arbeitet er bei der Verbraucherzentrale NRW, 2018 übernahm er die stellvertretende Leitung des Projekts MehrWertKonsum.

Konsum neu denken – damit die Dinge besser werden

Stefan Schridde

Zusammenfassung

Nachfolgend beschreibe ich persönliche Ansichten zum Themenfeld Konsum, aus denen heraus ich mein Engagement in der Verbraucherpolitik begründe. In dieser Beschreibung bin ich stellenweise bewusst pointiert und verschärfend in der Darstellung, um damit einen Impuls für eine Debatte zu einer Erneuerung von Leitbildern im Konsum zu geben. Mit ‚wir' meine ich im Text dabei die Konsumenten.

Schlüsselwörter

Bürgerschaft · Geplante Obsoleszenz · Klimakrise · Konsumakademie · Konsumbalance · Konsumkrise · Kreislaufgesellschaft · Ressourcenschutz · Verbraucherpolitik

1   Konsum ist mehr als Kommerz

Wir konsumieren immer und von Geburt an. Konsum ist etwas, was wir Menschen tun, damit es uns selbst und den uns nächsten Menschen besser geht. Dialog und Konsum sind es, wodurch wir Menschen Gemeinschaften bilden. Im Ursprung der neolithischen Gesellschaften ist Konsum Selbstversorgung im

S. Schridde (✉)
MURKS? NEIN DANKE! e. V., Berlin, Deutschland
E-Mail: stefan@schridde.org

© Springer Fachmedien Wiesbaden GmbH, ein Teil von Springer Nature 2020   329
K.-U. Hellmann et al. (Hrsg.), *Verbraucherpolitik von unten*, Konsumsoziologie und Massenkultur, https://doi.org/10.1007/978-3-658-29754-1_16

Naturkontext. Im Zuge der zunehmenden Arbeitsteilung und der Urbanisierung haben wir Aufgaben im Konsum an Dritte delegiert, die Arbeitsteilung und deren Verwaltung entwickelt und das Geld als Tauschersatz für Güter etabliert. Herstellung, Distribution und Tauschhandel wurden durch eigenständige Organisationsformen übernommen. Die Finanzmärkte haben sich seit ca. 1750 verselbstständigt. Seit und durch die Industrialisierung im 19. Jahrhundert haben wir die Kompetenz zur Selbstversorgung weitestgehend verlernt und eine explosive Ausweitung von fremdbestimmten Konsumformen erlebt. Aus Gebrauchswert wurde Tauschwert. Der wirtschaftlichen Rolle ‚Arbeitnehmer' wurde die zweite Rolle als ‚Konsument' für das gemeine Volk hinzugefügt. Heute soll der Bürger zum ‚Nutzer' in der Kreislaufwirtschaft werden. Aus dem Tauschwert wird der Nutzwert.

2   Konsum wird kommerzialisierter Stress

Heute erfahren immer mehr Menschen Konsum als Stress. Warenfluten stürzen uns in Entscheidungsdilemmata. Informationsfluten überwältigen unsere kognitiven Möglichkeiten. Entkollektivierung führt uns in die Vereinsamung. Entfremdung und Bindungsverluste führen zur Zunahme von sozialen und personellen Krisen. Enthemmte räuberische Wettbewerbe zerstören unseren Lebensraum. Globales politisches Scheitern vernichtet Zukunftsperspektiven.

Konsum ohne die begründete Sorge, es könne bereits vor dem Erwerb der Güter ein Schaden für uns selbst oder andere Menschen durch deren Erstellung und Distribution entstanden sein, ist kaum mehr möglich. Der notwendige Aufwand, den vor Kauf entstandenen und durch die Nutzung entstehenden Schaden zu vermeiden, wird immer größer bis hin zur Hoffnungslosigkeit für das angestrebte Ergebnis. Die erwartete Wirkung, es ginge uns und den uns nächsten Menschen durch Konsum künftig besser, ist unzuverlässig geworden. Obwohl der kaufende Bürger im betrieblichen Fokus der gefeierten Kundenorientierung an erster Stelle stehen soll, stehen wir doch selbst wehr- und hilflos einer ‚Flut von allem' gegenüber, die uns erschlägt und in uns als kaufenden Bürgern eher ein Gefühl als Opfer und nicht als König entstehen lässt. Obwohl Wirtschaft nur ein Subsystem der Gesellschaft ist, sehen sich die meisten Menschen nur noch als kleinstes Rad in einem unmenschlichen Getriebe des globalen Wettbewerbs.

Die Erosion der Gesellschaft als positive Utopie wird so bereits in der Produktion ihrer Güter erlebbar. Das unersättliche Streben nach Effizienz in der

Industrialisierung hat nicht nur die Mehrung von Wohlstand, sondern ebenso die Mehrung von Müll, Umweltschäden, sozialen Verwerfungen und die heutige Klimakrise erzeugt. Seit der Industrialisierung entstehen immer größere Gefälle zwischen Arm und Reich. Die Beschleunigung von Allem erzeugt immer größere Distanzen zwischen den globalen Gemeinschaften, die durch die Digitalisierung nur noch mehr vergrößert werden.

3 Worum es geht

Wir stecken in einer Konsumkrise. Zumindest will man der Politik, der Forschung, den Einzelhandelsunternehmen und den Herstellern Glauben schenken. Denn die Probleme, die durch die Art verursacht werden, wie die Dinge des täglichen Bedarfs global erzeugt und weltweit vertrieben werden, werden schlussendlich dem Konsumenten angelastet. Wir kaufen die End-produkte und sollen daher die größte Verantwortung dafür übernehmen, durch welche Umstände und mit welchen Eigenschaften diese ihren Weg in das Regal gefunden haben. Wir werden irrtümlicherweise so behandelt, als hätten wir diese Dinge so bestellt. Es sind jedoch stets betriebliche Entscheidungen, die die Ausformungen im Wettbewerb und die Qualität der produzierten Güter bestimmen. Das gilt auch für die dem zugrunde liegenden Annahmen und Wirtschaftsmodelle.

Als aufgeklärte und mündige Verbraucher sollen wir ‚am Regal' die Ent-scheidung treffen, wessen Produkte im Rennen bleiben. Beim ‚Endkunden' als ‚letztem Stellplatz vor der Müllhalde' in der globalen Wertkette sollen die Probleme erst bei der Kaufentscheidung gelöst werden, die ein unzureichend regulierter Wettbewerb in ruinöser Orientierung bereits zuvor verursacht hat. Nicht der globale Wettbewerb soll die beste Lösung für alle generieren, sondern der Wechselwähler im Sortiment.

Statt bereits in der Ideenfindung und Produktentwicklung den kaufenden Bürger a. als Arbeitnehmer oder b. künftigem Nutzer mitentscheiden und mit-wirken zu lassen, soll dieser erst am Ende der Wertkette die Spreu vom Weizen trennen. So gelangen bspw. 10.000 unterschiedliche Waschmaschinenmodell-varianten als Frontlader-Modelle ins europäische Sortiment, obwohl wahrschein-lich ca. 500 Modellvarianten bei ca. fünf unterschiedlichen Haushaltsformen aus Konsumentensicht völlig ausreichend wären. Es ist dieser ruinöse und räuberische Wettbewerb hinter dem Regal, der die großen Krisen der Nachhaltig-keit dieser Welt ausgelöst hat.

4   Wir kaufen die Probleme der anderen

In dem weltweiten Wettbewerb um die größte Macht, die maximalste Rendite, die größten Marktanteile, die größte wirtschaftliche Effizienz, die schnellsten Geschäftsabschlüsse und beschleunigte Umsätze sind die drängendsten Herausforderungen, um Wohlstand für alle zu ermöglichen, ins Hintertreffen geraten. Die einen streben skrupellos nach dem höchsten ‚Return-on-investment' (ROI), während dieselben der Gesellschaft den ‚Return-of-damage' (ROD) überlassen. Wir haben es mit destruktiven räuberischen Wettbewerben zu tun, die den Fortbestand der Generationen und den Tod von Milliarden in Kauf nehmen.

Die Folgen dieser Entwicklung sind allzu bekannt. Die weltweite Klimakrise und das globale Artensterben stellen mittlerweile unsere Zukunft auf diesem Planeten infrage. Die Szenarien der Forschung lassen einen Planeten erwarten, auf dem nur noch eine Milliarde Menschen und wenige Arten überleben werden. Das Überleben aller wird sogar infrage gestellt.

Die weltweit zunehmenden Ressourcenengpässe verursachen erhebliche geo-politische Verwerfungen. Artensterben und Brandrodungen gefährden unzählige Lebensformen und Ökosysteme. Kriege, Armut und Hunger rauben vielen Völkern jede Perspektive. Die ausbleibende Modernisierung der Demokratien schafft neue Machträume für autokratische Systeme. Wer hier den Bürger auf die passiv-mündige Verbraucherrolle zurückdrängen will, entzieht ihm jedes weitere Recht als demokratischer Souverän. Wir brauchen einen aktiven Konsum, mit dem wir unsere Interessen für ein sorgloses Leben wirksam und emanzipiert demokratisch durchsetzen.

5   Eine Kampagne entsteht

Im April 2011 sah ich in einer Dokumentation, wie Kinder auf einer riesigen Müllhalde bei Accra in Ghana für ein kleines Zubrot versuchten, durch Schmelze in zahllosen offenen Feuern aus dem dort illegal abgeladenen Elektroschrott, dessen metallische Ressourcen zurückzugewinnen, um diese weiterzuverkaufen.[1] Die Hauptursache für diese immensen Elektroschrotthalden aus Europa lag der Dokumentation zufolge, in der sogenannten ‚geplanten Obsoleszenz'. In dieser willentlichen Verkürzung der unter sonst gleichen Bedingungen potenziell möglichen Nutzungsdauer von Konsumgütern durch betriebliche Entscheidungen

---

[1]Dokumentarfilm ‚Kaufen für die Müllhalde' von Cosima Dannoritzer.

zum Zwecke der Umsatz- und Renditemaximierung, lässt sich kein rational begründetes Handeln erkennen. Es ist meiner Einschätzung nach eine der Hauptursachen für die oben beschriebenen Krisen. Daher liegt mir daran, für ein rasches Ende der geplanten Obsoleszenz zu sorgen.

Im Februar 2012 stellte ich die Seite www.murks-nein-danke.de online. Diese Plattform informierte über die Hintergründe und Schadfolgen von geplanter Obsoleszenz. Zugleich lud ich dort die Bürgerschaft ein, eigene Erfahrungen mit geplanter Obsoleszenz einzureichen. Diese werden bis heute[2] nach interner Prüfung veröffentlicht. Seitdem entsteht, angetrieben durch die breite Medienpräsenz von ‚MURKS? NEIN DANKE!', eine stark wachsende bürgerschaftliche Bewegung gegen geplante Obsoleszenz, der sich nach und nach immer mehr Organisationen, Unternehmen, Parteien, NGO, Verbände anschließen.

Im März 2013 wurde die im Auftrag für die Bundestagsfraktion von Bündnis90/Die Grünen erstellte Studie ‚Geplante Obsoleszenz'[3] veröffentlicht, die die öffentliche Debatte im politischen Raum auf ein höheres Niveau brachte und mehr als 30.000 mal von meiner Seite heruntergeladen wurde. Im April 2013 wurde der Verein ‚MURKS? NEIN DANKE!' gegründet. Dieser setzt sich gemeinnützig anerkannt als bürgerschaftliche Organisation für nachhaltige Produktqualitäten, d. h., für kreislaufgeführte Haltbarkeit, optimale Nutzbarkeit, einfache Reparierbarkeit, freie Ersatzteilversorgung, regionale Servicedienste, bessere Garantien, nachhaltige Ressourceneffizienz und ethische Kreislaufwirtschaft. Mehr als 40.000 Menschen unterstützen on- und offline die Arbeit der Organisation.

‚MURKS? NEIN DANKE!' hat eine breite Debatte in den Medien und auf der gesellschaftlichen und politische Ebene über geplante Obsoleszenz angestoßen und so das Thema in kürzester Zeit auf die politische Agenda gesetzt.[4] Anfängliche Anfeindungen der Kampagne als vermeintliche Verschwörungstheorie verstummten rasch. Das Streben nach Haltbarkeit wurde als starker Hebel zur Bewältigung globaler Krisen anerkannt. Auch Konzerne, Unternehmen und Verbände bestätigen die geplante Obsoleszenz als Problem, das aufgrund seiner Schadfolgen dringend angegangen werden muss.

Die rasche und breite Wirksamkeit der cross-medialen Kampagnenarbeit von ‚MURKS? NEIN DANKE!' hat ihre Ursache in der hohen Relevanz von

---

[2]Vgl. www.murksbarometer.org.

[3]Vgl. https://www.schridde.org/download/Studie-Obsoleszenz-aktualisiert.pdf.

[4]Auch der ‚Green New Deal# der EU-Kommission verlangt wirksame Maßnahmen gegen geplante Obsoleszenz.

Haltbarkeit im täglichen (Er)leben der davon betroffenen Konsumenten. Wir alle erleben die Erosion unserer Lebensumstände und der Dinge in vielfältiger Form im täglichen Leben. Die Beschleunigung von allem, der wachstumstreibende Drang nach immer mehr Effizienz und der ruinöse Wettbewerb im globalen Hamsterrad haben eine Lebenswelt erzeugt, in der sich der einzelne Mensch vereinzelt, vereinsamt und im Konsum- und Arbeitsstress gefangen erlebt.

Als Konsumenten erleben wir dies im Umgang mit den Dingen direkt. Die Dinge werden als Erzeugnisse einer Wegwerfwirtschaft wahrgenommen. Die uns in diesem ruinösen Wirtschaftsmodell zugewiesene Rolle als ‚mündige Verbraucher' reduziert uns dabei auf den ‚letzten Stellplatz vor Mülmhalde' einer globalen Lieferkette, die die Anforderungen von Klima- und Ressourcenschutz und sozialer Gerechtigkeit nach wie vor missachtet. Letztlich mieten wir die Dinge nur noch für eine kurze Nutzungszeit. Der Kaufpreis ist in diesem Verständnis eine Miete. Selbst in der Werbung verkünden die Anbieter nur noch eine drei bis fünfjährige Nutzungsdauer für zahlreiche Güter des täglichen Bedarfs.

6   Was ist geplante Obsoleszenz?

Unsere Konsumgesellschaft hat Geschichte. In dieser Geschichte hat die Beschleunigung der Umschlagshäufigkeit des Kapitals zu einer steten Reduzierung von Nutzungsdauern geführt. So entstand die geplante Obsoleszenz, also das absichtliche Reduzieren von und Einflussnehmen auf die Nutzungsdauern von Gütern zugunsten einer Steigerung der Rendite.

7   Definition ‚geplante Obsoleszenz'

‚Geplante Obsoleszenz' ist der Oberbegriff für betriebliche Strategien und Methoden von Herstellern und Handel, die zu einer Verkürzung der vom Verbraucher erwarteten Nutzungsdauer führen, um so den Neukauf zu beschleunigen. Die erste Beschreibung dieses Zusammenhangs geht auf Paul M. Gregory (1947, S. 24) zurück, wobei dieser die geplante Obsoleszenz noch ‚absichtliche Obsoleszenz' nannte:

> „Purposeful obsolescence exists a) whenever manufacturers produce goods with a shorter physical life than the industry is capable of producing under existing technological and cost conditions; or b) whenever manufacturers or sellers induce the public to replace goods which still retain substantial physical usefulness".

Ursprünglich ging es bei Bernard London (1932) bei der von ihm sogenannten ‚geplanten Obsoleszenz' um positive Ziele wie Arbeitsplatzsicherung und wirtschaftliche Stabilität. Die Politik sollte die Nutzungsdauer gesetzlich vorgeben und den Neukauf verlangen. Jack Sloan von General Motors ging es bei der Einführung der Jahresmodelle um Modellvielfalt und Unternehmensorganisation. Die ruinösen Folgen der Industrialisierung für Gesellschaft und Umwelt wurden bereits im späten 19. Jahrhundert schon thematisiert, jedoch in ihren Folgewirkungen nicht ernst genug genommen.

Heute befassen wir uns endlich auf breiterer Ebene mit Themen wie Klimawandel, Ressourcenwende und Postwachstum. Die Beendigung von geplanter Obsoleszenz wird als entscheidender Hebel zur Bewältigung globaler Probleme anerkannt.

Der Begriff ‚Obsoleszenz'[5] benennt allgemein die allen Dingen innewohnende Eigenschaft der Abnutzung und Veralterung. Alle betriebswirtschaftlichen Vorgänge unterliegen stets Planungs- und Entscheidungsvorgängen. Daher ist die ‚geplante Obsoleszenz' von der natürlichen Obsoleszenz zu unterscheiden und bezieht sich auf betriebliche Vorgänge im Bereich Produktentwicklung, Herstellung und Absatz, die zu einer Verkürzung der Produktlebensdauer (im Vergleich zu der technisch und kostenmäßig möglichen Produktlebensdauer) führen. Sie ist ebenso abzugrenzen von Verhaltensausprägungen der Konsumenten, die zu einer verkürzten Produktnutzung führen (human-ethologische Obsoleszenz), soweit diese nicht durch Methoden der geplanten Obsoleszenz herbeigeführt werden (psychische Obsoleszenz).

Mit nachvollziehbar dargestellten und in ihrer Herleitung begründeten Szenarien hat die Studie der Grünen zur geplanten Obsoleszenz 2013 deutlich gemacht, dass der finanzielle Schaden der geplanten Obsoleszenz in Abhängigkeit von den zugrunde gelegten Annahmen alleine für Deutschland zwischen 67 und 137 Mrd. EUR pro Jahr liegt.[6] Aufgrund der nachweislich immensen Schadfolgen der geplanten Obsoleszenz, ist ein rasches und wirksames Handeln geboten. Dafür setzt sich ‚MURKS? NEIN DANKE!' e. V. als bürgerschaftliche NGO ein.

Die Formen und Maßnahmen zur Minderung und Beendigung geplanter Obsoleszenz sind vielfältig. Handlungsoptionen bieten sich auf allen Ebenen der Gesellschaft, z. B. Individuen, zivilgesellschaftliche Initiativen, NGO,

---

[5]Obsoleszenz – lat. Obsolescere = veralten, außer Gebrauch kommen, Wert und Ansehen verlieren, sich abnutzen.

[6]Vgl. https://www.schridde.org/download/Studie-Obsoleszenz-aktualisiert.pdf.

Gewerkschaften, Unternehmen, Behörden, Ministerien, Parteien und Parlament. Insgesamt gibt es bisher mehr als einhundert bekannte Maßnahmen. Die potenziellen gesellschaftlichen Wirkungen, die sich aus einer vollständigen Reduzierung geplanter Obsoleszenz ergeben würden, machen beträchtliche ökonomische und ökologische Potentiale deutlich und stellen einen hohen Anreiz dar.

8   Die Bürgerschaft wandelt sich

Die Verbraucherpolitik von unten emanzipiert sich. Der Souverän erkennt, dass bei ihm oben ist. Die Baby-Boomer entfalten alte Jugendvorstellungen. Die LOHAS-Generation sucht ihre Work-Life-Balance in einem modernen Konsum jenseits vom Kommerz. Die Jugend geht auf die Straße, um ihre berechtigten Forderungen durchzusetzen. Auch die Wissenschaft beginnt sich im Zuge der Klimadebatten zu emanzipieren und zu politisieren, um den gesellschaftlichen Forderungen die argumentative Basis zu liefern. Im urbanen Konsum verwirklichen Menschen ihre Lebensideale. Konsum wird neu gedacht und von wirtschaftlichen Konzepten entkoppelt. Zum monetären Konsum gesellen sich nicht-monetäre und autarke Ausprägungen als gleichberechtigte Alternativen.

9   Es geht anders

‚MURKS? NEIN DANKE!' steht als gemeinnützige Organisation für ein neues Konsumleitbild, mit dem den ruinösen Marktmodellen und deren geplanter Obsoleszenz ein neues haltbares Marktmodell gegenübergestellt werden soll.

Konsum sollte sorglos, emanzipiert und wirksam sein. Konsum geht mit Geld und ebenso auch ohne Geld, autark oder reduktiv. Ein solcher Konsum findet auf unterschiedlichen (Tausch)Märkten und meist im urbanen Raum statt. Wir gehen davon aus, dass die Wirtschaft in ihrer Gesamtheit als Subsystem der Gesellschaft nur Lieferant ist und die Gesellschaft dem Lieferanten sagen sollte, was dieser zu liefern hat und unter welchen Bedingungen. Dies entspricht den bereits unter Geschäftskunden üblichen Geschäftsbedingungen und Regularien, stellt also einen freien Markt nicht infrage. Dies würde ein Ausschließen normativer gesellschaftlicher Einflussnahme eher tun. Die demokratische Gesellschaft bestellt anders als Unternehmen oder Individuen. Die demokratisch verfasste Gesellschaft benennt ihre Anforderungen an den Lieferanten nicht nur individuell durch den einzelnen Konsumenten, sondern auch kollektiv durch die demokratisch legitimierten Organe (z. B. SGD, Öko-Design-Richtlinien, Gesetze,

Regularien) und beauftragten Institutionen (z. B. Normen und Spezifikationen durch ISO, CEN, CENELC, DIN, DKE, VDE).

Die kommunale Daseinsvorsorge gründet sich auf den monetären und nicht monetären Märkten. Kommunen sollten vorrangig die Infrastruktur nicht-monetärer Märkte mit dem Geld (z. B. Gewerbesteuern, Abgaben) unterstützen, dass sie den monetären Märkten entnommen haben. Oft kann bereits die Nutzungsüberlassung von nicht genutzter Infrastruktur einen starken Hebel für nicht-monetär erzeugte Wohlstandseffekte sein. Würden beispielsweise die Aulen der Schulen alle drei Monate für eine Kleidertauschparty kostenfrei oder gegen Selbstkosten durch gemeinnützige Organisationen genutzt werden können, würde dies bereits einen erheblichen Engpass für die Ausweitung dieser sozialen Innovation auflösen. Nachbarschaftliche Reparaturkultur sollte in der kommunalen Förderung dem Sport gleichgestellt werden.

So kann sorgloser emanzipierter Konsum möglich und entsprechende soziale Innovationen gestärkt und durchgesetzt werden. Sorglos bedeutet, dass wir als kaufende Bürger endlich darauf verlassen können sollten, dass im Angebot des Handels nur solche Produkte präsent sind, mit deren Kauf wir keinen Schaden bei uns selbst, unseren nächsten und künftigen Angehörigen, in unserem Lebensraum und der Umwelt verursachen oder gar mit verschulden. Emanzipiert bedeutet, dass das Gefälle von wohl informierten Lieferanten und kaufendem Bürger wieder in eine gleichberechtigte Machtbalance gebracht wird. Dabei sollte gelten, dass auch durch die Gesellschaft als demokratisch organisierte Gemeinschaft beschlossene Ziele wie z. B. die UN-Nachhaltigkeitsziele (SDGs) als Anforderungen direkt in die Produktentwicklung mit einfließen und konsequent berücksichtigt werden. Die öffentliche Bereitstellung von Infrastruktur zur Daseinsvorsorge darf in dieser Balance auch auf neue Marktsegmente ausgeweitet werden. Gemeinnützige Organisationen, Genossenschaften und Eigenbetriebe sind dabei auf kommunaler Ebene besonders geeignete Rechtsformen, um eine emanzipierte Teilnahme und Teilhabe von Bürgerschaft in regionalen monetären und nicht-monetären Märkten zu organisieren.

Hersteller bewähren sich gerne als Innovatoren und Lieferanten von stets besseren Angeboten. Das für den Kunden und die Gesellschaft erreichbare Optimum lässt sich am besten erreichen, wenn bereits in der Ideenentwicklung der künftig adressierte Nutzer eingebunden wird. Alle Produkte und Dienstleistungen müssen so partizipativ als Lösungen für allgemeinen Wohlstand entwickelt werden.

Warum sollte der kaufende Bürger erneut und jeder für sich erst recherchieren, welches Produkt im Regal Murks oder die beste Lösung ist? Der Handel muss zum Beschaffungslogistiker für sorglosen Konsum werden. Der Handel muss sein

Regal aufräumen und Billigprodukte, die den bereits verursachten und noch zu erwartenden Schaden an den Kunden weiterreichen auslisten.

10   Verantwortungsvoller Konsum nimmt Einfluss

Nachhaltiger Konsum mischt sich ein. Wir sollten alle Möglichkeiten nutzen, um auf Augenhöhe auf die Produktionsprozesse Einfluss zu nehmen. Dies beginnt bereits im Regal. Der Handelsort ist ein öffentlicher Ort, an dem die Anforderungen an das Sortiment neu ausdiskutiert werden müssen. Auch die Produzenten reagieren bereits und bieten z. B. in LivingLabs und Reallaboren diverse Möglichkeiten, um als Kunde direkt an der Produktentwicklung mitzuwirken. Solche Methoden sind keine Einbahnstraße und könne auch durch die Gesellschaft initiiert werden.

11   Arbeitnehmer und Arbeitgeber agieren gemeinsam

Konsumenten haben ihr Geld zuvor verdient. Am Arbeitsort können wir ebenso aktiv werden, um etwas für sorglosen Konsum zu erreichen. Dafür sind jedoch Schutzinteressen seitens der Arbeitnehmer zu stärken. Ein Ingenieur, der nachhaltige Verbraucherinteressen am Arbeitsplatz vertritt (z. B. als Ingenieur in der Produktentwicklung für Abgasnachbehandlungssysteme), sollte sich dadurch nicht in seinem Arbeitsplatz gefährdet sehen. Auch der Whistleblowerschutz muss gestärkt werden, damit für die Gesellschaft schädliche Managemententscheidungen aufgedeckt werden können.

12   Die Konsumakademie stärkt Verbraucherpolitik durch aktiven Konsum und Bürgerschaft

‚MURKS? NEIN DANKE!' will diese Entwicklungen im urbanen Konsum durch Aufklärung, Weiterbildung und Empowerment stärken. Mit der Konsumakademie wollen wir die Stadt zum Campus für neuen Konsum machen und dafür eine neue Plattform etablieren. Konsum sollte für alle Bürger sorglos und emanzipiert möglich werden. Noch ist die heutige Konsumwelt geprägt von Kommerz, Waren- und Informationsfluten und geplanter Obsoleszenz. Doch die Konsumenten suchen und entwickeln neue Wege. Die Konsumakademie vermittelt dafür die Kompetenzen, verbindet regionale Expertise in der Bürgerschaft und zeigt neue Wege auf. Die partizipativen Bildungsformate holen den Menschen im alltäglichen Konsum ab, zeigen neue wirksame Wege für alltägliche Lösungen und mehr Nachhaltigkeit auf und führen über insgesamt fünf Entwicklungslevel über Ko-Konsum (kollektiver Konsum) bis zum Prosuming (unternehmerischer Konsum).

Die Konsumakademie will dafür den Handel, Bibliotheken, Obststreuwiesen und viele andere Orte in Berlin zu Lernorten für neuen Konsum entwickeln. Denn Murks erkennen und vermeiden lernt man am besten vor Ort im Regal, und Lösungen existieren bereits an vielen Orten in der Stadt.

Doch Konsum geht auch ohne Geld. Die Konsumakademie vermittelt Konsumkompetenzen für monetären, nicht-monetären, autarken und reduktiven Konsum. Tauschen; leihen, schenken und gemeinsames Konsumieren sind die neu entdeckten Konsumformen für sorglosen und wirksamen Konsum. Soziale Innovationen, bürgerschaftliche Initiativen und neue Geschäftskonzepte entstehen aus der Mitte der Gesellschaft. Die Konsumakademie vermittelt dafür das Know-How und bildet auch Konsumtrainer aus.

Die Konsumakademie entsteht und lädt ein, daran mitzuwirken. Das bUm (www.bum.berlin) ist der zentrale Ort. Vor hier starten wir den Aufbau in Berlin. Erste Infoveranstaltungen, Workshops und Basisseminar wie ‚Entdecken Sie Ihre Konsumbalance‘ werden dazu einladen, die Angebote der Konsumakademie zu entdecken.

Literatur

Gregory, Paul M. 1947. A theory of purposeful obsolescence. *Southern Economic Journal* 14:24–45.
London, Bernard. 1932. *Ending the depression through planned obsolescence.* Madison: University of Wisconsin. Quelle. https://upload.wikimedia.org/wikipedia/commons/2/27/London_%281932%29_Ending_the_depression_through_planned_obsolescence.pdf.

Stefan Schridde, Dipl. Betriebswirt (FH), seit 1986 in Fach- und Führungspositionen, seit April 2011 Initiator der Kampagne MURKS? NEIN DANKE! gegen geplante Obsoleszenz. Als Gründer von MURKS? NEIN DANKE! e. V. trägt Stefan Schridde seit 2012 in ganz Europa wesentlich zu der Debatte über die schadhaften Folgen von geplanter Obsoleszenz und deren Beendigung bei. Dazu steht er in direktem Austausch mit Parteien, Bundestagsfraktionen, Abgeordneten, Ministerien, Behörden, Unternehmen, Hochschulen, Instituten, Forschungseinrichtungen, Gewerkschaften, Berufsverbänden, NGO und weiteren befreundeten Netzwerken.

Die 'Humboldt Consumer Law Clinic' als Beispiel zivilgesellschaftlicher Stärkung von Verbraucherrechten

Reinhard Singer, Kristina Schimpf und Kathrin Steinbach

Zusammenfassung

'Law Clinics', die auf ehrenamtlichem Engagement von Studierenden in der Rechtsberatung basieren, haben den Zugang zum Recht für Verbraucherinnen und Verbraucher nachhaltig verbessert. Dabei erfüllen sie zum einen eine didaktische Funktion, indem sie Studierenden ermöglichen, sich mit realen Fällen auseinanderzusetzen, rechtliche Informationen verständlich aufzubereiten und aktuelle Entwicklungen juristischer Berufsbilder, insbesondere durch die Digitalisierung der Rechtsberatung, kennenzulernen. Zum anderen erfüllen 'Law Clinics' eine soziale Funktion: Sie stärken die Durchsetzung des Verbraucherrechts durch die Überwindung des sog. rationalen Desinteresses, indem sie eine unentgeltliche außergerichtliche Rechtsberatung und niedrigschwellige Informationsangebote zur Verfügung stellen. Vor diesem Hintergrund erläutert der Beitrag das Konzept der 'Humboldt Consumer Law Clinic' der Humboldt-Universität zu Berlin und geht auf aktuelle Herausforderungen der verbraucherrechtlichen Rechtsberatung ein.

R. Singer (✉) · K. Schimpf · K. Steinbach
Humboldt Universität zu Berlin, Berlin, Deutschland
E-Mail: reinhard.singer@rewi.hu-berlin.de

K. Schimpf
E-Mail: kristina.schimpf@rewi.hu-berlin.de

K. Steinbach
E-Mail: kathrin.steinbach@rewi.hu-berlin.de

© Springer Fachmedien Wiesbaden GmbH, ein Teil von Springer Nature 2020   341
K.-U. Hellmann et al. (Hrsg.), *Verbraucherpolitik von unten*, Konsumsoziologie und Massenkultur, https://doi.org/10.1007/978-3-658-29754-1_17

Keywords

Blog · Informationszugang · Juristische Ausbildung · Law Clinic · Legal Tech ·
Zugang zum Recht

1   Einleitung

‚Law Clinics' haben den Zugang zum Recht durch unentgeltliche außergerichtliche
Rechtsberatung im Verbraucherrecht demokratisiert und wurzeln in ehrenamtlichem Engagement. Sie leisten durch ihr Beratungsangebot einen wichtigen verbraucherpolitischen Beitrag, der in der Zivilgesellschaft verankert ist. Mit ihrer
Pro-bono-Tätigkeit adressieren ‚Law Clinics' ein Beratungsbedürfnis, das aufgrund geringer Streitwerte meist nicht durch die klassische anwaltliche Beratung
abgedeckt wird. Die ‚Humboldt Consumer Law Clinic' (HCLC) ist eine im Jahr
2012 gegründete studentische Rechtsberatung im Verbraucher- und Wohnraummietrecht an der Juristischen Fakultät der Humboldt-Universität zu Berlin und ist
die erste verbraucherrechtliche ‚Law Clinic' in Deutschland.

Die HCLC bietet Studierenden die Möglichkeit, durch die Beratung von
Rechtsuchenden und die Arbeit an ‚echten' Fällen bereits während des Studiums
erste praktische Erfahrungen in der Rechtsberatung zu sammeln. Gleichzeitig
wird rechtsuchenden Verbrauchern[1] durch das Angebot der HCLC die Möglichkeit gegeben, unentgeltlich Rechtsrat in verbraucher- und mietrechtlichen Fragen
durch die Studierenden zu erhalten sowie Hilfe bei der außergerichtlichen Durchsetzung ihrer Ansprüche zu erlangen.

Rechtsdurchsetzungslücken gehören zu den aktuellen Herausforderungen des
Verbraucherrechts. Der ‚Abgasskandal' hat zu neuen Bewegungen im Bereich
der kollektiven Rechtsdurchsetzung mit der Einführung der Musterfeststellungsklage geführt. Auch Neuerungen im Bereich der alternativen Rechtsdurchsetzung
schreiten mit der Änderung des Verbraucherstreitbeilegungsgesetzes voran.
Gleichzeitig zeigt sich aber auch bei Ereignissen wie der Insolvenz von Flug-
gesellschaften oder Pauschalreiseveranstaltern, dass viele Verbraucher über ihre
Rechte in Unkenntnis sind und es einer verbesserten Verbraucherinformation
bedarf.

---

[1]Aus Gründen der Lesbarkeit wird ausschließlich die männliche Form verwendet. Gemeint
sind stets alle Geschlechter.

Im Bereich des Mietrechts sind es vor allem die sog. Mietpreisbremse und der sog. Berliner Mietendeckel, welche die aktuelle mietrechtliche Diskussion bestimmen und aufzeigen, dass durch regulatorische Ansätze immer weiter steigende Mietpreise auf angespannten Wohnungsmärkten gestoppt werden sollen. Diese Vielfalt des Verbraucher- und Mietrechts zeigt auch die Notwendigkeit eines erweiterten Zugangs zu Beratungs- und Informationsangeboten, zu dem die HCLC einen Beitrag leistet.

Im Folgenden wird zunächst auf die rechtliche Zulässigkeit der unentgeltlichen Rechtsberatung durch Studierende eingegangen. Der Hauptteil des Beitrages befasst sich sowohl mit der didaktischen als auch mit der sozialen Funktion von ‚Law Clinics'. Diese beiden Funktionen werden anhand der drei Teilprojekte der HCLC beleuchtet: der Rechtsberatung, dem Verbraucherblog und dem ‚Legal Tech'-Projekt.

2 Die Entwicklung und Zulässigkeit unentgeltlicher Rechtsberatung durch Studierende

Die Idee der ‚Law Clinic' stammt aus dem anglo-amerikanischen Rechtsraum (Dastis und Udich 2013, S. 721; Schmidt 2017, § 6 RDG Rn. 9; Singer 2016, S. 93 f.). In den USA entsprang der Grundgedanke, die Theorielastigkeit des juristischen Studiums durch eine erweiterte Praxisorientierung in der Lehre, der ‚Clinical Legal Education', einzugrenzen.

Bis 2008 war die Rechtsberatung Rechtsanwälten vorbehalten (Singer 2016, S. 94; Vogler 2013, S. 135). Zudem war juristisch qualifizierten Personen lange Zeit die Erbringung von Pro-bono-Rechtsberatung nicht gestattet. Erst in einer Entscheidung aus dem Jahr 2004 stellte das Bundesverfassungsgericht klar, dass ein solches bußgeldbewehrtes Verbot gegen das Grundrecht auf allgemeine Handlungsfreiheit nach Art. 2 Abs. 1 GG verstoße (BVerfG NJW 2004, 2662).

3 Die Zulässigkeit studentischer Rechtsberatung

Mit dem Inkrafttreten des Rechtsdienstleistungsgesetzes (RDG) im Jahr 2008, welches das Rechtsberatungsgesetz (RBG) aus dem Jahr 1935 ersetzte, wurde mit dem § 6 Abs. 2 RDG eine Rechtsgrundlage geschaffen, die das Entstehen vieler ‚Law Clinics' ermöglichte (Hannemann und Dietlein 2017, S. 449; Schmidt 2017, § 6 RDG Rn. 69, 72). Die Norm stellt damit einen „Meilenstein" für ‚Law Clinics' dar (Paal 2016, S. 1). Seit dem Jahr 2008 sind verschiedene ‚Law Clinics' in Deutschland entstanden (Dastis und Udich 2013, S. 721; Kilian und Wenzel 2017, S. 963).

Gemäß § 1 Abs. 1 regelt das RDG die Befugnis der Erbringung außergerichtlicher Dienstleistungen innerhalb der Bundesrepublik Deutschland. Rechtsdienstleistungen sind nach § 2 RDG Tätigkeiten in einer konkreten fremden Angelegenheit, die einer Prüfung des Einzelfalls bedürfen. Zentraler Punkt des § 2 RDG ist die erforderliche „besondere Prüfung im Einzelfall" (BT-Drs. 16/3655, S. 46). Diese liegt dann nicht vor, wenn es nur einer einfachen schematischen Rechtsanwendung bedarf. Damit fallen z. B. ein allgemeiner Rechtsrat sowie die bloße Informationserteilung wie z. B. in Gestalt von juristischen Blogs aus dem Anwendungsbereich des Gesetzes.

Nach § 3 RDG stehen Rechtsdienstleistungen unter Erlaubnisvorbehalt, d. h. Rechtsdienstleistungen bedürfen einer gesetzlichen Grundlage (Römermann 2008, § 3 RDG Rn. 1). Eine solche gesetzliche Erlaubnis folgt im Fall unentgeltlicher Beratung aus § 6 RDG. Das RDG dient zum einen dem „Schutz der Rechtsuchenden" und zum anderen der „Stärkung des bürgerschaftlichen Engagements" (BT-Drs. 16/3655, S. 1). Das zuvor bestehende vollkommene Verbot unentgeltlicher Rechtsberatung ist aus Verbraucherschutzinteressen nicht gerechtfertigt (BT-Drs. 16/3655, S. 39). Der § 6 RDG setzt dabei das Ziel, bürgerschaftliches Engagement zu ermöglichen (BT-Drs. 16/3655, S. 58). Nach § 6 RDG können außergerichtliche, unentgeltliche Rechtsdienstleistungen von jedermann erbracht werden. Jedoch ist bei Rechtsdienstleistungen, die außerhalb familiärer, nachbarschaftlicher oder enger persönlicher Beziehung erfolgen, zum Schutze der Rechtsuchenden die Beteiligung einer juristisch qualifizierten Person erforderlich (BT-Drs. 16/3655, S. 1 f.). Juristisch qualifizierte Personen sind Personen mit der Befähigung zum Richteramt, d. h. Volljuristen nach § 5 Abs. 1 des Deutschen Richtergesetzes (DRiG) oder Hochschullehrer gemäß § 7 Abs. 1 DRiG (Hannemann und Dietlein 2017, S. 451). Nach § 6 Abs. 2 RDG muss die Rechtsdienstleistung zudem unentgeltlich erfolgen, d. h., sie darf nicht in einem Zusammenhang mit einer entgeltlichen Tätigkeit stehen (Römermann 2008, § 6 Rn. 6). Die entgeltliche Erbringung von Rechtsdienstleistungen ist grundsätzlich nur Rechtsanwälten gestattet (Hannemann und Dietlein 2017, S. 456).

Gemäß § 6 Abs. 2 RDG muss sichergestellt werden, dass die unentgeltliche Rechtsdienstleistung entweder „durch eine Person mit Befähigung zum Richteramt oder unter Anleitung einer solchen Person erfolgt". Die Anleitung erfordert dabei nach § 6 Abs. 2 RDG „eine an Umfang und Inhalt der zu erbringenden Rechtsdienstleistungen ausgerichtete Einweisung und Fortbildung sowie eine Mitwirkung bei der Erbringung der Rechtsdienstleistung, soweit dies im Einzelfall erforderlich ist". An die Anleitung sind „keine allzu hohen Anforderungen" (BT-Drs. 16/3655, S. 40) zu knüpfen. Erforderlich ist eine Einweisung der Rechtsberater, und es muss eine juristisch qualifizierte Person zur Verfügung stehen, sollte das Fachwissen der nicht-juristischen Berater nicht ausreichen

(BT-Drs. 16/3655, S. 58). Gleichzeitig muss sichergestellt werden, dass die beratenden Personen bei Gesetzesänderungen beispielsweise durch entsprechende Veranstaltungen oder auch Newsletter informiert werden.

4 RDG-Konformität der HCLC

Die Studierenden der HCLC nehmen vor Aufnahme ihrer Rechtsberatung an ausbildenden Lehrveranstaltungen teil, in denen sie gezielt auf die Beratung von Rechtsuchenden und den Beratungsgegenstand vorbereitet werden. Die Studierenden der ‚Consumer Law Clinic' erhalten außerdem Leitfäden für die Mandatsbearbeitung und den Kontakt mit Mandanten sowie der Gegenseite und werden auch in einem einleitenden Workshop zur studentischen Rechtsberatung geschult. Sie müssen außerdem eine Erklärung zum Datenschutz und zur Verschwiegenheit über die ihnen durch die Mandatsbearbeitung bekanntgewordenen personenbezogenen Daten unterzeichnen. Durch den engen Kontakt und die stetige Rücksprache bei der einzelnen Fallbearbeitung mit den juristisch qualifizierten Betreuern wird die nach § 6 Abs. 2 RDG geforderte Anleitung sichergestellt.

5 Didaktische Funktion von ‚Law Clinics'

Obwohl der Gesetzgeber erst vor etwa zehn Jahren eine Rechtsgrundlage für eine unentgeltliche außergerichtliche Rechtsberatung schuf, gibt es inzwischen an nahezu allen juristischen Fakultäten in Deutschland ‚Law Clinics' (Kilian und Wenzel 2017, S. 963). Neben den sozialen Zielen (dazu Punkt 18) erfüllen ‚Law Clinics' eine wichtige didaktische Funktion in der juristischen Ausbildung und universitären Lehre (Riehm und Heiß 2016, S. 23). Dies hat auch der Wissenschaftsrat im Jahr 2012 durch ein Gutachten hervorgehoben und betont, dass ‚Law Clinics' den Praxisbezug des juristischen Studiums fördern (Wissenschaftsrat 2012, S. 57 f.).

6 Konfrontation der Studierenden mit realen Fällen

Fast 80 % der Absolventen ergreifen nach dem Abschluss des Jurastudiums den Beruf des Rechtsanwalts (Jahn 2008, S. 6). Das juristische Studium ist jedoch so ausgestaltet, dass viele Studierende meist erst nach der Ersten Juristischen Staatsprüfung, d. h. nach ca. fünf Jahren Studium, im Rahmen des Referendariats reale Fälle bearbeiten.

7   Ausbildungskonzept von ‚Law Clinics'

‚Law Clinics' setzen hier an und ermöglichen es Studierenden, bereits in den ersten Semestern ihres Studiums wichtige Praxiserfahrungen zu sammeln, um so den Übergang von der Theorie in die Praxis zu erleichtern. Studentische Rechtsberatungen haben somit eine elementare didaktische Funktion, indem sie Studierende auf ihr späteres Berufsleben vorbereiten. Die Studierenden setzen sich im Rahmen der Rechtsberatung intensiv mit rechtlichen Problemen auseinander. Dabei wird die Wissensvermittlung durch den praktischen Bezug des materiellen Rechts gestärkt und das Problembewusstsein der Studierenden durch die Beratung der Rechtsuchenden geschärft.

Die Rechtsberatung stärkt zudem kommunikative, sprachliche, organisatorische und strategische Fähigkeiten bei den Studierenden und leistet daher einen wichtigen Beitrag zur praktischen Berufsausbildung. Sie vermittelt wichtige ‚soft skills' wie rhetorische Fertigkeiten und Techniken zur Verhandlungsführung, die für das spätere Berufsleben unerlässlich sind. Zudem führt der frühe Mandantenkontakt dazu, dass Studierende die Rechtslage nicht nur theoretisch aufarbeiten, sondern auch Gespräche mit den Rechtsuchenden führen, in denen sie den individuellen Sachverhalt ermitteln und Rechtsuchenden einzelfallbezogen Auskunft über ihre Rechte erteilen.

Durch die Tätigkeit in einer ‚Law Clinic' entsteht zudem ein Lern- und Netzwerkeffekt, indem die Studierenden sich mit den sie betreuenden Volljuristen über mögliche berufliche Perspektiven austauschen und direkt von ihnen lernen (Schubert 2014, S. 248). ‚Law Clinics' gehören jedoch nicht zum während des Studiums zu absolvierenden Pflichtprogramm, sondern stellen vielmehr fakultative, extracurriculare Lehrangebote dar (Kilian und Wenzel 2017, S. 965).

8   Aufbau der HCLC

Ein wichtiges Ziel der HCLC ist die Ausbildung von Studierenden auf dem Gebiet des Verbraucherrechts durch eine Kombination von theoretischen Veranstaltungen und praktischer Lösung realer Fälle sowie durch den Einblick in die Praxis unterschiedlicher Akteure auf dem Gebiet des Verbraucherrechts. Das Lehrangebot der HCLC ist innerhalb des Curriculums der Juristischen Fakultät koordiniert. Die Studierenden können sich die Teilnahme an der HCLC als Schlüsselqualifikation (Berufszusatzqualifikation) anrechnen lassen.

Die Struktur der HCLC umfasst einen einjährigen Ausbildungszyklus. Im Wintersemester vertiefen die Studierenden durch Grundlagenveranstaltungen und Workshops die materiell-rechtlichen Kenntnisse im Verbraucher- und Mietrecht und werden durch unterschiedliche praxisbezogene Workshops auf die rechtsberatende Tätigkeit vorbereitet, welche im Sommersemester stattfindet.

9   Theoriesemester

Die theoretische Ausbildung der Studierenden im Wintersemester besteht aus zwei Säulen: Vorlesungen zum Verbraucherrecht und praxisbezogene Workshops. Im Rahmen einer Vorlesung zum Verbraucherrecht werden den Studierenden Kenntnisse z. B. zum Widerrufsrecht, zum Verbrauchsgüterkaufrecht und zum Recht der Allgemeinen Geschäftsbedingungen vermittelt und ihnen so wichtige materiell-rechtliche Kenntnisse für die rechtsberatende Tätigkeit mitgegeben.

Parallel dazu findet eine Ringvorlesung zum Verbraucherrecht statt. Im Rahmen dieser Vorlesungsreihe referieren Praktiker zu unterschiedlichen besonders praxisrelevanten verbraucherrechtlichen Themen aus ihrem Berufsalltag und beleuchten materiell-rechtliche Fragestellungen aus einem praktischen Blickwinkel. Referenten aus Rechtsanwaltskanzleien und Verbraucherorganisationen berichten so unter anderem zu den Fluggastrechten, dem grenzüberschreitenden Verbraucherschutz sowie dem Verbraucherschutz im Bankrecht. Gleichzeitig beschäftigt sich die Ringvorlesung mit Vorträgen zur kollektiven Rechtsdurchsetzung und der Musterfeststellungsklage sowie geplanten Änderungen auf europäischer Ebene im Bereich der Rechtsdurchsetzung.

Erörtert werden zudem die außergerichtliche Beilegung von Verbraucherstreitigkeiten und aktuelle verbraucherpolitische Entwicklungen. In diesem Zusammenhang wird auch ein Einblick in die Schutzmechanismen und Arbeitsweisen verschiedener Institutionen wie der Verbraucherzentrale oder des Mietervereins gewährt. Die Ringvorlesung vermittelt den Studierenden durch das Aufzeigen unterschiedlicher Formen der Geltendmachung von Rechten die Vielfalt der Verbraucherrechtsdurchsetzungslandschaft. Die Ringvorlesung dient zum einen dazu, den Teilnehmenden der ‚Law Clinic' einen möglichst umfassenden Überblick über aktuelle Entwicklungen im Verbraucherschutzrecht zu geben. Zum anderen bietet sie aber auch Gelegenheit, sich mit Praktikern auszutauschen und zu vernetzen.

Veranstaltungen wie ein Rhetorikseminar sowie unterschiedliche Workshops zur anwaltlichen Beratung bereiten die Studierenden gezielt auf die Beratung der Rechtsuchenden vor und vermitteln wichtige ‚soft skills‘, die nicht nur für die Arbeit im Rahmen der HCLC, sondern auch für die spätere Berufspraxis entscheidend sind. Die praxisbezogenen Workshops legen neben dem Verfassen anwaltlicher Schriftsätze einen weiteren Schwerpunkt auf das Mandantengespräch und Verhandlungen mit der Gegenseite. Dabei sollen die Studierenden unter anderem essenzielle Fähigkeiten zur umfassenden Sachverhaltsaufklärung und gleichzeitig zum Umgang mit unterschiedlichen Gegenparteien und zur Verhandlungsführung erlernen.

Gleichzeitig findet eine Mietrechtsvertiefungsveranstaltung statt, die dazu dient, den Studierenden vertiefte Kenntnisse zum Wohnraummietrecht zu vermitteln. Das Mietrecht zeichnet sich durch eine Vielzahl spezifischer Rechtsprechung aus und ist nur in seinen Grundzügen Teil des juristischen Pflichtfachstudiums. Eine weiterbildende Veranstaltung bereitet die Studierenden so gezielt auf die mietrechtliche Beratung der HCLC vor.

Die beiden Säulen in Form von Veranstaltungen zum Verbraucherrecht und praxisbezogenen Workshops ebnen den Übergang in das praktische Arbeiten im Sommersemester.

10   Praxissemester

In der praktischen Phase bearbeiten die Studierenden im Team von zwei bis drei Beratern unter Anleitung von Volljuristen eigene, ihnen zugewiesene Fälle. Dazu erfassen die Studierenden zunächst die Sachverhalte der Rechtsuchenden und fordern vom Rechtsuchenden, falls notwendig, weitere Dokumente an oder vereinbaren einen Gesprächstermin. Hierbei stehen sie in enger Absprache mit den sie betreuenden Volljuristen. Auf Basis des Sachverhaltes nehmen die Studierenden eine rechtliche Würdigung des Falles vor. Je nach Anliegen des Rechtsuchenden findet dabei entweder nur eine Beratung statt oder die Studierenden entwerfen einen an die Gegenseite gerichteten Schriftsatz. Nach Überprüfung der Schriftsätze durch die betreuenden Volljuristen werden diese an die Rechtsuchenden weitergeleitet. Nach deren Einverständnis werden die Schriftsätze an die Gegenseite versandt. Zudem finden in regelmäßigen Abständen Besprechungen von Mitarbeiterinnen und Mitarbeitern der ‚Law Clinic‘ mit den Studierenden statt, die dazu dienen, weitere Fragen rund um die Fallbearbeitung zu beantworten und sich im Plenum über die aktuell bearbeiteten Fälle auszutauschen. Die Fallarbeit bildet das Kernstück der praktischen Arbeit im Sommersemester.

Das Beratungssemester der HCLC wird zudem durch unterschiedliche Praxistage ergänzt, welche den Studierenden einen umfassenden Einblick in verschiedene Bereiche des Verbraucherrechts bieten sollen. Die Studierenden erhalten so die Möglichkeit, einen Tag bei der Verbraucherzentrale Berlin e. V. und der Schlichtungsstelle für den öffentlichen Personenverkehr e. V. als langjährige Kooperationspartner der HCLC zu hospitieren, um so einen Einblick in die Institutionen und ihre praktische Tätigkeit zur effektiven Durchsetzung von Verbraucherrechten zu erhalten. Gleichzeitig besuchen die Studierenden eine Gerichtsverhandlung, um das Verbraucherrecht aus prozessualer Perspektive zu erleben. Die Studierenden der HCLC sollen ferner einen Einblick in das Verbraucherrecht aus rechtspolitischer Perspektive erhalten, weshalb auch das Bundesministerium der Justiz und für Verbraucherschutz (BMJV) besucht wird.

11 Informationsaufbereitung für Nichtjuristen

Sprachliche Kompetenzen sind im Jurastudium und für das spätere juristische Berufsleben entscheidend, da die Sprache das wichtigste, zum Teil gar als das einzige angesehene Handwerkszeug der Juristen darstellt (Jahn 2008, S. 6, 9). Die Sprache der Juristen wird häufig als ‚Juristendeutsch' bezeichnet und als Fachsprache eingeordnet. Dabei ist der spätere Berufsalltag von Rechtsberatern dadurch geprägt, dass sie zum einen zwar Kontakt zu Juristen haben, jedoch auch zum Mandanten selbst, der in der Regel kein Jurist ist. Daraus folgt, dass nicht nur unterschiedliche soziale, sondern auch sprachliche Herangehensweisen notwendig sind, um rechtliche Probleme zu erläutern.

12 Das didaktische Konzept des Verbraucherblogs der HCLC

Juristische Blogs, in denen Studierende Beiträge zu verschiedenen rechtlichen Fragestellungen verfassen, vermitteln und verbessern diese Kompetenzen, zwischen den sprachlichen Verständigungsebenen zu transferieren. Sie verfolgen dabei je nach Adressatenkreis unterschiedliche Ansätze. Blogs, deren Beiträge für die Fachöffentlichkeit bestimmt sind, sind dabei von Blogs zu unterscheiden, die gezielt an Rechtsuchende adressiert sind. Letztere dienen dazu, dass sich Rechtsuchende über juristische Fragestellungen oder rechtspolitische Entwicklungen informieren können. Gesetze sind für viele juristische Laien schwer verständlich, bilden aber dennoch die Grundlage für das rechtliche Zusammenleben zwischen den unterschiedlichen Parteien. Blogs für Verbraucher stellen die Rechtslage in typischen Verbraucherfällen in leicht verständlicher, zugänglicher Sprache dar, sodass sich Verbraucher über ihre Rechte informieren können. Die Studierenden erwerben daher bereits während ihrer Ausbildung die wichtige praktische Kompetenz, komplexe juristische Probleme verständlich darzulegen. Die Wiedergabe in eigenen Worten und das Komprimieren komplizierter Sachverhalte führen ferner zu einem vertieften Verständnis der juristischen Materie bei den Studierenden. ‚Law Clinics' dienen zudem dazu, Techniken des wissenschaftlichen Arbeitens wie die Recherche- und Argumentationsfähigkeit zu stärken sowie das kritische Denken der Studierenden zu fördern (Wissenschaftsrat 2012, S. 58). An diesen Zielen setzt nicht nur die Rechtsberatung an, indem Studierende bei der Fallbearbeitung Rechtsprobleme ausfindig machen, diese recherchieren und dabei gleichzeitig durch das Führen von Mandantengesprächen und die schriftliche Kommunikation mit der Gegenseite ihre mündliche und schriftliche Argumentationsfähigkeit stärken. Auch das Verfassen von Blogbeiträgen im Rahmen der ‚Clinic'-Tätigkeit dient diesen Zielen, indem sich die Studierenden für ihre Blogbeiträge intensiv und kritisch mit einem Thema auseinandersetzen sowie dieses wissenschaftlich und argumentativ aufbereiten.

13   Der Ablauf des Blogprojekts

Die HCLC hat zum Wintersemester 2018/2019 mit den Arbeiten für einen Verbraucherrechtsblog begonnen und möchte sich so vermehrt auf dem Gebiet der Verbraucherinformation engagieren und den Tätigkeitsbereich der teilnehmenden Studierenden erweitern. Zum Zyklus 2018/2019 hat die HCLC aus diesem Anliegen heraus zwei neue Projekte gestartet. Die Studierenden können im Rahmen der HCLC nun neben dem ‚Herzstück' der HCLC, der klassischen Rechtsberatung, an dem ‚Legal Blog'- und dem ‚Legal Tech'-Projekt teilnehmen.

Im Rahmen des ‚Legal Blog'-Projekts verfassen die Studierenden Blogbeiträge für Verbraucher zu unterschiedlichen verbraucherrechtlichen Themen. Im Rahmen des ‚Legal Tech'-Projekts konzeptionieren und entwickeln die Studierenden ‚Legal Tech'-Anwendungen für Verbraucher. Beide neuen Teilprojekte der HCLC wurden mit dem Lehrpreis für innovative Lehre 2019 der Juristischen Fakultät der Humboldt-Universität zu Berlin ausgezeichnet.

Der Blog ist dem Wunsch entsprungen, das Beratungsangebot der HCLC vom Einzelfall unabhängig einer breiteren Öffentlichkeit zur Verfügung zu stellen. Das Wissen, welches die Studierenden durch die Teilnahme erwerben, soll so über die beratenen Mandate hinaus öffentlich zugänglich gemacht werden, um damit mehr

Verbraucher bei der Durchsetzung ihrer Rechte zu unterstützen. Die Beratung ist naturgemäß sehr einzelfallabhängig. Darüber hinaus mangelt es Verbrauchern teilweise an einfach zugänglichen, unabhängigen Informationen zu im Alltag relevanten Verbraucherrechtsfragen.

Um dem Abhilfe zu schaffen, wurde ab dem Wintersemester 2018/2019 mit der Einrichtung der Informationsplattform begonnen, auf welcher neben grundlegenden verbraucherrechtlichen Fragen über aktuelle, wichtige Entscheidungen auf dem Gebiet des Verbraucherrechts und allgemeine Leitentscheidungen berichtet wird. Der Blog ist auf der Website der HCLC (hclc-berlin.de) abrufbar.

Die HCLC möchte dadurch auch zu einer Verstetigung der im Rahmen der Ausbildungsarbeit gewonnenen Erkenntnisse beitragen. Häufige und praxisrelevante Problembereiche sind etwa die außerordentliche Kündigung von Dauerschuldverhältnissen (z. B. Fitnessstudio- oder Mobilfunkverträge) oder Rechte von Fluggästen. Zur Vorbereitung auf die Blogtätigkeit besuchen die Studierenden ein Seminar, das sie in die Grundlagen des Verfassens von Blogbeiträgen und des Betreibens eines Blogs einführt. Ferner finden im Laufe des Jahres unterschiedliche Seminare in Form von Schreibwerkstätten statt, bei denen die Studierenden und Mitarbeitenden der HCLC in einem gegenseitigen Austausch die Entwürfe der Blogbeiträge evaluieren. Zudem findet in diesem Rahmen auch ein Austausch über aktuelle verbraucherrechtliche Themen und wichtige verbraucherrechtliche Grundsatzfragen statt, um die Themen der einzelnen Blogbeiträge festzulegen. Die Beiträge bilden auf diese Weise auch rechtspolitische Entwicklungen im Verbraucherrecht ab, sodass sich der Blog am rechtspolitischen Diskurs beteiligt.

14   Vorbereitung auf die Digitalisierung des Anwaltsberufs: Technologische Entwicklung

Der Großteil der Jurastudierenden wird nach dem Rechtsreferendariat den Anwaltsberuf ausüben (Jahn 2008, S. 6). Neben der Schulung der kommunikativen und strategischen Fähigkeiten der Studierenden durch die eigenständige Bearbeitung realer Fälle stellt sich die Digitalisierung und teilweise Automatisierung der Anwaltstätigkeit als zukünftige Herausforderung für die Studierenden dar. Diese Entwicklung ist bedingt durch ‚Big Data' (Mayer-Schönberger und Cukier 2013, S. 8 ff.), wachsende Rechen- und Speicherkapazitäten sowie die zunehmende Vernetzung von Datenquellen. Im juristischen Bereich wird dies meist unter dem Schlagwort ‚Legal Tech' diskutiert: eine einheitlich genutzte Definition, was Legal Tech umfasst, existiert bislang nicht. Sinnvoll scheint es, zunächst danach zu differenzieren, ob es sich um die Digitalisierung bzw. Automatisierung der Kanzleiorganisation oder der originär juristischen Tätigkeit handelt; Hartung (2018, S. 8) unterscheidet somit ‚Office-Tech' von ‚Legal Tech' im engeren Sinne. Ersteres unterstütze nur die herkömmliche Arbeit der Anwaltschaft, ohne nennenswerten Einfluss auf das Geschäftsmodell, während letzteres „unmittelbar die juristische Leistungserbringung" berühre (ebd.). Zu ‚Legal Tech' im engeren Sinne zählen beispielsweise die automatisierte Schriftsatzerstellung oder auch die softwarebasierte Bearbeitung und Durchsetzung von Rechtsansprüchen (ebd., S. 8 f.). Bekannt ist dies vor allem im Kontext von Fluggastrechten, aber mittlerweile existieren weitere Anwendungen im Mietrecht, Arbeitsrecht oder Kaufrecht. Es handelt sich also um eine „Nutzbarmachung von Informationstechnologie für das Recht" (Kuhlmann 2018, S. 88).

Zunehmend verbreitet ist auch die Auswertung von Rechtsprechung über sog. ‚Predictive Analytics'-Tools, die in erster Linie über statistische Methoden die Erfolgsaussichten von Klagen bestimmen (Chen 2019, S. 17 ff.). Hier nähert sich das Verhältnis von Anwalt- und Richterschaft dem Holmes'schen Idealbild (1897, S. 461) des Rechts als erfahrungsbasierte Vorhersage. Diese Tendenz ist vor allem in den USA verbreitet, hat aber bereits dazu geführt, dass der französische Gesetzgeber eine Norm geschaffen hat, die es u. a. untersagt, aus Daten von Justizangehörigen Vorhersagen über ihre ‚Berufspraxis' zu treffen (Art. 33 der Loi n° 2019-222 du 23 mars 2019 de programmation 2018–2022 et de réforme pour la justice).

Angesichts der skizzierten fortschreitenden Digitalisierung und Automatisierung des Anwaltsberufs stellt sich daher im universitären Umfeld die Frage, wie die Studierenden optimal auf diese Berufswelt vorbereitet werden können.

15 Herausforderungen für den Anwaltsberuf durch Digitalisierung und Automatisierung

Dabei gilt es, sich zunächst zu vergegenwärtigen, welche Qualifikationen und Fähigkeiten eines Anwalts an Bedeutung gewinnen und verlieren: Simple, aber umfangreiche Rechercheaufgaben, wie beispielsweise der Abgleich bestimmter Vertragsklauseln, werden zunehmend automatisiert (Susskind und Susskind 2015, S. 68 f.). Im Idealfall würde dies auch Berufsanfängern ermöglichen, sich schnell auf die komplexen Aspekte eines Mandats zu konzentrieren. Manche Rechtsgebiete wie das Steuer-, Versicherungs- oder Sozialrecht eignen sich aufgrund ihrer inhärenten quantitativen Bezüge besonders für automatisierte Prozesse (aus staatlicher Perspektive Martini und Nink 2017). Das Gleiche gilt für Rechtsgebiete, in denen automatisiert und umfangreich Daten erhoben werden, beispielsweise im Verkehrsunfallrecht bedingt durch die Kfz-Sensorik.

Mit der fortschreitenden Digitalisierung und Automatisierung des Anwaltsberufs rückt das interdisziplinäre Arbeiten in den Fokus. Juristen werden verstärkt mit Programmierern zusammenarbeiten, wenn es darum geht, effiziente Lösungen für rechtliche Probleme zu entwickeln. Dies setzt seitens der Juristen zumindest ein grundlegendes Verständnis für die technologischen Zusammenhänge und Funktionsweisen voraus. Nützlich sind daher zum Beispiel Grundkenntnisse in Entscheidungsbaum-Methoden, Statistik und maschinellem Lernen (eine verständliche Einführung ins maschinelle Lernen bietet Alpaydin 2016). Kanzleien haben in den vergangenen Jahren darauf reagiert, indem sie sog. Hackathons anbieten, Veranstaltungen, bei denen Jurastudierende und Programmierer versuchen, in begrenzter Zeit eine Softwarelösung für juristische bzw. kanzleispezifische Probleme zu entwickeln. Idealerweise erwerben Jurastudierende sogar selbst Programmierkenntnisse, die es ihnen ermöglichen, maßgeschneiderte Angebote zu konzipieren oder den Nutzen von Software für ihre Tätigkeit als Anwalt einschätzen zu können.

Dieses Wissen dient letztlich nicht nur dazu, mit dem Wandel des anwaltlichen Berufsbildes Schritt zu halten, sondern fördert auch ein Gespür für die Grenzen der Automatisierung. Ein Anwalt, der zumindest über Grundkenntnisse in besagten Feldern verfügt, wird schneller einschätzen können, welche juristischen Aspekte sich für eine automatisierte Bearbeitung eignen bzw. welche Fähigkeiten auch in Zukunft auf dem Arbeitsmarkt gefragt sein werden.

16   Ausbildungskonzept des ‚Legal Tech'-Projekts der HCLC: Grundsätzlicher Ablauf

Aus der Beobachtung dieser technologischen Entwicklung und den damit einhergehenden Möglichkeiten und Herausforderungen für den Anwaltsberuf entstand die Motivation, das ‚Legal Tech'-Projekt der HCLC ins Leben zu rufen. Dabei verfolgt das Projekt zwei Ziele: Zum einen soll es die Studierenden auf eine Anwaltstätigkeit in einer zunehmend digitalen und automatisierten Arbeitswelt vorbereiten, wobei das praktisch ausgerichtete Weiterbildungsprogramm vor allem auf Schnittstellentätigkeiten abzielt (didaktische Funktion). Zum anderen soll ‚Legal Tech' dazu genutzt werden, Lösungen zu entwickeln, die nachhaltig einer großen Zahl an Verbrauchern juristische Hilfe bieten (soziale Funktion, dazu unter Punkt 27).

Hinsichtlich des didaktischen Konzepts ist zunächst festzuhalten, dass momentan nur wenige staatliche juristische Fakultäten in Deutschland ‚Legal Tech' in ihrer praktischen Dimension in die Lehre integrieren und dann meist nur im Rahmen punktueller Veranstaltungen oder als Zusatzqualifikation. Breidenbach (2018, S. 206 f.) fordert angesichts der technologischen Entwicklung daher nachdrücklich, ‚Legal Tech'-Ansätze in die juristische Ausbildung einzubinden. Als Konsequenz dieser universitären ‚Leerstelle' liegt es momentan in der Hand von studentischen Initiativen, sich mit dem Thema auseinanderzusetzen. Die HCLC ist bundesweit eine der ersten ‚Law Clinics', die ‚Legal Tech' gezielt mit Verbraucherschutz verbinden möchte. Das Konzept sieht vor, dass die Studierenden jeweils im Wintersemester eine theoretische und praktische Einführung in Form von Vorträgen und Workshops in die Materie erhalten und im Sommersemester mit dem erworbenen Wissen ein verbraucherrechtliches Problem mit ‚Legal Tech' zu lösen versuchen, zum Beispiel in Form von Klassifikationen oder automatisch generierten Musterschreiben. Parallel dazu nehmen die Studierenden im Sommersemester an den Pflichtveranstaltungen zum Verbraucherrecht teil – gemeinsam mit den Studierenden, die sich auf die klassische Rechtsberatung konzentrieren. Das didaktische Konzept richtet sich also an einer Verzahnung von Theorie und Praxis sowie der Wissensvermittlung im Verbraucherrecht aus. Studierende sollen projektbezogen mit ‚Legal Tech'-Software umgehen lernen und ein Gespür für die Herausforderung erhalten, juristische Sachverhalte und Normen in ‚Code' zu übersetzen und zudem die Benutzerfreundlichkeit für den Verbraucher zu berücksichtigen.

Das erste ‚Legal Tech'-Projekt der HCLC startete im Wintersemester 2018/2019 mit zehn Studierenden. Den theoretischen Rahmen bildeten Vorträge und Workshops zu den Themen ‚Juristische Entscheidungslogiken und ihre digitale Übersetzung', ‚Agile Projektarbeit', ‚Softwareeinführung für die Bereiche Dokumentenautomatisierung und Entscheidungsbäume' sowie die Vorlesung ‚IT für Juristen', in der ein Querschnittswissen der Informationstechnologie vermittelt wird. Bezüglich der methodischen Herangehensweise lag der Fokus folglich auf Entscheidungsbäumen. Dieses deduktive Vorgehen hat den Vorteil, dass ‚Legal Tech'-Konzepte der Studierenden nicht von aufwendigen Datenerhebungen oder dem Zugang zu externen Datensätzen abhängen, die beispielsweise für maschinelles Lernen notwendig sind. Eine zentrale Frage zu Beginn des Projekts war daher, welche Software den Studierenden in der Praxisphase zur Verfügung gestellt werden kann, um Entscheidungsbäume ohne Programmierkenntnisse zu modellieren. Denkbar waren zunächst Kooperationen mit kommerziellen Anbietern oder die Nutzung von Prototypen aus anderen Universitätsprojekten. Letztlich entwickelten zwei Teilnehmer des Jahrgangs 2018/2019 ein Opensource-Programm (‚OpenDecision'), mit dessen Hilfe Entscheidungsbäume erstellt und verbunden werden können (Rothmann und Schädlich 2019, S. 22). Ziel der beiden Studierenden ist es, diese Software zukünftigen Teilnehmern, aber auch externen Institutionen wie beispielsweise Verbraucherzentralen zur Verfügung zu stellen.

17   Erfahrungen aus der Praxisphase

Im Sommersemester startete dann die konkrete verbraucherrechtliche Projektphase: Die Studierenden fanden sich in Gruppen zusammen, die an unterschiedlichen Teilprojekten arbeiteten. Eine Gruppe entwickelte das genannte Programm ‚OpenDecision', um dem Legal Tech-Projekt eine Opensource-Software zur Verfügung zu stellen. Dies garantiert dem Projekt langfristig eine Unabhängigkeit von kommerziellen Lizenzen, externer Datenspeicherung u. ä. m. Eine weitere Gruppe konzipierte einen Entscheidungsbaum, um das interne Fallmanagement der HCLC zu optimieren. Bislang wenden sich die Rechtsuchenden in der Regel per E-Mail an die HCLC. Je nach Fallvortrag nimmt die Prüfung, ob der Fall überhaupt von der ‚Law Clinic' angenommen werden kann, einige Zeit in Anspruch. Dabei geht es primär darum, ob der Sachverhalt dem Verbraucherrecht zuzuordnen ist, mögliche Ansprüche bereits verjährt sind bzw. unmittelbar vor der Verjährung stehen und die Streitwertgrenze eingehalten wird (ausführlich dazu unter Punkt 22). Gerade letzteres kann aber eine juristisch komplexe Prüfung erfordern – zum Beispiel im Mietrecht – und ist somit nicht ohne Weiteres standardisiert abfragbar. Kontaktdaten, Anspruchsbegehren, Details zu Verträgen etc. können über Entscheidungsbäume jedoch effizient klassifiziert werden.

Die dritte Gruppe setzte sich schließlich zum Ziel, Hilfestellungen im materiell-rechtlichen Verbraucherrecht zu entwickeln. Es erwies sich als sehr schwierig, geeignete Rechtsfragen zu identifizieren, die in einem relativ engen Zeitraum mit ‚Legal Tech' zu lösen sind. Zum einen musste eine Bestandsaufnahme erfolgen, welche öffentlichen verbraucherrechtlichen ‚Legal Tech'-Anwendungen bereits existieren. So bieten die Verbraucherzentralen etwa einen sog. Inkassocheck an (https://www.verbraucherzentrale.de/inkasso-check). Zum anderen eignen sich Rechtsfragen, die von unbestimmten Rechtsbegriffen abhängen und somit nicht binär schematisierbar sind, nicht für die Übersetzung in einen Entscheidungsbaum. Insofern bleibt das Grundproblem der deduktiven Rechtsinformatik seit den 1950er-Jahren bestehen (dazu Gräwe 2011, S. 44, 222).

Angedacht wurde letztlich, Kündigungsschreiben für Mobilfunk- oder Fitness-
studioverträge automatisiert zu erstellen, da diese Verträge vielfach abgeschlossen
werden und in der Regel lange Laufzeiten haben – wobei das BMJV momentan
eine weitere Einschränkung von Laufzeitvereinbarungen bei bestimmten Ver-
braucherverträgen im Rahmen des § 309 Nr. 9 BGB plant (Referentenentwurf des
BMJV 2020: Gesetz für faire Verbraucherverträge). Der Vorteil gegenüber den
Musterschreiben der Verbraucherzentralen wäre, dass der automatisierte Inhalt
stärker individualisiert werden könnte und das Schreiben im Gegensatz zu zahlreichen Internet-Vorlagen aus einer öffentlichen institutionellen Quelle stammt.
Dieses Teilprojekt ist aber noch nicht abgeschlossen.

Für die zukünftigen Jahrgänge des ‚Legal Tech'-Projekts sind verschiedene
Optionen denkbar. Hinsichtlich der Praxisphase wäre es möglich, weiterhin an
größtenteils unabhängigen Teilprojekten zu arbeiten oder aber sich im Vorfeld auf
ein Gesamtprojekt festzulegen, an dem alle Studierenden beteiligt sind. Letztere
Option bietet den Vorteil, dass schneller mit der tatsächlichen Projektumsetzung
begonnen werden kann, da die diesjährige Erfahrung zeigt, dass es sehr zeit-
aufwendig ist, sich auf mehrere geeignete Teilprojekte festzulegen. Zudem ist
angedacht, verstärkt mit anderen ‚Legal Tech'-Initiativen und -Forschungsein-
richtungen zu kooperieren, um den Wissensaustausch und Synergieeffekte zu
nutzen.

18   Soziale Funktion von ‚Law Clinics'

‚Law Clinics' haben insbesondere durch das kostenlose Rechtsberatungsangebot
eine soziale Funktion (Schubert 2014, S. 250) und dienen dazu, das gemeinnützige Engagement der Studierenden zu fördern. Durch den verbesserten
Zugang zu Informationen und der Erkenntnis der durch die Digitalisierung entstandenen Möglichkeiten in der Rechtsberatung werden Wege geschaffen, den
Zugang zum Recht zu verbessern und zu erweitern.

19   Zugang zum Recht durch Überwindung des
         rationalen Desinteresses

Recht haben, heißt nicht immer Recht bekommen: Unter diesem Gesichtspunkt
steht das Rechtsberatungsangebot der HCLC. Verbraucher sind durch eine Vielzahl von Gesetzen geschützt; jedoch bestehen häufig Lücken in der Durchsetzung
von Verbraucherrechten. Lange lag der Fokus im Verbraucherrecht auf der

stetigen Stärkung der Rechte der Verbraucher vonseiten des Gesetzgebers, indem weitere verbraucherschützende Vorschriften verabschiedet wurden. Der Blick richtet sich jedoch immer mehr auf die Durchsetzung dieser Rechte. Dies zeigt sich insbesondere an der Erweiterung der kollektiven Rechtsdurchsetzung durch die Musterfeststellungsklage. Das materielle Verbraucherrecht mit seinen Schutzvorschriften stellt nicht immer die Realität des wahrgenommenen Verbraucherschutzes dar, da viele Verbraucher unabhängig von ihren bestehenden Rechten diese häufig nicht geltend machen bzw. durchsetzen.

20   Rationales Desinteresse

Für das Durchsetzungsdefizit im Verbraucherrecht gibt es unterschiedliche Gründe. Ein wichtiger Grund hierfür stellt das sog. rationale Desinteresse (auch rationale Apathie genannt) der Verbraucher dar (BT-Drs. 19/2507, S. 1; Fries 2016, S. 57 f.). Das rationale Desinteresse besteht in Fällen, in denen der erlittene Schaden im Vergleich zum Zeit- und Kostenaufwand der Rechtsdurchsetzung besonders gering ist (Berlin 2020, Rn. 16). Dies ist im Verbraucherrecht häufig der Fall, da die erlittenen Schäden meist finanziell geringfügig sind. Dies führt dazu, dass viele Verbraucher vor einer Durchsetzung ihrer Rechte zurückschrecken. Nach einer Studie liegt der Streitwert, bei dem Bürger in Deutschland für einen erlittenen finanziellen Schaden den Gang vor Gericht antreten, im Durchschnitt bei 1950 EUR.[2]

Aufgrund der bestehenden Gebührenordnung nach dem Rechtsanwaltsvergütungsgesetz (RVG) suchen Verbraucher bei Streitigkeiten mit geringem Streitwert häufig keinen Rechtsrat bei Rechtsanwälten, schon gar nicht streben sie den Gang vor Gericht an. Auch Hemmnisse sozialer oder psychologischer Natur, z. B. die Scheu vor dem Aufsuchen einer Rechtsanwaltskanzlei oder der Konfrontation mit dem Vermieter, führen dazu, dass viele Verbraucher von der Durchsetzung ihrer Rechte absehen.

Zwar stellen Beratungs- und Prozesskostenhilfe sowie Rechtsschutzversicherungen für Verbraucher wichtige Instrumente für den Zugang zum Recht unabhängig von ihrer finanziellen Lage dar (Dastis und Udich 2013, S. 721; Weber 2013, S. 326). Nichtsdestotrotz bringt die Inanspruchnahme dieser Instrumente für einige Verbraucher Hürden mit sich. Verbraucher haben zum Teil

---

[2]Vgl. Roland Rechtsschutz-Versicherungs-AG. Hrsg. Roland Rechtsreport 2014, S. 8.

keine Kenntnis von der Möglichkeit der Beratungs- und Prozesskostenhilfe oder schrecken vor der Inanspruchnahme aufgrund sprachlicher oder psychologischer Gründe zurück (Singer 2016, S. 113).

Ein weiterer Beitrag zum Abbau des rationalen Desinteresses ist die Verbraucherschlichtung (BT-Drs. 18/6904, S. 66). Die wesentliche Rechtsgrundlage für die Verbraucherschlichtung findet sich im Verbraucherstreitbeilegungsgesetz. Neben spezifischen Schlichtungsstellen für einzelne Bereiche von Verbraucherstreitigkeiten wie z. B. der Schlichtungsstelle für den öffentlichen Personenverkehr e. V. oder der Schlichtungsstelle beim Deutschen Sparkassen- und Giroverband e. V.[3] existiert zudem auf der Grundlage der Onlinestreitbeilegungsverordnung der Europäischen Union (ABl. EU L 165/1 vom 18.06.2013) ein Instrument der Online-Streitbeilegung bei Streitigkeiten über im Internet geschlossene Verträge zwischen Verbrauchern und Unternehmen. Deutsche Kontaktstelle ist das Europäische Verbraucherzentrum Deutschland in Kehl. Die Inanspruchnahme der Verbraucherschlichtung ist kostenlos und stellt für viele Verbraucher aufgrund leicht zugänglicher Beschwerdeformulare eine schnelle, effiziente Möglichkeit dar, Zugang zum Recht zu bekommen. Die Teilnahme von Unternehmen an der Verbraucherschlichtung ist jedoch grundsätzlich nicht zwingend (Berlin 2020, Rn. 116). Ferner fehlt es an einer persönlichen Beratung oder einer mündlichen Äußerungsmöglichkeit im Rahmen der Verbraucherschlichtung, da das Verfahren grundsätzlich schriftlich abläuft (hierzu Fries 2016, S. 215 f.).

21   Rechtsberatung durch ‚Law Clinics'

Studentische Rechtsberatungen bieten eine soziale, niedrigschwellige Möglichkeit für Rechtsuchende, Rechtsberatung ohne ein bestehendes Kostenrisiko zu erlangen und verbessern so den Zugang zum Recht. ‚Law Clinics' bieten dabei eine soziale Hilfestellung durch das Angebot von Rechtsrat in Bereichen und Fällen, in denen sonst keine Durchsetzung der Rechte erfolgt oder die Durchsetzung geschwächt ist. Sie tragen so dazu bei, dass das rationale Desinteresse der Verbraucher abgebaut wird. An ‚Law Clinics' treten Verbraucher mit ihren Alltagsstreitigkeiten heran, für die sie aufgrund des Kosten- und Zeitfaktors

---

[3]Allgemeine Verbraucherschlichtungsstelle, Weitere Verbraucherschlichtungsstellen finden sich unter https://www.verbraucher-schlichter.de/was-ist-schlichtung/weitere-schlichtungsstellen [Stand: 18.5.2020].

häufig von einer Rechtsdurchsetzung absehen würden. Das Existieren der zuvor dargestellten Rechtsberatungsangebote bedeutet nicht, dass es studentischer Rechtsberatungen für einen verbesserten Zugang zum Recht nicht bedarf; vielmehr ergänzen sich die unterschiedlichen Rechtsdurchsetzungsstränge gegenseitig und gleichen individuelle Defizite aus. Die Vielfalt von Rechtsberatungsangeboten für Verbraucher, die ohne diese Angebote keine rechtliche Beratung in Anspruch nehmen würden, führt daher zu einer globalen Stärkung des Zugangs zum Recht für diese.

Der Zugang zum Recht wird nicht nur durch die außergerichtliche Vertretung durch ‚Law Clinics', sondern auch durch die individuelle Beratung der Rechtsuchenden verbessert. Diese verschiedenen Herangehensweisen folgen auch den unterschiedlichen Anliegen der Rechtsuchenden. Einige Verbraucher begehren nur eine Beratung, da z. B. gerade im Mietrecht häufig der Konflikt mit dem Vermieter gescheut und eine abschließende Abwägung darüber durch eine Beratung erleichtert wird. Andere hingegen sind bei der eigenen Durchsetzung ihrer Rechte nicht weitergekommen, da z. B. keine Reaktion der Gegenseite auf ihren geltend gemachten Anspruch stattfindet, und streben nach einer Vertretung in ihren Rechtssachen.

Zivilgesellschaftliches Engagement ist im juristischen Studium nur eingeschränkt ein Bestandteil. Hierfür schaffen unter anderem ‚Law Clinics' eine Abhilfe. Für die Studierenden, die sich noch in der juristischen Ausbildung befinden, stellt die Arbeit im Rahmen einer ‚Law Clinic' zumeist ein extracurriculares, ehrenamtliches Engagement dar (Wenzel und Killian 2017, S. 965), sodass die Studierenden mit der Teilnahme an einer ‚Law Clinic' soziale Ziele verfolgen, die Verbrauchern durch das Beratungsangebot zugutekommen.

22   Die Rechtsberatung der HCLC

Die Fallanfragen der Rechtsuchenden erreichen die HCLC zum Großteil per E-Mail. Das Team der HCLC prüft diese auf ihre ‚Clinic'-Tauglichkeit. Dabei können nur Fälle zur Beratung angenommen werden, die im Bereich des Verbraucher- oder Wohnraummietrechts liegen, von Verbrauchern bzw. Mietern eingereicht werden und den Streitwert von 1000 EUR nicht übersteigen. Zudem dürfen keine relevanten Fristen wie z. B. das kurz bevorstehende Ablaufen der Verjährungsfrist einschlägig sein. Das Fallspektrum der HCLC reicht von verspäteten Flügen und begehrten Ausgleichszahlungen bis zu unbegründeten Telefonrechnungen und Abonnementfallen. Die Streitwertgrenze ist auf die Versicherungsbedingungen der Vermögenshaftpflichtversicherung zurückzuführen, mit der die Haftung für die Beratung der HCLC geregelt ist. Die Streitwertgrenze ist in mietrechtlichen Streitigkeiten aufgrund der Streitwertberechnungen z. B. bei unberechtigten Mieterhöhungen, der Verweigerung der Erteilung einer Untermieterlaubnis oder auch bei Streitigkeiten rund um die sog. Mietpreisbremse schnell erreicht, sodass viele mietrechtliche Fälle nicht angenommen werden konnten. Ab Oktober 2019 wurde die Streitwertgrenze im Mietrecht daher auf 5000 EUR erhöht. Die Studierenden beraten die Rechtsuchenden in Teams unter der Anleitung der sie betreuenden Volljuristen.

23   Zugang zum Recht durch Informationen

Nur wer über seine Rechte informiert ist, vermag diese auch durchzusetzen und von ihnen Gebrauch zu machen. Daher stellt die Unkenntnis der Verbraucher über ihre Rechte einen Grund für das Rechtsdurchsetzungsdefizit im Verbraucherrecht dar. Diese Unkenntnis hat unterschiedliche Gründe. Sie ist zum einen auf einen fehlenden Zugang zu Informationen, aber auch auf die Art ihrer Vermittlung zurückzuführen.

24   Relevanz von Informationen im Verbraucherrecht

Informationen stellen ein wichtiges Instrument des Verbraucherrechts dar, da Verbraucher häufig ein Informationsdefizit gegenüber Unternehmen haben. Dies ist auch auf das im europäischen Verbraucherrecht vorherrschende Informationsmodell zurückzuführen (Heiderhoff 2016, Rn. 260). Informationen haben insbesondere die Funktion, Verbrauchern eine selbstständige Entscheidungsfindung zu ermöglichen (Schürnbrand und Janal 2018, S. 3). Informationen dienen dabei auch dem Selbstschutz der Verbraucher (Sedlmeier 2012, S. 124).

Ein ‚Zuviel' an Informationen kann jedoch den gegenteiligen Effekt haben (Heiderhoff 2016, Rn. 249; Enste et al. 2016, S. 12). Viele Verbraucher können aufgrund der Masse an Informationen nicht mehr zwischen für sie wichtigen und unwichtigen Informationen unterscheiden und fühlen sich daher trotz der vielen ihnen zur Verfügung stehenden Informationen in Unkenntnis über ihre Rechte und die Rechtslage. Dieses Phänomen zeigt, dass es wichtig ist, ein ausgewogenes Maß an Informationen zu vermitteln.

Informationen steuern zudem das Marktverhalten von Verbrauchern und erhöhen die Markttransparenz (Hagen und Wey 2009, S. 5, 11; Sedlmeier 2012, S. 124 f.). Sie tragen zu besseren Entscheidungen der Verbraucher bei (Howells et al. 2018, S. 31). Essenziell ist dabei auch der Anhaltspunkt einer kosten-effizienten Informationsbeschaffung. Diese ist häufig nicht möglich, da es Verbrauchern an leicht zugänglichen bzw. verständlichen Informationen fehlt.

25   Verbraucherleitbild

Verbraucher sind vielfältig. Nicht alle Verbraucher begehren eine individuelle Beratung, sondern möchten sich zum Teil eigenständig über die Rechtslage informieren (Bala und Schuldzinski 2018, S. 11). Dabei ist von keinem allumfassenden Verbraucherbegriff auszugehen. Denn so wie in Verbraucherzentralen (ebd., S. 10) sind auch in ‚Law Clinics' die Fragestellungen und Rechtsuchenden sehr vielfältig.

Gerade der verantwortungsvolle Verbraucher der Verbraucher-Trias aus verletzlichem, vertrauendem und verantwortungsvollem Verbraucher möchte sich zum Teil selbst informieren und greift auf bestehende Informationsquellen zurück (Enste et al. 2016, S. 23). Auch wenn das Problem der ‚Informationsüberflutung' anzuerkennen ist, ist nicht von der Hand zu weisen, dass Informationen wichtig sind, um den Verbraucher in seinen Entscheidungen zu unterstützen.

26   Die soziale Bedeutung des Verbraucherblogs

Dem sozialen Anspruch von Verbraucherschutz, Verbraucher über ihre Rechte zu informieren, kommt die HCLC durch die Zurverfügungstellung leicht zugänglicher und verständlicher Informationen zu häufigen Verbraucherfragen im Rahmen ihres Blogs nach. Die Wahl bestimmter Verbraucherfragen ist dabei insbesondere auf ihre Relevanz und Häufigkeit in der individuellen Rechtsberatung zurückzuführen, ergibt sich jedoch auch aus der Aktualität bestimmter verbraucherrechtlicher oder mietrechtlicher Themen.

Im Rahmen des Blogs wird zudem über Gesetzesänderungen informiert und Verbraucher können sich so, bevor es zum Konflikt kommt, über ihre Rechte informieren. Dies ist ein entscheidender Punkt für die effektive Durchsetzung von Verbraucherrechten, indem bestehende Informationsdefizite abgebaut werden. Die HCLC strebt an, hierzu einen Beitrag zu leisten. Wichtig ist eine Bündelung der Informationsangebote, da bereits viele Angebote existieren, diese jedoch nicht leicht auffindbar und spezialisiert sind. Das Rechtsberatungsangebot und der Blog ergänzen sich in vielfältiger Hinsicht gegenseitig, indem die Rechtsuchenden auf dem Blog durch das Aufzeigen von Kontaktadressen auch auf die Rechtsberatung der HCLC oder auf weitere Rechtsberatungsangebote hingewiesen werden. Zudem können Rechtsuchende, die keine individuelle Beratung durch die HCLC begehren, ein direktes Informationsangebot in Anspruch nehmen.

27   Zugang zum Recht durch Digitalisierung

Die unentgeltliche Rechtsberatung im Rahmen von ‚Law Clinics' hat seit jeher die Funktion erfüllt, Rechtsuchenden Zugang zum Recht im Sinne einer Rechtsdurchsetzung zu ermöglichen. Was bedeutet jedoch Zugang zum Recht im Kontext von Digitalisierung? Das ‚Legal Tech'-Projekt der HCLC zielt zum einen darauf ab, die Rechtsberatung als Dienstleistung zu demokratisieren und zum anderen durch Skaleneffekte eine effiziente Hilfe für die größtmögliche Zahl an Verbrauchern zu bieten.

28   Demokratisierung der Rechtsberatung

Die Digitalisierung hat zunächst zu einem niedrigschwelligen Informationszugang für Verbraucher geführt in Form von Blogs, Musterschreiben oder Hinweisen auf Beratungsstellen. Aber nicht immer führt ein verbesserter Informationszugang dazu, dass der Verbraucher seine Rechte auch durchsetzt. In der dargestellten Überwindung des rationalen Desinteresses spielt neben dem Kosten- auch der Zeitfaktor eine entscheidende Rolle. Hier kann Legal Tech ansetzen: Ortsungebunden ermöglicht es dem Verbraucher, den Sachverhalt standardisiert zu übermitteln bzw. bei einfachen Sachverhalten eine Einschätzung seiner Rechtslage zu erhalten (Hartung 2017, S. 20). Zudem nimmt es dem Verbraucher die Schwellenangst, die manche Rechtsuchende unabhängig von finanziellen Erwägungen davon abhält, einen Anwalt aufzusuchen.

29   Zulässigkeit nach dem RDG

Rechtsberatung als Dienstleistung ist jedoch in Deutschland stark reguliert. Während die klassische außergerichtliche Rechtsberatung im Rahmen einer ‚Law Clinic' mittlerweile relativ unproblematisch durch § 6 Abs. 2 RDG abgedeckt ist, wirft das unentgeltliche Angebot von ‚Legal Tech'-Anwendungen neue Fragen auf: Wann handelt es sich bei solchen um eine Rechtsdienstleistung und was bedeutet in diesem Kontext konkret die Anleitung einer Person mit Befähigung zum Richteramt gemäß § 6 Abs. 2 RDG? Wenn man nicht bereits die ,Tätigkeit' im Sinne des § 2 Abs. 1 RDG bei einer Software verneint, dürfte zumindest bei reinen digitalen Informationsangeboten oder Musterschreiben, die nicht die individuelle Situation des Rechtsuchenden berücksichtigen, bereits keine Rechtsdienstleistung im Sinne des § 2 Abs. 1 RDG vorliegen (Remmertz 2017, S. 56). Im Rahmen des Erlaubnistatbestands des § 6 Abs. 2 RDG könnte zum Beispiel darauf abgestellt werden, dass die Person mit Befähigung zum Richteramt den Entwicklungsprozess der Software betreut oder das Endprodukt kontrolliert (Fordan und Renz 2019, S. 76 f.).

Von einer angestrebten Demokratisierung der Rechtsdienstleitung als Zugang zum Recht durch digitale Angebote ist die Liberalisierung des Rechtsmarktes zu unterscheiden: In der aktuellen Debatte zur Liberalisierung des Rechtsmarktes durch ,Legal Tech' spielt die unentgeltliche Rechtsberatung eine untergeordnete Rolle, da hier die Konfliktlinien in der Regel zwischen der Anwaltschaft und den ,Legal Tech'-Unternehmen verlaufen (Singer 2019, S. 213). So legte die FDP-Fraktion einen Gesetzentwurf zur Modernisierung des RDG vor (BT-Drs. 19/9527) und auch der Abschlussbericht der Länderarbeitsgruppe zu ,Legal Tech' wurde auf der 90. Justizministerkonferenz vorgestellt.[4] Viel beachtet war das Urteil des Bundesgerichtshofs vom 27.11.2019 zur Reichweite der Inkassolizenz von Legal Tech-Unternehmen. Der Bundesgerichtshof legte den Begriff der Inkassodienstleistung in § 10 Abs. 1 S. 1 Nr. 1 RDG weit aus und sah die Geltendmachung von Forderungen und Feststellungsbegehren im Zusammenhang mit der sog. Mietpreisbremse durch das Unternehmen ,Lexfox' als davon gedeckt. Die teilweise Befürwortung einer Öffnung des Rechtsmarktes geschieht hier aus der Perspektive der Rechtsdienstleistungsanbieter und dürfte eher ökonomisch motiviert sein, da sie als gewinnorientierte Unternehmen von Erfolgsprovisionen abhängen. Ein unter Umständen verbesserter Zugang zum Recht aufseiten der Verbraucher ist vielmehr ein Nebeneffekt.

---

[4]Abrufbar unter https://schleswig-holstein.de/DE/Schwerpunkte/JUMIKO2019/Downloads/190605_beschluesse/TOPI_11_Abschlussbericht.pdf?__blob=publicationFile&v=1 [Stand: 18.5.2020].

30 Quelloffene technologische Infrastruktur

Für das ‚Legal Tech'-Projekt der HCLC bedeutet dies, dass eine tatsächliche Demokratisierung des Rechtsmarktes nur durch eine gemeinnützige und nachhaltige technologische Infrastruktur erfolgen kann. Dazu gehören Opensource-Software, das Anknüpfen an Entwicklungen anderer ‚Law Clinics' oder die Zusammenarbeit mit Verbraucherzentralen. Das Projekt reiht sich damit in weitere Initiativen ein, die durch Digitalisierung und Künstliche Intelligenz den Zugang zu staatlichen Leistungen verbessern wollen.[5] Eine unter Umständen erfolgende Änderung des RDG sollte diesem Anliegen Rechnung tragen, in dem auch für die unentgeltliche Rechtsberatung durch ‚Legal Tech' Rechtssicherheit geschaffen wird.

31 Nutzung von Skaleneffekten

Das Angebot unentgeltlicher Rechtsberatung ist gerade für ‚Law Clinics', die sich auf die ehrenamtliche Arbeit von Studierenden und Betreuern stützen, letztlich auch immer eine Frage von verfügbaren Kapazitäten. Die Anfragen von rechtsuchenden Verbrauchern übersteigen jedes Jahr bei Weitem die Bearbeitungsmöglichkeiten der HCLC, trotz einer wachsenden Zahl von Studierenden und Betreuern, die sich ehrenamtlich engagieren.

Der Verbraucherrechtsblog und das ‚Legal Tech'-Projekt wurden daher auch in dem Wunsch geschaffen, Informationen dauerhaft leicht zugänglich zur Verfügung zu stellen und Rechtsuchenden effizient zu helfen. Es geht also darum, mit unveränderten Ressourcen mehr Rechtsberatung zu ‚produzieren'. Dabei hilft im Rahmen von ‚Legal Tech' zum einen das zuvor beschriebene interne Fallmanagement, d. h. eine standardisierte und teilautomatisierte Prüfung, ob der Fall überhaupt von der ‚Law Clinic' angenommen werden kann.

Zum anderen könnte in der Zukunft eine teilautomatisierte inhaltliche Bearbeitung von verbraucherrechtlichen Fällen dazu führen, dass mehr Fälle erfolgreich abgeschlossen werden und damit letztlich die HCLC der hohen Nach-

---

[5]So startete das Bundesministerium für Familie, Senioren, Frauen und Jugend im Sommer 2019 das Innovationsbüro ‚Digitales Leben', vgl. https://www.bmfsfj.de/bmfsfj/aktuelles/alle-meldungen/gesellschaft-soll-staerker-von-digitalisierung-profitieren/136620 [Stand: 18.5.2020].

frage von Rechtsuchenden besser gerecht werden kann. Die HCLC hat jedoch weder die Absicht noch die technologischen und personellen Ressourcen, um in Konkurrenz zur anwaltlichen Beratung zu treten, zumal sie nur außergerichtlich beraten darf. ‚Legal Tech' kann aber ein Weg sein, vorhandene Kapazitäten effizient zu nutzen.

32   Fazit

‚Law Clinics' leisten einen wichtigen Beitrag zur praxisorientierten Juristenausbildung. Gleichzeitig entsteht hierdurch der positive Effekt, dass Rechtsuchenden ein unentgeltlicher Zugang zum Recht geboten wird in Fällen, in denen sie sonst häufig von einer Durchsetzung ihrer Rechte absehen würden, weil die Kosten in keinem Verhältnis zum Streitwert stehen. Sie erfüllen durch ihr unentgeltliches Beratungsangebot somit eine wichtige soziale Aufgabe, indem sie einen niedrigschwelligen Zugang zum Recht gewährleisten für Rechtsuchende, die sich eine anwaltliche Beratung nicht leisten können.

Die Arbeit der HCLC führt zu einer Stärkung der Kenntnisse der Verbraucher ihrer Rechte und deren Durchsetzung. Gesellschaftliche Diskussionen über aktuelle Themen im Bereich des Verbraucher- und Mietrechts zeigen, dass das Verbraucherrecht ein hochaktuelles Rechtsgebiet ist. Dies spiegelt sich auch in dem Verbraucherblog der HCLC wider. Indem die HCLC verstärkt darauf setzt, die Erkenntnisse der Studierenden der Öffentlichkeit zugänglich zu machen, trägt das Blog-Projekt zudem zu einer Vertiefung der HCLC-Tätigkeit im Bereich der Verbraucherpolitik bei. Gleichzeitig nutzt die ‚Law Clinic' die Chancen der Digitalisierung, um die Beratungskapazitäten der HCLC zu erhöhen, Informationsangebote zu erweitern und die Studierenden auf den sich wandelnden Anwaltsberuf vorzubereiten. Damit ist die HCLC ein Akteur, der von ehrenamtlichem Engagement getragen wird und Verbraucherpolitik ‚von unten' gewährleistet.

Literatur

Alpaydin, Ethem. 2016. *Machine learning – The new AI*. Cambridge: MIT Press.
Bala, Christian, und Wolfgang Schuldzinski. 2018. Einleitung: One size does not fit all! In *Jenseits des Otto Normalverbrauchers. Verbraucherpolitik in Zeiten des ‚unmanageable consumer'. Beiträge zur Verbraucherforschung*, Bd. 8, Hrsg. C. Bala und W. Schuldzinski, 8–16. Düsseldorf: Verbraucherzentrale.

Berlin, Christof. 2020. § 24a Schlichtung und sonstige alternative Streitbeilegung. In *Verbraucherrecht Beratungshandbuch*, 3. Aufl., Hrsg. M. Tamm, K. Tonner, und T. Brönneke, Rn. 1–157. Baden-Baden: Nomos.

Breidenbach, Stephan. 2018. Juristenausbildung und Legal Tech. In *Rechtshandbuch Legal Tech*, Hrsg. S. Breidenbach und F. Glatz, 205–210. München: Beck.

Chen, Daniel L. 2019. Judicial analytics and the great transformation of American Law. *Artificial Intelligence and Law* 27:15–42.

Dastis, Juan C., und Julian Udich. 2013. Gutes pro bono leisten: Wie gründet man eine Law Clinic? *Anwaltsblatt* 63:721–731.

Dietlein, Georg, und Jan-Gero A. Hannemann. 2017. Studentische Rechtsberatung in Deutschland. *Juristische Ausbildung* 39:449–460.

Enste, Dominik H., Mara Ewers, Christina Heldman, und Regina Schneider. 2016. *Verbraucherschutz und Verhaltensökonomik*. IW-Analysen Nr. 106. Köln: Institut der deutschen Wirtschaft.

Fordan, Dennis Ch., und Clara Renz. 2019. Stärkung des Verbraucherschutzes durch studentische Rechtsberatung 2.0. *Legal Revolution*: 70–77.

Fries, Martin. 2016. *Verbraucherrechtsdurchsetzung*. Tübingen: Mohr Siebeck.

Gräwe, Svenja L. 2011. *Die Entstehung der Rechtsinformatik – Wissenschaftsgeschichtliche und -theoretische Analyse einer Querschnittsdisziplin*. Hamburg: Dr. Kovač.

Hagen, Kornelia, und Christian Wey. 2009. Verbraucherpolitik zwischen Markt und Staat. *Vierteljahreshefte zur Wirtschaftsforschung* 78:5–29.

Hartung, Markus. 2017. Legal Tech und Berufsrecht. *Neue Juristische Wochenschrift-Sonderheft: Innovationen & Legal Tech* 20–21.

Hartung, Markus. 2018. Gedanken zu Legal Tech und Digitalisierung. In *Legal Tech – Die Digitalisierung des Rechtsmarkts*, Hrsg. M. Hartung, M. Bues, und G. Halbleib, 5–18. München: Beck.

Heiderhoff, Bettina. 2016. *Europäisches Privatrecht*, 4. Aufl. Heidelberg: C. F. Müller.

Holmes, Jr., Oliver Wendell. 1897. The path of the law. *Harvard Law Review* 10:457–478.

Howells, Geraint, Christian Twigg-Flesner, und Thomas Wilhelmsson. 2018. *Rethinking EU Consumer Law*. London: Routledge.

Jahn, Joachim. 2008. Klares Deutsch für Juristen. *Juristische Schulung-Magazin* 3:6–9.

Killian, Matthias, und Lisa Wenzel. 2017. Law Clinics in Deutschland: Zahlen, Typologien und Strukturen. *Anwaltsblatt* 67:963–965.

Kuhlmann, Nico. 2018. Legal Tech – Zugang zum Recht im Zeitalter der Digitalisierung. In *Digitalisierung im Spannungsfeld von Politik, Wirtschaft, Wissenschaft und Recht*, Hrsg. C. Bär, T. Grädler, und R. Mayr, 87–101. Berlin: Springer Gabler.

Martini, Mario, und David Nink. 2017. Wenn Maschinen entscheiden… – Vollautomatisierte Verwaltungsverfahren und der Persönlichkeitsschutz. *Neue Zeitschrift für Verwaltungsrecht Extra* 36:1–14.

Mayer-Schönberger, Viktor, und Kenneth Cukier. 2013. *Big data – A revolution that will transform how we live, work, and think*. London: Murray.

Paal, Boris P. 2016. Geleitwort – Studentische Rechtsberatung: Ein Beitrag – nicht nur – zur juristischen Ausbildung an Universitäten. *German Journal of Legal Education* 3:1–3.

Remmertz, Frank R. 2017. Legal Tech – Rechtliche Beurteilung nach dem RDG. *BRAK-Mitteilungen* 48:55–61.

Riehm, Thomas, und Thomas A. Heiß. 2016. Alternative Streitbeilegung in der studentischen Rechtsberatung. *German Journal of Legal Education* 3:21–35.

Römermann, Volker. 2008. Kommentierungen des §§ 3, 6 RDG. In *Rechtsdienstleistungsgesetz*, Hrsg. V. Römermann und B. Grunewald. Köln: Otto Schmidt.

Rothmann, Aaron, und Finn Schädlich. 2019. Open Decision – Ein quelloffenes System zur Entscheidungsautomatisierung. *Rethinking Law* 2:22–26.

Schmidt, Karl-Michael. 2017. Kommentierung des § 6 RDG. In *Rechtsdienstleistungsgesetz Handkommentar*. Hrsg. M. Krenzler. 2. Aufl. Baden-Baden: Nomos.

Schubert, Andreas. 2014. Legal Clinics – Juristische Ausbildung mit Praxisbezug am Beispiel der Freiburg Legal Clinics und Pro Bono Studentische Rechtsberatung Freiburg. *Ordnung der Wissenschaft* 4:247–252.

Schürnbrand, Jan, und Ruth Janal. 2018. *Examensrepetitorium Verbraucherschutzrecht*, 3. Aufl. Heidelberg: C. F. Müller.

Sedlmeier, Kathleen. 2012. *Rechtsgeschäftliche Selbstbestimmung im Verbrauchervertrag*. Tübingen: Mohr Siebeck.

Singer, Reinhard. 2016. Studentische Rechtsberatung. Legal Clinical Education an der Humboldt-Universität. In *Anwaltsorientierung im Studium: Aktuelle Herausforderungen und neue Perspektiven*. Bielefelder Schriftenreihe für Anwalts- und Notarrecht, Bd. 29. Hrsg. S. Barton, S. Hähnchen, und F. Jost, 93–123. Hamburg: Dr. Kovač.

Singer, Reinhard. 2019. Durchsetzung von Verbraucherrechten durch Inkassounternehmen – Chancen und Grenzen. *BRAK-Mitteilungen* 50:211–219.

Susskind, Richard, und Daniel Susskind. 2015. *The future of the professions – How technology will transform the work of human experts*. Oxford: Oxford University Press.

Vogler, Ralf J. 2013. Legal Clinic – Innovatives Studienmodell oder unerlaubte Rechtsberatung? *Zeitschrift für das Juristische Studium*:135–140.

Weber, Franziska. 2013. Gegenwärtige Verbraucherrechtsfälle und Bedarf an staatlicher Rechtsdurchsetzung. *Verbraucher und Recht* 9:323–332.

Wissenschaftsrat, (Hrsg.). 2012. *Perspektiven der Rechtswissenschaft in Deutschland. Situation Analysen, Empfehlungen 2012*, WR-Drs. 2558-12.

Reinhard Singer ist Professor für Bürgerliches Recht, Arbeitsrecht, Anwaltsrecht, Familienrecht und Rechtssoziologie an der Humboldt-Universität und leitet die ‚Humboldt Consumer Law Clinic'.

Kristina Schimpf ist Wissenschaftliche Mitarbeiterin der ‚Humboldt Consumer Law Clinic' an der Juristischen Fakultät der Humboldt-Universität zu Berlin.

Kathrin Steinbach ist Wissenschaftliche Mitarbeiterin der ‚Humboldt Consumer Law Clinic' an der Juristischen Fakultät der Humboldt-Universität zu Berlin.

Ein Nachwort

Der Haupttitel der Veranstaltung im Sommer 2019, ‚Verbraucherpolitik von unten‘, wie auch dieses gleichnamigen Sammelbandes in der Nachbereitung bewahrt, obgleich in der Einführung das Forschungsfeld des ‚Political Consumerism‘ damit fast synonym gesetzt wurde, dennoch eine kleine Bedeutungsdifferenz. Denn das ‚unten‘ rekurriert unausweichlich auf ein ‚oben‘ und reflektiert ein Ungleichgewicht, ein Spannungsverhältnis, womöglich sogar eine dauerhafte Konfliktlinie.

Die Bezeichnung ‚Verbraucherpolitik von unten‘ impliziert ein Gegenmodell zur staatlichen Verbraucherpolitik, und zwar eine zivilgesellschaftliche Dimension, die darauf aus ist, sich politisch bemerkbar zu machen und politisch wirksam zu werden. Andernfalls wäre es kaum zu rechtfertigen, von ‚Verbraucher*politik*‘ zu sprechen. Dieser Impetus, der politische Relevanz beansprucht, und dies nicht bloß für die Peripherie des politischen Systems, sondern mit Blick auf das politische Zentrum, um dort grundlegende Veränderungen der Entscheidungs- und Rechtslage anzustoßen, wird hier als *conditio sine qua non* verstanden, um überhaupt von ‚Verbraucherpolitik von unten‘ sprechen zu können.

Wobei die Wirksamkeit einer solchen Verbraucherpolitik von unten ‚natürlich‘ nicht allein in der Verantwortung der Protagonisten einer solchen Politik liegt, sondern u. a. davon abhängt, welche systeminternen Resonanzen dadurch angeregt werden, wie also das politische System (Personal) seinerseits darauf reagiert. Niklas Luhmann (1986) hat diese Problematik intentionsadäquater Systemresonanz kurz nach Tschernobyl funktionssystemvergleichend durchdekliniert.

Im Rückblick soll nun kurz noch auf wenige Aspekte eingegangen werden, die sich mit den Anstrengungen um eine problemadäquate Verbraucherpolitik von unten verbinden.

© Springer Fachmedien Wiesbaden GmbH, ein Teil von Springer Nature 2020   369
K.-U. Hellmann et al. (Hrsg.), *Verbraucherpolitik von unten,* Konsumsoziologie und Massenkultur, https://doi.org/10.1007/978-3-658-29754-1

1 Paradoxien

Paradoxien sind peinlich. Offenbaren sie doch ein gewisses Unvermögen, widerspruchsfrei zu erscheinen. Im Falle des politischen Konsums könnte etwa hinterfragt werden, weshalb der ‚attitude-behavior-gap' so unüberwindbar wirkt. Niemals zuvor haben die problematischen Nebeneffekte modernen Konsums größere Aufmerksamkeit erhalten. Die Massenmedien berichten darüber ohne Unterlass; selbst die Wissenschaften widmen sich den entsprechenden Phänomenen inzwischen vielfältigst; und im Privatbereich entkommt man dem schlechten Gewissen fast nirgends noch. Dennoch macht es den Eindruck, als ob sich kaum etwas ändert, nirgends eine radikale Umkehr, eine grundlegende soziotechnische ‚disruption' sich abzeichnet, weder auf der Makro- noch auf der Mikroebene.

Schlimmer noch könnte sich beim politischen Konsum womöglich wiederholen, was mit Blick auf den politischen Populismus passiert ist: Je mehr man sich darüber erhebt oder dagegen ausspricht, ihn explizit ablehnt und scharf verurteilt, desto stärker wird er, quasi dialektisch bedingt, nur ohne Aussicht auf eine Synthese, weil die wechselseitige Unversöhnlichkeit jede lagerübergreifende Verständigung verunmöglicht (Reckwitz 2019; Koppetsch 2019; Manow 2019). Auf den politischen Konsum übertragen, mag das vehemente Eintreten, ja Einfordern radikaler Umbrüche, sei es im Bereich der Ernährung, der Energiegewinnung oder der Mobilität, um nur Beispiele zu nennen, genau das Gegenteil erreichen, nämlich Abwehr, Beharren, Verschanzen, weitgehende Unbeweglichkeit. Populistischer Konsum hat Zukunft.

Dabei wäre noch zu klären, wie sich eigentlich Zweck und Mittel im Falle des politischen Konsums verteilen. Jörn Lamla und Sighard Neckel haben diese Ambiguität vor gut zehn Jahren durch die Gegenüberstellung ‚Politisierter Konsum – konsumierte Politik' manifest gemacht (Lamla und Neckel 2006). Ist die Politisierung des Konsums Mittel oder Zweck? Politisiert man den Konsum, um die politische Agenda zu beeinflussen? Oder um dem eigenen Konsum durch Politisierung einen anderen Anstrich zu geben? Etwa um sich aufzuwerten, um ‚Lifestyle Politics' (Shah et al. 2007) zu betreiben, weil das ungemein hip ist? Und inwieweit reproduziert die Politisierung des Konsums im originären Sinne Politik? Oder führt dies nicht vielmehr dazu, nun auch Politik so zu konsumieren, wie schon Bildung, Kultur, Liebe, Medizin, Sport? Also nur eine weitere Etappe der Kolonialisierung durch Konsum (Hellmann 2019, S. 295–316). Die Situation bleibt diffus.

2 Perspektiven

Das Menschenbild der neoklassisch orientierten Wirtschaftswissenschaften, also der ‚homo oeconomicus' mit seiner Unterstellung eines eigeninteressierten, seinen Nutzen unter Rationalkalkülen maximierenden Wirtschaftssubjekts (Verbraucher) im Rahmen des methodologischen Individualismus, hat vielfachen Einfluss genommen auf die verbraucherwissenschaftliche Forschung und die Verbraucherleitbilddebatte. Zugleich unterliegt es ständiger Kritik. Fachimmanent hat sich diesbezüglich besonders die Verhaltensökonomik *(Behavioral Economics)* hervorgetan (Oehler und Reisch 2008).[1]

Allerdings bleibt oft ungeklärt, worauf sich der Ausgangspunkt des ‚homo oeconomicus' bezieht, ob auf anthropologische Grundlagen, auf normative Vorgaben, auf spezifische empirische Ergebnisse oder auf modelltheoretische Überlegungen. Dies gilt selbst für Termini wie ‚Nutzen' und ‚Rationalität', die unterschiedlich interpretiert und fachwissenschaftlich eingefasst werden. Revisionen, Erweiterungen und kreativ-konzeptionelle Neufassungen von sich gegenseitig befruchtenden orthodoxen wie heterodoxen Ökonomieansätzen sowie disziplinübergreifenden Theoriekonstellationen sind die Folge.

All dies führt zu gänzlich neuen Anforderungen an die Verbraucherforschung, die es mit einer wachsenden Bandbreite theoretischer Ansätze und einer deutlich stärker werdenden Inter- und Multidisziplinarität zu tun bekommt. Zu konstatieren ist außerdem eine neue Unübersichtlichkeit gerade hinsichtlich eines adäquaten Verbraucherleitbildes, das nun unter erweiterten Differenzierungsanforderungen steht. So überrascht es nicht, wenn endlich ‚Abschied vom eindimensionalen Verbraucher' (Fridrich et al. 2017) genommen und eine ‚Multiperspektivische Verbraucherforschung' (Nessel et al. 2018) gefordert wird. Nur was heißt das praktisch-politisch?

Stark vereinfachend formuliert, war die deutsche Verbraucherpolitik von oben (herab) Jahrzehnte lang durch zwei Leitbilder gekennzeichnet: das *Leitbild des aktiv-mündigen Verbrauchers* und das *Leitbild des passiv-flüchtigen*

---

[1] Ferner die experimentelle Ökonomik, die Wirtschaftspsychologie, die Informationsökonomie, die Neue Institutionenökonomik, die Neuroökonomik und weitere Ansätze.

Verbrauchers.[2] Mündige Verbraucher benötigen in deutlich geringerem Maße Schutz, streng orthodox betrachtet fast gar keinen, weil sie in der Lage sind, ihre eigene Lebensführung im Rahmen der gesellschaftlichen Verhältnisse autonom zu gewährleisten, und auf Augenhöhe mit Herstellern und Händlern souverän verhandeln können. Dagegen legen die Symptome bei flüchtig-vertrauenden Verbrauchern akuten Handlungsbedarf nahe, weil sie ihren Marktpartnern strukturell unterlegen sind, etwa über zu wenig Informationen verfügen und ihre materiellen wie handlungsbezogenen Ressourcen begrenzt sind.

Seit der BSE-Krise 2000 haben sich derart vereinfachende Bewertungen zunehmend verkompliziert (Janning 2011). Mittlerweile gibt es nicht nur die angeführten zwei Leitbilder vom passiv-flüchtigen (einschließlich des vertrauenden und des verletzlichen) und vom aktiv-mündigen Verbraucher, die zusammen eine eigene bipolare Dimension abdecken, sondern eine weitere Leitvorstellung, und zwar das *Leitbild des verantwortungsvollen Verbrauchers* (Reisch et al. 2003; Schrader 2007; Micklitz et al. 2010). Damit ist zugleich eine weitere Bewertungsdimension ins Feld eingeführt worden, da es nun nicht mehr nur um die Differenz *schutzbedürftig/ nicht schutzbedürftig* geht, sondern überdies um die Differenz *eigenverantwortlich/ nicht eigenverantwortlich* bzw. inhaltlich spezifischer *nachhaltig/nicht nachhaltig konsumieren*, die sich zur ersteren gleichsam orthogonal verhält.

Dass es zu dieser Dimensionsergänzung gekommen ist, sollte angesichts der aktuell heißlaufenden Nachhaltigkeitsdebatte mitnichten verwundern. Nur repräsentiert dies schon Multiperspektivität? Man denke nur an die zehn Verbrauchertypen, wie sie bei Yiannis Gabriel und Tim Lang (2015) aufmarschieren. Demnach gibt es den ‚Activist‘, den ‚Chooser‘, den ‚Citizen‘, den ‚Communicator‘,

---

[2]Bleibt man bei der Leitbildthematik, kann man seit Beginn der Bundesrepublik zwischen einem rechtlichen und einem politisch-ökonomischen Verbraucherverständnis unterscheiden. Die auf deutlich größerer Kontinuität setzende Rechtsentwicklung ging vom auf die Rechtsetzung bauenden, flüchtigen, gleichgültigen Verbraucher aus, wobei unter dem Einfluss von EU und EuGH eine Transformation in das Leitbild vom durchschnittlich informierten, aufmerksamen und verständigen Verbraucher stattfand. Im politisch-ökonomischen Sektor waren Spannungen zwischen verschieden konturierten, zugleich diffusen Leitbildern inhärent. Der uninformierte, passive Verbraucher sollte einerseits Informationsunterstützungen für seine Kaufentscheidungen erhalten, andererseits aufgrund seiner geringen Eigenverantwortung durch paternalistische Schutzmechanismen von oben gestützt und vor Schaden bewahrt werden. Zudem lässt sich eine weitere Leitbildlinie festmachen, die von Ludwig Erhards Forderung nach dem ‚bewußt gewordenen Verbraucher‘ über den informierten Verbraucher bis zum Leitbild des reflektierten, mündigen Verbrauchers einschließlich darauf aufbauender Aktionsformen und entsprechender (Selbst-) Organisationen reicht.

den ‚Explorer‘, den ‚Hedonist‘, den ‚Identity-seeker‘, den ‚Rebel‘, das ‚Victim‘ und den ‚Worker‘. Der ‚Victim‘-Verbraucher entspricht dabei dem flüchtig-verletzlich-vertrauenden Verbraucherleitbild, der ‚Citizen‘-Verbraucher hingegen dem ver-antwortungsvollen. Was aber spricht dagegen, Verbraucherpolitik zukünftig nicht auch für den ‚Activist‘, den ‚Chooser‘, den ‚Communicator‘, den ‚Explorer‘, den ‚Hedonist‘, den ‚Identity-seeker‘, den ‚Rebel‘ oder den ‚Worker‘ zu machen? Sind dies weniger wichtige Bedürfnislagen?

Nachhaltigkeitsgründe mögen berechtigterweise mehr Aufmerksamkeit ver-dienen, wenn es aktuell auch vorrangig (noch) um Klientel- und Symbolpolitik geht. Aber verdienen deswegen die anderen Typen gar keine Aufmerksamkeit? Und tatsächlich sind ja schon weitere Verbraucherleitbilder im Umlauf, wie der ‚aktive Konsument‘ (Czerwonka et al. 1976), der ‚kritische‘ Verbraucher‘,[3] der ‚neue Konsument‘,[4] der ‚multidimensionale Konsument‘ (Heiner 1989), der ‚störrische Konsument‘ (Hainer 2006), der ‚moralische Verbraucher‘ (Seeber 2006), der ‚informierte Verbraucher‘ (Schwan 2009), der ‚überforderte Ver-braucher‘ (Grunwald 2013; Strünck 2015), der ‚gläserne Verbraucher‘ (Bala und Müller 2014a), der ‚verletzliche Verbraucher‘ (Bala und Müller 2014b) der ‚digital verführte, ahnungslose Verbraucher‘ (Schleusener und Stevens 2015), der ‚ignorante Verbraucher‘ (Klug 2015), der ‚selbstbestimmte Verbraucher‘ (IHK 2016), der ‚freigiebige Verbraucher‘ (Kübler 2017), der ‚(sich selbst) erlebende Verbraucher‘ (Hellmann 2018), der ‚naive Verbraucher‘ und der ‚aktive Ver-braucher‘ (Müller 2019; Ullrich 2019) sowie der ‚hypokritische Verbraucher‘ (Hoffmann 2019). Welchen gibt man den Vorzug, welche vernachlässigt man? Wie könnten weiterführende Synthesen aussehen? Wie sollte ein gemeinsames verbraucherbezogenes Fundament geartet sein, das den verschiedenen Ansätzen und Sichtweisen zugrunde liegt? An welche Traditionsstränge lässt sich unter Bezugnahme auf veränderte politische, soziale, ökonomische und kulturelle Entwicklungen normativ und empirisch gehaltvoll anknüpfen? Wie kann bei-spielsweise mit Blick auf eine Renaissance des Mündigkeitsbegriffs – normativ, präskriptiv, zustands- wie prozessorientiert verstanden – eine emanzipatorische Praxis personell, bürgergesellschaftlich und politisch etabliert werden?

Ohne diese Debatte hier weiterzuführen, sollte erkennbar geworden sein, dass ein Plädoyer für mehr Multiperspektivität gerade für die Verbraucherforschung,

---

[3]Vgl.   https://www.addf-kassel.de/fileadmin/user_upload/Dossiers/Meibom/Meibom_Der_ kritische_Verbraucher_AddF_NL-K-16_A-34.pdf.

[4]1987 startete das Marketing Journal eine ganze Artikelserie unter dem Titel ‚Der neue Konsument‘, vgl. Hellmann 2003, S. 114–121.

künftige Leitbilddiskussionen und die Verbraucherpolitik von oben wie von unten breite diskursive Spielräume und Handlungsoptionen eröffnet.

3 Problematisierungen

Problematisierungen: Was so harmlos klingen mag, hat im Falle von Michel Foucault erhebliche Folgen ausgelöst, nicht zuletzt für die Deutung seines Gesamtwerks (Foucault 1986, S. 19). Gemeint sind damit gesellschaftliche Diskurse, die von einer gewissen Problematik, Spannung, Unruhe zeugen, die sich gesellschaftlich nicht einfach regeln, verdrängen, unterdrücken lassen (Klöppel 2010). Etwas rumort gewissermaßen, läuft nicht rund, widersetzt sich und teilt sich durch problematisierende Positionen und Prozesse mit. Phänomenologisch handelt es sich quasi um eine soziale Symptomatologie, die hier am Werke ist.

Was uns in dem, was hier ‚Verbraucherpolitik von unten' genannt wird, begegnet, kann wohl ebenfalls als eine solche Problematisierung verstanden werden. Sei es die Suche nach (einem) zeitgemäßen Verbraucherleitbild(ern), sei es die Forderung einer radikalen Umstellung unserer Lebensführung, ja der Gesellschaftsstruktur als solcher: Seit Jahrzehnten werden diese Punkte diskutiert, und mehr denn je scheint es ans Eingemachte zu gehen, um die Zukunft der Menschheit als solcher, ohne dass eine vernünftige, global funktionierende Lösung erkennbar wird.

Was jedoch in diesem Rahmen besonders herausgestellt werden soll, ist die Betonung der Bereitschaft, im Bereich der Verbraucherpolitik selber viel mehr Problematisierungen eigenständig zu lancieren und voranzutreiben, gezielt zu irritieren und Unruhe zu stiften. Bei allem Aktionismus erweist sich beispielsweise die Verbraucherleitbilddebatte als überaus träge, unzusammenhängend und wenig innovativ. Gegensätzliche Positionen werden wieder und wieder gegenübergestellt, ohne dass sich viel bewegt, gleichsam wie in einem Stellungskrieg, der einige Opfer kostet, ohne Aussicht auf den Sieg der einen oder anderen Seite, reine Materialschlacht.

Diese Bewegungslosigkeit viel stärker noch zu problematisieren, letztlich abzustellen und zu überwinden, wäre dringend wünschenswert, meinethalben durch deutlich unkonventionellere Argumentationsmanöver, subversive Strategien, Tabubrüche. Und damit ist nicht etwa gemeint, um im Bild zu bleiben, von einem Stellungskrieg wieder in einen Bewegungskrieg überzuwechseln, sondern dieses Szenario grundsätzlich zu verlassen und ganz neue Gestaltungs- und Vermittlungswege einzuschlagen.

Literatur

Bala, Christian, und Klaus Müller, Hrsg. 2014a. *Der gläserne Verbraucher. Wird Datenschutz zum Verbraucherschutz?* Düsseldorf: Verbraucherzentrale NRW.

Bala, Christian, und Klaus Müller, Hrsg. 2014b. *Der verletzliche Verbraucher. Die sozialpolitische Dimension der Verbraucherpolitik.* Düsseldorf: Verbraucherzentrale NRW.

Baule, Bernward. 2012. §72 Kommerzkultur, Verbrauchermacht, moralischer Konsum – zur Verbraucherpolitik im Föderalismus. In *Handbuch Föderalismus. Föderalismus als demokratische Rechtsordnung und Rechtskultur in Deutschland, Europa und der Welt, Bd. III Entfaltungsbereiche des Föderalismus*, Hrsg. I. Härtel, 515–613. Berlin: Springer.

Baule, Bernward, Dirk Hohnsträter, Stefan Krankenhagen, und Jörn Lamla, Hrsg. 2019. *Transformationen des Konsums. Vom industriellen Massenkonsum zum individualisierten Digitalkonsum.* Baden-Baden: Nomos.

Czerwonka, Christine, Günter Schöppe, und Stefan Weckbach. 1976. *Der aktive Konsument. Kommunikation und Kooperation. Untersuchung über Möglichkeiten funktional angemessener, frühzeitiger Einflussnahme der Konsumenten auf das Güterangebot.* Göttingen: Schwartz.

Foucault, Michel. 1986. *Der Gebrauch der Lüste. Sexualität und Wahrheit 2.* Frankfurt a. M.: Suhrkamp.

Fridrich, Christian, Renate Hübner, Karl Kollmann, Michael-Burkhard Piorkowsky, und Nina Tröger, Hrsg. 2017. *Abschied vom eindimensionalen Verbraucher.* Wiesbaden: Springer VS.

Gabriel, Yannis, und Tim Lang. 2015. *The Unmanageable Consumer.* Los Angeles: Sage.

Grunwald, Armin. 2013. Überforderte Verbraucher – Warum ökologischer Konsum die Umwelt nicht rettet. In *Umweltverträglicher Konsum durch rechtliche Steuerung. Dokumentation des Symposiums in der Landesvertretung Sachsen-Anhalt in Berlin*, Hrsg. Umweltbundesamt, 6–18. Berlin: UBA.

Hainer, Herbert. 2006. *Der störrische Konsument. Marketing und Wertewandel. Materielle, soziologische und fiskalische Ursachen, gesellschaftliche und betriebswirtschaftliche Trends und Lösungen.* Vortrag anlässlich der Mitgliederversammlung 2006 der Wirtschaftswissenschaftlichen Gesellschaft an der Humboldt-Universität zu Berlin e. V. Berlin, 2. Mai 2006.

© Springer Fachmedien Wiesbaden GmbH, ein Teil von Springer Nature 2020   375
K.-U. Hellmann et al. (Hrsg.), *Verbraucherpolitik von unten*, Konsumsoziologie und Massenkultur, https://doi.org/10.1007/978-3-658-29754-1

Heiner, Heinz. 1989. Der multidimensionale Konsument beackert zwölf Konsumfelder. *Markenartikel* 51:332–334.

Hellmann, Kai-Uwe. 2003. *Soziologie der Marke*. Frankfurt a. M.: Suhrkamp.

Hellmann, Kai-Uwe. 2018. Verbraucherleitbilder, Konsumerlebnisse und die mentale Dimension des modernen Konsums. Zum Menschenbild der akademischen Verbraucherforschung. In *Jenseits des Otto Normalverbrauchers. Verbraucherpolitik in Zeiten des ,unmanageable consumer'*, Hrsg. C. Bala, 19–51. Düsseldorf: NRW.

Hellmann, Kai-Uwe. 2019. *Der Konsum der Gesellschaft*, 2. erweiterte Aufl. Wiesbaden: Springer VS.

Hoffmann, Stefan. 2019. *Der hypokritische Konsument – Einsichten der Verbraucherforschung. Vortrag auf der Jahreskonferenz 2019 des Netzwerks Verbraucherforschung*. Berlin: BMJV.

Industrie- und Handelskammer (IHK) für München und Oberbayern. 2016. *Kernelemente einer modernen Verbraucherpolitik: Der selbstbestimmte Verbraucher in der digitalen Welt. Positionspapier*. https://www.ihk-muenchen.de/ihk/Positionspapier-Verbraucher.pdf

Janning, Frank. 2011. *Die Spätgeburt eines Politikfeldes. Die Institutionalisierung der Verbraucherschutzpolitik in Deutschland und im internationalen Vergleich*. Baden-Baden: Nomos.

Klöppel, Ulrike. 2010. Foucaults Konzept der Problematisierungsweise und die Analyse diskursiver Transformationen. In *Diskursiver Wandel*, Hrsg. A. Landwehr, 255–263. Wiesbaden: VS Verlag.

Klug, Martin. 2015. Der ignorante Verbraucher als Leitbild der Verbraucherpolitik. In *Abschied vom Otto Normalverbraucher. Moderne Verbraucherforschung, Leitbilder, Information, Demokratie*, Hrsg. C. Bala und K. Müller, 79–92. Essen: Klartext.

Koppetsch, Cornelia. 2019. *Die Gesellschaft des Zorns. Rechtspopulismus im globalen Zeitalter*. Bielefeld: transcript.

Kübler, Dorothea. 2017. Der freigiebige Verbraucher In der Ära der Digitalisierung schwindet die Privatsphäre – Wie auch der Datenschutz. *WZB Mitteilungen* 155: 26–29.

Lamla, Jörn, und Sighard Neckel, Hrsg. 2006. *Politisierter Konsum – Konsumierte Politik*. Wiesbaden: VS Verlag.

Luhmann, Niklas. 1986. *Ökologische Kommunikation. Kann die moderne Gesellschaft sich auf ökologische Gefährdungen einstellen?* Opladen: Westdeutscher Verlag.

Manow, Philip. 2019. Politischer Populismus als Ausdruck von Identitätspolitik? Über einen ökonomischen Ursachenkomplex. *Aus Politik und Zeitgeschichte*, Heft 9–11 ,Identitätspolitik'. https://www.bpb.de/apuz/286510/politischer-populismus-als-ausdruck-von-identitaetspolitik-ueber-einen-oekonomischen-ursachenkomplex

Micklitz, Hans.-W, Andreas Oehler, Michael-Burkhard Pierokowsky, Lucia A. Reisch, und Christoph Strünck. 2010. *Der vertrauende, der verletzliche oder der verantwortungsvolle Verbraucher? Plädoyer für eine differenzierte Strategie in der Verbraucherpolitik. Stellungnahme des Wissenschaftlichen Beirats Verbraucher- und Ernährungspolitik beim BMELV*. Bonn: BMELV.

Müller, Robert Caspar. 2019. *Konsumentenbilder als produktive Fiktionen. Eine theoretische und ethnographische Untersuchung. Mit einem Geleitwort von Prof. Dr. Jürgen Schulz*. Wiesbaden: Springer Gabler.

Nessel, Sebastian, Nina Tröger, Christian Fridrich, und Renate Hübner, Hrsg. 2018. *Multiperspektivische Verbraucherforschung. Ansätze und Perspektiven.* Wiesbaden: Springer VS.

Oehler, Andreas und Lucia A. Reich. 2008. *Behaviorial Economics – eine neue Grundlage für Verbraucherpolitik? Eine Studie im Auftrag des Verbraucherzentrale Bundesverbandes.* Berlin: VZBV. https://www.vzbv.de/sites/default/files/downloads/studie_behavioral_economics_12_2008.pdf

Reckwitz, Andreas. 2019. *Das Ende der Illusionen. Politik, Ökonomie und Kultur in der Spätmoderne.* Berlin: Suhrkamp.

Reisch, Lucia A., et al. 2003. *Strategische Grundsätze und Leitbilder einer neuen Verbraucherpolitik. Diskussionspapier des Wissenschaftlichen Beirats für Verbraucher- und Ernährungspolitik beim BMELV.* Bonn: BMELV.

Schleusener, Michael, Saraah Stevens, et al. 2015. *Der digital verführte, ahnungslose Verbraucher. Working Papers des KVF NRW, Nr. 1.* Düsseldorf: Kompetenznetzwerk Verbraucherforschung der Verbraucherzentrale NRW.

Schrader, Ulf. 2007. The moral responsibility of consumers as citizens. *International Journal of Innovation and Sustainable Development* 2:79–96.

Schwan, Patrick. 2009. *Der informierte Verbraucher? Das verbraucherpolitische Leitbild auf dem Prüfstand. Eine Untersuchung am Beispiel des Lebensmittelsektors.* Wiesbaden: VS Verlag.

Seeber, Günther. 2006. Was haben Lebensmittelskandale mit Wirtschafts- und Unternehmensethik zu tun? Das Beispiel Gammelfleisch. *Forum Ware* 34:81–84.

Shah, Dhavan V., Douglas M. McLeod, Eunkyung Kim, Sun Young Lee, Melissa R. Gotlieb, S. Shirley Ho, und Hilde Breivik. 2007. Political Consumerism: How Communication and Consumption Orientations Drive, Lifestyle Politics'. *The Annals of the American Academy of Political and Social Science* 611:217–235.

Strünck, Christoph. 2015. Der mündige Verbraucher: Ein populäres Leitbild auf dem Prüfstand. In *Abschied vom Otto Normalverbraucher. Moderne Verbraucherforschung, Leitbilder, Information, Demokratie*, Hrsg. C. Bala und K. Müller, 19–28. Essen: Klartext.

Ullrich, Wolfgang. 2019. Konsum als Arbeit. *Pop. Zeitschrift für Kultur und Kritik.* http://www.pop-zeitschrift.de/2019/04/01/konsum-als-arbeitvon-wolfgang-ullrich01-4-2019/.

CPSIA information can be obtained
at www.ICGtesting.com
Printed in the USA
LVHW041654090820
662750LV00020B/3215